国家社科基金
后期资助项目

论诉之牵连

Research on Lis Pendense-Related Actions

梁开斌 著

社会科学文献出版社
SOCIAL SCIENCES ACADEMIC PRESS (CHINA)

国家社科基金后期资助项目
出版说明

　　后期资助项目是国家社科基金设立的一类重要项目，旨在鼓励广大社科研究者潜心治学，支持基础研究多出优秀成果。它是经过严格评审，从接近完成的科研成果中遴选立项的。为扩大后期资助项目的影响，更好地推动学术发展，促进成果转化，全国哲学社会科学工作办公室按照"统一设计、统一标识、统一版式、形成系列"的总体要求，组织出版国家社科基金后期资助项目成果。

全国哲学社会科学工作办公室

自 序

　　近年来，中国学术发展和理念更新迭代之速令人目不暇接。其中既有学界对西方相关理论研究的日益精纯之故，也是中国学术研究自觉意识唤醒所带来的成果。在此背景下，中国民事诉讼标的理论的研究走向了受外来知识启蒙后的自我觉醒和成长。因此，如何提出和建立起中国审判经验上的诉讼理论，尤其是处于此理论大厦核心的诉讼标的理论，便成为民事诉讼研究者被时代赋予的使命。作为成长并逐渐成熟于这个转折时代的民事诉讼法学人，基于应有的学术敏感和学术责任感，本人从博士论文选题时就希望能有一个既具有实践性又具有大学术容量的选题，能成为一辈子的学术奋斗目标。自2006年攻读博士学位以来，我的研究始终高度聚焦，博士论文为《民事诉讼标的之研究》，这是一个基础理论问题。毕业之后，拾级而上，2012年获得教育部人文社会科学研究青年基金项目的资助，出版了个人的第一本专著《民事裁判的边界》。该书围绕着诉讼标的之概念界定、构成要素、历史脉络、理论动向和经验分析等逐次展开，提出了自己的诉讼标的观。该书结论部分，也许可称之为"我做出的学术增量"，是对民事审判实务中诉讼标的界定方法中一些普遍性现象的理论性升华。

　　教育部项目结题后，我希望能把此理论在民事诉讼法体系中的各种适用，做一项系统梳理和验证性研究。2017年国家社科基金后期资助项目的获批，直接助力了这个继续深入的探索过程。作为一个承上启下的阶段性研究，本书历时约五年。本书的基本内容延续并拓展了前期研究，更多的是在中国审判道路自信基础上的学术思索。对自己的"孩子"，无论如何自评似乎均会陷入"当局者迷"，借由国家社科基金办公室组织的五位匿名评审专家的意见，或能展现"旁观者清"。专家们从宏观的学术理想到中观的理论构建再到微观的实践操作上，都给出了令我振奋鼓舞的学术响应性评价。在学术理想方面，专家认为，"该成果对民事诉讼中的诉之合并、共同诉讼、第三人诉讼、反诉、重复诉讼等制度进行了系统研究，并以牵连性作为统一标准，提出了解决牵连之诉的一般策略，显示了很强的理论抱负"。在理论构建方面，专家认为，作者能够"从实体法与程序法双重角度进行系统深入全面的理论研究，对诉之牵连的根本原因、发展逻辑、审理程序等诉之牵连的共同规律，作了循序渐进的分析，在此基础上提出了当事人选择和强制合并并行的二元审理模式"，并认为，全书"逻辑严谨，内容全面，构建了一个完整的理论框架"。在实践操作方面，专家认为，"该成果将民事诉讼立法及司法实践中诉的合并、共同诉讼、第三人诉讼、反诉和重复诉讼等制度与问题统一在诉的牵连性理论体系之下，发现它们之间存在的共同规律，进行了非常详细的类型化研究"，"该成果对于我国民事司法改革，有着具体细致的相关建议"。以上是本研究立项时五位专家的总体评审意见，结项时书稿又呈送了五位评审专家，但相关建议无从得知，甚是遗憾。

在法律、法律观念和法文化的历史脉动中，时势与思潮虽然互为因果，但时与势始终是根本的变革力量。时势生思潮，思潮又生时势，时势又催生新思潮。中国至今长达两千余年的法文化时光隧道中，时势对法律的转承起合，有着极为明显的雕刻痕迹。传统中国，无论是政治、经济、地理和军事均能保有"天朝大国"的威仪，法文化上也享有一种"光荣的孤立"：重刑轻民与民刑合一是历史长河中踏破芒鞋、散尽千金的无悔。晚清时期，外有列强环伺，内有革命冲击，时势危棋局转低，政府无奈被动地变法修律。时代激荡而起的改革力量，一直延续至民国立法，民事诉讼相关规定也多间接以欧陆为蓝本，直接步日本之后尘。新中国诞生后，法学的"幼稚"成为无法承受之重，先是仓促经历了众所周知的意识形态一边倒之立法，后又是改革开放下的西法东渐时期。"人人总解争时势，都大须看各自宜"，借鉴是一种办法，但终归不是一种办法。亦步亦趋当学生，终不能一解中国的司法冷暖。我国的民事诉讼标的理论虽承袭德国，但实务中各种诉讼形态的处理又不尽相同，30余年来已经形成了相对固定且灵活的经验摹本。这是一种典型的中国式回答，需要有人将其轻轻地归纳和揭示。

本书作为一项整合性研究，是从复杂回到简单，是将现有制度中已经呈现的复杂性，一一归到一个简单框架中去。这是一项化繁为简的艰难工作，同时也是对中国民事诉讼标的理论发展过程的"时代意见"

（借用钱穆先生语）。这一"时代意见"的生命并不止于此，而是需要将这简洁的方案适用到实际上已经纷繁复杂的实在法中去。这可能是更加艰难的任务，但也是一个必须的过程。因为我们的思索是否达到了揭示事物发展规律的要求，"这并不是一个理论的问题，而是一个实践的问题"。这客观上要求一个更宏大的视野，本书付梓之际，我以《民法典视域诉讼标的争鸣下司法公信力之实现》，申请了2021年国家社科基金一般项目。能成功立项固然重要，如果不能，也并不妨碍就相关问题做进一步的研究。在我的规划中，大致分为四个阶段来完成我有涯之生的研究：第一个阶段，是诉讼标的本身之理论性研究（已问世的第一本著作《民事裁判的边界》的目标）；第二个阶段，是诉讼标的在民事诉讼体系中一般性制度之应用的验证性研究（本书的目标）；第三个阶段，则是考虑跳出民事诉讼法，但是仍在整个法律体系内来探讨诉讼标的之拓展性研究（下一个阶段的目标）；第四个阶段，如果可能，那么我相信诉讼标的不应当只是法律中的一个核心概念，它应该能够与其他社会科学的学科体系和实践发生密切的对话，由此产生系列的对话性研究。

对民事诉讼标的这么小的一个概念，历经十几年的思考，甚至是伴随着自己的学术人生，我不知道这有没有达到格物致知的境界，但确实是不亦快哉的人生幸事。漫长的研究过程中，能够不断地回首，看到自己的笔触和脚步，从青涩走向成熟，从微观迈向宏观，从清澈趋向混沌，因体会到成长之快乐而倍加快乐。学术研究，总是应该更高更快更远更实用，学无止境这个过程当真是如此地令人欣喜！看着遥远的目标，轻轻地放下和原谅自身研究当中的各种肤浅、固执和局限，砥砺前行。2020年12月顺利评上教授，这是对既往研究的奖赏，更是带来了研究的自由，不再受到各种如科举一般的限制，很有理由相信和期待，最好的书一定是下一本！

感谢恩师齐树洁教授将他严谨治学的精神毫无保留地感染和传承于我！感谢国家社科基金办公室的项目经费支持以及专家评审等系列工作，让本书最终得以顺利问世。作为一个只闻其名不见其形的机构，感谢它的付出和公正！感谢陈凤玲编辑对本书的严管与厚爱！感谢民事诉讼法共同体在本书撰写过程中所不断迸发和惠赐的智识与经验！

目 录

导 论 ······ 1
- 一 诉之牵连问题的缘由 ······ 1
- 二 研究方法 ······ 11
- 三 学术创新 ······ 11
- 四 学术价值 ······ 12

第一章 诉之牵连的基础逻辑 ······ 13
- 一 诉之牵连的概念界定 ······ 13
- 二 诉之牵连的发展阶段 ······ 22
- 三 诉之牵连的法律形态 ······ 27
- 四 诉之牵连的实务认知与抽象 ······ 31
- 五 本章小结 ······ 39

第二章 诉之牵连的程序正当性 ······ 41
- 一 诉之牵连的司法哲学之问 ······ 41
- 二 诉之牵连的程序结构限度 ······ 45
- 三 我国诉之牵连技术的程序正当性设定 ······ 51
- 四 本章小结 ······ 61

第三章 诉之合并的牵连性 ······ 62
- 一 诉之合并分类中的牵连性 ······ 63
- 二 比较法视野中诉之合并的牵连性 ······ 71
- 三 我国诉之合并中牵连性的实证考察 ······ 79
- 四 诉之合并中牵连性问题之梳理 ······ 93
- 五 基于牵连性的诉之强制合并 ······ 98
- 六 本章小结 ······ 100

第四章 共同诉讼的牵连性 ········· 102
- 一 共同诉讼分类中的牵连性 ········· 103
- 二 比较法视野中共同诉讼的牵连性 ········· 110
- 三 我国共同诉讼中牵连性的实证考察 ········· 116
- 四 共同诉讼中牵连性问题之梳理 ········· 132
- 五 基于牵连性的必要共同诉讼之合意简化可能 ········· 141
- 六 本章小结 ········· 143

第五章 第三人诉讼的牵连性 ········· 145
- 一 第三人诉讼分类中的牵连性 ········· 145
- 二 比较法视野中第三人诉讼的牵连性 ········· 151
- 三 我国第三人诉讼中牵连性的实证考察 ········· 155
- 四 第三人诉讼中牵连性问题之梳理 ········· 165
- 五 基于牵连性的第三人诉讼地位之确立和转化 ········· 177
- 六 本章小结 ········· 180

第六章 反诉的牵连性 ········· 182
- 一 反诉分类中的牵连性 ········· 183
- 二 比较法视野中反诉的牵连性 ········· 188
- 三 我国反诉中牵连性的实证考察 ········· 192
- 四 反诉中牵连性问题之梳理 ········· 205
- 五 基于牵连性看反诉之扩张 ········· 208
- 六 本章小结 ········· 211

第七章 重复诉讼的牵连性 ········· 213
- 一 重复诉讼分类中的牵连性 ········· 213
- 二 比较法视野中重复诉讼的牵连性 ········· 233
- 三 我国重复诉讼中牵连性的实证考察 ········· 250
- 四 重复诉讼中牵连性问题之梳理 ········· 267
- 五 基于牵连性的重复诉讼之再界定 ········· 270
- 六 本章小结 ········· 273

第八章 诉之牵连的审判模式 …… 275
  一 民事审判对象界定路径的反思 …… 275
  二 我国司法实务中变动的民事审判对象裁判路径 …… 280
  三 诉之牵连视角下的民事审判对象内涵的重释 …… 294
  四 诉之牵连视角下民事审判对象的审理原则 …… 327
  五 法院对当事人选择与合意的规制 …… 337
  六 本章小结 …… 350

结 语 …… 352

参考文献 …… 356

导　论

在中国，一座座法院的大门，隔出了民事审判对象研究和运行的两个世界。理论界与实务界在这一主题上，可谓自斟自饮，交谈寂寞。

民事审判对象之判定是民事审判的基石，是民事诉讼的核心问题。在民事审判对象的界定方式上，诉讼标的之确定可体现审判单元的清晰度，诉讼标的之牵连可体现审判单元的关联度。诉讼标的之确定和诉讼标的之牵连，可谓是事物的"一体两面"，在没有进入诉讼之前，当事人眼中的"一个"纠纷，内部往往具有各种先天的牵连性；当法律人秉持抽象法律思维，借助法律关系这一工具对纠纷进行法律上的切割，则诉讼的牵连性似乎得到了解决，但纠纷的牵连性始终存在。诉讼标的之确定和诉讼标的之牵连，均源自纠纷的混沌性这一母体，欲问诉讼标的之确定，则必答诉讼标的之牵连，两者互为理论基础。只有完成对此二者理论上的知己知彼，才有可能正确回答民事审判对象的界定问题。我国民诉理论界更多的是关注诉讼标的之确定，就诉讼标的之牵连问题则存在着较大的留白；我国民事诉讼实务界对诉讼标的之确定和牵连均有关注，但对诉讼标的之牵连的关注显然更多是实践的自发行为，缺乏理论的自觉。在民事诉讼中，诉是程序公正和效率得以实现的载体。各种诉的具体形态，在不同诉讼事件的运用中，虽会面临不同形式的法律难题，但这些问题有着共通性，即诉之牵连的处理。

一　诉之牵连问题的缘由

（一）罗马法上"诉"的概念

欲对诉之牵连的问题进行溯源，就不得不提起罗马法时代。罗马法先有诉权（actio）的思想。所谓actio，就是某人就某事有权将另一人带进法院的权利。通过对《十二表法》[①] 形成过程的考察,可以发现,actio 也是逐步发展起来的。在一个又一个具体的 actio 中,法院判定原告具有这样或那样的实体权利。后来,众多的 actio 在实践中被固定了下来,由此逐渐产生了实体法上的权利样态。[②] 这也就是民事诉讼法学者所津津乐道的:在历史上,是民事诉讼法产生了民法。

"诉"的概念居于罗马法诉讼程序的核心地位。"诉"是一个具有多元含义的复合概念,其内容复合性包括三个方面:诉讼程序、诉权和主观权。[③] 就诉的程序性内涵而言,罗马法没有如同现代民诉法那般通行的诉讼程序,不同案型有不同的诉讼程序,诉的程序性具有强烈的个性,在优士丁尼时期君权的干涉下方始逐渐统一。就诉的诉权内涵而言,其实质上是一种纷争的审判请求权,这和今天德日国家的诉权观念颇为接近。就诉权的主观权内涵而言,诉既是市民法上明确规定的权利,又是裁判官通过决定直接保护的那些市民法上没有明确规定的权利。所以说,诉在罗马法中不是权利的结果,而是权利的本身。

严格地说,在罗马法时代,民事实体法和民事程序法均处于羽翼未丰的阶段,因此,难以对民事实体法和民事程序法作严格的区分。在一个法律体系尚不健全的时代,法官难以从法律关系、案件事实和诉之声明等各要素来确认和限定审判对象的范围,而只能笼统地将摆在他面前的"纷争"本身视为审判对象。这样的诉讼标的理论,可称之为混沌的诉讼标的理论。

罗马市民享有诉权,其提起作为罗马法主观权意义上的"诉"有两个来源,即市民法(actio civilis)和裁判官法(actio honoraria),与之相对应的作为罗马法程序意义上的诉,分别称为"市民法之诉"和"裁判官法之诉"。市民法之诉具有严格的规范性,是由市民法规范诉之主观权和诉之程序。裁判官法之诉具有明显的事实性,裁判官拥有广泛的自由

[①] 中国许多学者较一致的译法是《十二铜表法》,厦门大学徐国栋教授经研究认为,正确的译法应当是《十二表法》。参见《〈十二表法〉新译本》,徐国栋、阿尔多·贝特鲁奇、纪蔚民译,《河北法学》2005年第11期,第2—5页。

[②] 梁开斌:《论逻辑与经验映射下的民事诉讼标的》,《大连海事大学学报》2013年第1期,第54—59页。

[③] 〔法〕亨利·莫图尔斯基:《主观权与诉权》,巢志雄译,《苏州大学学报》2019年第1期,第142—149页。

裁量权，可以依据事实中的利益保护需求，创设满足事实需要的诉之主观权和诉之程序。

(二) 不同"诉"观下的诉之牵连

1. 规范出发型的诉之牵连模式

随着人类社会生产活动向高级化阶段的迈进和司法经验的积累，法律体系的发展也不断地走向精致。那种将"纷争"视为审判对象的粗线条做法，显然并不合乎德国理性主义法学理论的发展旨趣。

历史法学流派主导并深远地影响了19世纪至今的德国诉讼法理论。历史法学派认为，actio 包含实体法上的请求权及程序法上的诉权。后来，温德沙伊德（Windscheid）又进一步将 actio（诉权）分解为请求权（Anspruch）与诉权（Klagerecht），并将请求权自 actio 中分离出来，建立实体法上之请求权概念，把剩下的部分划归诉讼法。由此，温德沙伊德于1856年出版的《从现代法的观点看罗马私法上的诉权》一书中创建了德国民法中的请求权概念，该概念被《德国民法典》所采用。对他来说，请求权概念的创建可以服务于其所提出来的新理念：私法上的权利是基础的权利，而其以诉的方式贯彻的可能性则是延伸的。而程序的任务为：当先于程序已存在之实体权利受侵害或有争议时，排除其疑义并使之实现。在这里，私法权利是第一位的，通过诉讼程序实现是第二位的；通过请求权概念的构造，使给付之诉能够实现，并适用强制执行程序。[①] 这意味着，每一个实体法上的请求，对应着一个程序法上的请求权。受温德沙伊德学说以及潘德克顿法学的影响，德国民事诉讼法草案以及动议案的起草人都把实体请求权作为诉讼标的，并没有区分出诉讼上请求权（诉讼标的 Streitgegenstand）。[②] 这种实体法观点下的诉讼标的理论被民事诉讼法学界称为传统诉讼标的理论（又称为旧诉讼标的理论或旧实体法说）。[③] 亦即，诉讼标的之范围，必须根据其实体法上的请求

---

① 〔德〕卡尔·拉伦茨：《德国民法通论（上册）》，王晓晔等译，法律出版社，2004，第245页。

② 王洪亮：《实体请求权与诉讼请求权之辨》，《法律科学（西北政法大学学报）》2009年第2期，第104页。

③ 有学者认为，将传统诉讼标的理论称为旧诉讼标的的理论本身并不是一种准确的提法，传统诉讼标的的理论至今仍然有着强大的生命力。本书不认为传统诉讼标的的理论已经是一种过时的理论，但为了表述的方便会在部分地方使用旧诉讼标的理论的称谓。

权依据来加以确定。

德国民事诉讼法从规范出发,注重实体请求和程序请求的一一对应关系,导致了"诉"的概念和民事纠纷的逐级脱节。所谓诉之牵连,在德国法上更多的是"因实体法上权利义务的牵连导致的程序法上审判的牵连"。

2. 事实出发型的诉之牵连模式

在法律发展的形式主义时期,英美法系国家也没有脱离早期罗马法程式诉讼的古板,原告不仅必须选择一套特定的程序规则,而且实际上还要在辩论中选择恰好可以支持对他有利判决的独一无二的法律规则。

最晚自1875年,英国的民事诉讼当事人已经摆脱一切将请求或者抗辩与特定法律规则或原则联系在一起的正式义务。[1] 当代英美法系国家秉持着经验主义的理念,本着事实出发型的模式,将案件事实确定为诉讼标的。[2]

在美国,民事诉讼的诉讼请求界定方式有五种模式,其中,交易理论占据了主导性地位。美国著名民事诉讼法学者理查德·D. 弗里尔,在其经典教科书《美国民事诉讼法》中,对相关诉讼请求界定方式有着详细的论述。[3] 所谓交易理论,即以案件事实所涉及的救济权利群来界定诉讼请求本身的范围,将诉讼请求界定为源自同一案件事实(the same transaction, occurrence, or series of transactions or occurrences)的所有受侵害权利。[4] 美国民事诉讼实践中,交易理论能最大限度地扩大案件的审判对象范围。

交易理论之前,基本权利理论(the primary rights theory)曾经占据历史的主导地位。所谓基本权利理论,指原告对受同一被告侵害的每一项权利可以提起一个独立的诉讼请求,因而,每一个独立的诉讼请求可以拥有一个独立的诉讼。在美国,基本权利理论并未如同我们想象的笨拙:一方面,即便当事人就同一案件事实下的不同权利救济请求发动独立的后诉,该后诉因和前诉中的许多争点重复,可以发生争点排除效,进而大幅度地精简了后诉的工作量;另一方面,出于争点排除效的压力,后诉中的双方当事人达成和解的成功率大幅度提高。

---

[1] 〔英〕J. A. 乔罗威茨:《民事诉讼程序研究》,吴泽勇译,中国政法大学出版社,2008,第147页。

[2] See rules 19 and 20 of Federal Rules of Civil Procedure, and see rule 20 of CRP.

[3] 〔美〕理查德·D. 弗里尔:《美国民事诉讼法》,张利民等译,商务印书馆,2013,第660—669页。

[4] See rule 13 and rule 18 of Federal Rules of Civil Procedure.

除了交易理论和基本权利理论之外，还有诸如证据同一性标准（sameness of the evidence test）①、单一不法行为标准（single wrongful act）②、诉讼请求人因"不同的法律理论"而有不同的诉讼请求等。③

英美法将案件事实确定为诉讼标的，这意味着在诉之牵连问题上的两种处理方式：一是如果当事人确实主张了特定的法律后果，他并不受该主张的约束，即便该主张是错误的；二是即便当事人没有主张某一规则下的特定法律后果，法院也可以依据当事人主张的事实直接赋予该后果。

所谓诉之牵连，在英美法上与当事人并不必然相关，更多的是法官考虑的问题，即"你给我事实，我给你法律"。④

3. 规范为主事实为辅出发型的诉之牵连模式

19世纪的法国民事诉讼法，对德国概念化、规范化的民事诉讼法倾向，并没有亦步亦趋。现代法国法"诉"的理论走出了与英美法和德国法不同的发展方向。一方面，作为大陆法系国家，法国民事诉讼法在诉讼标的之确定上，仍然以实体法之权利义务规范为基础；另一方面，罗马法裁判官之诉中对事实的看重，也在法国民诉法中得以保留，最为典型的即是司法利益之考量问题。《法国新民事诉讼法典》在"第二编：诉权""第九编：诉讼参加""第十一编：诉讼附带事件"均直接或间接提及法院司法利益对诉的形式之影响。⑤ 在诉之牵连中，司法利益考量的重要性和自由度远远超过了德国，但又弱于英美国家。

《法国新民事诉讼法典》第331条赋予了当事人申请就牵连诉讼相关主体加入诉讼的权利，规定："有权以本诉请求针对第三人提起诉讼的任何一方当事人，均可以将第三人牵连进诉讼，使之受到判决。有利益让第三人参加诉讼的当事人，也可以将第三人牵连进诉讼，使判决成为他们的共同判决。应当在有效时间内对第三人进行召唤（appefer），以便其准备防御。"

---

① 即支持第一次诉讼的证据是否和支持第二次诉讼的证据相同。如果相同，则两次诉讼的诉讼请求相同。
② 即行为人违法行为所引发的所有救济权利构成的范围。
③ 该理论是因早期普通法对诉答规则的限制而产生，也随着诉答规则限制的放宽而丧失了生命力。
④ 〔英〕J. A. 乔罗威茨：《民事诉讼程序研究》，吴泽勇译，中国政法大学出版社，2008，第146页。
⑤ 《法国新民事诉讼法典》，罗结珍译，法律出版社，2008，第71、363、386页。

《法国新民事诉讼法典》第 332 条更是赋予了法官将牵连之诉相关主体并入诉讼的权利，其规定：法官得提请各方当事人将其认为参加诉讼对解决争议实属必要的所有利害关系人均牵连进诉讼。权利或义务有可能受到非诉案件中将要作出的裁判决定影响的人，法官得令其参加诉讼。

所谓诉之牵连，在法国民诉法上，既可以是实体权利的牵连，又可以是法官基于事实判断之牵连。

（三）现代法对罗马法"诉"的分解

当今世界之所以形成英美法、法国法和德国法三足鼎立之态势，其根源在于对罗马法上"诉"的分解程度不同。中村宗雄认为：罗马法以"诉"为核心，"诉"的实体权利要素和诉权要素处于未分离状态，有"诉"就有权利救济；英美法以事实为理论出发点，法律规范内在于事实之中，且无先例也有救济；法国法理论的出发点是从事实向法律规范移动，法律规范中存留事实要素；德国法以法律规范为理论出发点，完全分离了事实要素和规范要素。① 我国有学者通过进一步的研究，找出了英美法、法国法和德国法对罗马法进行分解的依据，并改造了中村宗雄的诉的分解，如图 1 所示。②

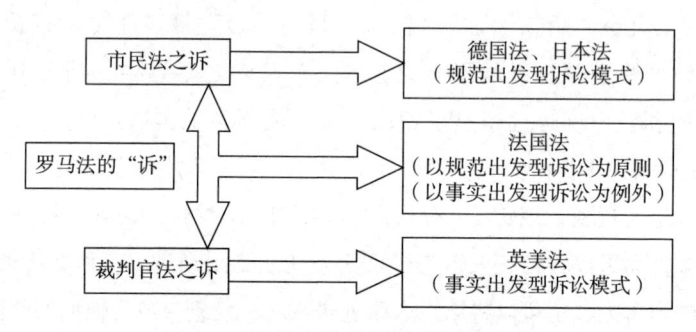

图 1　对中村宗雄的诉的分解的改造

在漫漫历史长河中，英美法、法国法和德国法所形成的诉讼模式，对民事诉讼的各种技术均产生了深远的影响。在诉讼标的之界定和牵连问题上，德国法、英美法和法国法也体现出各自理论出发点对该问题的

---

① 〔日〕中村宗雄、中村英郎：《诉讼法学方法论——中村民事诉讼理论精要》，陈刚、段文波译，中国法制出版社，2009，第 37—38 页。
② 巢志雄：《罗马法"诉"的理论及其现代发展》，博士学位论文，西南政法大学，2011，第 94 页。

影响，具体可见图2。

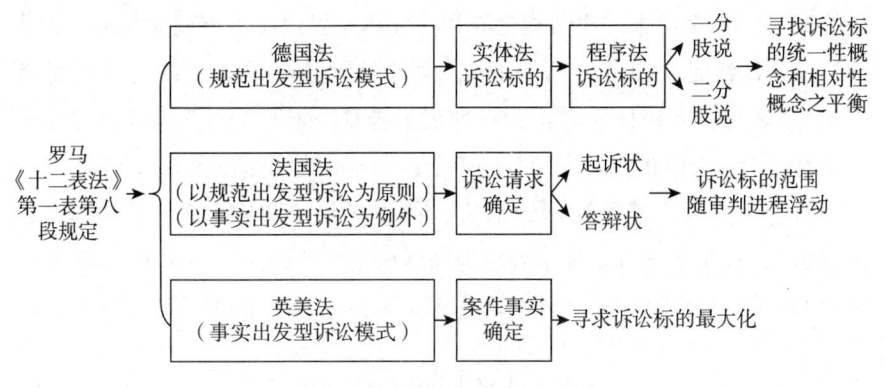

图 2　诉讼标的历史发展脉络

（四）诉之牵连的研究旨趣与挑战

1. 诉之牵连的研究旨趣

我国秉持大陆法系的传统，主要是从严格的规范出发，来界定诉之牵连性。在诉之牵连问题上，传统诉讼标的理论以法律关系为标准对诉的单元进行划分，解决了程序效率启动的起点问题。然而，对于那些牵连之诉的外部界限之划定，几乎是传统诉讼标的理论无法完成的任务。诉与诉之间在何种意义上可以构成一个整体？诉与诉之间在何种意义上具有不可分性？诸如此类问题的答案难以从传统诉讼标的理论中得出，必须求助于诉之牵连性理论。诉之牵连理论对诉的整体性界定，回答了程序效率提高的快慢问题。诉之合并、共同诉讼、第三人诉讼、反诉和重复诉讼等诸多诉的现象背后，均包含着诉之牵连现象。对诸现象共性的描述及其背后所蕴含规律的分析、揭示和利用，正是本书的研究旨趣。

2. 诉之牵连研究的理论挑战

在模式化的社会科学领域，高质量的学术理论研究必须是在特定的规范评判标准下引导完成。就诉讼标的问题的研究而言，通常要做到两个必须——必须溯源大陆法系已有的相关文献，必须在研究路径上心悦诚服地接受大陆法系诉讼标的的理论研究成果和研究路径的规范，这可被称为研究的途径依赖。学者的研究通常是"从文献到文献"，只有在大陆法系的理论框架下，才能够谨小慎微地贡献自身的学术增量。因为研究精力的有限，学者们基本上无法走出大陆法系民诉法理论的相关背景，没有能力对诉之牵连理论所适用的社会背景、社会回馈，以及更为广阔的我国的司法传统、心理文化传统等进行更为深入的研究，导致了"一种片面的深刻"。① 多年来，我国理论界和实务界在界定民事审判对象时，占主导地位的做法是：抱持着西方的②，尤其是大陆法系的传统诉讼标的理论③，或者是新诉讼标的理论，将其视为圭臬，不可动摇！并且，学术界的任何一次理论改进都放在西方的诉讼标的理论背景之下加以评判。

对于我国的诉讼标的理论研究，博士学位论文有之④，著名学者论述有之⑤，近年，又有年轻学者更为详尽地介绍了德国⑥、法国⑦、日本⑧、美国⑨和英国⑩的诉讼标的理论研究新成果，进一步推进了我国的研究。⑪

---

① 周雪光：《寻找中国国家治理的历史线索》，《中国社会科学》2019 年第 1 期，第 90—100 页。
② 早期最高司法机关认为，诉讼标的是法律关系和法律事实的结合。该观点融合了英美法系中关于民事审判对象的纠纷事实说。具体参见：青岛中金实业股份有限公司与中铁置业集团有限公司投资合作协议纠纷案，最高人民法院 2013 民二终字第 93 - 1 号。
③ 晚近的判决中，最高司法机关认为，诉讼标的是指原告起诉所建基的请求权基础，这实际上是传统诉讼标的理论之法律关系说。具体参见：中华人民共和国最高人民法院民事判决书，（2018）最高法民再 183 号。
④ 就中国大陆而言，该相关主题已经有李龙的《民事诉讼标的理论研究》、段厚省的《论诉讼标的》、李汉昌的《诉讼标的理论研究》等博士学位论文。
⑤ 具体可参见李浩《民事诉讼法学》，法律出版社，2016，第 117 页；齐树洁主编《民事诉讼法》，厦门大学出版社，2013，第 47 页；江伟：《民事诉讼法》，高等教育出版社，2004，第 11 页；常怡：《民事诉讼法》，中国政法大学出版社，1997，第 133 页；张卫平：《民事诉讼法》，中国人民大学出版社，2015，第 148 页；张卫平：《论诉讼标的及识别标准》，《法学研究》1997 年第 4 期，第 67 页；王亚新、陈杭平、刘君博：《中国民事诉讼法重点讲义》，高等教育出版社，2017，第 11 页；李龙：《民事诉讼标的理论研究》，法律出版社，2003，第 231 页。
⑥ 卢佩：《困境与突破：德国诉讼标的理论重述》，《法学论坛》2017 年第 6 期，第 81 页。
⑦ 巢志雄：《诉讼标的理论的知识史考察——从罗马法到现代法国法》，《法学论坛》2017 年第 6 期，第 69—70 页。
⑧ 参见史明洲《日本诉讼标的理论再认识——一种诉讼法哲学观的转向》，《法学论坛》2017 年第 6 期，第 90—91 页。
⑨ 陈杭平：《"纠纷事件"：美国民事诉讼标的理论探析》，《法学论坛》2017 年第 6 期，第 62 页。
⑩ 就英国而言，其情形和美国大致相同，也是以案件事实来决定诉讼请求的范围。例如，在英国 2000 年修订的《民事诉讼规则》（Civil Procedure Rules）第 17 条第 4 款中即规定，当事人所遗漏或所欲修正的请求或抗辩，只要能包含于诉答文书中所陈述的事实，则允许当事人在诉讼中的适当时机予以补充或修正。英国的相关判例可以参见 Spencer Bower, Turner and Handley, The Doctrine of Res Judicata (the third edition), Anthony Rowe Ltd., 1996：69 - 82。
⑪ 陈杭平：《诉讼标的理论的新范式——"相对化"与我国民事审判实务》，《法学研究》2016 年第 4 期，第 189 页。

上述研究可谓贡献颇丰，对中国诉讼标的理论之发展起到重要的奠基作用。但已有的相当一部分研究更多的是提出关于诉讼标的之某一种类型化的概念或者理论，并研究该理论在逻辑上是否具有规律性和自洽性。[①]这是一种从逻辑到经验的研究导向，其逻辑和理论出发点多是大陆法系的诉讼标的理论，而这些诉讼标的理论的社会背景则源自大陆法系各相关国家的社会土壤、司法传统以及制度变迁。很遗憾的是我国的司法传统在这些研究中，没有扮演重要的角色。这些理论模型的提出和理论逻辑的自洽性往往没能得到实务的验证，落入了有理论导向无实证检验的研究陷阱。

诉之牵连的理论目标，是发现具有诉讼牵连性案件背后是否具有超越一时一地一案的规律性特点和机制。纯粹逻辑上的自推自导，其成果在没有获得决策者赞同下几无验证的可能性，无法得到证伪或者证成。这样一种缺乏本国历史传统和现实国情的诉之牵连研究范式，其得出的相关结论，若放在更宏大的历史背景和社会背景中检验，仅会彰显理论身板的"单薄"。

如果将西方的诉讼标的理论视为真理的背景墙，那么中国的任何一次理论改进，只要是合乎中国国情的，都将有可能是违背西方法理的一次错误理论冒进，只有扫除法律研究上的这种理念约束，中国的司法改革包括但不限于具体的民事司法技术才有可能不被一次次贴上"理论涉险"的标签。只有不局限于自我，中国的诉之牵连理论才能具有更多符合中国国情发展的可能。

3. 诉之牵连研究的实务挑战

我国的法官在处理诉之牵连性问题上面临着多种困境，在诉之牵连司法哲学思想的形成和指导方面困难重重，这导致在具体案件的审理中，出现经常性的举步维艰。[②]

就民事审判对象范围的处理而言，他们经常会面临四个方面的难题。

[①] 台湾大学邱联恭教授的诉讼标的相对论和台湾政治大学杨淑文教授所提出的相对诉讼标的概念中，已开始允许逻辑上的相对不体系性的存在。参见杨淑文《诉讼标的理论在实务上之适用与评析》，《政大法学评论》1999年第61期，第197—251页。

[②] 廖奕：《司法哲学的四种主义》，《中国图书评论》2010年第5期，第61—63页。

（1）理想主义的困惑

实践中，存在传统诉讼标的理论下的机械民事司法与大众观念下纠纷单元的认识差异。法官在坚持传统诉讼标的理论[①]，以法律关系来处理案件的审判单元时，经常遭受民众的质疑，有时甚至是来自政治机关的诘问。一元理论和多元理念的冲突，对传统诉讼标的理论的坚守，提出实际的挑战。

（2）大众主义的挑战

民事审判对象之界定，相对而言是一个比较中性的司法问题，但偶尔也会遭遇大众舆情的干扰。民众朴实的纠纷处理思维与法律对案件事实的抽象切割之间的矛盾，有时会因为舆情的推波助澜，上升为局部的比较尖锐的矛盾。

（3）形式主义的空乏

对于同一个案件诉讼单元的处理，可能会有多种司法思路。长期以来，我国民事诉讼法对案件的审判单元没有在立法上给予明确的规定，即便是2015年2月4日《最高人民法院关于适用〈中华人民共和国民事诉讼法〉的解释》（简称《民诉法解释》）出台以后，实务界对第247条[②]的理解也莫衷一是。程序的统一性和程序的刚性在民事审判单元的处理问题上，和许多其他程序性问题一样，显得有气无力。程序正义无法得到彻底贯彻。

（4）实质主义的退场

案件诉讼单元的处理，关乎程序正义和实体正义的平衡。对案件审判单元做过于细致的切割，会导致几种可能：或者是纠纷无法得到及时处理，或者是纠纷无法得到协调一致的处理，或者是纠纷得到并不公正的处理。迟到的正义非正义，对具有诉讼牵连性案件的切割式审理，难免会导致正义过于迟滞的实现，令那些对法院寄予厚望的民众，产生深

[①] 有学者质疑，认为实务界是否采用了传统诉讼标的理论，尚有待于进一步考证。参见段厚省《民事诉讼标的论》，中国人民公安大学出版社，2004，第273页。

[②] 《民诉法解释》第247条规定："当事人就已经提起诉讼的事项在诉讼过程中或者裁判生效后再次起诉，同时符合下列条件的，构成重复起诉：（一）后诉与前诉的当事人相同；（二）后诉与前诉的诉讼标的相同；（三）后诉与前诉的诉讼请求相同，或者后诉的诉讼请求实质上否定前诉裁判结果。当事人重复起诉的，裁定不予受理；已经受理的，裁定驳回起诉，但法律、司法解释另有规定的除外。"

刻的不公平感。

二 研究方法

本书主要采用文献梳理、语境分析、类案研究、田野调查等方法，在具体的研究中，也将综合运用民法解释学、比较法学、法律文化学、法律社会学等多学科研究方法。

（1）描述性和解释性相结合

一方面，通过文献梳理描述诉之牵连现象在实体法和程序法中所发生的诸种变化；另一方面，充分调动多学科理论资源，在学理层面求取多元解释。

（2）微观和宏观相结合

既对诉之具体形态的内部牵连的若干典型切面进行微观解析，又从宏观层面抽象出诉之具体形态的外部牵连中所开放出来的关涉牵连性的一般性理论问题。

（3）历史考察与比较研究相结合

将研究对象安置于法发展的历史脉络中构建叙事主线，同时辅之以两大法系的立法技术比较，探寻诉之牵连现象的内在机理。

三 学术创新

本书创新之处在于新问题、新视角、新表述，具体而言如下。

（1）新问题

诉之牵连，是实体法和程序法的双重问题，但其本源问题是民事纠纷行为的牵连性和不可分性，是行为的牵连性导致了利害关系之牵连性。解铃还须系铃人，"行为的牵连性导致的利害关系之牵连性"才是破题的关键，从中可以找到诉之牵连的根本原因、逻辑发展、审理方式和简化方向等问题的真正答案。

（2）新视角

诉之牵连，关注者少且主题散落于民事诉讼的不同环节，各自为政。本书在视角上力图系统化地提炼出各种诉的牵连性现象背后的共同规律，保证研究的整体逻辑性和科学性。

（3）新表述

本书力图穷尽式地描述诉之牵连的判决，以类案研究方式对诉之牵连现象进行"准大数据"式的描述。本书既有文字性的条分缕析，又适度使用文字公式的推理、图表和模型的表述，更加符合法律逻辑推理的表达要求。

四　学术价值

（1）理论价值

从整体性角度研究诉之牵连现象的内在机理，将有助于对民诉法中诉之合并、共同诉讼、反诉、第三人诉讼、重复诉讼等各种诉的具体形态之一般理论进行一定程度的重述和改写。

（2）实践价值

诉之牵连问题的解决，有助于民事审判整体效率的提高，让程序效率的支持者得到具有倍增效益的程序审判构想图。

第一章 诉之牵连的基础逻辑

【本章主要观点逻辑导读】

诉的要素牵连 → 诉之牵连
- 诉之牵连的现象：不同诉的四要素的连接
- 诉之牵连的本质
  - 法律上的本质：诉讼标的之牵连（四要素）
  - 法理上的本质：生活利益之牵连
- 诉之牵连的发展阶段：利益牵连→实体权利义务牵连→程序审理牵连
- 诉之牵连的法律形态：
  - 诉之实体要素的牵连
  - 诉之程序要素的牵连
  - 诉之具体形态的牵连
- 诉之牵连的实务认知与抽象：诉讼标的各要素牵连的逻辑表达式

一 诉之牵连的概念界定

（一）诉之界定

1. 诉的概念

关于诉的概念，不同学者给出的定义并不完全一致。诉，是指当事人向法院提出的，请求特定的法院就特定的法律主张或者权利主张（诉讼上的请求）进行裁判的诉讼行为。[1] 诉是指特定原告对特定被告向法院提出的审判特定的实体（法）主张的请求。[2] 所谓的诉是指原告请求法院进行审判的申请。[3] 诉是当事人向法院提出的针对其权利主张进行

---

[1] 张卫平：《民事诉讼法》（第二版），法律出版社，2016，第185页。
[2] 齐树洁主编《民事诉讼法》（第十版），厦门大学出版社，2016，第37页。
[3] 〔日〕高桥宏志：《民事诉讼法制度与理论的深层分析》，林剑锋译，法律出版社，2003，第55页。

裁判的请求。①

作为抽象思维产物的上述诉之概念，各有精彩之处，欲完成求同存异之作业，则必然要回归到诉的组成要素。

2. 诉的要素

关于诉的要素，理论界有不同的认识，主要有两要素说与三要素说的区分。两要素说认为诉的要素包括诉讼标的和诉讼理由，或者称之为诉讼根据。② 三要素说认为诉的要素包括当事人、诉讼标的和诉的理由，其中诉的理由又包括事实理由和法律理由。③ 教育部最新组织编写的马工程民事诉讼法教材则认为，一个完整的诉，由当事人、诉讼请求和诉的理由构成。其中，诉的理由，又称事实理由，是指当事人向法院请求保护其权益和进行诉讼的根据。④

本书认为，诉的概念，取决于诉的要素构成。诉的要素，就是诉的构成中必不可少的、使诉的内容特定化以相互区分的实质组成部分。诉的要素之界定，决定了此诉和彼诉的区分界限，是判断是否构成重复诉讼的标准。因此，诉的要素应当包括当事人、案件事实、法律关系和诉讼请求四个方面的内容。本书主要从当事人、案件事实、诉讼标的、诉讼请求这四个要素来探究诉的变化，对四个要素之间的联系用"牵连性"这一概念进行探究。

（1）当事人

民事诉讼当事人，是指"因民事上的权利义务关系发生纠纷，以自己的名义进行诉讼，并受人民法院裁判拘束的利害关系人"。⑤

（2）案件事实

案件事实，又可称之为法律事实。在法理学上，能够引起法律关系发生变化的事实称为法律事实。所谓法律关系的变化，即指法律关系的

---

① 《民事诉讼法学》编写组编《民事诉讼法学》（第 1 版），高等教育出版社，2017，第 37 页。
② 柴发邦主编《民事诉讼法学新编》，法律出版社，1992，第 60—61 页。
③ 田平安主编《民事诉讼法学》，中国政法大学出版社，1999，第 142—143 页。
④ 《民事诉讼法学》编写组编《民事诉讼法学》（第 1 版），高等教育出版社，2017，第 37—38 页。
⑤ 王胜明：《中华人民共和国民事诉讼法（2012 修正）释义》（第 2 版），法律出版社，2012，第 72 页。

形成、变更与消灭。对于法院来说，法官需要做的只是对法律事实进行审理。

纠纷发生之后，当事人来到法院起诉。当事人一开始向法院提交的事实不是法律事实，而是自然事实。自然事实就是当事人提供的生活中有关于所涉纠纷的方方面面的事实。在现如今社会关系愈加复杂的情况下，当事人很难准确提供案件事实，只有在法官或者相关专业人士的帮助下才可能既不重复又不遗漏地向法院提供法律事实。

(3) 诉讼标的

民事诉讼法学理论研究中，学者们多把民事审判对象等同于民事诉讼标的。[①] 对于民事诉讼标的，研究者又多注重于如何界定民事诉讼标的之构成要素。对于诉讼标的构成要素的不同理论研究偏好，导致了传统诉讼标的理论和新诉讼标的理论的区分，进而在新诉讼标的理论中，又出现了一分肢说、二分肢说和三分肢说的区分。

①诉讼标的理论研究的进展和不足

目前来看，诉讼标的理论研究者们在以下三个方面取得了巨大的成功。一是对法律关系、案件事实和诉之声明这三个构成要素本体的界限和范围进行了较为精确的研究。二是对诉讼标的三个要素之间的相互关系进行了反复斟酌。三是较好地正视和处理了诉讼的稳定性和诉讼的经济性这一对矛盾。所谓诉讼的稳定性，是指通过对诉讼标的的精确界定，从而划清了此诉和彼诉、前诉和后诉的界限。所谓诉讼的经济性，是指通过对诉讼标的的范围作尽可能最大化的界定，从而避免一案多诉的情形。

即便如此，在实务界和理论界中，关于诉讼标的理论之争鸣仍然是不绝于耳，尘埃未定。并且，这种理论争鸣并没有给实务的推动带来非常积极的作用。究其根本原因，是理论界多次反复的激烈争论所导致诉讼标的之模糊性，给实务界的法官们带来了严重的操作疲劳。既往对诉讼标的理论的研究，虽然争鸣颇多，但是在研究方法上可以说是如出一辙。通过对既往文献的梳理，可发现研究者们在研究路径上有以下几个

[①] 理想状态下民事审判对象可等同于诉讼标的，但实务审判中可经常发现此二者不等同的现象。民事审判对象具有实务中的实然性，民事诉讼标的具有理论上的应然性。

共同点：在研究内容上，几乎没有一位学者能够跳出诉讼标的三个要素之间的关联性来进行研究；在研究指向上，所有研究者都不约而同地把诉讼的稳定性和诉讼的经济性作为两个最主要也是最重要的指标；在研究视角上，学者们更侧重把案件之间的相互比较作为重点，其目的是区分此诉和彼诉、前诉和后诉的界限；在研究范围上，学者们更多考虑的是诉讼标的在民事诉讼程序中的作用，不太关注民事诉讼程序、仲裁程序、公证程序、调解程序以及行政程序之间处理对象的对接。

②从诉之牵连角度看待诉讼标的（民事审判对象）之研究

诉之牵连，是从整体性的角度来把握诉的外部界限，自然对于诉讼标的之界定会产生新的影响。从诉之牵连角度出发，在前人的研究资料和研究结论的基础上，后续的诉讼标的之研究应当能够在上述几个方面作出一些横向和纵向的跨越。例如，在研究内容上，不局限于诉讼标的三要素之间的相互关联性研究，更应关注该三个要素在民事诉讼不同阶段中所发生纵向演绎和变化以及导致这三个要素发生变化的其他影响性要素；在研究指向上，希望不局限于诉讼的稳定性和经济性这两个维度，同时要尽可能地考虑到立法的正当性和法官实务操作的便捷性；在研究视角上，应能跳出传统三要素的研究局限，把民事诉讼标的放在民事诉讼法的体系中进行研究，从动态的角度研究民事审判对象在诉讼的不同环节、不同阶段的发生、发展、变化和消灭，更为注重宏观性研究，而不是微观性研究。

对诉讼标的研究路径上的超越，是解决诉之牵连问题的必然要求。诉之牵连问题，涉及的往往不是单一之诉，要求无论从横向还是纵向观察民事审判对象的视角都应当大大拓宽。在诉之横向和纵向牵连中，凡涉及人的要素、时间的要素、法律关系的要素和案件事实的要素中任何一个要素发生变化，民事审判对象的范围也会相应地发生动态变化。与既往诉讼标的之研究不同，以诉之牵连为切入点的研究，并不能够让民事审判对象在个案诉讼当中的地位更为清晰、准确，但其能从诉之整体性角度对民事审判对象作全新的思考和把握，这有助于整体民事司法效率的提高。

③从法理学到民诉法上"法律关系"概念内涵的变化

在法理学上，法律关系是法律在调整人们行为过程中形成的权利、义务关系。① 法律关系是由主体、客体和权利与义务三要素构成的。②

当事人可以看作是法律关系的主体，诉讼请求可以看作是争讼法律关系所指向的客体，案件事实是引起法律关系变化的原因。③ 在保持逻辑一致性的意义上，对法律关系之研究和界定，就相当于对"诉"本身的研究和界定。但是，法律关系在民诉法的发展过程中，其并未严格地在法理学的框架内作逻辑的生长，而是对法理学有选择地吸收和发展。在法律关系这个问题上，民事诉讼法便有了不同于法理学的内涵。

即便是在民事诉讼领域，法律关系概念也不具有唯一确定的内涵，论者经常在不同层次上加以使用，其可以有大法律关系（既包括主合同，又包括从合同）、中法律关系（区分主合同和从合同）、小法律关系（区分某一法律条文下的不同请求权）。④ 法律关系研究者对其内涵的把握，尚且有不同的理解；法律关系的使用者，更是容易存在着各种误区。"适用正确的法律"与"正确地适用法律"是两回事，前者是指法律规范选择的正确性，后者是指法律规范构成要件适用的正确性。⑤

（4）诉讼请求

诉讼请求，也称为诉之声明，是特定原告要求特定被告为或者不为一定的行为并以此要求法院支持自己主张的请求。

在一个诉讼中，基于相同的请求权基础，能提出的诉讼请求必须一并提出，但在现实中存在"诉讼试探"的情形。诉讼试探，是指原告为了保护自身利益，出于节约诉讼成本、防范诉讼风险，先以一部分的请求诉请法院，得到支持后再次提出基于相同请求权基础产生的剩余诉讼请求，以保证能够胜诉。

3. 诉的分类

（1）从诉讼请求（客体）指向对诉所作的分类

如果从诉讼请求指向对诉进行分类，诉在形式上可以分为给付之

---

① 张文显：《法理学》（第三版），法律出版社，2007，第182页。
② 张文显：《法理学》（第三版），法律出版社，2007，第186页。
③ 案件事实本身不能给出任何的方向和头绪，只有当事人从具体的案件事实当中理出相应的法律关系，才能给出案件审判的方向。从这一个角度来说，传统诉讼标的理论似乎抓住了人、事和权利义务这三者关系之中最核心的部分，即权利义务的分配指向。
④ 任重：《反思民事连带责任的共同诉讼类型》，《法制与社会发展》2018年第6期，第151页。
⑤ 邹碧华：《要件审判九步法》（第1版），法律出版社，2010，第74页。

诉、确认之诉和形成之诉。这种分类严格意义上只是一种形式性的划分，并不触及诉的质的规定性。例如，本诉请求确认一定金钱债权不存在，反诉主张债权存在请求给付一定金钱，于此情形本诉与反诉之诉讼标的相同，但反诉之权利保护形式系给付诉讼，有反诉之必要，故应提起反诉。①

传统意义上认为：给付之诉，是指原告请求法院判令被告履行一定给付义务之诉；确认之诉，是指原告请求法院确认其主张的民事法律关系和法律事实存在或者不存在之诉；形成之诉，又称为变更之诉，是指原告请求法院变动现存民事法律关系之诉。从上述这三个诉的类型划分标准来看，它们既不涉及诉的主体，也不涉及具体的案件事实。法律关系的变化和诉讼请求的指向，是它们之间进行区分和识别的唯一标准。因此，在实务中很容易将这三种诉的类型区分，认定为不同的诉讼标的。给付之诉、确认之诉和形成之诉是诉的类型划分，是对诉所作的理论上的研究；以法律关系来区分不同的案件，这是诉的一种具体的类型化的划分。前者的重点在于识别诉的不同形态，后者的重点在于识别不同的案件。实务当中，经常看到法官认为某两个案件其中一个是给付之诉而另外一个是确认之诉，并因此认为这两个案件的诉讼标的不同。这种结论的推导过程有着很大的问题。

诉的类型划分和案件的识别标准是两个不同层次的问题。我们可以说两个案件的不同是它们在审判对象范围上的不同所造成的，但不能说是两个案件在学理上的分类的不同而造成的。如果不注重这两种识别标准的区分，那么在实践当中可能会造成困惑。例如，一个案件先行提起确认之诉，再行提起给付之诉。从诉的理论划分上看，它们必然是两个不同的诉。但司法实践中，法官会认为前诉和后诉的诉讼标的是相同的，因此，后诉和前诉会构成重复诉讼。

从理论上来看，给付之诉、确认之诉和形成之诉分别对应实体法上的请求权、支配权和形成权。这种对应是抽象的权利性质对应，而不是具体的权利内容的对应。如同我们无法从抽象的权利、形态来判断此案与彼案的不同。同理，我们也无法从抽象的诉的类型区分来判断此案和

---

① 陈荣宗、林庆苗：《民事诉讼法》，三民书局，1996，第372页。

彼案的不同。依据传统诉讼标的理论来判断案件的不同，法官们会发现抽象的标准必须不断地舍弃，达到一定具体的程度时，案件与案件之间的不同才能够显现出来。对于确定诉讼标的之法官来说，诉的类型这种抽象标准必须舍弃，抽象的法律关系这种标准也必须舍弃，只有到达具体的法律关系时，才有可能区分此案与彼案。以给付之诉为例，其中会有各种具体法律关系，如侵权行为所生之债、合同行为所生之债。更进一步而言，在合同行为所生之债的给付要求当中，23种有名合同就产生出至少23种不同的诉讼标的。

从逻辑上来看，诉的类型划分应该涉及诉的所有四要素。仅从法律关系来划分，那么该种类型的划分，更准确地说是诉讼标的上的类型划分。诉的合并与变更是民诉法关于诉的发展形态之展开。通说认为，诉的合并有主观合并、客观合并和混合合并三种形态，变更有主观变更和客观变更两种形态。由上可知，目前通说中诉的类型划分是一种要素上的不完全划分，诉的合并与变更则是诉的要素上的一种相对完全的合并与变更。

(2) 从诉讼主体指向对诉所作的分类

根据诉讼主体指向的不同，诉还可以有反诉、共同诉讼和第三人诉讼的分类。从牵连性的角度而言，这种分类颇有意义，其能说明不同的诉讼主体，或者由于实体权利义务上明确的牵连性，或者由于实体权利义务牵连性模糊而有待审判明确，最终汇聚到同一个诉讼程序中。

(3) 从诉讼时间指向对诉所作的分类

根据诉讼时间指向的不同，诉还可以有重复诉讼和发生既判力之诉的区分。所谓重复诉讼，从时间上作严格界定，是指在前诉尚处于诉讼系属中提出内容相同的后诉。所谓发生既判力之诉，从时间上作严格界定，是指人民法院已就该诉作出生效判决，且相关诉讼主体不能就相同内容提起后诉。

依据不同的标准，可以对诉作上述不同的分类。其中，主体和客体标准的分类，是空间上诉的分类，它和时间上诉的分类相得益彰。

(二) 牵连的界定

所谓"牵"，有"拉"和"引领向前"的意思。所谓"连"，有"相接"和"联合"的意思。关于牵连的定义，《辞海》中有着简要的解释："牵连：①牵连，连累；②联系在一起。"[①] 从上述各定义可以看出，凡牵连者，在过程中必须有一种内在的力量促成，在结果上必须表现为一种外在的连接性。

（三）诉之牵连的界定

1. 诉之牵连的现象描述

所谓诉之牵连的现象，是指两个或者两个以上的诉，相互之间在诉的构成要素（当事人、案件事实、法律关系和诉讼请求）上存在着连接关系。[②] 诉之牵连中的诉，既包括那些可以分开的诉之间的牵连，如本诉与反诉、主诉讼与参加之诉、前诉与后诉；又包括那些不可分开的诉之间的牵连，如必要共同诉讼、准必要共同诉讼；还包括那些可分与否状态不定的诉之间的牵连，如类似必要共同诉讼。

2. 诉之牵连的本质描述

民事审判对象的界定方式上，诉讼标的之确定可体现审判单元的清晰度，诉讼标的之牵连可体现审判单元的关联度。诉讼标的之确定和牵连，均源自纠纷这一母体的混沌性，此二者互相解释，互为理论基础。就法律上的本质而言，民事诉之牵连问题的核心，是诉讼标的之牵连。对诉讼标的之牵连作进一步法理上的挖掘，其背后隐藏的是当事人生活纠纷上的利益牵连。

3. 诉之牵连的连接点

民事诉之牵连问题的核心，是诉讼标的之牵连。故诉讼标的之关键性构成要素，自然成为诉之牵连的连接点，具体分为如下几种状态。

（1）不同诉以同一当事人为连接点的牵连

在普通共同诉讼中，虽然要求诉讼标的同类，但还有一更为关键的连接点是当事人存在着一定的重复性或同一性，如此，才有普通诉讼合并审理的可能。此时，当事人成为两个单一之诉合并为普通共同诉讼的连接点。又例如，在多人非共同故意侵权中，受害人的同一性使得这些不可分的诉之间产生了关联性。

---

① 辞海编辑委员会编《辞海》，上海辞书出版社，1980。
② 有学者在研究交叉诉讼中也表达了类似的观点，认为牵连关系主要指涉法律关系（含主体）、案件事实和诉讼目的上的牵连。具体参见高文燕《交叉诉讼研究》，硕士学位论文，西南交通大学，2014，第4—5页。

(2) 不同诉以法律关系为连接点的牵连

①不同诉以同一法律关系为连接点的牵连

各诉产生于相同的法律关系。如基于同一保管合同法律关系，甲请求法院判令乙返回被保管的电脑，乙反请求甲给付保管费。

②不同诉以不同法律关系为连接点的牵连

以法律关系为例，甲诉和乙诉在法律关系上可以发生牵连关系。这种牵连关系，可以是因果关系的牵连、主从关系的牵连或者是不相容关系的牵连。例如，甲诉的 A 法律关系是乙诉的 B 法律关系的先决要件，如在债权纠纷中，主合同效力法律关系的确认对保证合同效力法律关系的确认，往往具有先决力，两者之间有因果链条的存在。

(3) 不同诉以诉讼请求为连接点的牵连

以诉讼请求为连接点的牵连，最经常发生于本诉和反诉之间，也常见于有独立请求权的第三人诉讼中。一般情形下，两个诉的诉求因为具有交集，而产生抵消或者吞并关系。例如，在本诉与反诉中，两者间的诉讼请求在内容上经常有交集关系。在泛牵连性的本诉与反诉关系中，两者间的诉讼请求所指向的甚至只要是种类物即可。特殊情形下，两个诉的诉求具有目的同一性，此牵连情形一般出现在形成之诉中。例如，养父母以其养子有吸毒屡教不改的情形，诉请法院判决解除双方的收养关系，而其养子则以经常受养父母虐待之理由提起反诉请求解除收养关系。[①]

(4) 不同诉以案件事实为连接点的牵连

不同诉以案件事实为连接点的牵连，是指各诉产生于同一事实基础或者关联事实。如甲乙两人因事争执而互殴，甲诉乙赔偿医疗费和伙食费，乙反诉请求甲赔偿自己医药费和误工费，两个诉讼请求均产生于同一事实基础。[②] 又例如，《中华人民共和国合同法》（简称《合同法》）第122 条关于违约之诉和侵权之诉的竞合，均产生于同一案件事实。在某些情形下，两个诉中的不同法律关系之间虽然是并列关系，但如果共属于某一整体性事实中，也可视为具有牵连关系。例如，数个股东起诉法

[①] 谢泽帆：《论民事之诉的强制合并》，硕士学位论文，广东商学院，2012，第 23 页。

[②] 杨宗清等诉杨中亮健康权纠纷案，云南省祥云县人民法院民事判决书，(2017) 云 2923 民初 71 号。

院要求撤销股东大会决议，此时由于主体的不同，构成了若干不同的法律关系，但是，这些并列的法律关系均关涉股东大会决议这一基本案件事实的法律效力，法院必须将各诉予以合并审理合一判决，以避免出现矛盾判决。

4. 诉之牵连的程度判断

关于牵连性，可以从案件的法律层面和事实层面两个维度进行双向拓展，形成牵连性的谱系。① 关于请求权和请求权基础，属于法律层面的内容；关于请求主体、请求事实和请求目的，则更多是属于事实层面的内容；关于请求内容本身，则兼具法律层面和事实层面的属性。由于上述6个要素和诉讼标的密切相关，故本书的第3章、第4章、第5章、第6章和第7章均围绕着这6个要素展开讨论。在这6个要素中，请求事实之牵连是不同诉之间发生牵连的基础，请求内容之牵连是不同诉之间发生牵连的最终表现，此二者关系不同诉讼之间牵连性的根本。处于"请求事实之牵连"和"请求内容之牵连"两端之间的其余要素之牵连，则处于相对次要的地位。某种意义上，我们可以从"请求事实之牵连"和"请求内容之牵连"来理解两个诉讼之间的牵连性程度：当牵连性程度处于最大值时，可以理解为两个诉的案件事实和诉讼请求的高度重合，有如固有必要共同诉讼；当牵连性程度达到极小值时，可以理解为两个法律上高度相似但又可能不存在案件事实和诉讼请求关联关系的两个诉，有如普通共同诉讼②；当牵连性程度处于最大值和最小值之间时，则可以理解为两个诉在案件事实和诉讼请求上的部分重合，有如第三人诉讼。

二 诉之牵连的发展阶段

诉之牵连的发展有三个阶段：民事行为上的生活利益牵连性→民事行为上的实体权利义务牵连性→民事行为上的程序审理牵连性。在这三个阶段中，贯穿始终的就是一个因素：利益的博弈。

---

① 黄鹏：《诉之合并制度功能及其合并规则初探》，《云南大学学报》（法学版）2015年第6期，第118页。

② 此处的牵连性，更多表现为两个高度相似的案件中所需要遵守的法律规则的内在趋同性。

（一）第一阶段：民事行为上的生活利益牵连性

在诉之牵连的第一阶段，是当事人之间的利益纠缠和博弈问题。此时，涉及利益的各种运动表现形式，包括利益的分配，如继承、分家析产；利益的结合，如婚姻行为和合伙设立行为；利益的交换，如合同行为；利益的损害，如侵权和违约行为。当事人通过各种各样的行为，让相关利益在彼此间流转分割。

在该阶段，当事人可以自由地行为，各种力量在自主与依赖、联合与碰撞中，完成了利益的追逐。行为人可以自由地设定逐利目标，自由地调整行为的方式，自由地进行利益衡量。因此，行为人的主观性和法律评价的潜在性是该阶段的主要特征。不同行为人围绕同一整体性利益发生了分配、交换和侵占行为，不必然引发诉之牵连，但是，前者是后者的必要非充分条件。

（二）第二阶段：民事行为上的实体权利义务牵连性

在诉之牵连的第二阶段，是法律对当事人之间不同行为模式下的利益演变过程作实体法上的规制。该阶段，利益和利益的保护出现了第一次分化，产生异化的原因有两种情形。

1. 同一利益下不同当事人法律认识分歧的冲突

诉的牵连，必然伴随着当事人之间利益的牵连和对利益之法律认识上的牵连。同一利益，在人民法院未下判决前，不同主张的当事人对其法律认识和归属自然有着不同评判。甚至在极端的情形下，对于某一利益能否获得实体法保护都存在着分歧。利益上升为权力和利益之分配方式，必须符合时代的保护需要和保护能力要求。因此，有的当事人利益主张因为具有过强的主观性，不能获得法律的支持，就会出现利益保护的法律解读和非法律解读之间的矛盾。但也正是这种认识上的分歧，让不同的当事人在诉讼中牵连到一起，以求认识分歧的法律解决方式。

2. 同一利益下不同权利义务保护关系之间的冲突

实务案件涉及的利益是具体的，成文法则总是具备抽象的色彩。如此，不可避免地会出现具体利益和抽象规定的反差问题。

第一，案件所涉的同一利益可能有不同实体法的行为模式所指向，

《合同法》第 122 条中允许违约行为和侵权行为指向同一利益损失,即属此类情形。

第二,案件所涉的同一行为可能满足不同的实体法行为模式构成要件,如索要房屋的行为,可能既满足所有物返还请求权,又满足租赁物返还请求权。

第三,同一利益在实体法中的保护规定可能发生冲突。实务案件中的利益产生、变动和消亡具有客观性,但是,对利益关系的法律评价经常出现不确定性。一方面,不同实体法对同一利益可能出现冲突性的保护模式,例如,对名人姓名权的保护范围,在我国民法和商标法中的保护就出现了冲突。另一方面,同一实体法对同一利益可能出现冲突性的司法保护模式。例如,《中华人民共和国公司法》(简称《公司法》)第 16 条规定了公司对外担保行为,但是该条究竟是效力性规范抑或是管理性规范,在实务中并不清晰,这大大地影响了债权人的债权安全性。

同一利益下不同权利义务保护关系之间的冲突,会引发诉之牵连的问题。在传统诉讼标的理论坚守者看来,请求权基础的不同,意味着不同的诉。然而,这些不同的诉,又系于同一利益,自然而然引发了诉在实体法领域的牵连现象。

(三) 第三阶段:民事行为上的程序审理牵连性

在诉之牵连的第三阶段,是法律对当事人之间不同实体权利义务模式作程序法上规制而产生的牵连性。例如,诉讼标的是民事权利义务关系在民事诉讼中的重现。[1]

1. 程序安全利益和程序效率利益的冲突

关系民事纠纷的实体法上权利义务之规定,仅仅是理想下的权利义务分配状态,其实现还需要程序法之独立运行。程序参与者的行为,分别指向不同的利益。就当事人而言,其为了自身实体利益的实现,必然成为提高程序效率的最有力推动者。例如,当事人(尤其是原告)以自身利益为考量,往往愿意在最大程度内进行民事审判对象范围的界定。

---

[1] 陈刚:《民事实质诉讼法论》,《法学研究》2018 年第 6 期,第 141 页。

就法院而言，其为了避免错案的出现，必然更加重视程序安全性。[①] 例如，一个法律关系"一案一诉"的审判模式，更为法官所乐见。由此，就会出现两种利益的冲突，一是程序效率利益；二是程序安全利益。[②] 这两种利益有统一的一面：程序的安全保障程序效率的实现，程序的高速运转也有助于程序更为安全。这两种利益有分离的一面：过于强调程序安全往往会造成程序运转的低效，反之，程序的低效会伤害人民对程序的信任，最终破坏程序的安全。

在诉之牵连问题上，保障当事人的最大程度程序选择权，就保证了程序的活力和效率。同时，对当事人恣意的限制，构成了程序安全的底线。所以问题是，程序安全利益和程序选择利益的具体边界应当如何清晰化和类型化？对这个问题更进一步的思考是，什么时候人民法院可以出于程序安全利益的要求，限制当事人在诉之牵连问题上提高程序效率的行动？无论是对当事人的民事权利本身还是对当事人维护民事权利的程序行动，程序安全利益的理由都不可轻率提起。"遵循讨论民法价值判断问题的一项实体性论证规则，即没有足够充分且正当的理由，不得限制民事主体的自由；同时考虑到国家利益是我国现行民事立法中可以限制民事权利的足够充分且正当的理由，主张在特定情形下存在有国家利益的讨论者，应承担相应的论证责任。这也同时意味着，可以行使国家公权力对国家利益在具体情形中进行类型化的立法机关或司法机关，应当慎重对待自身的该项权力，应该在'逻辑的力量'用尽之后，方可

---

① 通常意义上，研究者将程序正义和效率视为民事诉讼法的最高价值。但是，所谓程序正义和效率的存在和实现，必然有一个预设的前提：程序安全。程序本身是一个系统，系统的存在有其自身的安全性需要。所谓程序系统的独立性要求，首先是系统本身的生存性要求，其次才是系统的发展性要求。程序正义和程序效率都是程序系统的发展性要求，这些发展性要求会让程序系统变得更加壮大和富有生命力，但所有的发展都必须是程序能够安全运转前提下的发展。因此，程序的安全价值高于程序的公正和效率等发展性价值。

② 程序安全，分为外部安全和内部安全两个部分的内容。所谓外部安全，是指程序法治力量不能够轻易地被人治的力量所消灭，而能够在一定程度上成为人治的利用工具，并且在人治的范围内实现最大限度的正义。为了维持程序的外部安全，那么在一定程度上，程序正义即使委曲求全，也是可以接受的正义。所谓内部安全，则是指程序系统本身不至于因为负荷过重或者系统内部出现各种矛盾导致程序的崩溃。当程序的运行过于繁忙，或者过于不公正时，就有可能成为人治社会鄙视和抛弃的对象。

动用'力量的逻辑',不得动辄以维护国家利益为由,去否定或者限制民事权利。"①在处理诉之牵连问题上,诸如专属管辖、审级利益、共同起诉应诉、诉之合并的限制等程序法技术,在何种程度上能够代表程序安全,不容逾越,均需要重新加以论证和思考。尤其应当注意的是,这种论证和思考的义务,更多意义上是让诉之牵连问题得以一体化解决的反对者的学术责任。

2. 当事人之间程序选择利益的冲突

在牵连性诉讼中,当事人是否要共同起诉应诉上诉、当事人于程序中攻击和防御方向的选择、后诉当事人是否应当遵守前诉的争点认定、当事人是否应当获得合一的裁判等问题,都属于程序选择利益的范畴。对程序选择利益冲突的平衡考量,既要尊重当事人间的实体权利关系,又要注意程序安全和稳定的需要。

综上,诉之牵连问题的相关利益发展,在不同阶段有不同的特征。在案件事实阶段,利益和行为人的主观能动性密切相关,具有自在自为的特性;在实体法阶段,对相关利益做法律评价时,出现了一定的分化,行为的牵连问题披上了实体法权利义务牵连性评价的面纱;在程序法阶段,出现了三种类型利益的交错和博弈问题,包括当事人对自身行为利益的主观评判、实体法对当事人行为所作权利义务的评价、程序法基于程序安全与稳定需要对当事人行为的限制要求。牵连性在三个阶段的发展中,不断有新的因素加入,使得诉之牵连问题更加复杂。要让诉之牵连问题回归朴素的解决路径,必须对诸多利益进行衡量和排序,唯有如此,才能回归本源,找到统一的解决路径。

3. 诉之牵连要素的动态发展

总体上,诉之牵连中,诉的各个构成要素之间的连接和交错关系并非静止不变,在不同阶段会展示不同的特征。通过对诉各要素牵连性形成和发展过程的追踪分析,其实际上应当包含三个阶段:第一阶段,案件事实之间牵连性的形成;第二阶段,实体法上牵连性的形成,即法律关系之间的牵连性;第三阶段,程序法上牵连性的形成,亦即当事人为

---

① 王轶、董文军:《论国家利益——兼论我国民法典中民事权利的边界》,《吉林大学社会科学学报》2008年第3期,第76页。

了完成具有实体上牵连性的诉讼，在诉讼行为或者诉讼程序上所发生的牵连。诉之牵连的利益发展脉络见图1。

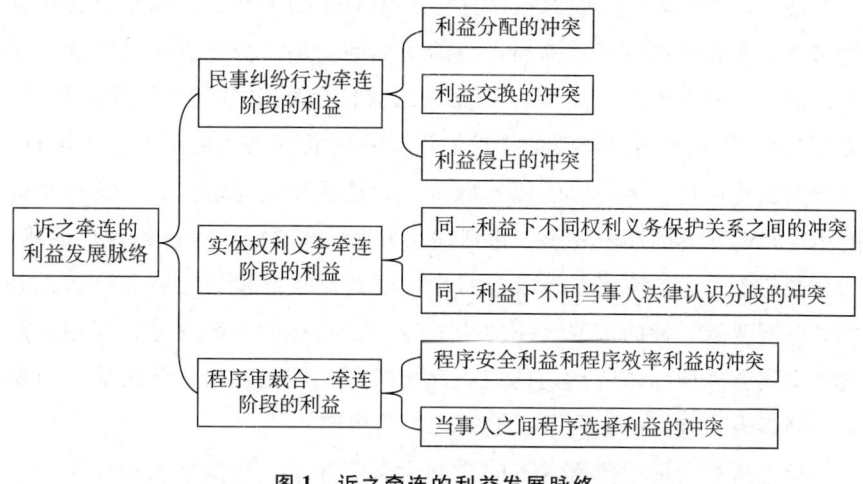

```
                          ┌─ 利益分配的冲突
            民事纠纷行为牵连 ─┼─ 利益交换的冲突
            阶段的利益       └─ 利益侵占的冲突
诉之牵连的   
利益发展脉络  实体权利义务牵连 ┌─ 同一利益下不同权利义务保护关系之间的冲突
            阶段的利益       └─ 同一利益下不同当事人法律认识分歧的冲突

            程序审裁合一牵连 ┌─ 程序安全利益和程序效率利益的冲突
            阶段的利益       └─ 当事人之间程序选择利益的冲突
```

图 1　诉之牵连的利益发展脉络

三　诉之牵连的法律形态

（一）诉之实体要素的牵连

诉之牵连，首先关注的是诉与诉之间的连接点，这种连接点的选择，必须也只能是诉的四个实体构成要素：请求主体（当事人）、请求事实（案件事实）、请求对象（诉讼请求）和请求之法律关系基础（法律关系）。在相关研究中，还可以将请求对象进一步细分为请求内容和请求目的，请求之法律关系基础细分为请求权和请求权基础。

诉之实体（内部）要素的牵连，其关注点是同一个诉内部不同要素之间的连接关系。对于一个诉而言，其内部要素的牵连关系必不可少。传统诉讼标的理论认为，法律关系是最基本的民事审判对象。但是，传统诉讼标的理论研究者在实务中也发现，抽象的法律关系不足以区分此诉与彼诉，只有把法律关系置身于具体的当事人、案件事实和诉讼请求中，此诉与彼诉的界限才能清晰显现。单纯从静态的角度来看待当事人、案件事实、法律关系和诉讼请求中的任何一个要素，都无法找到区分此诉与彼诉的界限。当且仅当让诉之内部诸要素发生关系，亦即牵连性，才可能区分不同的诉讼。民事审判对象中,静态三要素中任何一个要素想凸显其具体化和特殊性,都必须通过牵连性的方式与其他两个要素发生关系。诉各要素之间的横向牵连性,无时无刻不在,这四个要素相互之间必须能够互相解释。例如,以诉讼标的为例,传统诉讼标的理论认为,诉讼标的指当事人发生争议而请求人民法院作出裁判的实体权利、义务关系。[①] 根据诉讼实践的要求,诉讼标的首先必须明确,如不明确,诉便无法特定化,诉讼目的便不确定,诉讼活动也无法形成。从诉讼标的角度来解释诉的四个要素,包括四个方面的含义:一是标的性质明确,如合同纠纷中,应明确是请求履行合同还是给予赔偿或二者兼有;二是标的范围清晰,标的量的大小应当确定;三是标的基础充分,有相应的案件事实支撑该标的所指向的权利义务关系;四是标的主体确定,有明确的当事人围绕标的进行争议性的攻击和防御。

综上所述,诉的要素具备的全部意义仅在于,从概念上构成了一个完整的司法保护请求,并由此引发诉讼程序。

因此,无论是传统诉讼标的理论,抑或是新诉讼标的理论,其关键之处是在诸静态要素之外,还应当加上一个动态的要素:牵连性。牵连性是识别诉讼标的之新维度。诉之实体(内部)要素的可牵连性,是诉之牵连的基础。某种意义上,诉之内部要素的可牵连性,是诉之牵连的准备阶段。

(二)诉之程序要素的牵连

从宏观和动态的意义上看待诉之牵连,可分为诉之实体牵连与诉之程序牵连。众所周知,不是所有要素上存在牵连性的诉讼都能得到合并审理,也不是所有得到合并审理的案件都存在着实质的牵连性。出于区分不同诉讼在牵连中的应然状态和实然状态,本文特对诉之实体牵连和诉之程序牵连进行概念上的区分。所谓,诉之实体牵连,代表的是诉在牵连上的应然状态,是民诉法研究诉的合并审理前的重点观察对象。所谓,诉之程序牵连,代表的是诉在牵连上的实然状态,是民诉实务中已经合并审理的诉的集合体,也可称之为关联诉讼。

---

① 张卫平:《民事诉讼法》(第二版),法律出版社,2016,第192页。

在民事审判对象范围的划分上面，除了要注意一个诉本身范围大小和变化之实体牵连性，还要注意两个诉相互之间的程序牵连性。当一个诉和另外一个诉，两者之间在一定程度上具有牵连性，例如，事实上的牵连、法律上的牵连或者诉讼请求上的牵连，这是说它们具有在程序上进行合并的可能性。即便如此，这些诉相互间在程序上可能是完全独立的、不可兼容的诉。

1. 诉之程序牵连之界定

诉之程序牵连，是将两个或两个以上具有相互实体关联的民事纠纷案件合并在一个程序中，进行审理并作出裁判的诉讼现象。诉在程序上发生的牵连，必须满足诸多要件。

一是管辖之牵连。涉及不同诉在管辖上可以合并的情形，以及专属管辖和级别管辖对协议管辖的排他性。

二是审理程序之牵连。如是否同为一审程序、是否同为一审中的简易、小额或普通程序、因牵连而提起的合并请求是在一审辩论终结前提出抑或是一审辩论终结后提出。

三是前诉和后诉之牵连。主要是指争点上的牵连。这种所谓的争点，可以是法律关系上的争点，也可以是案件事实上的争点，或者是诉讼请求、当事人适格的争点。

四是诉讼资料的牵连。对民事审判程序的基本诉讼资料可以分为三大类：第一类，双方之间没有存在争议的事实；第二类，双方之间存在争议，并形成争点的事实；第三类，双方之间存在着关于权利义务分配的重大争议，并且必须以判决主文的形式写入判决书的事实。

五是诉讼行为之牵连。主要是指程序选择的一致性问题，如是否自认、撤诉、上诉和申请再审等具体程序选择权的行使。

六是判决之牵连。可以体现为两个方面：其一是合一裁判，对当事人之间不可分的权利义务进行概括地裁判；其二是一致裁判，对当事人之间存在竞争性的权利义务进行不矛盾的裁判。

2. 诉之程序牵连的特征

一是须有两个或两个以上的独立之诉。

二是各独立之诉在诉讼主体、诉讼请求、诉讼标的或法律事实之间具有一定的牵连性。

三是各独立之诉均为民事案件，并由同一法院管辖。

四是一个独立之诉起诉到法院后，其他独立之诉的主体向同一法院主张要求一并处理并得到人民法院同意的案件。[①] 或者，一个独立之诉起诉到法院后，人民法院基于不同诉之间实体上的牵连性，强制进行合并审理的案件。

（三）诉之具体形态的牵连

诉之牵连，其最基本的连接点是诉的构成要素。诉之具体形态的牵连，其最基本的连接点是诉的某一具体形态。

就民诉法而言，诉的具体形态有多种多样，在民事诉讼中，诉之具体形态的牵连有多种表现形式：第一，如诉之变更、诉之合并；第二，本诉与反诉之间的牵连性；第三，共同诉讼内部的牵连性；第四，参加之诉与主诉讼之间的牵连性；第五，前诉讼和后诉讼，也即重复诉讼之间的牵连性；第六，第一审诉讼和第二审诉讼之间的牵连性；第七，给付之诉、形成之诉和确认之诉之间的牵连性。诉与诉之间的牵连，可以是诉各要素在空间上的牵连，也可以是诉各要素在时间上的牵连。

此外，如共同诉讼、第三人诉讼、代表人诉讼、反诉和重复诉讼等不同的诉的程序形态之间的界限并非固定不变。例如，在反诉中，若允许反诉当事人进行扩张，就会出现反诉向共同诉讼转化的牵连现象；又例如，在原告引入型的第三人诉讼中，若原告要求第三人承担责任，则第三人和主诉讼的被告即成为共同被告，原有的第三人参加之诉会和主诉讼合并从而转化成为共同诉讼。应当注意的是，诉之具体形态的牵连转化，必然是不同诉的构成要素之间存在着牵连，并且这种牵连关系发生了一定的变化，最终导致诉之具体形态的牵连转化。某种意义上，诉之牵连是诉之具体形态相互牵连和转化的基础，诉之具体形态的牵连和转化是诉之牵连的高级复杂阶段。

---

① 彭国雍：《浅析民事关联纠纷案件的合并审理　兼谈提高民事诉讼效率、实现案结事了的途径》，http://blog.sina.com.cn/s/blog_7c7c790d0100x9yy.html，最后访问时间：2016年6月16日。

四 诉之牵连的实务认知与抽象

(一) 案件事实牵连性的实务认知与抽象

1. 以案件事实作为诉讼标的发生的牵连性

在我国,以案件事实作为诉讼标的之实务做法只有极少数案件才会采用。在一借贷纠纷案中[1],法院认为,本案基本法律事实是甲公司签发的支票项下的款项进入了丁某某所购房产的开发商账户,并成为丁某某购买房款的一部分,对此双方当事人均无异议。任何法律关系的确立均以一定的法律事实作为基础。甲公司基于上述付款事实,选择以借款关系进行诉讼。虽然双方当事人对于借款关系的合意表示并不明确,但是丁某某实际占有了上述款项。丁某某在反驳借款关系成立的同时,亦未明确其占有系争款项的事实或法律依据。当事人选择法律关系适当与否,不影响法律事实的确立和相应法律责任的承担。出于对诉讼资源的节约并结合民事诉讼证据的盖然性原则,法院确认系争借款关系成立。

该案中,法院在判决理由中明确指出:"当事人选择法律关系适当与否,不影响法律事实的确立和相应法律责任的承担。"事实上,法院审查的诉讼标的是本案的案件事实,至于本案是成立借贷法律关系抑或是不当得利法律关系等其他法律关系,并非审查的重点。无论是当事人的借贷法律关系主张抑或是不当得利法律关系主张,都因为同一案件事实发生牵连。实务中,不同法律关系以案件事实为媒介发生牵连是一种普遍的现象。从不同的角度观察同一案件事实,可以衍生不同的法律关系,这就是法律关系竞合的来源。尽管是不同的法律关系,但是它们可以源自同一案件事实。竞合状态的不同法律关系,对于同一案件素材中的基本事实的截取角度会各有不同,但是它们都诞生并存在于具有统一整体性的案件事实之下。如此,法律关系借助于同一案件事实的媒介,相互之间发生了牵连。

---

[1] 丁某某与上海某建筑装饰工程有限公司民间借贷纠纷上诉案,上海市第一中级人民法院民事判决书,(2010)沪一中民四(商)终字第2087号。

2. 案件基本事实的牵连 = 法律关系构成要件的牵连

所谓法律的适用过程，是指将案件事实中具有法律意义的部分直接涵摄于相关法律构成要件之下，因此，法律关系构成要件的牵连就是案件基本事实之间的牵连。在诉讼中，基于同一事实的不同法律关系之间可能存在构成要件的牵连，例如，在违约责任和侵权责任之竞合中，损害行为和损害事实的构成要件不可避免地要发生重合性或者重叠性的牵连。

3. 从构成要件到构成要件行为

案件基本事实可以有多种多样的构成，包括时间和空间上的构成，还有人、物、行为和事件等要素。不同的案件只要与上述诸要素之中的某一个要素发生重合，我们就可以说两个案件之间存在着一定的牵连性。即便有如此的牵连，并不等于两个案件不可分，必须合并审理。多数牵连仅具有非常微弱的法律意义，如时间、空间上的牵连，甚至是两个案件在主体上的重合，也不意味着合并审理的必要性，这就是诉之一般合并概念的缘由。由此，引发出一个问题，究竟什么样的案件事实可以在法律上称为完整的案件事实？

法律评价的最重要对象是行为的合法性，以侵权法律关系为例，所谓违法行为是对行为性质的判断；所谓过错是对行为主观方面的判断；所谓损害事实是对行为结果范围的判断；所谓因果关系是对行为本身和行为结果之间关系的判断。因此，构成要件是对有法律意义行为的解构，在此意义上，可以将具有法律意义的行为称为"构成要件行为"。[①] 与"构成要件行为"相对应的可称为"自然社会行为"，"构成要件行为"具有完整的法律意义，可以进行合法性评价，"自然社会行为"则不具有法律意义，例如一个人在实施侵权过程中的行走、呼吸乃至观望等行为，具有自然意义，但不具有法律意义。构成要件行为是案件事实中最核心的部分，不同的案件事实是否能够发生牵连，关键在于这两个案件之间的构成要件行为是否存在着牵连。易言之，两个案件是以某一个或多个构成要件作为连接点，从而发生牵连关系。构成要件行为之间不牵连则案件之间不牵连，构成要件行为之间牵连则案件之间牵连。

---

① 张小虎：《论牵连犯的典型界标》，《中国刑事法杂志》2013年第5期，第28页。

4. 构成要件行为牵连性之判断

如果认为案件事实之间是否发生牵连最重要的判断，就是构成要件行为之间的联系，自然会引发出如何对构成要件行为之间存在牵连性的判断问题。如果两个案件有着同一的构成要件行为，则其发生牵连性并无大的困惑。所有疑问的是，若两个案件间不具有同一的构成要件行为，是否会发生牵连性？

（1）因果关系：原因行为＋结果行为＝牵连性

不同构成要件行为之间的牵连关系判断，实务中最常见的是"原因行为与结果行为"模式。在刑法中，认为就"原因行为与结果行为"模式而言，这种牵连关系是指"行为人实施两个独立的行为，但根据行为人的主观意图和客观上实际存在的两行为之间的内在联系来看，后一个行为是为了保持前一个行为已经达到的结果或者为了彻底实现前一个行为的目的而服务的，二者具有原因与结果的关系，因此，我们把前一个行为称之为原因行为（或目的行为），把后一个行为称之为结果行为"。[①] 刑法特别强调原因行为与结果行为的主观方面，与之相反，在民事诉讼法中，更看重的是原因行为与结果行为的客观方面。

例如，在一联合购销合同案[②]中，A 公司与 B 公司签订购销设备安装合同，引进两条生产线。后 A 公司职工王某在车间作业时发生工伤事故，所在地的劳动仲裁委员会确认王某的工伤系生产线所致。随后 A 公司委托当地质检所对该生产线的安全防护性能进行检验，结论为打蜡机部位不合格。A 公司向 A 市法院提起诉讼，要求 B 公司赔偿因产品质量致人身损害所受的损失并胜诉。后 B 公司向 B 市法院提起诉讼，请求提供该生产线的两台组装打蜡机的 C 厂赔偿相应的经济损失。此案中的前诉和后诉存在明显的因果链条关系，构成诉之牵连。

在一共同侵权案[③]中，某漆业有限公司违背《废品收购管理办法》，将装过易爆化工产品的废桶擅自出售给一个个体废品收购户班某。该废

[①] 张小虎：《论牵连犯的典型界标》，《中国刑事法杂志》2013 年第 5 期，第 28 页。
[②] 江伟、杨剑：《牵连诉讼中的事实认定问题》，《人民法院报》2005 年 9 月 13 日，第 B03 版。
[③] 章武生、段厚省：《必要共同诉讼的理论误区与制度重构》，《法律科学（西北政法学院院报）》2007 年第 1 期，第 117—118 页。

品收购户将收购来的废桶随意放置在其所在的废品交易市场的通道上。在该废品交易市场，由于管理松散，摊主一般是全家老小都住在市场内。2010年1月6日，市场内摊主高某的两个孩子和其他几个摊主的3个孩子在玩耍。高某的大儿子买了一盒鞭炮，他取出一个鞭炮，另一摊主周某的孩子拿着火柴将其点燃，高某的大儿子将其扔到班某收购来的废桶中。没想到废桶发生爆炸，5个孩子都被烧伤。周某的孩子因伤势太重死亡，高某的孩子和其他孩子均留下不同程度的残疾。事发后，高某代表两个儿子，将班某、市场的开办者、市场承包人和漆业公司一并告到法院；另一受害人贾某也起诉到法院，并将班某、市场的开办者、市场承包人以及燃放鞭炮的高某的大儿子和周某（其孩子已经死于事故）一并列为被告。此案中，存在着典型的多因一果多损害行为，因为不同被告之间的责任比例不明，故是不可分的多个诉讼，诸多被告之间在责任分担上存在着牵连关系。

（2）对抗关系：针对性+对抗性+关联性=牵连性

在一不正当纠纷案①中，本诉要解决的问题是本诉被告在《江南都市报》《南昌晚报》等媒体上刊登"全直流比1赫兹好"等广告语的行为是否构成对本诉原告的商业诋毁，反诉要解决的问题是反诉被告在《江南都市报》《南昌晚报》等媒体上刊登"全直流早out了，不再用10年前的技术"等广告语的行为是否构成对反诉原告的商业诋毁。本诉与反诉所针对的具体事实和法律关系虽然不具有同一性，但两项侵权行为的实施者互为本诉与反诉部分的原告、被告，借助的媒体完全相同、实施时间极为接近，且侵权行为的具体形式亦高度近似，由此可以看出，两侵权行为在产生原因上具有明显的针对性、对抗性和关联性，其目的均是通过发布比较广告的方式获取相关地域内空调销售方面的竞争优势。由于本案反诉与本诉之间存在事实与法律关系上的关联性，法院受理反诉的做法并无不当。该案中，本诉与反诉的牵连性之达成，更多是因为双方行为所具有的对抗性和关联性。

---

① 最高人民法院知识产权案件年度报告（2013年）摘要之三十五：江西盛世欣兴格力贸易有限公司与江西美的制冷设备销售有限公司不正当竞争纠纷再审案，最高人民法院民事裁定书，（2013）民申字第2270号。

（二）实体法律关系牵连性的实务认知与抽象

1. 法律关系主体之牵连

主体的牵连，均是起因于权利义务和责任上的牵连。因此，回答了"权利义务和责任上的牵连根源问题"，就回答了主体的牵连问题。实践中，主体被权利义务和责任捆绑在一起的常见原因主要有以下几种：一是基于身份而产生的权利义务和责任之牵连，如因血亲产生的共同共有关系、因姻亲关系产生的夫妻共同财产关系、因法律拟制产生的雇主和雇员责任关系；二是基于契约而产生的权利义务和责任之牵连，如合伙、按份共有、连带责任、普通合同等契约关系；三是基于行为或事件而生的权利义务和责任之牵连，如共同危险行为或共同侵权等。

2. 法律关系内容（权利义务）之牵连

实务中，法律关系内容上的牵连性有多种表现，具体如下。

（1）牵连性＝同一法律关系

多个诉源于同一法律关系，常见于本诉与反诉中，其逻辑推导公式为："同质性"＋"同一性"＝牵连性。

在一反诉案件中[①]，关于一审判决对于反诉原告要求反诉被告支付拖欠招待费用的诉讼请求不予支持是否适当的问题，法院认为，因本诉与反诉是两个不同的诉讼请求，虽各自是独立的，但必须具有牵连性，即必须是基于同一事实或同一法律关系派生而来的，具有"同质性"，如不是基于同一事实或同一法律关系，则反诉请求与本诉请求之间无关联性，两者所涉及的诉讼法律关系不同，两诉不能合并审理，反诉所主张的权利，应另行诉讼解决。本案本诉原告基于其与被告的租赁合同纠纷提起了合同之诉，请求终止双方签订的合同；被告承担违约金；支付延期交房的占用费。反诉原告针对本诉提起反诉，反诉请求之一是要求反诉被告支付拖欠的招待费用。招待费用的产生系双方因餐饮服务这一事实发生的债务关系，和本案中租赁合同不属于同一事实，也不基于同一法律关系，故该反诉请求与本诉不具有事实或法律上的牵连性，不能合并审理，一审判处驳回并无不妥。

[①] 刘俊海与合水县民政局房屋租赁合同纠纷上诉案，甘肃省庆阳地区中级人民法院民事判决书，（2014）庆中民终字第507号。

（2）牵连性≠（相同）同一法律关系

多个诉的法律关系之间存在因果关系、先决关系或者主从关系，如确认遗嘱效力之诉和遗产分割之诉即有先决关系，债权合同与保证合同间有主从关系。

在一买卖合同纠纷案中①，雅景经营部与德欣公司是支票的直接前后手，双方存在购销合同中直接的债权债务关系。雅景经营部持德欣公司签发的票面金额为70万元的有效支票未能在银行获得相应款项，德欣公司作为出票人应当向雅景经营部支付该支票载明的票面金额，但票据债务人德欣公司对不履行约定义务的与自己有直接债权债务关系的持票人就购销合同这一票据基础关系进行抗辩。法院评析认为，本案中，票据关系与基础关系显然具有因果关系②，而且二者是基于同一事实产生的债权债务关系，因此本案从诉讼经济的角度，就票据关系和基础关系合并审理符合民事诉讼法的立法本意。

（3）多个诉的法律关系源于同一案件事实或同一案件事实的不同部分

在一多个法律关系并存的纠纷案中③，法院认为，上诉人、被上诉人中集公司与被上诉人润邦公司之间分别订立了《设备融资租赁合同》以及《设备购销合同》，前述合同明确约定被上诉人中集公司向被上诉人润邦公司购买涉案车辆并出租给上诉人，上诉人向中集公司支付租金，三者之间的权利义务符合融资租赁合同的法律特征。上诉人在履行融资租赁合同期间，以涉案车辆存在质量问题不符合合同目的为由要求解除融资租赁合同并要求生产者、销售者和出租人连带赔偿其损失，其诉争的法律关系既包括融资租赁合同纠纷又包括产品责任纠纷，故本案纠纷

---

① 重庆市九龙坡区九龙园区雅景建材经营部诉重庆德欣建筑工程有限公司买卖合同纠纷案，重庆市江北区人民法院民事判决书，（2015）江法民初字第04432号。

② 票据具有无因性是世界通论。关于票据无因性的理解与适用问题，学理上认为应从两个方面来认识：一是票据关系与原因关系发生无因性效果，二者是一种分离的关系，票据关系一经成立，则与原因关系即基础关系相脱离，这是从维护交易安全、促进交易发展的立法政策考虑；二是票据关系与原因关系又具有一定的牵连性，这种牵连性是基于任何一个具有民事行为能力的民事主体都不会无缘无故地实施票据行为。

③ 杨小林与江西润邦实业有限公司等融资租赁合同纠纷、产品责任纠纷上诉案，广东省深圳市中级人民法院民事判决书，（2014）深中法民终字第637号。

应为融资租赁合同纠纷和产品责任纠纷。此类案件中,存在着多个法律关系,但其均以同一整体性案件事实的不同部分为基础。在提供劳务者受害责任纠纷案中,[1]也经常出现类似情形:原告是被告雇用的司机,在履行工作的过程中受伤,作为受伤的原告,有权利选择一种有利于自己的法律关系来主张权利,这是法律赋予的权利。就本案实际情况看,原告既能选择"提供劳务者受害责任"这个法律关系,也能选择交通事故中侵权关系来起诉主张自己的权利。

(三) 诉讼请求牵连性的实务认知与抽象

在一工程承包合同案中[2],上诉人认为本诉为排除妨害纠纷,反诉为建筑工程施工合同纠纷,两者之间无牵连,应另案起诉,但原判将两案合并审理属程序违法。二审法院认为,本诉原告将其中标承建的高速公路房建工程全部发包给宝路公司并共同组成雷西高速房建一标项目部,后项目部又将部分工程承包给本诉被告陈某某施工,并签订了项目部内部劳务承包合同书。在施工过程中,因施工进度缓慢,宝路公司口头通知陈某某撤场。在撤场过程中,项目部又与陈某某达成撤场协议与清账计划。不论是本诉原告起诉要求陈某某承担损失,还是反诉原告陈某某要求甘肃七建支付拖欠工程款,均是基于项目部内部劳务承包合同及清账计划的履行所引发,两者存有牵连,故原判将两案合并审理并无不当。

理论上认为,反诉是和本诉有一定牵连性的独立之诉,反诉目的在于吞并和消灭本诉。具体至本案,反诉的诉讼请求和本诉的诉讼请求在构成上存在交集。由此可以推导出实务中牵连性判断的两个公式:一是诉讼目的:吞并+消灭=牵连性;二是诉讼请求构成:请求内容部分同一=牵连性。

(四) 牵连性在时间方面的实务判断

牵连性问题,在民法和民诉法乃至刑法中均普遍存在。[3]在民诉法

---

[1] 梁晓明与侯广银、中国人寿财产保险股份有限公司太原市高新技术开发区支公司等提供劳务者受害责任纠纷案,山西省晋中市中级人民法院民事判决书,(2014)晋中中法民终字第435号。
[2] 甘肃第七建设集团股份有限公司与甘肃宝路工程建设有限公司等排除妨害纠纷上诉案,甘肃省庆阳地区中级人民法院民事判决书,(2013)庆中民终字第513号。
[3] 牵连性研究之广泛应用,包括多个主题,如留置权牵连性、同时履行抗辩权的法律依据在于双务合同的牵连性、牵连犯、刑民交叉之牵连性等。

中，既有反诉中对牵连性的集中表述，也有个案中对牵连性的间或陈述。

1. 重复诉讼：牵连＋吸收＝诉失去独立性

在一保证合同纠纷案中①，法院认为本案原告诉请确认涉案保证合同无效，与第0013号保证合同纠纷案中民丰银行的诉讼请求具有高度牵连性。在该案中，民丰银行要求本案原告承担保证责任，法院已经对保证合同的效力予以审查，本案原告亦在前诉中对保证合同的效力提出异议，故相对于第0013号保证合同纠纷案，本案原告提出的保证合同效力问题已被该案吸收，即不具有独立性。综上分析，在涉案保证合同已经被提起给付之诉的情况下，另行提起确认之诉，要求确认保证合同无效，属于重复起诉，不仅增加双方当事人的诉讼成本，浪费诉讼资源，亦损害法院裁判民事纠纷的权威性，故应裁定驳回起诉。

此案中，有牵连性的后诉之所以被前诉所吸收，主要原因在于前诉已为生效判决，后诉提起的争点为前诉所遮断。

2. 反诉：牵连＋吸收≠诉失去独立性

前案是关于给付之诉吸收确认之诉构成重复诉讼的判断问题，两个诉在时间上有承继关系，且前诉判决已经发生既判力。但是，在本诉和反诉关系中，则因为在时间上前诉尚处于诉讼系属中，允许当事人双方各自独立提出给付之诉和确认之诉，合并审理。

在一转让合同纠纷案中②，本诉原告基于收购合同对本诉被告提起合同无效的确认之诉，反诉原告也基于收购合同对反诉被告提起给付之诉，给付之诉前提是合同有效，因此，反诉原告的诉请旨在排斥本诉原告提出的合同无效的诉讼请求，两诉请之间具有牵连性，符合反诉的条件。

（五）牵连性与可分性在实务中的其他判定标准

1. 牵连性≠不可分性，可分性≠无牵连性

两个诉的关系，有些方面存在牵连性，有些方面存在可分性。例如，

---

① 江苏省宿迁市中级人民法院裁定王冲等人诉民丰银行等保证合同纠纷案，江苏省宿迁市中级人民法院民事判决书，（2011）宿城商初字第0493号、（2011）宿中商终字第0421号。

② 上海中机能源工程有限公司与柳州市工业控股有限公司、广西壮族自治区柳江造纸厂、柳州中竹纸业有限责任公司、柳州中竹林有限责任公司、中国工商银行柳州分行企业转让合同纠纷案，最高人民法院民事判决书，（2006）民二终字第70号。

在实体权利义务上可分，在程序审理上发生牵连关系。

在一旅客运输合同纠纷案中[①]，法院认为从民事诉讼法角度而言，连带债务诉讼是一种牵连性的共同诉讼，并非不可分的共同诉讼。在旅客决定由实际承运人作为单一诉讼对象时，实际承运人要求缔约承运人参加诉讼，是以共同被告还是第三人身份参加诉讼并无定论。实际承运人申请缔约承运人以共同被告参加诉讼，则有赖于作为原告的旅客的意愿；以第三人身份参加诉讼，则法院对于是否追加有决定权。

2. 实体权利义务的可分性＝诉之可分性，实体权利义务的不可分性＝诉之不可分性

在一旅游合同纠纷上诉案中[②]，原告途经被告开发经营的景区道路时，骑自行车摔伤，起诉了B公司。二审法院认为，A村委会作为该修缮公共道路的所有权人，与B公司共同使用公共道路，双方就未尽安全保障义务而发生的人身伤害，应共同承担连带赔偿责任。本案A和B双方对该公共道路只有共同的使用权，而非共同共有，在对道路行使权利义务上并非共同的、一致的、不可分的。对存在两个以上连带责任人的，法院无须强制追加诉讼当事人也可保护原告方的合法权益。

五　本章小结

首先，界定诉之牵连的相关概念。对"诉的牵连"、"诉的牵连要素"和"诉的牵连类型"这三个问题进行严格区分，保证后续研究在逻辑上不越界，在问题上不混淆。

其次，分析诉之牵连的四大要素。包括对诉讼主体、诉讼请求、法律关系和案件事实这四个组成要素之间的牵连性分析。

最后，清理诉之牵连的系列问题。民事诉讼法在诉之牵连问题上，主要是指法律关系的牵连，同时又杂以其他三个要素牵连性的各种叙述和评论，然而究竟何者才是真正的问题？诉之牵连的发展有三个阶段：

[①] 阿卜杜勒·瓦希德诉中国东方航空股份有限公司航空旅客运输合同纠纷案，上海市第一中级人民法院民事判决书，(2006) 沪一中民一 (民) 终字第609号。

[②] 郑友等与武夷山市祈雨堂旅游发展有限公司旅游合同纠纷上诉案，福建省南平市中级人民法院民事判决书，(2012) 南民终字第250号。

民事行为上的生活利益牵连性→民事行为上的实体权利义务牵连性→民事行为上的程序审理的牵连性。研究者应当挖掘和分析诉之牵连问题在民事法律体系化发展中的根源和主要矛盾。实体法和程序法层层加码的路障设置，复杂化了生活案件事实中的牵连性问题，必须探寻回归朴素本源的解决路径。

第二章　诉之牵连的程序正当性

【本章主要观点逻辑导读】

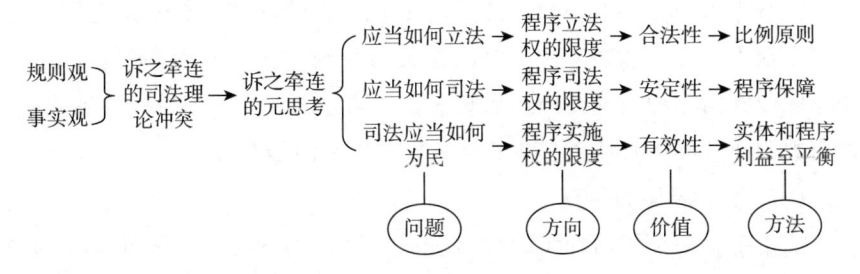

```
规则观 ┐  诉之牵连      应当如何立法 → 程序立法    → 合法性 → 比例原则
       ├→ 的司法理 → 诉之牵连             权的限度
事实观 ┘  论冲突      的元思考  应当如何司法 → 程序司法    → 安定性 → 程序保障
                                          权的限度
                            司法应当如何 → 程序实施    → 有效性 → 实体和程序
                              为民        权的限度              利益至平衡
                              (问题)      (方向)      (价值)    (方法)
```

任何司法技术都需要有相应的司法哲学思想作为先导，否则就会成为无源之水，其价值、意义、可操作性以及该司法技术和其他司法技术之间的可协调性，将会存有根本性的疑问。诉之牵连是民事司法的技术性问题，自应上升至司法哲学层面思考。

一　诉之牵连的司法哲学之问

（一）诉之牵连司法中的理念冲突

诉之牵连的"理论应当"，必须在实践中加以正确回答。我国实践中一般采用传统诉讼标的理论，其回应了诉讼标的之确定，但很大程度上拒绝了诉讼标的之牵连。我国司法实践的做法，导致了以下冲突。

1. 纠纷解决的规则观与事实观的冲突

民事诉之牵连是不是一个纯粹的制定法问题？此问题起源于，当事人的纠纷处理思想与法律所规定的纠纷处理单元之间存在着差异和冲突。当事人往往认为，其相互间的纠纷，应该得到一次性的处理，如此才能够实现案结事了。从法律的角度而言，以传统诉讼标的理论为代表的纠纷解决规则观，必须将具体的案件事实从不同的角度加以区分，因而，一个事实可以包含复数个案件处理单元。如此，当事人一次性处理纠纷的要求，无法在民事诉讼中得到满足，成为一种常态现象。这种矛盾本质上是程序规则与实体案件事实之间的矛盾。规则的抽象性和案件事实的具体性，导致二者之间发生不可避免的冲突。

2. 冲突引发的冲突

具有诉讼标的之牵连性案件的处理至少反映三个层面的冲突。最直接呈现的是第一个层面的冲突，即案件事实和抽象规则之间的冲突。

（1）元层面的冲突

隐藏于第一个层面的冲突背后的是元层面的冲突，即法律的职业主义和大众主义之间的冲突。一个法律关系原则上作一次性的审理，已是法律职业共同体的内部共识。那些来自共同体之外的任何质疑或者挑战，都会被职业共同体长期以来所建立的审理壁垒阻挡在外。

（2）衍生层面的冲突

衍生于第一个层面冲突的背后是派生层面的冲突，即案件审理的法律效果和社会效果之间的冲突。一个案件审理的初步目的是定纷止争，但最终目的应该是案结事了。① 恢复社会秩序不仅仅是恢复社会之间的权利义务秩序，还包括恢复当事人之间的心理和精神状态秩序，以及这种秩序是如此稳固，从而不会在旧有秩序终结的基础上发生新的当事人纠纷。社会秩序是多元的，既包括当事人之间的利益平衡秩序，又包括当事人之间的心理平衡秩序。② 一般而言，利益秩序的平衡有助于心理秩序的平衡，前者对后者甚至起到决定性的作用，但如果案件审理的单元过于狭隘，则利益秩序的平衡将处于一个长期动荡的过程。利益平衡暂未实现的动荡过程如果太长，有可能会导致新纠纷的发生，对当事人的心理平衡秩序造成新的更大的冲击和破坏。③

（二）应对冲突的现实主义解释进路

如何正确审理牵连性诉讼，这和一个法官所秉持的司法哲学思想密

---

① 案结事了对司法者提出相当高的要求。调研中，发现基层司法所的值班律师往往对于纠纷的解决显得束手无策，因为大量当事人拒绝采用诉讼方式解决纠纷，宁可选择耗时不耗钱的反复调解方式，有的案件调解工作甚至可持续4年之久。
② 〔美〕艾伦·林德、汤姆·泰勒：《程序正义的社会心理学》，冯健鹏译，法律出版社，2017，第86—114页。
③ 2015年，针对涉法涉诉信访工作改革中出现的突出问题，中央政法委制定下发了《关于建立涉法涉诉信访事项导入法律程序工作机制的意见》，这实际上是让程序无法终结的事项，回流至程序中再行解决。

切相关。面对同样的案件审理单元划分问题,不同的法官可以有不同的做法,或者是建基于法律关系,或者是建基于诉讼请求,或者是建基于案件事实,这背后显然有不同的司法哲学思想在发挥着主导性作用。

以《民诉法解释》第247条的适用为例,可以发现我国法官在处理具有牵连性的诉讼案件中,采用了不同的解释进路。

1. 法教义学的解释进路

有部分法官秉持着法教义学的司法哲学观,对《民诉法解释》第247条进行严格解释。凡是前诉和后诉违反了"三个相同"和"一个否定"的条件,全部视为不同的案件进行分开审理。一个案子审理一个法律关系,是法官保守的也是常见的姿态。

2. 现实主义的解释进路

有部分法官则采取了比较温和的现实主义解释进路,注重两个牵连性案件之间是否存在"实质相同"、"基本相同"或者"实质否定前诉的诉讼请求"等具体情况。

(1) 现实主义解释进路的做法

那些积极回应社会现实以及当事人观念的法官,尤其是县一级人民法院的法官,更多持有朴素的司法哲学思想,考虑将案件进行一次性处理,这种做法在《民诉法解释》第247条出台之前尤为明显。在这些案件审理中,有的法官明确放弃了"一个案件审理一个法律关系"的做法。传统诉讼标的理论被摒弃于一边,即便是多个不同的法律关系,只要它们归属于一个案件事实[①],哪怕这些法律关系处于一种并列的或者一种承继的关系,法官也能将其合并审理。

(2) 现实主义解释进路的担忧

对现实主义的诉讼单元解释路径,法教义学者有着自己的担忧,如果允许法官通过自由裁量权的形式来界定诉讼的单元,将会使各种大小不同、尺寸不一的诉讼单元涌入法庭。尤其是每一个案件理论上应当经历两个审级的审理,如果一审法官的案件单元处理方式和二审法官存在

[①] 对基于同一案件事实的不同诉讼请求,全国人大法工委也一度在立法理由中认为可以合并审理。参见全国人大常委会法制工作委员会民法室编《中华人民共和国民事诉讼法条文说明、立法理由及相关规定》,北京大学出版社,2007,第241页。

着明显的不同，将有可能导致案件的审级衔接发生一定的困难。①

（3）现实主义解释进路的障碍

法教义学者的担忧不无道理，若要妥善处理诉之牵连问题，应当扫清三个障碍。

①外围的制度障碍

在法官的案件量考核中，应当赋予具有诉讼牵连性的案件以不同的考核权重，如此，法官才能心平气和地进行具有诉讼标的之牵连案件的聚合性审理，进而达到节省司法资源的目的。不同的法官在牵连性案件的审理中，方才不会出现相互间难以协调的局面。

②内在的主体障碍

对于牵连性案件的处理，还应注意人的因素。人的因素，既包括法官的因素，又包括当事人的因素。就法官而言，其应当具备能力来审理含有牵连性的案件；就当事人而言，其在主观上应当倾向于愿意接受牵连性案件的合并审理，不会出现为了缠讼而采取类似于管辖权异议的拖延战术。

③运行的资源障碍

在司法资源过剩的国家和司法资源紧张的国家，对于牵连性案件的处理态度，可能有很大的差异。在我国案多人少的严峻司法局面下，对牵连性的案件合并审理，无疑是一种切合时宜的做法。

（三）源头上的追问

诉讼的牵连性问题既是一个司法技术问题，又是一个司法哲学问题，还是一个法哲学问题，甚至可以溯源为一个哲学问题。

所谓哲学，是指涉系统化世界观和方法论的学问。哲学的重要目的是要解决如何认识这个世界、什么是真理，以及如何发现真理等基本问题。从哲学降维到法哲学层次，其重要目的是要理解什么是法律，以及什么是法律之内的正义，如何发现正义等基本问题；从法哲学再进一步降维到司法哲学，其首要问题是要认清什么是司法活动、什么是正确的

---

① 人民法院的法官始终是在绩效考核的指挥棒下审理案件，不同的法官会采用不同的案件单元判断办法，这种不一致显然为绩效考核体系所追求的一致性无法容忍和接受，也容易在法官队伍之间产生各种不和谐的争执。最终，在绩效考核的大棒指挥之下，审判单元的不同处理方式自然地走向死亡。

法律适用以及如何正确地在司法中适用法律等基本问题；再进一步具体降维到诉之牵连的司法活动，必然要回答如下的基本问题：什么是牵连性的诉讼？诉之牵连技术的合法性——应当如何立法？诉之牵连技术的安定性——应当如何司法？诉之牵连技术的有效性——司法应当如何为民？

二 诉之牵连的程序结构限度

（一）我国民事诉讼程序设置维度之检讨

1. 自上而下的维度

我国民事诉讼法的制定会经过多方讨论，但最终决断环节更多的是反映最高人民法院、最高人民检察院、全国律师协会和民事诉讼法理论界的专家小组以及法律职业精英群体的意见，这些意见经全国人大法工委组织讨论审核后，提交全国人大上升为国家法律意志。由于法律职业化的缘故，民众多是间接参与立法，但是参与面狭窄且作用微弱，因此，总体上是个上行下达的过程。

2. 自外而内的维度

我国的民事诉讼法，先是照搬苏联的法律体系后又大量移植大陆法系以及英美法系的相关规定，并且事实上形成了约定俗成的法律研究的路径依赖，以西方的理论模式与民事审判实践作为我国民事诉讼法制定的重要依据和优劣判断标准。时至今日，西方民事诉讼法的思维、理论框架和发展脉络对我国民事诉讼法的制定仍起到重要的制约作用。在诉之牵连问题上，西方法技术的移植痕迹颇为明显。

3. 自下而上的维度

实践中，某些民事程序若引起极大反弹和不适应，有可能得到更改，这也符合我国民事诉讼法在摸索中前行的改革思路。但总体而言，民事诉讼法上这种具有自主自觉性的改革，并不是最为主要的改革路径。当然这一改革方式在近年来，尤其是在倡导制度自信的大环境下，开始扮演着越来越重要的角色。这是我国民事诉讼法实践理性的展开，是民事诉讼法改革的自我反思，弥足珍贵。但在诉之牵连问题上，目前没看到这种效应。

（二）诉之牵连的程序设定限度

程序正义，因其在西方法哲学体系中战胜实体正义获得相对的确定性[①]，为中国学者大张旗鼓引进并广为接受。[②] 程序正义迁徙进入中国部门法司法环境的过程，是一个思辨的过程，其更多是关涉两个视角：一是程序正义和实体正义之间的关系；二是程序正义自身的独立价值。[③] 相关的研究有着许多有益的成分但也有着一定的限度。至少有一些问题，并没有被直接或透彻地讨论，如：程序正义与中国具体情境是如何耦合和发生作用？如何保证程序正义在中国发生的是正向的作用？这是程序正义研究必须回答的中国命题。

诉之牵连的研究者应当将研究对象放在更宏观的程序功能背景中进行思考，[④] 不但要回答诉之牵连程序正义的理论理性，还应认真回答程序正义的实践理性。事实上从程序到正义之间还有一段很长的距离，程序并不等于正义。本书认为从程序到正义之间，至少还必须经历三个环节，分别涉及程序立法权的限度、程序司法权的限度以及程序实施权的限度。

1. 合法性：诉之牵连程序立法权的限度

在程序立法的环节，指向的问题是程序的限度在哪里？民事诉讼法可以通过程序的法定效力"规制"诉讼参加人的各种诉讼活动，但是，此处有一个前设性问题必须回答：对民事诉讼中的哪些事项进行什么程度的规制，它才合乎于程序的本意或者说这样的程序立法才具有正当性？

[①] "共识为正当法的来源，正当法为共识的界限。综合言之，目前仍以真实性的共识理论最占优势。"参见〔德〕考夫曼《法律哲学》，刘幸义等译，法律出版社，2004，第396页。

[②] 季卫东教授撰文，从对恣意的限制、理性选择的保证、"作茧自缚"的效应和反思性整合这四个方面阐发了现代法律程序的基本特性，在彼时引发了程序正义独立性的大讨论。参见季卫东《法律程序的意义——对中国法制建设的另一种思考》，《中国社会科学》1993年第1期，第83—103页。

[③] 张卫平：《程序公正实现中的冲突与衡平》，成都出版社，1992；陈卫东：《程序正义之路》，法律出版社，2005；齐树洁：《程序正义与司法改革》（第二版），厦门大学出版社，2010；林莉红：《程序正义的理想与现实——刑事诉讼相关程序实证研究报告》，北京大学出版社，2011；魏晓娜：《背叛程序正义：协商性刑事司法研究》，法律出版社，2014。

[④] 吴英姿：《诉讼标的理论内卷化批判》，《中国法学》2011年第2期，第189页。

这是对"规制的规制"之正当性的发问。

　　民事诉讼法属于公法，处理的却是基于私权利的民事纠纷，因此，相应的程序设置应确保不会对私权利造成过度的侵犯和压制。处理这个问题的原则应当是，对各种私权利所构成的"权利束"，主要应借助于民事主体在市场中的各种规则来进行权利的交换和分配，只有在这种交换和分配受到不公平对待时，民事司法的公权力才有介入的空间。因此，在民事程序的入口设定上，原则上不能拒绝私权利的保护请求。① 公权力介入的目的是保护市场中私权利的交换和分配能够正常运行，并对那种不正确的交换和分配进行矫正，体现矫正正义。对私权利交换和分配的矫正自不应当构成对私权利的第二次侵害。② 如果私权利经历了程序的关卡，结果是无从得到救济或者以大幅度"瘦身"的方式得到救济，那么这实际上是程序立法权对于私权利的第二次侵害，相关的程序设置则不具有正当性。③ 代表公权力的程序必须对私权利的救济作成本和收益的平衡考量，如此设计的程序才是合理的、不昂贵的、能达到目的之程序。

　　程序设计的目的，是保护当事人的权利救济以及保护当事人能够通过更为便捷的方式获得权利的救济，此二者均在权利救济的成本核算范围之内。因此，程序的设计应当注意协调司法者的程序运行利益以及当事人的私权利保护利益。两相比较，当事人的私权利保护利益诉求，应是程序设计中第一位的考量因素，司法者的程序运行利益则是第二位的考量因素。由是观之，民事审判模式中的当事人主义和职权主义都存在不足之处。当事人主义过分强调当事人对私权利救济主观能动性的积极发挥，忽略了程序设计中所要求的司法服务面相；职权主义则过多地压制和干预当事人私权利救济的积极性，尤其是在立法上强调职权主义而在实际运行中职权主义不到位的情形下，当事人的私权利救济的可操作性和可落实性就会大打折扣。进言之，在民事审判对象范围确定方式的

---

① 立案登记制正是反映了这一程序设计原理，体现了立法权、司法权对私权利保护的正当性基础。
② 鉴于此，诉讼费用不能过高并且应确保绝大多数案件经过程序的救济能够获得秩序的恢复。
③ 实务中被过多运用的管辖异议，即有这个嫌疑。

程序设计法理上，无论是纯粹由法院来界定的传统诉讼标的理论抑或是纯粹由当事人约定审判对象范围的方式，都不符合程序设计的正当性原理。程序对于当事人过于苛刻的保护要求，可能导致保护的缺位；程序对当事人过于泛滥的保护要求，可能导致保护的无效。审判对象范围过窄的确定方式，会导致当事人的权利救济进程过于缓慢，不利于社会秩序的恢复和重新建立；审判对象范围的无限扩大，会导致案件审限无限延长，最终使得权利的救济愿望落空。

因此，对民事审判对象范围的确定方式，一方面要避免机械性的司法，另一方面要避免过于任意的约定性司法。作为调和，应充分发挥法院的自由裁量权，但是这种自由裁量权发挥是以有利于私权利的救济为前设条件。民事诉讼标的之程序的设定，如同各种道路的设定，道路和关卡过多会侵占土地，产生不必要的程序费用；道路过少，则私权利的运行和救济可能会陷入无路可寻的局面。

2. 安定性：诉之牵连程序司法权的限度

程序司法环节指向的问题是：司法者在运用程序指挥权时，其对于违反程序、规避程序的事项，应当如何进行处理才能不违反程序的设计原理并具有司法程序处置的正当性？

程序的设定应当以便利私权利的救济为目的，同时兼顾司法资源的有限性和有序性。立法者对于程序的设定在大多数环节应灵活富有弹性，而不应是僵化和不可改变。如此，自然引发这样的思考：不同的程序其价值是否相同或者是否应当允许不同的程序有不同的价值负荷。司法实践中，显而易见的是不同程序对实体权利义务的贡献是明显不同的。同是程序违法问题，有的被人民法院认为是根本性地违反了程序正义，因此案件必须发回重审或者启动再审程序；有的虽然存在着明显的程序违法，但是人民法院往往认为其对于实体权利义务的分配并无实质性影响，故应当矫正但审判过程无须反复。[①]

诉之牵连程序的司法运用过程，应当确保程序的安定性。这要求既

---

① 例如最高人民法院认为，二审判决适用法律虽然存在瑕疵，但其判决结果并无不当，不属于再审事由中生效裁判适用法律确有错误的情形。具体可参见：刘某兵与河北省香河县天力轻钢建材工程有限公司案外人异议之诉纠纷案，最高人民法院民事裁定书，(2019) 最高法民申 3709 号。

要注意不因小瑕疵频频重启程序过度耗费司法资源,又要注意不因司法失当导致程序效用范围过窄或过宽从而有流于形式之嫌疑。《中华人民共和国民事诉讼法》(简称《民事诉讼法》)第 200 条规定,将遗漏或超出当事人的诉讼请求作为再审重要事由。对此规定在逻辑和价值上进行适当的比附援引,可以得知,是否允许诉之牵连案件的合并审理,系关乎程序正义的重要问题,司法权于此问题上更应是如履薄冰。

3. 有效性:诉之牵连程序实施权的限度

程序反馈的环节,指向的问题是:当程序被具体应用在个案中时,有的获得正向的回馈,有的遭到当事人的抵触,这种抵触甚至是大面积的。于此情形,程序应当是一如既往地坚持运行抑或是进行修正?如何判定程序运行或者修正的分界线。

关于程序的实施限度,即一个程序在实践中应走多远和多久,必须有适当的评判标准。程序在实务中究竟是否应当接受修正,必须结合本国的国情、结合司法的运行状况、结合诉讼参加人的回馈来进行检验。实践是检验真理的唯一标准,司法实践是检验程序正当性的唯一标准。实务中,如果人民法院和各诉讼参加人对某一程序有着共同的质疑,那么该项程序修正动力会变得更加强大。① 有疑问的是,如果仅仅是当事人群体表达对于程序的不满时,这种大众主义的质疑很可能被职业精英主义以专业性为由加以拒绝。因此,对于诉讼标的之确定和牵连等程序问题,其修正必须有专门的评价系统,进行评价信息的收集、反馈和整理。如此,才能确保民事审判对象范围的界定程序具有"刀刃向内"的自我改革能力,最终具有社会适应性。

(三) 诉之牵连的程序定位

1. 不同程序的角色地位

提及程序,程序论者总是称之为具有独立的价值:程序公正和程序效率。程序的抽象价值又为各种程序的具体价值所充实,事实上,不同的程序往往荷载着不同的程序具体价值。民事诉讼法上有着各种各样的

---

① 以 2001 年最高人民法院出台的《民事证据规定》中的新证据制度的变迁为例,即可以发现无论是法官群体抑或是当事人群体都对该制度的非议颇多,导致该制度在多种情形下出现实际被架空的运行状况。

程序，有关于诉讼参与主体规定性的程序，有关于诉讼顺序的程序，有关于诉讼时限规定性的程序，还有关于诉讼空间规定性的程序。同是程序，其各自所代表的程序价值，以及其对实体正义的贡献，可能扮演着完全不同的角色。

在程序这个大家族中，不同的程序所体现的程序价值，理论上无差别，实务上往往有着三六九等的划分。这也导致民事司法实践中，有些程序必须得到严格的遵守，不可逾越雷池半步；有些程序则是"人微言轻"，经常被法官和当事人予以弹性对待。

欲对诉之牵连性问题进行妥善处理，首先应明确民事审判对象的单元性划分技术，在程序的家族当中究竟是处于一个什么样的位置？

2. 刚性程序和柔性程序的分类

在民事诉讼中，当事人的诉讼请求范围不可被突袭性裁判、当事人的辩论权不得剥夺、当事人具有申请回避的权利……诸如此类和当事人的实体权利义务的分配可能发生直接和密切关联性的程序，可以称之为强关联的程序，也可称之为刚性的程序，不得随意违反。与之相反，那些和当事人的实体权利义务的分配仅有间接关联，更多只是维持程序运行的一些基本程序规则，往往不能得到诉讼参与人的高度重视，这可称之为弱关联的程序，也可称之为柔性的程序。

同一个程序的重要性，往往会随着时空转移和社会情势的变化而发生重要性的变化。例如，民事管辖权异议的案件、当事人虚假陈述的案件，以及执行的程序。对这些程序的违反，以往在很大程度上都是采用轻处理方式，但时过境迁，为了提高民事诉讼的效率，这些程序性环节现在也被从严从紧地加以对待。因此，柔性程序和刚性程序之间的界限，是动态的而不是静态的，甚至有时还会基于政策的原因导致柔性程序直接逾越而升为刚性程序，或者是刚性程序降为柔性程序，二者间角色的转换更多是通过最高人民法院的司法解释以及人民法院的内部意见来完成。

3. 诉之牵连技术是柔性的程序

诉之牵连的技术，是民事审判对象范围的确定方式。法官对具有牵连性诉讼标的之合并审理，理论上不会对实体权利义务的分配总量产生直接的影响，其应当属于柔性的程序。

在实务中，尤其是在基层人民法院，许多法官甚至对"何为诉讼标的"这个问题感到茫然，但这并不影响其对案件的审判。在调解程序中，法官更不会受到审判对象范围确定方式的程序规则束缚，一次调解中涉及多个法律关系的处理方式，可谓比比皆是。

三 我国诉之牵连技术的程序正当性设定

（一）诉之牵连作为法秩序价值的共性

就民事审判对象范围的界定程序而言，台湾著名的民诉法学者邱联恭教授认为："诉讼单元的界定，是在诉讼的经济和诉讼的安定此二者价值之间的一种平衡性理论。"[①] 然而我们若仔细地揣摩可发现，所谓的诉讼的经济和诉讼的安定，实质上都服务于社会的秩序。每一个案件民事审判对象范围的大小，其本质上是关乎于秩序而不是安定。秩序是第一位的价值，秩序本身的确立应当具有合法性，包括形式合法性和实质合法性；对于秩序的遵守可以带来第二位的价值——安定性，对于安定性的遵守可以带来第三位的价值——诉讼的有效性或者是经济性。这恰如同为什么要采取依法治国的基本方略？法律代表着一种秩序，秩序能够带来社会和国家的安定，安定可以为全社会经济发展打下坚实的基础。我们并不排斥"从经济到安定，再到秩序"的反向效应影响链，同理，这种回馈式影响的存在，也并不能否定"从秩序到安定，再到经济"这种正向影响链的逻辑存在。

民事审判对象范围的界定理论，其本质上是关乎于诉讼的秩序问题。只要能够达成诉讼的秩序，则任何一种民事审判对象范围的界定理论，均不违背法治的精神。本着这一思考逻辑起点，就形式合法性而言，可以认为传统诉讼标的理论、新诉讼标的理论，或者是英美法系的案件事实观[②]，都能够维持相应的法秩序的存在。事实上，这些理论在秩序这一价值判断层面上，没有高下之分。

（二）诉之牵连程序价值的本土性判断

民事审判单元的确定方式，本质上关系秩序的设定。此处涉及一个

[①] 邱联恭：《口述民事诉讼法讲义》（2006年笔记版），三民书局，2007，第152页。
[②] 《联邦民事诉讼规则》开创了现代诉讼合并的时代。〔美〕理查德·D.弗里尔：《美国民事诉讼法》，张利民等译，商务印书馆，2013，第744页。

非常重要的问题：程序秩序应如何设定？对此问题有一个抽象且具体的回答：程序秩序既是法律的，又是地方性的。

1. 德国诉之牵连技术的程序设定

在大陆法系的德国，其为了保证法律体系内在的一致性、稳定性和逻辑性，以德国人特有的严谨，设定了传统诉讼标的理论。即便是面对欧盟诉讼系属①界定方式的入侵，德国人仍然力图在原有的诉讼标的理论和欧盟的诉讼系属界定方式之间找到逻辑上的一致性。德国理论界认为，要么是合乎逻辑的接受，要么是合乎逻辑的拒绝。②

2. 我国诉讼牵连技术的程序设定

（1）基于司法资源的考量

那些不能够一次性为当事人解决纠纷的案件审判对象确定方式，显然不利于纠纷处理的安定性和经济性，这也成为我国新的诉讼标的理论取代既往的诉讼标的理论的重要的理论支撑点。③ 这实际上是基于这样一种思考逻辑：当所有的诉讼标的理论都满足秩序性的要求后，其相互之间价值大小的比较，更有赖于安定性和效率性。

如果能够采用一种更安定、更有效的民事审判对象确定方式，则没有理由坚持旧有的那种效率较低且不能够为社会秩序带来较大安定性的程序。如是，传统诉讼标的理论在我国民事诉讼中的地位，并非稳固如山。结合特定的国家情形，尤其是结合我国案多人少、司法资源供不应求的国情，对诉讼标的理论的价值判断不应仅仅停留在秩序上，而更应取向于安定和效率方面，作进一步的本土性判断。

（2）基于司法传统的考量

我国的司法传统，是对情、理、法三者关系的辩证统一。④ 听讼的直接目的是权利与义务的分配与矫正，根本目的则是社会秩序的恢复。

---

① 欧盟第 2201/2003 号条例中关于诉讼系属的规定主要体现在第 19 条关于未决诉讼和独立诉讼（Lispendens and dependent actions）的规定中。

② 陈玮佑：《诉讼标的概念与重复起诉禁止原则——从德国法对诉讼标的概念的反省谈起》，《政大法学评论》2011 年第 127 期，第 20—21 页。

③ 我国新诉讼标的理论取代既往诉讼标的理论的原因和德国的不完全相同。我国更多是基于司法资源紧张的考虑，德国更偏重于逻辑体系上的追求。

④ 李拥军、戴巍巍：《中国传统司法功能的价值意蕴与现代启示》，《吉首大学学报》2018 年第 6 期，第 33—41 页。

那种只有权利义务的正确分配而没有社会秩序恢复的审判方式,显然过于"小气"。

一部合乎西方法律传统的民事诉讼法,在中国不能称之为善法。只有能够合乎中国国情的、合乎中国司法传统的程序法才能够称之为善法。依据这个标准,我国现有民事诉讼法中关于牵连性诉讼的"一个案件、一个法律关系"的处理模式,只能称其有合法性,但难谓有妥当性。

传统诉讼标的理论移植到我国并上升为国家的法律意志,这个过程赋予了其合法性,但并未赋予其现实正当性,这是一种缺乏现实关怀的民事审判对象界定理论,这个过程更多地表现为法律职业主义对法律大众主义的压制。当事人纠纷无法得到一次性解决的法理,无论是从当事人的情理抑或是从大众舆论的事理而言,均难以接受。情、理、法三者的关系,在民事审判对象范围确定方式这一问题上,被生硬地割裂开来。

(3) 基于司法现实的考量

因为民事审判对象的界定方式并不会从根本上直接动摇实体权利义务的分配,所以目前我国并没有集中爆发对该程序的不满,其改革的呼声并不是那么强烈。然"一叶落知天下秋",对牵连性诉讼技术的程序态度也代表着我国实务界对于其他诉讼程序的态度。如果对于程序的设定方式均是仅存移植的漠然,缺乏本土化的关怀,那么这种程序所代表的正义仅是西方的程序正义,不是中国的程序正义。

法律在本质上是一种地方性的知识,其正在进入一个社会学的时代。程序正义的基本形象,应当是超越机械司法、形式理性,迈向现代性反思后的社会学司法、实践理性。[1] 法律对于地方性知识的观照,对国情的兼顾,这是一种法律所应当具有的同理心。[2] 法律从来不是放之四海而皆准,尤其是司法,它应当与地方性的知识、人情、公理相匹配,获得相应的正当性,才能升华至既判力的层面。这是法律成为法律所应有的内在逻辑,而不是法律成为法律之后才去制约地方性的知识和地方性大众的一般性认识。

---

[1] 孙笑侠:《基于规则与事实的司法哲学范畴》,《中国社会科学》2016 年第 7 期,第 126—144 页。
[2] 杜宴林:《司法公正与同理心正义》,《中国社会科学》2017 年第 6 期,第 102—120 页。

（4）基于司法改革的考量

自 20 世纪以来，我国的民事司法案件的审判标准共历经三次变革。

20 世纪 80 年代初，民事司法案件的审理标准是实事求是、有错必纠。这典型地体现为各类民事案件再审程序的频频提起。

20 世纪 90 年代初，肇始于理论界，程序正义观从西方被大量地引进到我国的民事审判中，并逐渐形成一种压倒性的话语权。在程序正义思想指导下，定纷止争成为民事案件处理的新标准。此处的定纷和止争，前者是指权利义务的明确分配，后者则是指某一个案件中法律关系的妥善处理。定纷止争要求从程序的角度，使得一个法律关系上的权利义务得到明确的分配，并且使得关于该法律关系的纷争在程序上得以终结，产生不可动摇的既判力。这种只及一点不及其余的做法，导致许多案件在审判结束后的相当长一段时间内，当事人之间纷争不断，甚至引发了新的纷争，社会秩序并没有因审判的结束而得以稳定。

自 2010 年以来，针对定纷止争的不足，民事案件的审判中提出了新的司法标准，即"案结事了"。"案结事了"强调民事案件的审判应当注重法律效果和社会效果的统一，服务于社会的和谐与发展。与之相适应，对法官的办案思路提出了新的要求，即司法能动性。司法能动性要求法官在审理具体个案的时候，能够从多个角度考虑一个案件的审理。对于司法能动性，理论界和实务界持有并不相同的态度。理论界，有赞成者也有反对者，反对者以西方尤其是美国的司法能动主义和司法保守主义之间的纷争和对立来说明司法本应是保守和消极的，如此才符合法律的精髓。这种借西方法律途径为中国司法改革树立标杆的做法，也招致了一些有识之士的批评。[1] 实务界对于司法能动的贯彻远比理论界来得更为透彻和到位。在实务界，法官对于司法能动的理解，更多是集中在民事案件审判法律效果和社会效果的统一，集中在法律效果和服务政治大局的统一。即便如此，司法能动在民事案件的审判中，更多体现在案件实体方面的处理上。在一些民事案件的程序处理上，也依据司法能动采取了一些不同于以往的做法，如能快则快、能简则简，但这往往是个案

---

[1] 郑成良、王一：《关于能动司法的格义与反思》，《吉林大学社会科学学报》2012 年第 2 期，第 34—45 页。

做法上的程序权宜之计，并没有形成一种固定模式，对诉之牵连案件的处理，亦是如此。

2015年以来，人工智能和司法大数据技术，开始被频频提起，智慧法院的建构也成为司法改革中具有高热度的关注点。实事求是而言，"人工智能"对司法改革的影响目前更多是停留在心理层面上，实质性的技术改革尚未正式登场。员额制的改革和立案登记制的推出，使得我国"案多人少"的矛盾局面变得更为突出。如果继续按照以往机械司法的方式来处理与日俱增的民事案件，我国的司法审判机器难免会陷入尾大不掉的尴尬处境。

本次民事司法改革，有一个很明显的导向就是在尊重合法性的基础上，以效率为导向，对相关的民事诉讼程序制度进行梳理。① 司法能动是对于机械司法的反动，它要求无论是处理实体问题还是程序问题，都应当充分合适地发挥法官的自由裁量权，保证办案法律效果和社会效果的统一。就诉之牵连问题而言，无论是采取哪种诉讼标的理论，其合法性都不会存在太大的质疑。因此，在坚持合法性基础上应注重有效性的司法改革，将诉之牵连案件的审判范围界定方式改革，早日提上议事日程。

传统诉讼标的理论在我国民事审判实践中的使用，是对西方尤其是大陆法系民事审判对象范围界定技术的引进，相当于在我国的民事审判实践中引进了一条西方的案件处理流水线。这条流水线是否能发挥切实的作用，还需要司法改革的顶层设计者付出更多的观察和耐心。这份耐心包括，要更多地去倾听案件审理中当事人和民众对扩大审判对象范围的朴素要求，去关注整个民事审判程序在社会秩序处理中的运转流畅度和贡献度，最后才是对法院自身的观照——耐心与主动适应"高效的审判对象范围确定方式"所带来的与既有的"传统诉讼标的理论下审判方式确定方法"两者之间的差异性。法院不应再以"一个案件、一个法律

---

① 例如，对管辖权异议的滥诉问题、对仅为明确诉讼请求而没有实质上增加新的诉讼请求，不再硬性要求延长举证期限的规定；对法庭虚假陈述的惩罚、为了达到执行效果，采用了各种灵活有效的执行方式。凡此种种，无不体现了在当前案多人少的司法局面下，提高司法审判效率的迫切要求。又比如，民事审判的时限问题，在以前并不属于一个严重的程序问题，但是现在最高人民法院出于效率的需要也加快了对审限处理、节奏的严格要求。

关系"的思考模式来简单处理那些具有牵连性的诉讼，否则，虽然能够为法官的个案审判提供较大便利，但会有碍整个司法机器的运转效率。司法改革者的耐心，既要从宏观上评估整台司法机器在国家和社会中的运转效率，也要从微观上考量具体个案中民众的诉求，尤其是那些正当的要求是否能得到司法的准确回应。

3. 诉之牵连程序价值的普惠性和差异性①

在几乎所有程序环节的设定中，都可以看到，它们首先是为了维护一种程序秩序的存在，这是一种具有普惠性的程序正义。没有秩序就没有程序存在的价值，亦即，不存在没有秩序的程序，否则程序的独立性价值将从根本上被撼动。

安定性和效率性，这是不同程序设定中所体现出的一种差异性的程序正义。在普惠性的程序正义能够得到满足的前提下，就应当追求差异性的程序正义，这是立法者尤其是程序立法者所应有的追求。司法实践中，如果秩序不是问题，则那些仅具有普惠性程序正义的程序环节，会经常性地被法官根据案件的审理要求进行适当的调整。在普惠性程序正义外衣之下，一些程序的供给实际上是多余的，至少在实践中看上去是多余的。因此，这些程序环节的有无、瑕疵、快慢，往往不会引起法官足够的注意。例如，普通程序中开庭前书记员宣读法庭纪律这一环节，在许多民事审判中已被大幅度削减甚至是删除。程序，一方面供给了庭审的秩序；另一方面有可能存在秩序供给过剩的局面。因此，当一些程序被当事人或者法官有意识地进行删减甚至是带瑕疵地进行，也并未引发严格的程序责任后果。

与秩序性不同的是，程序的安定性和效率性，往往在诉讼参加人中被一再提起和加以重视。就秩序合法性而言，司法实务得以行进的前提，是承认相关立法具有形式合法性，且无法去探究相关立法是否具有实质合法性。故理论上的秩序性是重要的，实务中的秩序因受制于探讨空间，往往是形式的。与之相反，安定性和效率性无论是在宏观的司法改革抑或是众多个案中，得到了越来越多的关注。诉之牵连的相关程序，概莫

---

① 吴忠民：《普惠性公正与差异性公正的平衡发展逻辑》，《中国社会科学》2017 年第 9 期，第 33—44 页。

例外。

（三）诉之牵连程序结构的设定及实现

1. 民事诉之牵连技术的三维结构：合法性、安定性和有效性

诉之牵连技术应当荷载多元价值。[①] 诉之牵连技术的程序设定权限度，事关合法性；诉之牵连技术的司法管理权限度，事关安定性；诉之牵连技术的程序实施权限度，事关有效性。此三者，分别居于诉之牵连程序正义评估的上游、中游和下游之位置。现有的民事诉讼司法改革，更多是对于具体程序制度逻辑自洽性在沙盘上的推演与反思。[②] 这实际上是对于民事程序正义中游节点的一种充分关注，但实务中，对于程序正义上游节点以及下游节点的关注，则存在着相对明显的缺位。

一方面，诉之牵连程序设定权限的分配，属于程序正义的上游环节，但恰恰又是影响程序正义的核心环节；另一方面，现有研究和司法实务对民事审判界定方式之程序流程末端和程序活动方式的调整，也存在一定的忽视。因此，必须从整体维度上对诉之牵连程序作梳理和整合，既强调程序的法治，又强调程序的治理。

程序法治的核心在于法无授权即法所禁止。其要旨在于限权，对于程序设定权的空间给予明确严格的限制，从而保障程序救济私权利渠道的合理性、正当性和有效性。对于程序上游中程序设定权力分配的要求以及程序权力和私权利救济方式之间的匹配性要求，阐明了程序应当是具有合法性和有效性的二维结构。"合法性"控制了司法权运行的程序边界，"有效性"则是在合法性所确立的边界范围之内允许司法权采取各种积极有效的手段，如通过法解释学、法社会学、政策学、法经济学和管理学等各种维度来共同致力于保障私权利的有效救济。

诉之牵连程序的合法性，能够为私权利的救济提供框架和支撑，但要让该程序的合法性框架灵活发挥解决私权利的重要作用，则应当按照逻辑顺序先后回答三个基本问题：

[①] 我国学者陈桂明教授认为，诉讼程序三大价值目标即公正、效率和效益，应当注意诉讼程序设计的多元价值取向，防止将程序价值目标单一化和简单化。参见陈桂明《诉讼公正与程序保障》，《政法论坛》1995年第5期，第44页。

[②] 一般而言，只要给予充分的程序保障，则诉之牵连技术司法管理权限度所要求的安定性能够得到较好的实现，故在此不作过多的展开讨论。

第一阶段，诉之牵连技术的程序立法，是否给予私权利救济事项以足够充分的救济空间？

第二阶段，诉之牵连技术的程序司法，是否司法权干预过多或者是司法权监管不到位？

第三阶段，诉之牵连技术的程序实施，是否有着充分的评价和回馈体系？

2. 诉之牵连程序合法性和有效性的实现工具

（1）三种工具

①严格规则主义工具

从司法哲学的发展进程来看，尊重规则的作为本源的注释法学，后来发展为大陆法的法律教义学，它代表着一种严格规则主义的司法倾向。

严格规则主义主要针对大量的常规性案件而言，其具有稳定性，能够很好地服务于法律的治理功能，与严格规则主义相对应的是道德规则主义和结果规则主义。严格规则主义的运行要求是社会的发展具有稳定性，如此才能够保证法律运行的连续性，如果社会发展的轨迹出现了重大的变化，那么法律的连续性运行状态将会受到挑战，为了适应社会发展的重大事件或者重大变化，道德规则主义呼之欲出，即必须采用自然法占主导地位的司法哲学进路。

②道德规则主义工具

道德规则主义是从正义的本源角度对规则的适用进行调控。从源头上对正义的分配方式进行重新调整，道德规则主义往往是缘起于人们的法律观念并践行于法院的司法审判方式，最后扎根于新的立法改革条文之中。

③结果规则主义工具

顾名思义，结果规则主义自然是从法律适用的效果对规则的适用范围进行调控，如考虑法律适用的法律效果和社会效果的统一。结果规则主义的适用，主要是针对大量的新型案件、疑难案件和复杂案件，即需要法官以自由裁量权的方式适度超越规则的限度：或对规则进行扩大性解释；或对规则进行灵活性解释。

（2）结果规则主义工具的选择

对此三者进行比较，道德规则主义注重于正义分配本源上的改变，严格规则主义则注重于常规状态的维持,结果规则主义更注重法律施行的社会效果。它们分别代表着司法中的自由主义、严格主义和温和主义的三种形态。实践中,若注重结果规则主义下案件的处理,以及各种例外的不断积累,则有可能走上一条从量变的积累到逐渐影响司法观念彻底变革的道路,即从结果规则主义走向道德规则主义。

在社会处于渐变时期,不应错误地采取价值观改革的道德规则主义,但也不能固守传统的严格规则主义,过于倚重机械性的司法。应当发挥司法能动性,采取尊重法官自由裁量权的结果规则主义,如此方能够保证独立司法与顾全大局的统一、能动司法与司法克制的统一、社会效果与法律效果的统一、司法效率与司法成本的统一,上述的三个司法哲学进路恰恰反映了法律的价值性、规则性和适时性三个维度。[①]

3. 诉之牵连程序中合法性的实现

诉之牵连程序中的合法性,可以借助比例原则加以达成。首先是适当性原则,要求程序的手段必须有助于私权利救济目的之达成。其次是必要性原则,要求程序手段的实施只会对私权利造成最少的侵害,是实现私权利救济的必要手段。最后是按照狭义比例原则,即程序给当事人的救济的侵害不能超过它所欲追求的结果,不能给当事人造成过度的负担。

为了确保程序对于实现私权利救济目标的必要性考量,应当坚持以下三个原则。[②]

第一,事后的程序规制工具优先于事先的程序规制工具原则。在诉讼牵连性问题上,应当允许当事人优先以协定的方式来确定审判对象范围的大小,而不是由人民法院直接强行确定审判对象范围的大小,因为事前的程序管制工具给当事人带来的负担,往往会更大更多。

第二,柔性的程序工具优先于刚性的程序工具。柔性的程序工具有利于充分发挥当事人的主观能动性,包括诉讼参与人的主观能动性,这

[①] 孙笑侠:《基于规则与事实的司法哲学范畴》,《中国社会科学》2016年第7期,第126—144页。
[②] 此部分程序工具的运行原则和行政管制工具的设定,可谓异曲同工。参见朱新力、余军《行政法视域下权力清单制度的重构》,《中国社会科学》2018年第4期,第109—130页。

有利于高效率地完成程序任务和程序目标的达成。诉之牵连程序，应当给予当事人以审判对象界定方式的选择性。

第三，参与性程序工具优先于指挥性程序工具。程序正义之所以能够确保实体正义的流出，其非常重要的一个方面，是程序能够保证公开透明的对话与协商①，从而让各方就经验知识和法律观点进行充分的攻击和防御，发挥程序的反思性功能②，保证最后的实体结果是各方充分博弈的结果。对话与协商，要求参与性程序工具得到最大程度最广泛的设置与构建。诉之牵连程序中，应当允许当事人参与审判对象的界定。

4. 诉之牵连程序中有效性的实现

诉之牵连程序中有效性的实现，可以从三个方面来进行。

一是实体利益的分析。如果一个案件有可能被分解为多个法律关系，前后经历多次不同的诉讼，那么将会极大地增加当事人的纠纷救济成本。如果该救济成本已经远远超过或者与当事人所欲达成的私权利救济目的相比较而言不具有相当性，那么可以认为该程序工具的设置不具有正当性。

二是程序利益③的平衡。对于诉之牵连程序性事务的司法管理权配置：一要注重法院的实际能力；二要注重程序结构的简化；三要注重当事人的利益。程序结构的简化居中，法院的实际能力和当事人的实际利益则居于程序结构的两边。法院司法能力的不足，可以通过程序结构的复杂化来进行弥补，当事人利益的保护则可以通过程序结构的简化来加以支撑。因此，程序结构应处于一种中立性的地位。它的繁与减，能够对法院的司法能力以及当事人的利益保护起到一个较好的平衡作用。就诉讼的牵连性问题而言，当事人若就审判对象范围方式达成一致，那法院的自由裁量权可以基于自身司法能力的考量，进行适当的调控，但不宜过多的干预。毕竟，法院司法能力的最终落足点，是在给当事人提供便利和服务，而不是对当事人进行管制和约束。

---

① 〔日〕谷口安平：《程序的正义与诉讼》，王亚新、刘荣军译，中国政法大学出版社，1996，第16页。
② 朱丹：《程序正义与人的存在》，经济管理出版社，2014，第25页。
③ 所谓程序利益，是指因程序的简化而使得当事人可以节省下来的包括劳力、时间或费用等项目在内的诉讼成本支出。程序利益的概念为台湾的邱联恭教授首创。参见邱联恭《程序利益保护论》，三民书局，2005，第5页。

三是对程序工具的选择和使用，还应作程序原则的权衡。如有违程序设定中的诸如中立性、公平性、对等性和透明性等基本价值，即便在个案中该程序工具有利于实现权利救济目的，但是其在更一般性的意义上不具备程序的正当性。

总体上，应当在合法性与有效性的二维结构下，分别考虑程序权力创设的正当性，程序司法权应有的正当性，以及程序在实践当中反馈机制的正当性问题。

四　本章小结

首先，基于对诉之牵连的司法哲学思考，发现并提出三个问题：诉之牵连技术应当如何立法？诉之牵连技术应当如何司法？诉之牵连技术司法应当如何为民？

其次，对诉之牵连的该三个元问题作进一步的研究，认为"应当如何立法"关系诉之牵连的程序立法权限度，"应当如何司法"关系诉之牵连技术的程序司法权限度，"司法应当如何为民"关系着诉之牵连的程序实施权限度。

最后，鉴于程序本土化和程序地方性的要求，提出对于诉之牵连程序立法权上的合法性应当通过比例原则加以解决；对于诉之牵连程序司法权上的安定性，应当通过程序保障技术加以解决；对于诉之牵连程序实施权的有效性，应当通过平衡实体利益和程序利益加以解决。

第三章　诉之合并的牵连性

【本章主要观点逻辑导读】

诉之合并牵连性的类型化

牵连要素	牵连类型一： 主体强制合并	牵连类型二： 法律关系强制合并	牵连类型三： 诉讼请求强制合并
请求事实	同一事实	同一事实	同一事实
请求主体	选择合并、竞合（重叠）合并、预备合并		
请求权基础		选择合并、竞合（重叠）合并、预备合并	
请求权			
请求	各请求有竞争性	各请求有竞争性	各请求有竞争性：选择合并、竞合（重叠）合并、预备合并
请求目的			

经济学上有一个著名的理论，叫作"合成谬误"，即个体都追求各自效率的最大化，导致了整体效率的降低，最终导致个体效率的下降。我国民事司法实务中对待诉之合并问题的态度，可谓是法学领域的合成谬误。民事诉讼中，法官通过"法律关系"这把刀人为地切割了案件事实。虽然这种做法能较好地贯彻"一案一诉"，提高作为个体的承办法官的办案效率，但是这只能"定纷止争"却不能"案结事了"，导致一个纷争能够从不同角度甚至是重复地诉讼，司法资源大肆浪费，人民法院整体办案效率低下，导致社会资源的浪费。合成谬误理论告诉我们，微观上而言是对的东西，在宏观上并不总是对的；反之，在宏观上是对的东西，在微观上可能是十分错误的。[①] 从最广泛的角度上，诉之合并

[①] 个案中法官对诉之合并的拒绝所换来的办案效率的提高，是一种饮鸩止渴的效率。这如同在拥挤的道路上，每一辆汽车都想开快一点，不停地"加塞"，最终导致交通拥堵，每一辆车最后都被堵住而难以前行。同理，法官过分地对案件事实用法律关系进行切割，提高个人办事效率，最终会导致整个司法机关办案效率的降低。这种整体性效率的降低，最终必将扩大化为法官个人所无法承受的巨大办案压力。

可将同一事实、相同事实、相似事实以及牵连事实一概纳入一个程序，对这些事实进行"一次评价"的司法过程中，评价主体的同一保证了评价机制的一致性、评价标准的一致性以及评价方式的一致性，最终也保证了法律适用的统一。① 允许诉之合并体现了当事人的程序选择权，这既是约束性辩论原则的贯彻②，又是一次性解决纠纷司法理念的贯彻③，有利于减轻当事人的诉累，提高审判效率。

一 诉之合并分类中的牵连性

（一）诉之合并的概念

诉之合并，是两个或两个以上相互之间有一定联系的诉，合并在同一诉讼程序予以审理的审判行为。④

在现行的民事判决书、裁定书中，"诉讼标的"屡屡与"诉之合并""合并审理"等字眼联系在一起。将诉讼标的内容作何种界定，会直接影响诉之合并的内涵。例如，如果将诉讼标的定义为法律关系，则同一原告对同一被告的不同法律关系支持下的同一诉讼请求，可称之为诉之合并；同一原告对同一被告的同一法律关系支持下的不同诉讼请求，则只能称之为合并审理。亦即，此时只是对不同诉讼请求进行了合并审理，但没有发生诉之合并。

民事诉讼法历史上，对于诉的核心要素——诉讼标的之界定问题，经历了诉讼主体、法律关系、诉讼请求（诉之声明）和案件事实的多次组合变迁。严格而言，诉有几个要素，诉之合并就有对应着各个要素的多种合并形式存在，具体如表1所示。

表1 诉之合并的逻辑变化

合并形式	诉讼主体	法律关系	诉讼请求	案件事实*
单纯合并	主观单纯合并	法律关系单纯合并	诉讼请求单纯合并	案件事实单纯合并

---

① 黄鹏：《诉之合并制度功能及其合并规则初探》，《云南大学学报》（法学版）2015年第6期，第117页。
② 张卫平：《民事诉讼法》（第二版），法律出版社，2016，第44页。
③ 王杏飞：《对我国民事判关系的再思考》，《中国法学》2019年第2期，第294—295页。
④ 张卫平：《民事诉讼法》（第二版），法律出版社，2016，第196页。

续表

合并形式	诉讼主体	法律关系	诉讼请求	案件事实
选择（竞合）合并	主观选择（竞合）合并	法律关系选择（竞合）合并	诉讼请求选择（竞合）合并	案件事实选择（竞合）合并
重叠合并	主观重叠合并	法律关系重叠合并	诉讼请求重叠合并	案件事实重叠合并
预备合并	主观预备合并	法律关系预备合并	诉讼请求预备合并	案件事实预备合并

* 以案件事实（Transaction）作为诉讼标的之立法，在美国民事诉讼中已施行多年。我国台湾"民事诉讼法"第199-1条也承认了案件事实可作为诉讼标的：依原告之声明及事实上之陈述，得主张数项法律关系，而其主张不明了或不完足者，审判长应晓谕其叙明或补充之。被告如主张有消灭或妨碍原告请求之事由，究为防御方法或提起反诉有疑义时，审判长应阐明之。

由上可知，逻辑上诉之合并有16种形式，其中，关于案件事实的4种诉之合并少有论及，相关理论并不成熟。因此，下文重点介绍其他12种合并形式。①

（二）诉之合并的分类

对诉之合并的分类，依据数量、要素和时间等不同的标准，有不同的分类。

1. 数量上的合并分类：单一之诉与合并之诉

诉可以分为单一之诉与合并之诉，前者是指一个原告向一个被告提起一个请求的情形，而单一之诉被合并时就形成合并之诉。②

2. 要素上的合并分类：主观合并与客观合并

合并之诉又可以进一步分为客观合并与主观合并两种情形，即分别是指请求的客体为多数的情形以及当事人也为多数的情形。③其中客观合并还可以作进一步划分，包括案件事实的合并、法律关系的合并和诉讼请求的合并。

---

① 有论者认为，可借由诉的合并的不同类型对多数人诉讼制度进行体系化解释，必要共同诉讼是单纯的诉的主体合并，普通共同诉讼是诉的同类客体合并，第三人制度是诉的主客体牵连合并。这种观点不无道理，但并非本章研讨的重心，留待后续各章予以详细讨论。具体参见胡学军《论共同诉讼与第三人参加诉讼制度的界分》，《环球法律评论》2018年第1期，第26页。

② 〔日〕高桥宏志：《民事诉讼法制度与理论的深层分析》，林剑锋译，法律出版社，2003，第57页。

③ 〔日〕高桥宏志：《民事诉讼法制度与理论的深层分析》，林剑锋译，法律出版社，2003，第57页。

3. 时间上的合并分类：独立之诉与诉讼中之诉（诉讼内之诉）

诉可以分为独立之诉与诉讼中之诉。前者是指，与其他诉讼程序无关的全新开始的诉；后者是指，当事人在其他业已开始的诉讼程序中，提出并要求与该诉讼合并审理的新诉。诉讼中之诉主要包括诉的变更（参照《日本民事诉讼法》第 143 条）、中间确认之诉（参照《日本民事诉讼法》第 145 条）、反诉（参照《日本民事诉讼法》第 146 条）以及独立当事人参加（参照《日本民事诉讼法》第 47 条）等几种情形。[①]

上述分类中，最为常见的也最为业内熟知的合并，是诉之合并在要素上的分类，即主观合并与客观合并。为了保证本章的论证和第二章逻辑线索的连贯性，将选择诉之合并在要素上的分类进行牵连性的作业分析。

（三）诉之主观合并的分类与牵连性

所谓诉之主观合并，是指"如果在原告方或者被告方存在多个人，即众多原告针对一个或者众多被告或者一个原告针对众多被告向法院请求权利保护，则人们称之为共同诉讼——也被称作主观的诉之合并"。[②]

1. 诉之主观单纯合并

所谓诉之主观单纯合并，是指除了主观预备、竞合和重叠之外的合并形式，最常见的是普通共同诉讼。主观单纯合并的逻辑表达式如下：

$$\left.\begin{array}{c}\text{原告}1\\+\\\text{原告}2\end{array}\right\rangle\text{被告}1 \qquad \text{原告}1\left\langle\begin{array}{c}\text{被告}1\\+\\\text{被告}2\end{array}\right.$$

2. 诉之主观预备合并

所谓诉之主观预备合并，是指"原告或被告有二人以上，于同一诉讼程序起诉或被诉，于先位原告之诉无理由时，始请求对后位原告之诉为裁判，此为原告方面主观的预备诉之合并，若系以先位被告之诉无理由时，始请求对后位被告之诉为裁判者，则为被告方面主观的预备诉之合并，或称为预备的共同诉讼，唯学说上均称之为主观的预备诉之合并，

---

① 〔日〕高桥宏志：《民事诉讼法制度与理论的深层分析》，林剑锋译，法律出版社，2003，第 58 页。

② 〔德〕奥特马·尧厄尼希：《民事诉讼法》，周翠译，法律出版社，2003，第 308 页。

以与理论上与实务上均一致承认之客观的预备诉之合并，相互对称。主观预备的诉之合并——如仅就保护原告之权益而言，确有必要"。① 简言之，是指在主观预备之诉中，先位之诉与后位之诉的牵连性是一种对立的关系。诉之主观预备合并的逻辑表达式如下：

```
    先位原告1                              先位被告1
         \                                   /
          V —— — 被告1        原告1 ——      V
         /                                   \
    后（备）位原告2                       后（备）位被告2
```

虽然诉之主观预备合并在司法实践中存在，在学界也有热议，但是在立法中明确规定的只有韩国，日本经过长期的争论，也只是规定了同时申请审判的共同诉讼。②

3. 诉之主观选择合并

所谓诉之主观选择合并，"如参考客观诉之合并中选择诉之合并之型态，应为原告于同一诉讼程序提起诉讼，其原告或被告有二人以上，请求法院对于多数原告中或多数被告中择一而为原告胜诉之判决，如法院已就多数原告中或多数被告中为原告胜诉之判决者，其余原告或被告部分即无庸判决，如认各该当事人之诉均无理由者，则仍应为全部驳回之判决。所谓择一而为判决，非必指人数而言，其被选择为胜诉判决者，亦可能有二人以上，如原告以甲、乙及丙、丁四人为被告，请求法院选择甲、乙或丙、丁而为判决者"。③ 诉之主观选择合并的逻辑表达式如下：

```
原告1 ——— 被告1          原告1 ——— 被告1
       or                        or
原告1 ——— 被告2          原告2 ——— 被告1
```

4. 诉之主观重叠合并

诉之主观重叠合并，和主观选择合并、主观单纯合并有着微妙的区分。和主观选择合并相比较，以原告方为例，重叠合并是请求法院对两个以上被告同时提出一个诉讼请求，选择合并是对两个以上被告同时提出一个诉讼请求，请求法院判令其中一个承担责任。此处的差别，更多

---

① 杨建华：《民事诉讼法问题研析（一）》，广益印书局，1996，第111页。
② 张美琴：《论诉之主观的预备合并》，硕士学位论文，西南政法大学，2012，第26页。
③ 杨建华：《民事诉讼法问题研析（一）》，广益印书局，1996，第116页。

的是原告方请求法院审理的意思表示的不同。和主观单纯合并相比较，重叠合并是请求法院对两个以上被告同时提出一个诉讼请求，单纯合并是请求法院对两个以上被告同时提出不同的诉讼请求。主观重叠合并的逻辑表达式如下：

```
原告1 ——— 被告1        原告1 ——— 被告1
        and                      and
原告1 ——— 被告2        原告2 ——— 被告1
```

前述关于诉的主观合并，均是从横向的空间角度来看待当事人的变化。除此之外，还应当考虑从纵向的时间角度来看待当事人的变化。这可分为三种情形。

其一，是诉讼开始后原告或者被告的追加所引起的主观合并，相关逻辑表达式如下：

```
起诉时原告1 ＼                      ／ 起诉时被告1
             被告1        原告1
起诉后追加原告2 ／                   ＼ 起诉后追加被告2
```

其二，是诉讼开始后原告或者被告的分立所引起的主观合并，相关逻辑表达式如下：

```
起诉时原告1 ＼                          ／ 起诉时被告1
              被告1          原告1
起诉后原告1分立 ／                       ＼ 起诉后被告1分立
为原告1和原告2                           为被告1和被告2
```

其三，是诉讼开始后第三人的加入所引起的主观合并，相关逻辑表达式如下：

```
起诉时原告 ——— 起诉时被告
       ＼      ／
     起诉后加入第三人
```

（四）诉之客观合并的分类与牵连性

诉的客观合并，是同一原告对同一被告在同一诉讼程序中，主张两个以上的符合法院受诉条件的独立的诉。客观的诉的合并又分为单纯合并、竞合（重叠）合并、选择合并和预备合并四种类型。

1. 诉讼请求之客观合并

诉讼请求之客观合并,是否属于诉之合并的一种,存有一定争议。有研究者认为这仅仅是诉讼主张的合并,也有研究者认为这是诉之合并。从逻辑上看,若能将诉讼请求之变更视为诉之变更[①],那么,将诉讼请求之合并视为诉之合并,也并非没有道理。何况,在大陆法系的司法实践中,已经存在着将诉讼请求的合并视为诉之合并的法域。[②]

（1）诉讼请求之单纯合并

诉讼请求之单纯合并是同一原告对同一被告在同一诉讼程序中提出数个不同诉讼请求并要求法院一一裁判的诉之合并。在此,当事人、案件事实、法律关系具有单一性和不变性,诉讼请求则是复数个。诉讼请求之单纯合并的逻辑表达式如下:

$$原告 —— 被告 \begin{cases} 诉讼请求1 \\ 诉讼请求2 \end{cases}$$

依据新诉讼标的理论,原告基于同一借贷关系在前诉中请求本金,在后诉中请求利息,并不构成重复诉讼。但是,若前诉处于诉讼系属中,人民法院可以将前诉和后诉合并审理,构成诉讼请求之单纯合并。

（2）诉讼请求之选择合并

诉讼请求之选择合并,是指基于同一原因事实和同一法律关系,同一原告对同一被告提出两项以上的诉讼请求,若人民法院能支持其中一个诉讼请求,其余的诉讼请求便不再请求人民法院裁判支持的诉讼合并。诉讼请求之选择合并的逻辑表达式如下:

$$原告 —— 被告 \begin{cases} 诉讼请求1 \\ \quad or \\ 诉讼请求2 \end{cases}$$

---

① 诉之变更,通常是指诉讼请求的变更。有广义和狭义两种理解:广义的理解是将诉的变更视为诉讼请求的变化,基于这样的理解,诉讼请求的增加也就被纳入诉的变更的范畴;狭义的理解仅仅是诉讼请求的变动。参见张卫平《民事诉讼法》(第二版),法律出版社,2016,第196页。

② 如我国台湾地区的理论和实务,均承认诉讼请求的合并为诉之合并。

(3) 诉讼请求之竞合（重叠）合并

诉讼请求之竞合（重叠）合并，是基于同一原因事实、同一法律关系，同一原告对同一被告提出两项以上不能同时成立的诉讼请求，要求人民法院就各项诉讼请求同时下判的诉讼合并。诉讼请求之竞合（重叠）合并的逻辑表达式如下：

$$原告 —— 被告 \begin{cases} 诉讼请求1 \\ and \\ 诉讼请求2 \end{cases}$$

(4) 诉讼请求之预备合并

诉讼请求之预备合并，是基于同一原因事实、同一法律关系，同一原告对同一被告提出两项以上的诉讼请求，要求人民法院就各项诉讼请求按照顺序审理下判的诉讼合并。一般情况下，原告先提出先位诉讼请求，在被告不能履行先位诉讼请求的时候，原告为了得到相应的救济，退而求其次地请求被告履行后位的诉讼请求。"副位（预备性）请求之确立是以主位请求被认可作为解除条件的，如果主位请求不被认可，则法院对副位（预备性）请求作出判决。"[①] 主位请求和副位请求，应当有法律上的牵连或者事实上的牵连，否则将它们合并在一案中没有实质意义。[②] 在诉讼请求之预备合并中，应尊重当事人的程序选择权，在审理时按照当事人的意愿选择攻击或者防御的顺序。此外，诉讼请求预备合并在逻辑上的发展，应当允许预备反诉制度之建构。这有利于诉讼权能之平衡、诉讼经济之追求、矛盾判决之避免和程序利益保障之实现。[③] 诉讼请求之预备合并的逻辑表达式如下：

$$原告 —— 被告 \begin{cases} 诉讼请求1 \\ 备（后）位诉讼请求2 \end{cases}$$

---

① 〔日〕高桥宏志：《重点讲义民事诉讼法》，张卫平、许可译，法律出版社，2007，第245页。
② 邱星美：《客观的预备的诉之合并——一个立法需要填写的空白》，《法学杂志》2014年第2期，第99页。
③ 李祖军：《我国预备反诉制度之建构》，《政法论坛》2018年第4期，第46—47页。

2. 法律关系之客观合并

（1）法律关系之单纯合并

法律关系之单纯合并是同一原告对同一被告（或不同被告）在同一诉讼程序中基于不同的法律关系提出数个不同诉讼请求，并要求法院一一裁判的诉讼合并。

法律关系之单纯合并可以分为以下两种：有牵连关系的单纯合并和无牵连关系的单纯合并。就无牵连关系的单纯合并而言，大多数普通共同诉讼即属于此种情形。就有牵连关系的单纯合并而言，还可以分为两种。一是法律上的牵连关系。[①] 例如：原告对同一被告向法院提起确认买卖合同无效的诉讼，合并提起返还财物及赔偿损失的诉讼。二是事实上的牵连关系。例如：在同一合同中，既约定买卖电脑，又约定租赁汽车、房屋，原告合并提起履行这个合同的三项内容的诉讼。[②] 法律关系之单纯合并的逻辑表达式如下：

$$原告 \Big\langle \begin{matrix} 法律关系1 \\ + \\ 法律关系2 \end{matrix} \Big\rangle 被告$$

（2）法律关系之选择合并

法律关系之选择合并，是同一原告基于同一原因事实，对同一被告提出同一诉讼请求，若有两个以上的请求权基础，只要其中一个请求权基础得到支持，其余的请求权基础便不再请求法院支持的诉讼合并。法律关系之选择合并的逻辑表达式如下：

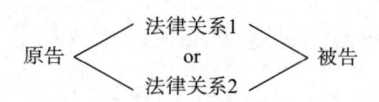

$$原告 \Big\langle \begin{matrix} 法律关系1 \\ or \\ 法律关系2 \end{matrix} \Big\rangle 被告$$

（3）法律关系之竞合（重叠）合并

法律关系之竞合（重叠）合并，是同一原告基于同一原因事实，对同一被告提出同一诉讼请求，若有两个以上的请求权基础，当事人要求

---

① 其核心是：一个诉的成立必须以另一个诉的成立为前提。其具体表现形式是：各项法律关系之间存在一定的牵连关系，但各个法律关系又可以独立提出诉讼请求。

② 彭国雍：《浅析民事关联纠纷案件的合并审理——兼谈提高民事诉讼效率、实现案结事了的途径》，http://blog.sina.com.cn/s/blog_7c7c790d0100x9yy.html，最后访问时间：2016年6月16日。

人民法院同时就这些请求权基础一并审理同时下判的诉讼合并。法律关系之竞合（重叠）合并的逻辑表达式如下：

$$原告 < \begin{matrix}法律关系1\\ and\\ 法律关系2\end{matrix} > 被告$$

（4）法律关系之预备合并

法律关系之预备合并（Die eventuelle klagenhaufung），又称顺位合并、假定合并，"依通说乃指原告预虑其先提起之诉无理由，而同时提起不能并存之他诉，以备先诉无理由时，可就后诉获有理由判决之诉讼合并"。[①] 预备合并是原告在提起诉讼的同时，于同一诉讼程序中提起备位之诉，以备先位之诉无法得到支持时，可以就其备位之诉请求法院审判的诉讼合并形态。在预备之诉中，预备之诉的各个诉是先后顺序关系，而非并列平行的关系。法律关系之预备合并的逻辑表达式如下：

$$原告 < \begin{matrix}先位法律关系1\\ 后（备）位法律关系2\end{matrix} > 被告$$

二 比较法视野中诉之合并的牵连性

（一）大陆法系诉之合并中的牵连性

1. 德国

从现有的翻译资料可以看出，《德国民事诉讼法》以法条形式明确认可诉之任意合并，但其对于诉之合并的牵连性仅在第147条以"法律上牵连关系"形式涉及，反而是在司法实务中有更多的关注。

《德国民事诉讼法》第147条规定：系属于同一法院的同一当事人或不同当事人的几个诉讼，如果作为诉讼标的的请求在法律上有牵连关系，或者是可以在一个诉讼中主张的，法院为了同时辩论和同时裁判，可以命令把几个诉讼合并起来。《德国民事诉讼法》第260条规定：原告对于同一被告有数个请求，各请求虽系基于不同的原因，但只要都属于受诉

[①] 吕太郎：《民事诉讼之基本理论》，中国政法大学出版社，2003，第102页。

法院管辖，又可按同一种诉讼程序进行时，可以合并为一个诉讼。① 同时，为了鼓励诉之合并，《德国民事诉讼法》在诉讼费用上还有相应的激励性政策。其第 5 条规定：以一诉主张多个请求时，合并计算价额；但本诉与反诉的标的，不合并计算。②

德国学者认为诉之客体合并的类型分为单纯合并、预备性合并、重叠性合并以及选择性合并四种。在德国的司法实务中，也承认预备的诉之合并。《德国民事诉讼法基础教程》作者举例：A 针对 B 起诉要求交还私人小汽车，所陈述的理由为：两人之间签订的买卖合同和转让的私人小汽车无效。但如果法院得出结论认为交付被有效实施，则他申请返还该小汽车，因为这样就不存在交付的法律基础。在这个案件中，两个申请并存相连，以至于只有当第一申请（交还汽车）没有成功时才应对第二个（返还汽车）申请进行裁判。第二个申请只是辅助性地提起并且与下列条件相联系：只有当主申请不合法并且无理由时才应对第二个申请进行裁判。这里涉及所谓的预备的诉之合并（Eventuelle klagenhaufung），其包括两个诉讼标的并且只要主申请和预备申请（Eventualanspruch）处于法律上和经济上的关联之中就被认为是合法的。③

2. 法国

《法国新民事诉讼法典》对诉之合并中的牵连性的肯定和促进，可谓是大陆法系中最为突出的一部法典。

法国民事诉讼法理论认可这种本诉与附带请求之间因存在这种"关联性"而进行的合并审理，并且将诉之合并定性为与诉讼进程有关的附带事件。所谓"诉讼关联性"，即两个原因不同、标的不同的法律问题因相互有紧密联系而结合在一起，对其中任何一个问题的处理都会对解决另一个问题产生影响。④《法国新民事诉讼法典》对诉之合并中的牵连性的肯定，可在诉讼参加和诉讼合并的规定中略见一斑。其第 325 条规定：诉讼参加（intervention），仅在其与诸当事人的诉讼请求有充分联系

---

① 《德国民事诉讼法》，丁启明译，厦门大学出版社，2016，第 60 页。
② 《德国民事诉讼法》，丁启明译，厦门大学出版社，2016，第 2 页。
③ 〔德〕汉斯-约阿希姆·穆泽拉克：《德国民事诉讼法基础教程》，周翠译，中国政法大学出版社，2005，第 99 页。
④ 张国文：《论客观的诉之合并》，硕士学位论文，西南政法大学，2012，第 9 页。

时，始能受理。① 第367条明确规定了诉讼合并的联系：如在各项争议之间存在某种联系，将它们合并审理或判决具有正确司法之利益，法官得应当事人的请求或者依职权，命令将系属于本法院的多个诉讼合并审理。法官亦可命令将诉讼分离为数个诉讼。②第101条规定：如果两个不同的法院受理的数个案件之间相互有联系，将其合并审理与判决有益于正确司法，得要求其中之一法院放弃管辖，并将案件按照其所处状态移送另一法院。③ 法院判例认为，法官不得在确认两诉讼之间存在关联性的同时，仍然保留对向其提起的诉讼的管辖权（而不进行合并审理、判决）（最高司法法院第二民事庭，1978年7月5日）。

法国没有采用德国立法中的任意合并模式，而是将诉之合并与否的权力更多地赋予了审判者。第368条规定：诉讼分离与合并之决定属于司法行政措施。④ 第537条进一步规定：对司法行政措施，不准许提起任何不服申请。⑤ 评判两诉讼之间是否具有关联性，属于本案法官的自主权力（最高司法法院第二民事庭，1978年3月1日）。⑥

3. 日本

日本和德国在民事诉讼法中诉之合并的立法大致相当，也仅仅是以消极立法的形式，规定了诉之合并的空间。《日本民事诉讼法》第136条规定了请求的合并：数请求若能以同种诉讼程序予以审判，则可提起一个诉。⑦ 日本在1996年修订民事诉讼法的过程中曾讨论过设置主观的预备合并的条款，但最终未能成行，为了弥补这一缺憾，日本创设了申请同时审判的共同诉讼。现行《日本民事诉讼法》第41条规定了申请同时审判的共同诉讼："一、原告对一方共同被告的诉讼标的权利与对另一方共同被告的诉讼标的权利在法律对立时，如果原告提出共同审判的申请，法院应合并辩论和裁判。二、前项申请应在控诉审口头辩论终结时提出。三、第一款规定情形下，与各共同被告相关的控诉案件分别系属于同一

---

① 《法国新民事诉讼法典》，罗结珍译，法律出版社，2008，第356页。
② 《法国新民事诉讼法典》，罗结珍译，法律出版社，2008，第386页。
③ 《法国新民事诉讼法典》，罗结珍译，法律出版社，2008，第177页。
④ 《法国新民事诉讼法典》，罗结珍译，法律出版社，2008，第387页。
⑤ 《法国新民事诉讼法典》，罗结珍译，法律出版社，2008，第563页。
⑥ 《法国新民事诉讼法典》，罗结珍译，法律出版社，2008，第177页。
⑦ 《日本民事诉讼法典》，曹云吉译，厦门大学出版社，2017，第49页。

控诉法院时应合并辩论和审判。"① 即便如此，日本关于同时审判的共同诉讼立法，和主观预备合并仍然有一定的差异。与之相比较，2002 年《韩国民事诉讼法》修改以前，其立法并无有关主观的预备合并的规定，韩国学说和判例对主观的预备合并也不置可否，但多数说认为应当认可主观的预备合并。2002 韩国修改民事诉讼法时采纳了多数说，在其第 70 条作出了明确的规定。韩国立法不仅承认了主观的预备合并，同时认可了主观的选择合并。主观的预备合并和主观的选择合并都包括原告方的合并和被告方的合并。在审理的程序上，适用有关必要共同诉讼的规定，这在《韩国民事诉讼法》第 67 条至第 70 条作出了规定。②

日本学者观点认为诉之客体合并的类型只有单纯合并、预备性合并和重叠性合并三种。对于选择性合并类型，有的学者认为它等同于重叠性合并，也有学者认为不应当承认这种合并形态，如中村英郎先生。"在日本，作为旧诉讼标的理论之代表的兼子一理论，考虑到自己的学说（旧说，即旧诉讼标的理论）的结论在实务中产生某些违反常理（一个案件二次判决或者二次救济）的缺陷，作为其对策就是创设了所谓的选择性合并的理论。"③ 所谓的选择性合并就是作为请求的合并（参照《日本民事诉讼法》第 136 条）一种形态，将两个请求予以合并，不过，这两个请求之间存在着一种"一旦其中一个请求被法院承认，另一个请求之诉则自动被解除（自动撤回另一个请求之诉）"的关系。例如，原告可以将基于所有权的返还请求权与基于租赁关系终结的返还请求权予以选择性合并来提起诉讼，如果其中基于所有权的返还请求获得法院承认，那么基于租赁关系终结请求的解除条件就得以成就，法院就不能对此请求再度作出判决。从新诉讼标的理论的立场来看，这种选择性合并理论似乎就是一种，将处于"诉讼标的与请求"层面上之论述替换为攻击防御方法（法的观点）层面上之论述的见解。④

---

① 《日本民事诉讼法典》，曹云吉译，厦门大学出版社，2017，第 20 页。
② 具体包括诉讼资料的统一、诉讼进行的统一和判决的统一。相关内容具体参见张美琴《论诉之主观的预备合并》，硕士学位论文，西南政法大学，2012，第 26—27 页。
③ 张悦：《日本诉讼标的争论回顾——兼论诉讼标的概念的体系性与相对性》，《民事程序法研究》2017 年第 2 期，第 239—256 页。
④ 〔日〕高桥宏志：《民事诉讼法制度与理论的深层分析》，林剑锋译，法律出版社，2003，第 30 页。

（二）英美法系中诉之合并的牵连性

在诉讼合并问题上，美国依照普通法曾经严格限制合并，原告可以提出的诉讼请求范围非常狭窄。相对照地，衡平法上的实践则较为宽松，因为衡平法的重心在于完整解决争议而非逐个解决。也是基于衡平法上的实践，美国现代合并规则得以建立，并且影响了许多州在此方面的立法。

与排除原则的作用对象一致，合并规则也是以交易标准决定是否允许当事人合并其诉讼请求。也因此，受到衡平法实践影响的美国《联邦民事诉讼规则》立法者，起草相关规则时以整体解决争议为价值取向；司法实践上看，这种取向也有利于减轻司法负担；并且有利于实现判决的一致，维护民众对司法的信心。[1]

诉讼合并中，涉及当事人合并、诉讼请求合并等。当事人合并包括原告合并以及被告合并。实践中，作为提起诉讼请求的原告，为确保己方在诉讼过程中的主动权和控制权，通常更倾向于将尽可能多的被告合并在一次诉讼中，而将原告方的中心留给自己。[2]

作为原告当事人，诉讼规则要求其必须是因被告行为而遭受某种"事实上的损害"，即当事人适格。根据美国《联邦民事诉讼规则》第17条（a）款（1）项的要求，[3]"诉讼必须以具有利益关系的真实当事人的名义提起。"有利益关系的真实当事人是指"拥有可通过诉讼强制执行的权利或利益"的个人或实体。有利益关系的真实当事人可以包括基于信托关系形成的受托人，基于权利转让产生的权利受让人以及代位权人等。当权利部分转让时，即会形成权利转让人和受让人可能成为必须合

---

[1] See John McCoid, "A Single Package for Multiparty Disputes," *Stanford Law Review*, 1976 (27), p. 707.

[2] 〔美〕理查德·D. 弗里尔：《美国民事诉讼法》，张利民等译，商务印书馆，2013，第765页。

[3] Rule 17. Plaintiff and Defendant: Capacity; Public Officers (a) Real Party in Interest. (1) Designation in General. An action must be prosecuted in the name of the real party in interest. The following may sue in their own names without joining the person for whose benefit the action is brought: (A) an executor; (B) an administrator; (C) a guardian; (D) a bailee; (E) a trustee of an express trust; (F) a party with whom or in whose name a contract has been made for another's benefit; and (G) a party authorized by statute.

并的当事人。

根据美国《联邦民事诉讼规则》第17条（a）款（3）项的规定,[①]如提起诉讼的并非有利益关系的真实当事人,法院应允许当事人在合理时间内弥补或者修正此问题,即允许具有利益关系的真实当事人替代已经提起诉讼的人,而不应以主体不适格直接驳回诉讼。如果问题得以修正,则此诉讼视为自始由有利益关系的真实当事人提起。

当事人合并分为必须合并以及任意合并两种情形。

根据美国《联邦民事诉讼规则》第19条的规定,在管辖权以及法院地不存在不便的情况下,如果"（1）在他缺席的情况下,已参加诉讼的当事人之间不能得到完全的救济;（2）该人请求与该诉讼标的有利害关系,并且在他缺席的情况下处理诉讼可能出现如下情况:（i）实际上会削弱或妨碍他保护其利益的能力;（ii）将给已参加诉讼的当事人中的任何人留下承担蒙受双重、多重实体风险或者与其所主张的权利的理由不一致的责任的可能性",那么当事人就必须被合并成为诉讼当事人。如果该必须合并的当事人未能合并,则诉讼当事人的申请（通常就是原告的诉讼请求）就会被撤销或驳回。

阿里诉卡内基系列案（Mussa Ali v. Carnegie Institution of Washington）就是这样一个例子。本案最初是由阿里在俄勒冈地区法院起诉,被告是卡内基研究院以及马萨诸塞大学。之后俄勒冈地区法院认为马萨诸塞大学享有豁免权,[②] 其对卡内基研究院也没有对人管辖权,遂将案件移送至哥伦比亚地区法院。2014年,美国联邦法院哥伦比亚地区法院审理的本案原告阿里对五项专利的共同权利人中的卡内基研究院提出控诉,主张其在后者作为权利人的涉及核糖核酸干扰（RNAi）方法的专利上,

---

① Rule 17. Plaintiff and Defendant: Capacity; Public Officers (a) Real Party in Interest. (3) Joinder of the Real Party in Interest. The court may not dismiss an action for failure to prosecute in the name of the real party in interest until, after an objection, a reasonable time has been allowed for the real party in interest to ratify, join, or be substituted into the action. After ratification, joinder, or substitution, the action proceeds as if it had been originally commenced by the real party in interest.

② 根据判例法,州立大学被视为州的分支,享有第11修正案规定的诉讼豁免权。美国宪法第11修正案规定:合众国司法权,不得被解释为可扩大适用受到另一州公民或任何外国公民或国民对合众国一州提出的或起诉的任何法律或衡平法的诉讼。

是专利发明人之一,现有权利人将其漏掉;同时主张因专利所带来收入上的损害赔偿请求。根据该权利,共同权利人实验室的两名主要发明人,曾在2006年被授予诺贝尔药物奖。作为被告的共同权利人提出动议撤销该诉讼,因为原告未将必须合并的当事人(第二权利人马萨诸塞大学)合并起诉。地区法院认为,第二权利人是必须合并当事人,但第二权利人马萨诸塞大学享有豁免权,不能合并入此案,在第二权利人未参与诉讼的情况下,诉讼不能进行,由此批准了被告的撤销动议。

阿里不服,提出上诉。2016年10月27日,美国联邦巡回上诉法院作出裁定,维持了地区法院的裁定。2017年4月12日,上诉法院再次维持了地区法院的裁定。[①]

根据美国《联邦民事诉讼规则》第20条(a)款(1)项规定,在满足下列两个条件时,当事人可以成为共同原告,即各方的诉讼请求:(1)源自"同一交易或事件或者系列交易或事件",且(2)至少提出了一个共同的法律问题或事实问题。相应地,根据第20条(a)款(2)项之规定,如果针对各方的诉讼请求:(1)源自"同一交易或事件或者系列交易或事件",且(2)至少提出了一个共同的法律问题或事实问题,则其可以成为共同被告。

西利亚等原告诉切萨皮克等被告(Shelia Russell v. Chesapeake Appalachia, L. L. C., et al.,)案件是一个涉及诸多原告能否成为共同原告的实例。此案中,西利亚等来自8个家庭的原告是宾州布拉德福德县的居民,被告是从事天然气开发、提炼、运输以及相关活动的数家公司。原告起诉被告,主张后者在其土地周围进行的天然气开发活动,以及因这些活动带来的噪音、灯光、运输以及其他活动等构成普通法上的妨碍。原告提出,虽然具体的每个原告的情况并不一致,但遭受的侵害均是由被告未尽到充分注意义务而进行的天然气开发活动所引发的,是来自同一系列事件。被告认为,原告之间虽然存在部分共同主张,但由于各自周围是不同的天然气田,气田的开发阶段并不相同,且各自距离气田的

---

① See Ali v. Carnegie Inst. of Washington, 306 F. R. D. 20 (D. D. C. 2014), aff'd sub nom. Mussa Ali, Plaintiff – Appellant v. Carnegie Institution of Washington, University of Massachusetts, Defendants – Appellees, No. 2016 – 2320, 2017 WL 1349280 (Fed. Cir. Apr. 12, 2017).

距离不同,因此各方遭受的侵害并不一致,不应成为共同原告,提出动议要求法院进行诉讼分割。法院审理后认为,原告提出的主张是基于同一交易而产生的,并不应该被分割。

波斯特诉中央海湾汽船公司案(Poster v. Central Gulf Steamship Corp.),是一个涉及多方被告能否成为共同被告的事例。波斯特(Poster)是一名海员,当其在辛克莱公司的船上工作时,不幸染上阿米巴病。根据波斯特的说法,船舶公司在该船航经苏伊士运河时雇用当地工人帮厨,由于帮厨过程中操作方法不卫生,导致其发病。数月后,波斯特受雇于海湾(Gulf)公司工作,该司船舶也航经苏伊士运河,也雇用当地人帮厨,不幸的波斯特再次患上阿米巴病。他将两个船公司作为一个案件的共同被告提起诉讼。法院审理时认为,两个航程是单独的两个"事件",但基于原告主张的其现在身体健康状态遭到侵害是由于两次事件共同造成的,法院也认为原告不可能明确提出两公司各自的过错比重,支持了原告对诉讼请求的合并。类似的案件还包括施瓦茨诉斯旺案(Schwartz v. Swan),该案中,原告在10天内连续遭遇两次不同的汽车事故,法院指出"如果原告指控行为的累积效果(cumulative effect)造成了难以区分责任的伤害,或者医学上难以合理区分哪起事故具体造成何种伤害",此类合并即为适当。结合上述条文可知,该诉讼请求虽源自不同事件,但该不同事件可视为系列事件,且存在共同的事实问题,因此可以合并起诉。

第20条(a)款正是为了改善审判便利、加快对争端的最终解决,由此避免多重诉讼。[①]

至于何为同一交易或事件,其界定非常有弹性,并可理解为系列事件。美国《联邦民事诉讼规则》也并未明确规定如何界定此概念。实践中,法院通常以个案审查的方式确定是否构成同一交易或事件。[②] 而且,这种审查也并不特别关注这些事件基于逻辑关系产生的彼此间的密切联系。[③] 根

[①] Miller v. Hygrade Food Products Corp., 202 F. R. D. 142, 144 (E. D. Pa. 2001).

[②] See Garcia v. Brock - Weinstein, No. 13 - cv - 7487, 2014 WL 2957487, *2 (E. D. Pa. Jul. 1, 2014).

[③] See Morris v. Kesserling, No, 1: 09 - cv - 1739, 2010 WL 5158412, *2 (M. D. Pa. Dec. 14, 2010).

据第三巡回法院的看法,法院在确定多个诉讼请求间是否存在逻辑联系时,应详细分析以确定这些诉讼请求是否涉及同一事实要素的诸多方面、同一事实和法律问题;或者当事方之间共同基本争议的衍生问题。[1]

由此可知,美国现代民事诉讼的核心在于确保诉讼的完整性或一体性,即只要是缘于同一交易或事件(包括系列交易或事件),就应尽可能在一次诉讼中予以解决。这一点,几乎成为法律人的共识。[2] 这种对完整性的强调,与《第一次判决法重述》的取向截然不同。早期的依据普通法进行的民事诉讼,多以基本权利为核心,即只要有基本权利遭到侵害,当事人即可获得诉讼救济的权利。救济权利或者诉权的数量取决于受侵害基本权利的数量。这种做法确保了每一次诉讼的边界都很明晰,即受侵害的权利恢复到未遭受侵害时的状态,此次诉讼即告终结。这种以基本权利划分此诉与彼诉界限的做法,在应对有限案件量的时代具有明显的优势,而且也符合法律上的逻辑。但在法院受案量急剧增加且诉讼效率大肆被拖延的时代,其缺点也很明显并远远超出其优势所带来的效益。也正是因为这一点,相隔40年后的《第二次判决法重述》明确了影响至今的程序观念:因同一交易或事件涉及的各方当事人以及引发的诉讼请求,应尽可能集中在一次审理中解决各方争议。这一放弃分散诉讼而选择整体诉讼的做法,最初的时候受到许多人的赞赏;[3] 但其过分关注整体性的做法,今日也招来质疑。[4]

在美国,诉讼的目标就像一个钟摆,在诉讼的整体性和诉讼独立性两端之间来回摇摆,试图寻求整体与边界之间的平衡。

三 我国诉之合并中牵连性的实证考察

(一) 法律规定

《民事诉讼法》第52条规定:当事人一方或者双方为二人以上,其

---

[1] See Xerox Corp. v. SCM Corp., 576 F. 2d 1057, 1059 (3d Cir. 1978).
[2] Alan M. Trammell, "Transactionalism Costs," *Virginia Law Review*, 2014 (100), p. 1212.
[3] Arthur R. Miller, "The Preservation and Rejuvenation of Aggregate Litigation: A Systemic Imperative," *Emory Law Journal*, 2014 (64), pp. 293 – 294.
[4] Alan M. Trammell, "Transactionalism Costs," *Virginia Law Review*, 2014 (100), p. 1213.

诉讼标的是共同的，或者诉讼标的是同一种类、人民法院认为可以合并审理并经当事人同意的，为共同诉讼。

《民事诉讼法》第 140 条规定：在案件受理后，法庭辩论结束前，原告增加诉讼请求，被告提出反诉，第三人提出与本案有关的诉讼请求，可以合并审理。

（二）司法解释

1. 合并审理的理由

《民诉法解释》第 233 条规定：反诉与本诉的诉讼请求基于相同法律关系、诉讼请求之间具有因果关系，或者反诉与本诉的诉讼请求基于相同事实的，人民法院应当合并审理。

2. 撤销权诉讼案件的合并审理

两个或者两个以上债权人以同一债务人为被告，就同一标的提起撤销权诉讼的，人民法院可以合并审理。①

3. 代位权诉讼案件的合并审理

两个或者两个以上债权人以同一次债务人为被告提起代位权诉讼的，人民法院可以合并审理。②

（三）司法观点

1. 原告依不同法律关系诉不同被告，两诉讼标的有关联的，可以合并审理③

本案主要是由于星光公司与兰生公司签订买卖合同引起的纠纷。星光公司依约给付了货款，但兰生公司基本未提供货物，给星光公司造成损失。星光公司依买卖合同对兰生公司提起诉讼，属于给付之诉。但星光公司认为兰生公司将其在苏州的上投置业公司股权转让给明正公司，而明正公司未实际给付股权转让款，双方的行为属虚假转让，实为逃债。故星光公司对明正公司提起的诉讼系损害赔偿纠纷，属侵

---

① 《最高人民法院关于适用〈中华人民共和国合同法〉若干问题的解释（一）》（法释〔1999〕19 号）第 25 条。
② 《最高人民法院关于适用〈中华人民共和国合同法〉若干问题的解释（一）》（法释〔1999〕19 号）第 16 条。
③ 天津中能星光实业有限公司与上海兰生国际贸易有限公司、宁波保税区明正国际贸易有限公司买卖合同纠纷再审案，最高人民法院民事判决书，(2009) 民提字第 111 号。

权之诉。明正公司始终坚持认为两个诉所涉法律关系不同，其不应作为本案被告。

承办法官主导意见认为，原告起诉两个被告，涉及的诉讼标的不同，星光公司诉兰生公司拖欠买卖合同货款，星光公司同时又诉明正公司受让兰生公司持有的上投置业公司股权未支付对价，损害兰生公司利益，导致兰生公司无能力返还其货款，直接侵犯了星光公司的利益。这说明该两诉的诉讼标的是有关联的，星光公司对兰生公司与明正公司均是有诉权的，一审法院从方便当事人诉讼的角度，将该两种诉讼合并审理，不违反民事诉讼法的规定，法律关系不同并非案件不能合并审理的当然情形。最高人民法院合议庭认为本案至今已进入再审程序，合并审理与否不能影响当事人的实体权利，故一致意见依然是合并审理，不再调整。[1]

本案中，最高人民法院考察合并审理的最重要标准是"合并审理与否不能影响当事人的实体权利"，显示了人民法院在案件合并审理上的务实态度；最高人民法院还进行了两个突破。一是认为法律关系有牵连性的，可以合并审理。此处的法律关系牵连性，实际上是通过两个案件在事实上的间接利害关系寻找到牵连的连接点。此外，最高人民法院对于法律关系的牵连性在案由方面也作了相应规定。[2] 二是间接承认了原告型第三人（防止诈害型）的存在。案件中星光公司诉明正公司受让兰生公司持有的上投置业公司股权未支付对价，事实上，对于明正公司和兰生公司之间的股权受让协议，星光公司不是协议相对方，没有直接利害关系。

---

[1] 李京平：《原告能否依不同法律关系诉不同被告　人民法院判决不应对案外人的民事权利义务作出决断》，载最高人民法院民事审判第二庭编《商事审判指导》（总第24辑），人民法院出版社，2011，第150—151页。

[2] 2008年2月4日在《最高人民法院关于印发〈民事案件案由规定〉的通知》（法发〔2008〕11号）中指出："同一诉讼中涉及两个以上的法律关系，属于主从关系的，人民法院应当以主法律关系确定案由，但当事人仅以从法律关系起诉的，则以从法律关系确定案由；不属于主从关系的，则以当事人诉争的法律关系确定案由；均为诉争法律关系的，则按诉争的两个以上法律关系确定并列的两个案由。"从以上规定可以看出，基于不同法律关系的多个诉讼请求可以一案合并审理是有法可依，符合最高人民法院本意。

2. 不具有专属管辖权的法院不能将专属管辖案件与其他案件合并审理①

最高人民法院认为，对房屋买卖合同纠纷的管辖属于专属管辖，应由房屋所在地人民法院管辖。受理其他纠纷案件的法院，将房屋买卖合同纠纷合并审理属于程序违法。②

3. 同一原告对同一被告基于不同民事法律关系提出的复数请求，都属于受诉人民法院管辖且适用同一诉讼程序的，可以合并审理③

最高人民法院认为，诉的合并对于减轻当事人诉累、节省司法资源、尽量一次性解决纠纷、避免出现矛盾裁判有重要意义，尽管未为民事诉讼法明文规定，但为审判实践所允许。金守红对刘聿所提出的10项诉讼请求中，第1项、第2项、第3项、第4项、第5项、第9项均为围绕《股权转让框架合同》是否要解除而展开。第6项、第8项诉讼请求分别为确认刘聿无权使用津通公司共管印章文件、判令解除《共管协议书》，均系基于《共管协议书》所提出。从《共管协议书》的内容看，其开头部分即载明其签订目的是基于《股权转让框架合同》的约定，因而也属基于《股权转让框架合同》而提出的具体诉讼请求，将其合并审理并无不当。④

4. 不符合共同诉讼条件的委托付款与买卖纠纷不应合并审理⑤

最高人民法院认为，委托付款与买卖法律关系的主体和权利义务均有差异，又非属于同一种类，且不属于同一法院管辖，不符合《民事诉讼法》第53条第1款规定的共同诉讼的条件，人民法院不应合并审理。⑥

---

① 广东省惠州市惠湖实业公司与中国工商银行巢湖分行、广东省惠州市皖惠实业发展公司等借款纠纷案，最高人民法院民事判决书，(2001) 民二提字第14号。
② 肖扬总主编、最高人民法院审判监督庭编《中华人民共和国最高人民法院判案大系》(审判监督卷2001年—2002年卷)，人民法院出版社，2003，第169—172页。
③ 刘聿与金守红股权转让合同纠纷管辖权异议上诉案，最高人民法院民事判决书，(2010) 民二终字第85号。
④ 苏泽林、景汉朝主编，最高人民法院立案一庭、最高人民法院立案二庭编《立案工作指导》(总第30辑)，人民法院出版社，2012，第197—198页。
⑤ 中国农业银行股份有限公司平山县支行与林州市中升钢铁有限公司、中国农业银行股份有限公司林州市支行、河北省平山县北马冢村选矿厂委托付款及买卖合同纠纷案，最高人民法院民事裁定书，(2010) 民提字第77号。
⑥ 最高人民法院民事审判第二庭编《最高人民法院商事审判指导案例 (下)》，中国法制出版社，2011，第772—775页。

（四）类案研究

1. 诉讼请求客观合并的案型分析

（1）诉讼请求的单纯合并

案型一：诉讼请求无牵连关系的单纯合并

原告和被告分别签订三份煤炭买卖合同，约定原告向被告购买煤炭。合同签订后，原告已依约履行了全部义务，但被告收到货款后一直未按合同约定发货。原告多次催要未果，诉请判令被告退还货款、赔偿相关损失、承担诉讼费用。法院认为：本案为买卖合同纠纷。涉案买卖合同法律关系的主体同一，双方在合同中的权利义务一致，争议的诉讼标的系属同一类型，因此，原告将三份煤炭买卖合同合并起诉并无不当，属诉的客体的单纯合并。①

在本案中，人民法院将多份诉讼标的为同类的合同履行争议，进行了合并审理，这可看作是诉讼请求的单纯合并。

案型二：基于同一法律关系的牵连而发生的诉讼请求之单纯合并

被告向原告借款，约定借款期限及借款利率。借条中约定"造成出借人提出诉讼，负责赔偿出借人为实现债权所发生的一切费用（含诉讼费、保全费、执行费、律师费及资产处置费）"。借款到期后被告并未归还借款，原告诉请法院判令被告还本付息，并支付诉讼费及原告支出的律师代理费。② 在本案中，同一原告对同一被告基于同一法律关系提起两个相互牵连的诉讼请求，诉讼请求基于同一法律关系发生了牵连。

在另外一起案件③中，因为购买的房屋存在质量缺陷，原告的诉讼请求为判令被告履行维修义务，维修好房屋漏雨渗水之处，达到合格状态。一审中，被告对房屋进行了相应维修。因此，原告在一审庭审辩论结束前，增加诉讼请求，要求被告履行合同书面通知上的义务，并按照双方签订合同第9条的约定给付违约金。一审法院认为原告增加的诉讼

---

① 兖矿东华物流有限公司与绍兴汇升能源有限公司买卖合同纠纷管辖权异议上诉案，最高人民法院民事裁定书，（2014）民二终字第86号。案件经过整理。
② 詹永飞诉王太群民间借贷合同纠纷案，浙江省开化县人民法院民事判决书，（2016）浙0824民初2875号。案件经过整理。
③ 苑栋与徐州沪建房产有限公司修理、重作、更换纠纷上诉案，江苏省徐州市中级人民法院民事判决书，（2016）苏03民终5799号。

请求，构成新诉，应另案主张。二审法院认为一审原告增加的诉讼请求并未改变本案所涉法律关系的性质以及民事行为的效力，其增加诉讼请求的诉讼行为符合法律规定，一审法院应当合并审理，发回重审。

本案中，原告增加诉讼请求，一审法院认为应当另案处理，二审法院认为应当合并审理。究其原因，原告在诉讼中增加的诉讼请求并未改变本案所涉法律关系的性质以及民事行为的效力，所以可以合并审理。不改变本案所涉法律关系的性质以及民事行为的效力增加的诉讼请求和原诉讼请求之间，具有牵连性。

案型三：基于同一案件事实的牵连而发生的诉讼请求之单纯合并

原告与被告登记结婚，婚后生育儿子倪某某。在原、被告共同生活期间，被告经常对原告实施精神暴力。某日，原、被告因家庭琐事发生争执，后被告将原告殴打致轻微伤。原告向法院提起离婚诉讼，请求法院依法判令准予原、被告离婚；婚生男孩倪某某由原告抚养，抚养费由原告自行承担；原、被告夫妻共同财产依法分割；被告赔偿原告精神损失费。法院支持了原告部分诉讼请求。①

本案中，原告基于家庭暴力事实提起离婚诉讼，基于财产共同共有事实请求分割夫妻双方共同财产，基于身份事实请求解除夫妻关系并取得孩子的抚养权，基于婚内侵权事实请求损害赔偿。所有这些事实，构成一个整体性的婚姻关系基本案件事实，在此基础上，原告提出的四个不同诉讼请求，可谓是，基于同一案件事实的牵连而发生的诉讼请求之单纯合并。此类案件，原告可以分别提出四个诉，但是原告该四个诉能够合并审理的根本原因，则是相关诉讼请求源于同一整体性案件事实。

（2）诉讼请求的预备合并

案型四：对基于同一事实提出替补性请求进行合并审理

原告与被告对房屋按份共有，原告在房屋拆迁之后未得到任何补偿。按照相关的拆迁政策，原告有权按照相关标准以低价购买安置住房。被告在拆迁后获得四套安置期房。因此向法院提起诉讼，请求被告将其中一套安置房交由原告居住，原告以购买安置房的价格支付给被告购房款。

---

① 最高人民法院公布10起涉家庭暴力典型案例之二：郑某丽诉倪某斌离婚纠纷案，《最高人民法院公报》2015年第2期（总第220期）。

如不能给原告房屋，原告要求被告以市场价支付给原告前述房屋的补偿款，法院进行合并审理。① 此案例中，原告提出获得被告一套安置房的居住权并支付相关对价是先位请求，在被告不能履行时，原告请求被告支付相应补偿款是备位请求。原告要求对两个请求进行合并审理，但是法院只能支持其中的一个请求。类似的案例还有，原告与被告签订买卖合同并规定违约金。被告自行终止履行合同。原告同时提起要求被告继续履行以及支付无故解除合同违约金的诉讼请求。法院认为该两项诉讼请求内容之间存在相互排斥关系，理论上属于预备合并之诉。本案中原告主位之诉为要求被告继续履行合同，预备之诉为请求被告支付解除合同的违约金。法院对这两个诉讼请求依次进行审理。②

案型五：对基于同一事实提出替补性请求拒绝进行合并审理

法院对诉讼请求的预备合并，并非一概"绿灯"，更经常予以否决。在另一案件中，原告甲公司与被告乙公司、丙公司签订协议，约定三方组建投资公司，并约定了三方的出资额、股份比例等事项。之后，原告履行了出资义务，被告未出资却滥用股东权利，损害了原告的权益，故原告请求判令投资公司的全部股权归原告所有。如果前一项请求不能得到支持，则判决解散投资公司，并进行清算。法院认为股权确认之诉与公司解散、清算之诉是相互独立的诉讼，不具有诉讼关联性，不应合并审理。③

（3）诉讼请求的选择合并

案型六：当事人在一个诉讼程序中同时主张不相容的多个诉讼请求

在一返还原物纠纷案中，法院依法宣判房屋买卖合同无效。现原告请求被告返还房屋并支付房租。被告反诉请求原告返还购房款并提出若干赔偿及若干支付方式。被告要求的支付方式具有选择性，例如，反诉请求原告返还支付的房款、税费开支以及原告用该款获利所得的10%，

---

① 牛玉静等诉张树珍等按份共有纠纷案，北京市朝阳区人民法院民事判决书，（2009）朝民初字第17147号。
② 上海欣瑞信息科技有限公司与浙江天籁之梦旅游投资有限公司买卖合同纠纷上诉案，浙江省湖州市中级人民法院民事判决书，（2014）浙湖商终字第185号。
③ 深圳市启迪信息技术有限公司与郑州国华投资有限公司、开封市豫信企业管理咨询有限公司、珠海科美教育投资有限公司股权确认纠纷案，最高人民法院民事判决书，（2011）民提字第6号。

或者返还支付的房款、税费开支,同时按照房屋市场价的增值补足被告差价并双倍赔偿定金,或者由原告返还被告支付的房款、税费开支并双倍赔偿定金,同时按照民间借贷的月利率支付利息。①

本案是基于同一法律关系的消亡而产生的诉讼请求合并,是有牵连关系的诉之合并。就返还的形式,反诉原告提出多种方案保护自己的利益,反诉被告择一履行,是诉讼请求的选择合并。另外,反诉原告基于合同无效提出返还购房款,基于定金合同要求双倍赔偿定金,不是同一法律关系,但是该两个法律关系源自合同无效的同一法律原因,具有牵连性,故法院可合并审理。

2. 法律关系的合并案型

(1) 法律关系的单纯合并

案型七:两个法律关系本身有牵连的单纯合并

原、被告双方同时存在基于票据利益返还请求权产生的债权债务与基于基础关系产生的债权债务,它们是两个不同的法律关系。在基础关系中,债务人本就可以债权人不履行约定义务进行抗辩,但是由于上述两个法律关系的内在联系,法院宜将两者合并审理,且只有在法院合并审理票据关系和基础关系的情况下,票据利益返还请求权的债务人才得以债权人不履行约定义务进行抗辩,该抗辩权产生于基础关系。法院认为票据关系与基础关系显然具有因果关系,而且二者是基于同一事实产生的债权债务关系,因此,本案从诉讼经济的角度,就票据关系和基础关系合并审理符合民事诉讼法的立法本意。② 在另外一个类似案件中,法院认为,基于票据利益返还请求权产生的债权债务与基于基础关系产生的债权债务是两个不同的法律关系。但是它们之间存在内在联系,所以应合并审理。合并审理应当满足两个条件:一是持票人与出票人之间有直接的债权债务关系;二是出票人已对不履行约定义务的持票人提出抗辩。反之,当持票人与出票人不符合其中一项条件时,法院就不应当

---

① 杨永进与周柳安返还原物纠纷案,湖南省洪江市人民法院民事判决书,(2016)湘1281民初904号。
② 原告九龙坡区九龙园区雅景建材经营部与被告重庆德欣建筑工程有限公司票据纠纷一审民事判决书,重庆市江北区人民法院民事判决书,(2015)江法民初字第04432号。

将基础关系一并进行审理,这就体现了票据的无因性。[1]

传统的观点认为案件的审理应该"一案一诉",并且一个案件中只能有一个法律关系。从上述案件可以看出,人民法院基于票据权利与其相关的直接债权债务关系具有牵连性(原因关系),认为可以合并审理。

案型八:两个法律关系基于案件事实发生牵连的单纯合并

该案中,存在两个争议的借款担保合同关系。甲公司与乙公司、丙公司存在借款担保合同关系(合同一)。甲公司与乙公司之间的借款合同关系以及丙公司与之是否存在担保合同关系(合同二)真实性不定。法院认为二者虽非同一诉讼标的,且具有相对独立性,但是两诉之间具有牵连性。从起诉内容来看,在诉之主体方面,两诉的合同主体一致。主合同关系的主体同为甲公司与乙公司,从合同关系同为甲公司、乙公司、丙公司。在诉之客体方面,其所涉及的法律事实均与集团公司内部关联企业的经营管理模式及丙公司承担的担保责任的范围相关,应合并审理。[2] 本案的两个借款担保合同中,债权人同一,债务人同一,保证人存在争议。法院认为是不同的诉讼标的,但是存在事实的牵连性,所以法院合并审理。在另一类似的案件中,也是同一被告向同一原告分别借两笔借款,担保人同一,是两个不同的借款法律关系。法院将两个借款担保合同合并审理。法院认为,《民事诉讼法》规定的须经当事人同意人民法院方可合并审理的共同诉讼系指主体合并的情形,其前提是当事人一方或者双方主体必须为二人以上。而本案当事人一方或者双方主体均为一人,故不存在主体合并的问题,而应是事实上的客体合并。因我国法律并未规定因客体合并审理的共同诉讼亦须以当事人同意为前提条件,故将基于两个合同形成的债务合并审理并作出一份判决并无不当。[3] 在另外一个案例中,人民法院表现出更为激进的态度。该案例中,

---

[1] 重庆市九龙坡区九龙园区雅景建材经营部诉重庆德欣建筑工程有限公司买卖合同纠纷案——票据关系与基础关系合并审理时的举证责任分配,曹海燕、谭中平、任中杰,重庆市江北区人民法院民事判决书,(2015)江法民初字第04432号。

[2] 山东山水重工有限公司与山东山水水泥集团有限公司、聊城山水水泥有限公司企业借贷纠纷案,山东省聊城市中级人民法院民事判决书,(2016)鲁15民初78号。

[3] 吉庆公司、华鼎公司与农行西藏分行营业部抵押借款合同纠纷案,最高人民法院民事判决书,(2005)民二终字第186号。

被告甲向原告乙借款3万元。后被告甲又向原告乙借款20万元，担保人为被告丙和丁。原告乙先提起被告甲返还3万元之诉，又同时在另一案件中起诉被告甲返还20万元，被告丙和丁承担连带责任。法院将两个诉合并审理。① 此案中，当事人的人数以及当事人是否同意合并审理都不是人民法院考虑的重点，人民法院更为侧重的是审判的便利和效率。

上述案件中，提出了一个有趣的问题，法律关系之单纯合并，是否应当征得当事人的同意？此类案件，原告可以分别提出两个诉，但是原告该两个诉能够合并审理的根本原因，则是相关法律关系源于同一整体的系列性案件事实。

在特别的情形下，法律关系还可以源于同一案件事实。

例如，原告是某几个注册商标的注册人，享有注册商标专用权。原告及其关联企业是行业内知名企业。两被告未经原告许可，擅自在相同商品上使用与原告商标近似的标识且被告某公司将原告注册商标作为企业字号进行注册、使用。本案中原告提起商标侵权诉求，同时提起不正当竞争诉求。法院认为两项诉讼请求基于相同法律事实引起，两者具有关联性，原告有权请求法院对两个不同性质的法律关系分别作出认定，合并审理有利于诉讼经济。②

案型九：两个法律关系无牵连性不发生单纯合并

在一离婚纠纷中，因为双方生活时间较短，所以法院判被告返还彩礼。在申请再审过程中，再审申请人（原审被告）称彩礼曾出借给被申请人（原审原告）的嫂子，应当在彩礼中予以扣除。法院认为这与本案系不同法律关系，可另诉主张。③

诉之法律关系的客观合并中，法律关系应当具有一定的牵连性。本案中，每一个诉都有自己独立的目的，每一个诉的诉讼主体、诉讼请求、案件事实、法律关系都不相同，这四个要素之间不存在任何牵连性。因

---

① 胡朋诉黄兴兴等民间借贷纠纷案，浙江省永嘉县人民法院民事判决书，（2017）浙0324民初760、761号。
② 建泰橡胶（深圳）有限公司诉深圳市曼凡教育发展有限公司等侵犯注册商标专用权及不正当竞争纠纷案，广东省深圳市福田区人民法院民事判决书，（2016）粤0304民初5044号。
③ 申请人刘某某因与被申请人崔某某离婚纠纷案，黑龙江省大庆市中级人民法院民事裁定书，（2017）黑06民申9号。

此，该两个诉没有可以发生牵连关系的连接点，其合并审理请求被人民法院拒绝，不足为奇。

(2) 法律关系的竞合合并

案型十：基于同一案件事实的两个不相容法律关系

原告与被告签订租赁合同，原告对租赁物享有所有权。被告在履行租赁合同期间，知道合同已明确约定不得擅自转租，仍擅自与某公司签订租赁合同，将房屋屋顶转租给他人使用，既违反了租赁合同的约定，同时也侵害了原告的所有权合法权益，形成请求权竞合。而本案系租赁合同纠纷，原告主张的是违约责任，故其要求被告支付违约金并返还转租取得的收益。[①]

此案中，当事人相同，诉讼请求不同，案件事实相同并据此产生不同的法律关系，原告的多项请求权发生竞合。

3. 民事纠纷行为的牵连性与案件的合并审理

案型十一：民事纠纷行为的牵连性不必然导致案件的合并审理

甲公司生产一种型号的汽车，多次收到律师函称该汽车侵犯乙公司A号外观设计权。甲公司起诉至法院确认不侵权。后原告甲公司增加诉讼请求要求确认不侵犯被告乙公司B号、C号专利权。被告乙公司又向法院起诉称甲公司侵犯其专利权。法院认为因该案与本案均涉及乙公司A号、B号和C号外观设计专利，均需要分别对是否存在相关的侵权法律关系作出认定，所以法院将两案合并审理。随着诉讼的进行，又发生了新的事实。因为乙公司请律师发函的行为，严重影响了甲公司的经营，甲公司增加诉讼请求要求相关赔偿损失。[②]

该案中，随着诉讼的进行，出现新的案件事实，新的案件事实（侵权行为）与旧的案件事实（维权行为）存在因果关系，因行为具备牵连性导致了诉之合并审理。该案的同一被告侵犯同一原告若干专利权，诉讼标的为同一种类，因发生在同一当事人间和同一类型产品上而具有牵连性，可以合并审理。此外，本诉的确认不侵权之诉与反诉的侵权损害赔偿

[①] 温县银苑大河商务酒店有限公司与河南品正食品有限公司租赁合同纠纷上诉案，河南省焦作市中级人民法院民事判决书，(2016) 豫 08 民终 2975 号。

[②] 最高人民法院发布 2015 年中国法院 10 大知识产权案件之一：确认不侵犯本田汽车外观设计专利权及损害赔偿案，最高人民法院民事判决书，(2014) 民三终字第 7 号。

给付之诉,均需要对相关的侵权法律关系作出认定,存在牵连性,故合并审理。

案型十二:民事纠纷行为的牵连性不必然导致案件的合并审理

原告与被告房屋相邻。被告在自家门前的公共道路上修建违章建筑阻碍原告通行,原告请求被告拆除违章建筑。被告认为原告的诉讼请求是为了包庇其侄子违章占用公共道路抢建房屋。被告搭建违章建筑是为了迫使原告的侄子停建。被告的行为与案外人,即原告侄子的侵权行为,存在因果关系。因此,被告请求法院将两个案件合并审理。法院认为被告主张的案外人违章建筑之事,与本案没有关联,其所谓的合并审理也无法律上的依据,不予采纳。[①]

本案中,被告实施相关民事行为是为了在另一个案件中实现自力救济。在司法实践中,不认为这两个诉存在关联性,不予合并审理。两个案件中的行为虽然具有一定的因果牵连性,但是,这种牵连性因为诉讼主体的不同一而被切断。所谓牵连性的切断,虽然有利于法院在一案中"定纷止争",但是不利于当事人维护自己的权益。

4. 主观合并

(1) 主观单纯合并

案型十三:基于同一案件事实而发生牵连关系的主观单纯合并

两名原告进入被告家中进行测量,因履行职务遭受伤害。两名原告要求被告赔偿相关损失。法院认为原告虽共同提起民事诉讼,但各自请求的损失项目和数额独立,能予以区分,各自诉讼请求明确,又基于同一侵权事实,可以合并审理。[②]

本案是普通的共同诉讼。经过研究发现,法院审理基于同一侵权事实,不同受害人的诉讼合并的限制条件包括:各自请求的损失项目和数额独立且能予以区分、各自诉讼请求明确。上述各条件说明了两个诉的可分性,基于同一侵权事实则说明了两个诉的牵连性。

案型十四:基于同一系列案件事实而发生牵连关系的主观单纯合并

---

① 姜恭江等诉姜刚明相邻权纠纷案,浙江省江山市人民法院民事判决书,(2016)浙0811民初4840号。
② 鬲小萍与岐振平等健康权纠纷上诉案,陕西省商洛市(地区)中级人民法院民事判决书,(2017)陕10民终10号。

请求

①反对诉之合并的案例

甲公司据以起诉的基础法律关系涉及多份借款合同，借款人均为乙公司和丙公司两家公司，为借款合同提供担保的担保人既有多个自然人又有多个法人，各担保人所提供担保的对象、金额、方式也不相同。法院认为原告据以提起诉讼的基础法律关系涉及多份借款合同，虽然借款人为同一主体，但是，为多份借款合同提供担保的担保人均系多人，各担保人所提供担保的对象、金额、方式也不相同。根据《民事诉讼法》的规定，此类普通共同诉讼的合并须经当事人同意并经人民法院许可，否则人民法院对此类案件不予合并审理。①

该案中，不同担保合同产生于具有系列性的整体案件事实，债权人同一，债务人同一，担保人不同一，这是非必要共同诉讼，未能得到当事人同意，所以不合并审理。但是本案中原告方律师的观点颇为有趣："同一债务人在一定时期内连续向同一债权人借款，本着节省诉讼成本、提高诉讼效率的目的，债权人将相同性质的几个债权作为一个总的债权起诉，并不违反民事诉讼法的规定和宗旨。担保合同是从合同，担保合同自身无法构成独立的法律关系，也无法对基础法律关系构成实质影响。本案纠纷中无论存在多少担保人和多少担保方式，基础法律关系都是借款合同关系。上诉人将主债务人和各担保人一并起诉并未侵害他们的诉讼权利，主债务人和各担保人依然有权各自行使自己的抗辩权，任何一方对一审判决不服，均可提起上诉。因此，上诉人和所有被上诉人之间的诉讼法律地位完全平等"。

从诉之合并的角度加以分析，同一债权人对同一债务人的多个债权之诉具有很强的牵连性，首先，主体一致；其次，虽然担保人不一致，但是可以根据担保合同各自承担担保责任，并不相互影响；最后，法律关系都是债权债务关系，合并审理，有利于债权人与债务人减轻诉累。

②赞同诉之合并的案例

被告甲向银行贷款两次，两份借款合同的担保人分别为乙和丙。债

---

① 瑞华投资控股公司与山东鲁祥铜业集团有限公司、山东省嘉祥景韦铜业有限公司、陈中荣、高学敏等借款担保合同纠纷案，最高人民法院民事判决书，(2007) 民四终字第28号。

务已届清偿期，被告甲不能还款。后银行将所涉及的两份借贷关系的债权与相关担保从债权一并转让给原告丁。原告丁起诉至法院，要求被告甲还款付息，被告乙和丁承担连带责任。担保人乙主张案件所涉的两个债务纠纷不应合并审理。法院认为乙作为担保人属于必要共同诉讼的当事人，乙参加本案的诉讼属于诉的主体合并。案件所涉借款合同的借款人，也即债务人均为甲，而将转让债权所涉及的数笔借款作为一个整体在本案中予以合并审理属于诉的客体合并。本案的债权人为原告丁，债务人为被告乙，双方当事人之间的债权债务关系明确。本案中的担保人乙和丙虽不是同一主体，但因二担保人各自担保履行的债务关系明确，且在各自担保履行的债务范围内所应承担的连带清偿责任也是明确的，合并审理并不损害乙的任何诉讼权利，所以法院进行合并审理符合法律有关规定。[1]

本案中，存在两份借款合同，债权人均为原告，债务人均为被告，担保人不同。法院将两个借款合同纠纷在同一个诉讼中予以合并审理，符合法律规定。

（2）主观预备合并

①原告型主观预备合并

原告型主观预备合并，即"原告为两人或两人以上，先位原告的诉讼请求无理由时，可以请求对后位原告的合并"。[2] 例如，在债务人就债权让与的效力加以争执时，受让人和让与人作为共同原告，先由受让人对债务人请求给付，如果债权让与无效，让与人预备请求债务人履行，就属于此种情况。[3] 实务中这样的案例目前尚未能找到。

②被告型主观预备合并

被告型主观预备合并，是指"原告对先位被告的诉讼无理由时，原告即请求针对后位被告的诉讼请求进行裁判，这就是被告方面的预备的诉的合并。例如，第三人和代理人订立合同，但预先考虑他可能属于无

---

[1] 何荣兰诉海科公司等清偿债务纠纷案，最高人民法院民事判决书，(2003) 民一终字第46号。

[2] 肖建华：《民事诉讼当事人研究》，中国政法大学出版社，2002，第221页。

[3] 肖建华：《论共同诉讼分类理论及其实践意义》，载陈光中、江伟主编《诉讼法论丛》（第6卷），法律出版社，2001，第362页。

权代理,第三人以本人和代理人为共同被告提起的预备的共同诉讼即是被告型预备诉讼"。① 此外,在是否构成表见代理不能确定情形时,将代理人与被代理人列为共同被告,也是一种特殊的主观预备合并。表见代理是否构成须在庭审中得到确认。②

(3) 主观竞合合并

案型十五:基于同一案件事实产生的对方当事人的选择

原告甲公司与被告乙公司存在货物运输关系。因为被告乙公司的过错行为将应送至甲公司的货物送至被告丙公司。原告甲公司诉请法院判决被告丙公司返还原物,被告乙公司承担连带侵权责任。甲公司与乙是运输合同关系,甲公司与丙公司是民事侵权法律关系,原告主张侵权责任关系。法院认为本案法律后果涉及侵权责任和运输合同法律关系竞合,权利人有权选择,现甲公司提起民事侵权之诉,不违背法律规定。③ 在我国,法律关系竞合时,原告经常面临起诉对象(被告)的选择。并且,必须是一诉一选择,而不能在一个诉中同时作出两个选择。

四 诉之合并中牵连性问题之梳理

(一) 我国民事司法中诉之合并的牵连性评析

1. 因牵连而发生合并的依据

从我国法律和司法解释以及司法实务中可以看出,诉之合并审理,必须存有一定的牵连性,判断牵连性是否存在的依据共有三类。

(1) 法定依据

法律或司法解释规定的明确依据:以诉讼请求为连接点,例如"原告增加诉讼请求,被告提出反诉,第三人提出与本案有关的诉讼请求",其共同指向的均是诉讼请求。并且要求这些诉讼请求必须满足"有关"这一基本条件,亦即存在牵连性。此外,在反诉中,对牵连性的连接点

---

① 陈俊英:《预备合并之诉研究》,硕士学位论文,西南政法大学,2007,第7页。
② 王春法诉浙江启天建设工程有限公司等建设工程施工合同纠纷案,浙江省常山县人民法院民事判决书,(2016) 浙0822民初1001号。
③ 淮安澳洋顺昌光电技术有限公司等与淮安市顺丰速运有限公司返还原物纠纷上诉案,陕西省安康市中级人民法院民事判决书,(2016) 苏08民终3702号。

设置较为宽泛,可以包括法律关系、案件事实和诉讼请求等多个连接点。

(2) 意定依据

如在共同诉讼中,要求征得"当事人同意"。"当事人同意"因此成为两个诉的主观连接点。

(3) 自由裁量

在许多案件中,当事人一方并不同意合并审理,但是,人民法院依然自由裁量决定合并审理。人民法院可以在"诉讼请求"之外寻找其他的诉之要素的连接点,这种做法并没有违反民事诉讼法的明文规定。

2. 牵连性的切断依据

从上述资料中可以看出,牵连性的切断主要有三个理由:一是专属管辖等程序排他性事项,这意味着,两个诉在实体上有连接点,但在程序上若没有连接点,也无法进行合并;二是普通共同诉讼中"当事人同意"的条件未能满足;三是合并审理是否会损害当事人实体权利义务。

(二) 诉之合并中的牵连性逻辑

1. 案件事实中的行为牵连性

无论是诉之主观合并还是客观合并中的选择合并、重叠合并或竞合合并,目的均在于解决原告对于事实判断不明或适用法律可能有疑问之事件。例如,在以何人为当事人难以判断之情形下,就有主观预备(选择、重叠)合并的必要。

"民事诉讼之提起,得否获得胜诉之判决,涉及事实之认定与法律之适用。事实之认定,须视对方争执情形及当事人举证与法院自由心证,始得决定;法律之适用,更为复杂,胜诉与否,每因法律见解之不同而有异。在某种情形,究以何人为原告起诉,或以何人为被告起诉,常难于判断,如必俟就其中某原告或某被告为败诉判决确定后,始就他原告或他被告进行诉讼,则可能影响其时效或除斥期间,若同时分别起诉,不仅本身主张矛盾,亦可能导致裁判矛盾,许其于同一诉讼程序起诉,则可一举确定可能涉及多数人之私权争执,既达诉讼经济之目的,又可防止裁判之矛盾。"[①]

无论是诉之主观合并还是客观合并中的选择合并、重叠合并或竞合

[①] 杨建华:《民事诉讼法问题研析(一)》,广益印书局,1996,第116页。

合并，当事人之间行为上是否存在牵连性，并非一种确定的判断。此处的牵连性，更多意义上是指由于原告方对于共同被告方行为牵连的模糊性认识，基于这种不确定性而产生的牵连性。

2. 实体法权利义务之牵连性

（1）主观合并中实体权利义务牵连的可能性

诉之主观合并有多种形态，整体上可分为三大类：一是有牵连关系的诉之主观单纯合并，其实质上是必要共同诉讼；二是无牵连关系的诉之主观单纯合并，其实质上是普通共同诉讼；三是尚未为我国民事诉讼法必要或者普通共同诉讼所包含的其他主观合并形态：诉之主观选择合并、竞合（重叠）合并、预备合并。

这三种类型的诉之主观合并中，其合并理由、实体权利义务牵连性和牵连强度具体如表2所示。

表2 诉之主观合并的三种类型

诉之主观合并形态	合并理由	实体权利义务牵连性	牵连强度	民诉法上诉之形态的具体名称
诉之主观单纯合并（合并主体间没有牵连关系）	提高裁判效率	主体间就实体权利义务没有实质牵连性	弱牵连性	普通共同诉讼
诉之主观单纯合并（合并主体间有牵连关系）	必须合一裁判	主体间拥有同一实体权利义务或同一实体权利义务的约束关系	中牵连性	固有必要共同诉讼、类似必要共同诉讼、准必要共同诉讼
诉之主观选择合并、竞合合并、预备合并	避免裁判矛盾，提高诉讼效率	主体间拥有竞争甚至是对立的实体权利义务关系	强牵连性	诉之主观选择合并、竞合（重叠）合并、预备合并

（2）客观合并中实体权利义务牵连的可能性

客观合并中，若是法律关系之合并，则可以分为两种情形。第一种，若是法律关系之单纯合并，则是两个单一之诉指向各自的实体权利义务关系，该两个实体权利义务关系之间彼此具有独立性；若是法律关系之选择、竞合或预备合并，依据传统诉讼标的理论，其应当是两个或者多个单一之诉指向共同的实体权利义务关系，其中的牵连性不言自明。第二种，若是诉讼请求之单纯合并，则诉讼请求可能因具有同一法律或事实上的原因而具有牵连性；若是诉讼请求之选择、竞合（重叠）和预备之合并，则各个诉讼请求彼此之间不能同时成立，此处的牵连性更多地体现为对立性的存在。

3. 程序法诉讼行为之牵连性

（1）主观合并中的诉讼行为牵连

关于主观合并中的诉讼行为牵连问题，主观合并中有牵连关系的单纯合并参考必要共同诉讼进行，无牵连关系的单纯合并参考普通共同诉讼进行。具有特殊性的是主观预备、选择和竞合（重叠）合并的牵连性处理。

①诉讼进行的统一性

辩论：不得分开进行。例如，"在主观的预备诉之合并中，后位当事人之诉，虽以先位当事人之诉有无理由为条件，唯依通说，预备合并之诉之条件，乃系裁判之条件，并非审理之条件，法院于审理时，仍应就各该诉讼全部辩论，仅于先位之诉有理由时，无庸再就后位之诉加以裁判而已"。①

程序中断：主观预备、选择和竞合（重叠）合并中被合并方一人发生诉讼程序中断事由时，整个共同诉讼程序应当中止。

上诉：主观预备、选择和竞合（重叠）之合并，是为了防止裁判矛盾，因此，有部分被告上诉时，其他被告必须全部参加二审程序，才能保证裁判一致。

②诉讼资料的共通性

证据：由于此处是多个有牵连关系单一之诉的合并，各诉之间的证据资料具有共通性。对同一当事人前后矛盾的证据和陈述，必须按照禁反言原则来进行处理。

③诉讼行为的独立性

由于主观合并中，当事人之间在实体权利义务上处于对立关系，其各自诉讼行为自当追求自身程序利益和实体利益的最大化可能，所以相互间诉讼行为应具有独立性。

（2）客观合并中的诉讼行为牵连

就法律关系的客观合并而言，实际上从法律视角而言，是多个有独立关系单一之诉的合并，故诉讼之间具有独立性，当事人的诉讼行为也

---

① 杨建华：《民事诉讼法问题研析（一）》，广益印书局，1996，第112页。

具有独立性。但是，因其发生在同一原被告之间，故在证据资料方面仍然不得违反禁反言原则。

就诉讼请求的客观合并而言，更多的是同一诉讼行为下的不同诉之声明，诉讼行为具有同一性。

4. 判决合一确定中之牵连性

诉之合并中，原告存有数个诉讼标的，但是，原告请求法院判决的诉讼标的数量依据其个人处分权的行使会出现不同的变化，法院也应当分别进行处理。如此，方可防止裁判冲突，保护原告实体法上之权利，符合诉讼经济之原则。

如经人民法院阐明：

（1）原告若是要求，就指向于两个不同诉讼请求下的两个诉讼标的同时作出裁判，法院应就各诉讼标的并予辩论裁判，此乃单纯合并之判决。此处，法院的审判权应当尊重当事人的处分权，判决不得超越或者遗漏当事人的诉讼请求范围。

（2）原告若是要求，就指向于同一诉讼请求下的两个诉讼标的同时作出裁判，法院应就各诉讼标的并予辩论裁判，此乃竞合（重叠）合并之判决。此处，法院的审判权应当尊重当事人的处分权，判决不得超越或者遗漏当事人的诉讼请求范围。[①]

（3）原告若是要求，就指向于两诉讼标的择一（备位）作出裁判，法院应就各诉讼标的并予辩论裁判，此乃选择（预备）合并之判决。"其中一个原告诉有理由的判决可以明确列入判决主文，另外一个诉讼标的之认定，则可以争点形式加以固定，以期在后诉讼中能够发生争点效或者参加效"。[②] 此处，应当允许法院的审判权对当事人的处分权形成一

[①] 法院在此应当通过阐明权的行使，严格区分竞合（重叠）合并和选择合并的界限。例如，原告依据租金请求权及票据追索权，诉请被告给付新台币 30 万元，依传统诉讼标的理论，系以一诉主张数项标的，因其仅有单一之声明，究为竞合（重叠）诉之合并或为选择诉之合并，原告之意思如不明了时，事实审法院应行使阐明权。如原告之真意，系请求法院就租金请求权与票据追索权并为裁判时，则为传统上竞合（重叠）之合并。如其真意，系请求法院择一而为判决，如其中一法律关系已为胜诉之判决，其他法律关系即无庸裁判者，则为选择诉之合并。杨建华：《民事诉讼法问题研析（一）》，广益印书局，1996，第 205 页。

[②] 主观的预备诉之合并，必须规定未受裁判之后位当事人，就与已受裁判之先位当事人间及对造人间，因此项合并所为裁判应发生一定之法律上效果。

定的限制，否则，当事人还可能提起后诉讼，甚至可能形成和前诉讼矛盾的判决。

原告具有复数诉讼标的，无论是复数诉之声明，还是单一诉之声明，人民法院均应当就各诉讼标的分别进行判定，包括：所有诉讼标的均有理由之情形；所有诉讼标的均无理由之情形；部分诉讼标的有理由、部分诉讼标的无理由之情形。①

五 基于牵连性的诉之强制合并

（一）诉之强制合并的定义

通说认为，所谓诉之强制合并（或称诉之强制性合并），是指"当事人必须在同诉讼程序中提出有关的诉讼请求，而且法院必须在同一诉讼程序中合并审理的情形"。②"强制"是针对当事人的主观意愿而言，"合并"是针对诉之独立审理而言。若非必须强制合并，则可谓之为任意合并。该定义美中不足的是，没有指出适用诉之强制合并的基础。

（二）诉之强制合并的基础

1. 关于强制合并基础的讨论

强制合并中的强制基础是什么？研究者多认为是诉与诉之间必须存有牵连性。然而，此处的牵连性究竟应当达到何种程度，方可以实行强制合并？有学者提出，诉的强制合并的对象不仅是相互之间具有牵连关系的独立之诉，而且要求牵连关系的程度是紧密型的。诉的任意合并的对象原则上要求各诉具有宽松的牵连关系即可。③ 这进而演化成为，紧密型牵连和松散型牵连的区分问题。

相关论者认为，所谓紧密型的牵连关系，主要是指诉与诉之间的牵连关系在法律关系、事实认定以及责任划归等方面存在着重叠、交叉或逻辑关系。紧密型的牵连之诉在司法实践中一般有以下三种情况："一是

---

① 台湾学者姚瑞光认为，无须就全部诉讼标的为判决，就有理由之诉讼标的为判决即可。
② 张晋红：《诉的合并制度的立法缺陷与立法完善之价值分析》，《法学评论》2007年第4期，第95页。
③ 谢泽帆：《论民事之诉的强制合并》，硕士学位论文，广东商学院，2012，第23页。

各诉产生于同一法律关系或事实基础,且其中某一诉的审理对其他各诉的审理具有先决意义,其他各诉的审理进程必须以此诉的审理结果为前提。二是各诉的实体主张内容相同且指向同一实体法上的标的或法律关系。三是各诉产生于同一(或系列)法律行为或事实基础,且各诉之间的事实认定和责任划分必须合一确定。"①

2. 强制合并的实质基础

上述关于强制合并的讨论,是沿着既有民事诉讼法的语言逻辑所做的推理。然而,这种论证似乎混淆了诉之强制合并和诉之任意合并的目的。诉之强制合并的目的是避免判决的矛盾,诉之任意合并的目的是提高审判的效率。从既判力理论来看,判决的矛盾,主要是指判决主文关于实体权利义务分配上的矛盾。这恰和本书第一章中关于"诉之牵连的根源是行为的牵连性导致利益牵连性"的判断不谋而合。诉之所以会发生牵连,是因为在诉与诉之间以四个要素(诉讼主体、案件事实、法律关系和诉讼请求)为连接点发生了关系。诉讼请求的牵连性,属于权利义务的牵连;法律关系的牵连,则是实体法上的地位牵连;案件事实之间的牵连性,则是一个生活上的概念判断。在考察案件的牵连性时,应当注意这三种牵连性之间的区分。研究者们不能根据连接点的多与少,或者连接点的连接重合度的大小,来判断诉与诉之间的牵连性的紧密或者松散程度。四个连接点仍然是属于牵连性中的现象性层面,隐藏在诸连接点背后的不同当事人之间的利益关系才是牵连性中的深层次问题。案件事实是利益牵连的原初状态,诉讼请求是利益牵连的直接表现。有鉴于此,诉之强制合并,为了避免裁判的矛盾,自然应当是对那些在案件事实高度重合且诉讼请求存在竞争性利益关系的案件进行合并审理。

因此,凡强制合并的诉,相互之间应当存在诉讼请求方面的利害竞争关系。这种利害竞争关系,原则上必须是直接性的竞争,例如,对于同一物的所有权的共同主张。在例外情形下,也应当允许间接性竞争利害关系下的诉之强制合并,例如,在第三人防止诈害诉讼中,第三人和主诉讼的诉讼标的往往没有直接利害关系,但是,当主诉讼的结果将间接损害第三人的债权或物权时,应当允许第三人参加到诉讼中,并进行

---

① 谢泽帆:《论民事之诉的强制合并》,硕士学位论文,广东商学院,2012,第23页。

诉之强制合并。两个或者多个诉是否源自同一案件事实或者同一法律关系，并非合并审理的最根本理由。诉的"同源性"，之所以会让实务工作者认为这些诉之间存在着内在的牵连性，是因为这些案件属于生活中的"一事"。从民事审判对象的角度来看，这是一个浑然天成的事实，似乎并没有办法做到人为地区分。但是，实体法恰恰从抽象的角度对"浑然天成的事实"做了以法律关系为单元的区分和切割。法律关系对案件事实的切割，是许多实务工作者进行诉之合并的重要动机。但无论如何，诉的"同源性"，并不必然导致利益之竞争关系，其不是诉之强制合并的根本理由。

3. 强制合并中的程序问题

即便当事人之间的多个诉讼存在利益上的竞争关系，但若是在程序上没有适当的连接点（如同一法院管辖、同一程序），则该两个诉的强制合并似乎也会落空。此时，应当追问的是，相关的程序利益是否足以阻挡"判决一致性"这一重大程序性利益。无论是专属管辖抑或是审级利益，似乎都不可逾越，但也不能因此认为其是比"判决一致性"更加重要的程序利益。对于此类矛盾，可以协调的方法有两种：一是当事人协商，如对审级利益的共同放弃，可以导致二审中的合并审理；二是诉讼中止，如对于不可协商的专属管辖之程序利益，则可以中止后诉讼，待前诉讼判决发生法律效力后，再行开启后诉讼的程序进程。

强制合并之外的任意合并，其意在于提高审判的效率。应当指出，强制合并和任意合并的界限，除了上述的"利益竞争关系"判断标准之外，还可以有一定的司法政策性考量。在一国司法资源紧张的情形下，可以挪动两者间的界限，适当扩大强制合并的空间。

六 本章小结

诉之合并有多种形态，然而，并不是每个诉之合并的类别都与诉之牵连问题相关。只有那些在诉讼请求指向上存在竞争性或者一体性的诉之合并，才构成真正意义上的诉之牵连。本章沿着以下的脉络进行了相关思考、分析和总结。

首先，界定诉之合并中牵连性的逻辑表达式。扫描大陆法系和英美法系关于诉之合并牵连性的各种表述和界定，梳理我国司法实务中的诉之合并案件，明晰诉之主观合并和诉之客观合并中 12 种分类的逻辑界限。

其次，分析诉之合并牵连性的逻辑发展轨迹。有实质牵连性的诉之合并纠纷应当源于同一整体性案件事实，但实体法对同一案件事实的不同抽象规定赋予"二次诉讼"乃至"多次诉讼"的可能，提高程序效率的认识分歧又导致对诉之合并、不合并和如何合并等问题的争鸣。

最后，推理诉之合并牵连性的逻辑发展空间。重点探讨了诉之合并在我国司法实践中所遭遇的障碍，认为诉之合并，不仅受限于程序设定和法院审判权，还应尊重当事人的处分权，相关程序设计应立足于当事人的程序选择权，尊重当事人对诉求内容、范围和顺序的选择。[①] 基于案件事实牵连性的判断，可以分流诉之合并功能：一是任意合并；二是强制合并。所谓强制合并，包括基于同一事实且诉讼请求相互间具有竞争性的案件：一是诉之主体上的选择、竞合（重叠）与预备合并；二是诉之法律关系上的选择、竞合（重叠）与预备合并；三是诉之声明上的选择、竞合（重叠）与预备合并。总之，既尊重客观案件事实的实质牵连性，又注意平衡当事人程序选择权和人民法院审判指挥权，以求最大限度地一揽子解决纠纷。

[①] 肖华林：《程序效益视角下客观预备之诉合并的制度设计》，《法律适用》2016 年第 3 期，第 61 页。

第四章　共同诉讼的牵连性

【本章主要观点逻辑导读】

共同诉讼牵连性之类型化

牵连要素	弱牵连的普通共同诉讼	中牵连的类似必要共同诉讼	强牵连的类似必要共同诉讼	强牵连的准必要共同诉讼	强牵连的固有必要共同诉讼
请求事实	源自同类性事实或不具有关联性	源自同类性事实并具有关联性	源自同一案件事实	源自整体性的同一案件事实	源自同一案件事实
请求主体					
请求权基础					
请求权	同一种类或不同种类	同一	同一	不同	同一
请求	请求权乌合	请求权集合	请求权竞合	请求权会合	请求权结合
请求目的					

"今之民事诉讼法学者，虽多将主观的诉之合并与共同诉讼同视，唯就其历史沿革观之，初非同源。易言之，前者乃由数原告或数被告所构成之数诉合并，后者则系合数人为一原告或一被告之一个诉讼。其后，因学说上对允许为共同诉讼之条件，渐采松缓态度，终致共同诉讼与主观的诉之合并之界限，遂以不清。"[①]就普通共同诉讼而言，本章要讨论的是诉与诉之间的牵连性问题；就必要共同诉讼而言，本章重点要讨论的是作为一个不可分诉之间的内部牵连性问题。

关于共同诉讼的研究，近年来国内以专著形式进行深度研究的有三位博士，分别是胡震远《共同诉讼制度的研究》、王嘎利《民事共同诉讼制度研究》和卢正敏《共同诉讼研究》。借由该三位博士的前期研究，本章得到许多启发。

---

① 吕太郎：《民事诉讼之基本理论（一）》，中国政法大学出版社，2003，第63—65页。

一 共同诉讼分类中的牵连性

（一）共同诉讼的定义

共同诉讼这一主题的不同研究者们，大多毫不吝啬地给其下了定义。有研究者称共同诉讼在狭义上是指当事人一方或者双方为两人以上的诉讼，亦称为主观的诉之合并。[1] 胡震远博士认为："共同诉讼，就其广义而言，泛指诉讼主体超过两人的诉讼，包括主观的单纯合并、主观的追加合并、主观的预备合并和主观的选择合并。"[2] 王嘎利博士认为共同诉讼"是当事人一方或者双方人数为二人或者二人以上的诉讼"。[3] 卢正敏博士认为，应当将共同诉讼定义为："同一诉讼程序之中当事人一方或者双方为二人以上共同进行诉讼的一种诉的合并形态。"[4]

通说认为，以共同诉讼人之间对诉讼标的的关系为标准，可以分为必要共同诉讼和普通共同诉讼。上述关于共同诉讼的定义，可谓是大同小异。共同诉讼最初是为了适应实体法上日趋复杂的利益关系而从原来的单一诉讼发展而来的复合诉讼形式。时至今日，随着现代型规模化纠纷的出现，在共同诉讼的基础上，又发展出一种更新的诉讼形式——群体诉讼。故共同诉讼的特征也主要体现在其与传统单一诉讼或者现代群体诉讼的比较之中。[5] 其特征如下：

1. 诉讼主体的共同性

共同诉讼的基础特征在于至少一方当事人的人数为二人或二人以上，这就使其与以单打独斗为特征的单一诉讼区别开来。

2. 主体利益的牵连性

所谓共同诉讼主体之间的利益牵连性，即指主体间的利害关系，但共同诉讼人之间却未必利害同向，有时候亦可利害相向。

---

[1] 章武生、段厚省：《民事诉讼法学原理》，上海人民出版社，2005，第177页。
[2] 新堂幸司教授认为，广义的共同诉讼包括主观的追加合并引入当事人和主观的预备合并。参见〔日〕高桥宏志《重点讲义民事诉讼法》，张卫平、许可译，法律出版社，2007，第182页。
[3] 田平安主编《民事诉讼法原理》（修订版），2005，第92页。
[4] 卢正敏：《共同诉讼研究》，法律出版社，2011，第15页。
[5] 胡震远：《共同诉讼制度研究》，博士学位论文，复旦大学，2009，第9页。

3. 诉讼行为的牵连性

每个共同诉讼人都具有独立的人格和自由，根据处分权主义，他们都可以依自己的意志实施诉讼行为，彼此互不依赖。共同诉讼人的独立性决定了各共同诉讼人的行为可能单独地产生诉讼上的后果，为自己的利益而独立进行诉讼上的独立攻击和防御。共同诉讼人之间毕竟存在着某种利益牵连，这就决定了共同诉讼人在内部关系及其与对方当事人的外部关系上可能存在相应的牵连关系，行为的利害又及于他人。

（二）共同诉讼之分类

1. 普通共同诉讼的定义

通说认为，普通共同诉讼中，各共同当事人遵循行为独立原则，诉讼标的为同一种类，因此，诉讼经济是普通诉讼的主要功能，构成了普通共同诉讼的理论基础。关于普通共同诉讼之定义，论者分歧较少。胡震远博士认为："普通共同诉讼是指各共同诉讼人与相对人之间有个别之请求存在，且就此所为之判决效力互相无关，亦即诉讼标的对于共同诉讼之各人不必合一确定的选择性合并。"[1] 卢正敏博士将普通共同诉讼界定为："普通共同诉讼是原本独立的可能之诉的合并，是法律上无须合一确定的共同诉讼。"[2]

从上述概念进行分解，可得普通共同诉讼两个最重要的特征：一是独立之诉的合并；二是裁判上无须合一确定的诉。两位博士的定义，不约而同地把民事诉讼法中最为强调的"诉讼标的为同一种类"[3] 和"当事人、法院同意合并审理"的两大特征有意剔除。以侵权为例，下面左图的 A 和 B 共同侵权 C，则是诉讼标的同一，非普通共同诉讼。下面右图 A 对

---

[1] 参见王甲乙《共同诉讼》，载陈荣宗主编《民事诉讼法论文选辑》，台北五南图书出版公司，1984，第212页。

[2] 卢正敏：《共同诉讼研究》，法律出版社，2011，第85页。

[3] 以我国最高人民法院专家法官的观点为例，其仍然坚持共同诉讼的诉讼标的为同一种类，并不遗余力地挖掘出构成诉讼标的的同种类的类型主要有三种：一是基于同类事实或法律上的同类原因形成的同种类诉讼标的；二是基于同一事实或法律上的原因形成的同种类诉讼标的；三是基于数人对一权利义务的确认形成的同种类诉讼标的。普通的共同诉讼的一方当事人对诉讼标的没有共同的权利义务，是一种可分之诉，只是因为他们的诉讼标的属于同一种类，人民法院为审理方便，才将他们作为共同诉讼审理。参见江必新主编《新民事诉讼法理解适用与实务指南》，法律出版社，2012，第202页。

C 和 D 在同一事件中的分别侵权,则是诉讼标的为同一种类,是标准的普通共同诉讼逻辑表达式。然而,诉讼标的同一种类,是否是普通共同诉讼发生牵连而构成"共同"诉讼的关键呢? 这留待下文讨论。

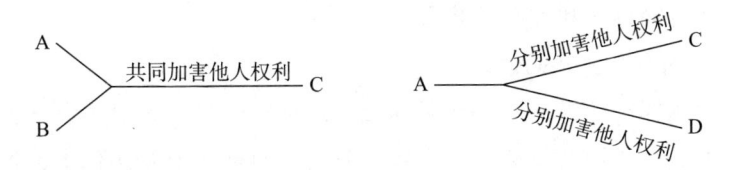

```
A                                      分别加害他人权利  C
   共同加害他人权利                A
B                    C                 分别加害他人权利  D
```

2. 必要共同诉讼的分类
(1) 必要共同诉讼的定义

必要共同诉讼的关注点有二:一是共同当事人存在共同的权利义务关系;二是追求裁判的不矛盾和一致性。就"共同的权利义务关系"和"裁判的不矛盾和一致性"关系来看,前者是后者的原因,后者是前者的逻辑发展必然结果。因此,必要共同诉讼设置的理论基础主要是实体法上享有的共同权利义务关系以及对共同权利的行使或者对共同义务的履行。① 所以,德国学者认为:"如果由于法律上的原因(而不是逻辑、目的性)只能够统一作出实体裁判,那就是必要共同诉讼。"② 法律上的原因既可以是诉讼法上的原因,也可以是实体法上的原因,此种情况下的制度安排追求的首要价值就是对共同的诉讼标的必须作出"合一确定"裁判。③

关于必要共同诉讼的定义,学界也无大的分歧。胡震远博士认为:"所谓必要共同诉讼系指为诉讼标的之法律关系,对于共同诉讼之各人,必须合一确定,或其各人必须一同起诉或一同被诉之共同诉讼。"④ 王嘎利博士认为:"最初的必要共同诉讼是指,数人有视为一体而请求解决纠纷的必要。而在如今的民事诉讼中,则是指以数人共同实施诉讼才能获得本案胜诉判决,或者数人虽不必须共同实施诉讼,但是既然共同为之,则其判决及于各共同诉讼人(应合一确定)。"⑤ 对上述概念进行分解,

---

① 张永泉:《必要共同诉讼类型化及其理论基础》,《中国法学》2014 年第 1 期,第 215 页。
② 〔德〕狄特·克罗林庚:《德国民事诉讼法律与实务》,刘汉富译,法律出版社,2000,第 273 页。
③ 张永泉:《必要共同诉讼类型化及其理论基础》,《中国法学》2014 年第 1 期,第 215 页。
④ 胡震远:《共同诉讼制度研究》,博士学位论文,复旦大学,2009,第 43 页。
⑤ 王嘎利:《民事共同诉讼制度研究》,中国人民公安大学出版社,2008,第 79 页。

可得必要共同诉讼两个最重要的特征：诉讼标的之共同性；裁判上须合一确定的诉。

学界对必要共同诉讼的讨论，目前分为三类：固有必要共同诉讼、类似必要共同诉讼和准必要共同诉讼。

（2）固有必要共同诉讼

王嘎利博士认为，固有共同诉讼，是指数个当事人对于诉讼标的享有共同权利、承担共同义务，或者根据同一的事实上及法律上的原因而享有权利、承担义务时，可以作为固有的共同诉讼人共同起诉或共同被诉的情形。非固有的共同诉讼是指：作为诉讼标的请求或义务是同种类的，并且是由基本上同类的事实上及法律上原因而发生的，数个当事人可以作为非固有的共同诉讼人共同起诉或被诉的情形。[1] 卢正敏博士认为，固有必要共同诉讼概念可以界定为：数人必须共同起诉或者被诉，法院裁判对数人必须合一确定的共同诉讼。[2]

通说认为，固有必要共同诉讼特征为：诉讼标的共同，数人对诉讼标的享有共同权利、承担共同义务；诉讼实施权不可分，数人必须共同一致地实施诉讼行为；共同诉讼人若未共同参诉，则当事人不适格，诉不合法。根据我国司法解释，有8种情形的当事人均应认定为固有的必要共同诉讼[3]，如A和B是某财产的共同共有人，当该财产被C侵害时，

---

[1] 王嘎利：《民事共同诉讼制度研究》，中国人民公安大学出版社，2008，第66—67页。
[2] 卢正敏：《共同诉讼研究》，法律出版社，2011，第160页。
[3] 根据司法解释，下列情形的当事人均应认定为固有的必要共同诉讼。(1) 个体工商户、个人合伙或私营企业挂靠集体企业并以集体企业的名义从事生产经营活动的，在诉讼中，该个体工商户、个人合伙或私营企业与其挂靠的集体企业为共同诉讼人。(2) 在诉讼中，个体工商户以营业执照上登记的业主为当事人。有字号的，应在法律文书中注明登记的字号。营业执照上登记的业主与实际经营者不一致的，以业主和实际经营者为共同诉讼人。(3) 个人合伙的全体合伙人在诉讼中为共同诉讼人。个人合伙有依法核准登记的字号的，应在法律文书中注明登记的字号。全体合伙人可以推选代表人；被推选的代表人，应由全体合伙人出具推选书。(4) 企业法人分立的，因分立前的民事活动发生的纠纷，以分立后的企业为共同诉讼人。(5) 借用业务介绍信、合同专用章、盖章的空白合同书或者银行账户的，出借单位和借用人为共同诉讼人。(6) 在继承遗产的诉讼中，部分继承人起诉的，人民法院应通知其他继承人作为共同原告参加诉讼；被通知的继承人不愿意参加诉讼又未明确表示放弃实体权利的，人民法院仍应把其列为共同原告。(7) 共有财产权受到他人侵害，部分共有权人起诉的，其他共有权人应当列为共同诉讼人。(8) 原用人单位以新的用人单位和劳动者共同侵权为由向人民法院起诉的，应将新的用人单位和劳动者列为共同原告。

则 A 和 B 是一个整体，诉讼标的同一，构成了固有必要共同诉讼。其逻辑表达式如下：

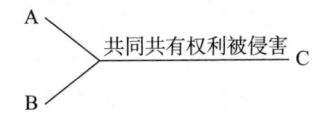

```
A
 \
  — 共同共有权利被侵害 — C
 /
B
```

（3）类似必要共同诉讼的定义

一般认为，类似必要共同诉讼，是指"数人就作为同一诉讼标的的法律关系，虽然不必一同起诉或者一同被诉，而是有选择单独诉讼或共同诉讼的自由，若数人中一人选择单独诉讼，该一人所受判决的既判力及于未诉讼的其他人；若数人共同诉讼，则其法律关系对共同诉讼人全体，必须合一确定，法院不得为歧异判决的共同诉讼"。[1] 但也有学者认为，如果按照诉讼标的进行判断，解释上可能存在两个选项，以共同造成侵权后果的行为为例，如局限于"纠纷事实"层面，则可谓"诉讼标的共同或同一"；如局限于"法律关系"层面，则只能谓"诉讼标的属于同一种类"。[2] 对诉讼标的之界定，持有这种可升维和可降维的相对灵活态度，才不至于陷入僵化，从而对于类似必要共同诉讼等诸多疑难性案件，能够有更弹性的解释。就类似必要共同诉讼制度的意义而言，有论者认为，其在于缓解因为固有必要共同诉讼要求所有共同诉讼人必须一同起诉、应诉所带来的紧张和当事人适格的障碍。[3] "从实体法视角看，类似必要共同诉讼制度源于实体法上赋予个人实施权，即实体法准许共同权利义务关系数人中的一人成为处分权或承担义务的适格主体。因此，具有共同权利义务关系主体的数人或者一人均可提起诉讼或者被诉，均属于适格主体。类似必要共同诉讼制度的设置，虽然要着眼于裁判的合一确定，防止裁判的冲突和矛盾，但其制度基础还是应当是实体法的规定及其理论。从程序法视角看，设置类似必要共同诉讼制度的目的，就是要使得共同诉讼人之一提起诉讼作出的判决，其效力要扩张至其他没有参与诉讼的共同诉讼人。否则会因各个共同诉讼人分别诉讼，

---

[1] 卢正敏：《共同诉讼研究》，法律出版社，2011，第183页。
[2] 王亚新：《"主体/客体"相互视角下的共同诉讼》，《当代法学》2015年第1期，第70页。
[3] 段文波：《德日必要共同诉讼"合一确定"概念的嬗变与启示》，《现代法学》2016年第2期，第164页。

导致裁判的矛盾。"①

类似必要共同诉讼特征为：类似必要共同诉讼人各自具有独立实施诉讼的权能，可以单独起诉或应诉。在类似必要共同诉讼人单独实施的诉讼中，法院所作出的裁判，对其他没参加诉讼的类似必要共同诉讼人，若不利，则没有拘束力；若有利，则有拘束力。② 一般认为，类似必要共同诉讼人共同参加诉讼时，其诉讼地位与固有必要共同诉讼人相同，可以适用法律规定的固有必要共同诉讼人的诉讼行为处理规则。

在民事诉讼实务中，类似必要共同诉讼的情形主要有两种：一是企业歇业后，无清算组负责清理债权债务的，债权人既可以将歇业企业作为被告起诉，也可以将歇业企业和清算主体作为共同被告；二是一般保证的债权人向债务人和保证人一并起诉的，人民法院可以将债务人和保证人列为共同被告参加诉讼。③ 也有论者反对将连带责任列为类似必要共同诉讼，认为连带责任中的诉讼标的是"复数"而不是"共同"。④ 类似必要共同诉讼，最为典型的是当公司股东权利义务遭受股东会会议决议的侵害时，若有异议的股东分别提起股东会议决议无效的确认之诉，则构成类似必要共同诉讼。此时，有异议的股东不必一起参加诉讼，但若参加诉讼，则诉讼标的同一，且必须共同为诉讼行为。其逻辑表达式如下：

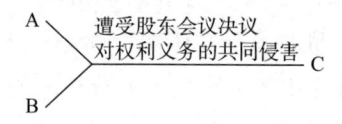

```
A ╲
   ╲  遭受股东会会议决议
    ╲ 对权利义务的共同侵害
    ╱─────────────────── C
   ╱
B ╱
```

（4）准必要共同诉讼的界定

关于准必要共同诉讼的界定，较为凌乱，没有形成一致的观点。如胡震远博士认为："准必要共同诉讼是指数人就共同且可分的诉讼标的不必一同起诉或一同应诉，但若数人一同起诉或一同应诉时，则共同争点

---

① 张永泉：《必要共同诉讼类型化及其理论基础》，《中国法学》2014 年第 1 期，第 217 页。
② 尹伟民：《连带责任诉讼形态的选择》，《烟台大学学报》（哲学社会科学版）2010 年第 7 期，第 45 页。
③ 江必新主编《新民事诉讼法理解适用与实务指南》，法律出版社，2012，第 202 页。
④ 任重：《反思民事连带责任的共同诉讼类型》，《法制与社会发展》2018 年第 6 期，第 153 页。

的判断对全体共同诉讼人必须合一确定的共同诉讼。这种诉讼合并方式专用于应对诉讼标的牵连型诉讼。"① 章武生教授则不认同这种观点，他认为："因牵连关系而形成的必要共同诉讼，此种必要共同诉讼的特点是虽然诉讼标的不是单一的，但是由于当事人之间存在事实上或者法律上的牵连关系，而有必要作为共同诉讼进行处理，并且法院也必须在分清当事人责任的基础上作出统一的裁判。"② 卢正敏博士在准必要共同诉讼的观点上和章武生教授相当接近，认为准必要共同诉讼，是两个以上具有不同性质民事义务的主体因不依法履行其义务，导致同一相对方主体的民事权利遭受同一损害，受害者因此对两个以上义务主体提起的诉讼，即为因牵连关系而形成的共同诉讼。此类共同诉讼具有三大特征：第一，其诉讼标的属不同种类，但是行为之间又有着事实上或法律上的牵连关系；第二，各个被告之间不仅存有共同的损益关系，而且还存有相互损益关系，其诉讼行为不可能一致，多数情况下甚至相互冲突；第三，各个被告相互之间不应当承担连带责任。③

准必要共同诉讼界定上的不一致，究其原因，是对于准必要共同诉讼的类型，至今尚无统一的认识。笔者以为，从逻辑角度来进行划分，准必要共同诉讼所具有的特征，不能脱离必要共同诉讼的最根本特征，即诉讼的"必要共同"性，除此之外，可以允许有自身的特征。例如，相对于固有必要共同诉讼和类似必要共同诉讼而言，其诉讼标的无须同一。概括而言，准必要共同诉讼的特征有二：一是诉讼标的无须同一；二是必须共同诉讼。关于准必要共同诉讼中"准"的理解，还可以认为，"其是一种共同诉讼的临时过渡状态，在起诉阶段赋予原告自由选择（最大范围）被告的权利，在案件审理阶段按照多数人纠纷类型，或适用必要共同诉讼规则，或适用普通共同诉讼规则"。④ 实务中，在原因和责任不明的共同非故意侵权中，就会构成准必要共同诉讼，其逻辑表达式如下：

---

① 胡震远：《共同诉讼制度研究》，博士学位论文，复旦大学，2009，第79页。
② 章武生、段厚省：《必要共同诉讼的理论误区与制度重构》，《法律科学（西北政法学院学报）》2007年第1期，第119页。
③ 卢正敏：《共同诉讼研究》，法律出版社，2011，第214页。
④ 卢佩：《多数人侵权纠纷之共同诉讼类型研究——兼论诉讼标的之"案件事实"范围的确定》，《中外法学》2017年第5期，第1249页。

```
A ——甲法律关系性质行为
                    非共同故意致害他人权利 C
B ——乙法律关系性质行为
```

关于共同诉讼的分类，可以从可分性的角度进行考察，把共同诉讼理解为分布在"完全不可分"和"完全可分"两个极点之间的多种诉讼形态。① 固有必要共同诉讼，属于完全不可分；普通共同诉讼，属于完全可分；类似必要共同诉讼和准必要共同诉讼，属于部分可分和部分不可分的诉讼形态。共同诉讼除了上述固有、类似和准必要共同诉讼的三分法外，还有积极、消极、混合共同诉讼的分类。依据共同诉讼的当事人哪一方系复数为标准，共同诉讼可以分为积极的共同诉讼和消极的共同诉讼，前者是指共同原告主动提起诉讼的情形，后者则是共同被告被动应诉的情形，如果共同诉讼的双方当事人均为复数，则称为混合的共同诉讼。②

二 比较法视野中共同诉讼的牵连性

（一）大陆法系中共同诉讼之牵连性理论

1. 德国

德国学者从程序的特别性出发认识共同诉讼，认为民事诉讼中每一方当事人有多人的诉讼形态称为共同诉讼。③《德国民事诉讼法》第59条规定了必要共同诉讼：数当事人对于诉讼标的有共同权利，或者根据同一事实上及法律上的原因而享有权利或负担义务时，可以作为共同诉讼人共同起诉或共同被诉。第60条规定了普通共同诉讼：诉讼标的的请求或义务是同种类的，并且是由基本上同种类的事实上及法律上原因而引发的，数当事人也可以作为共同诉讼人共同起诉或被诉。在学理上，

---

① 王亚新：《"主体/客体"相互视角下的共同诉讼》，《当代法学》2015年第1期，第73页。
② 〔苏〕阿·阿·多勃罗沃里斯基等：《苏维埃民事诉讼》，李衍译，法律出版社，1985，第62页。
③ 〔德〕奥特马·尧厄尼希：《民事诉讼法》（第27版），周翠译，法律出版社，2003，第419页。

德国人严格区分固有必要共同诉讼和非固有必要共同诉讼。近年来，德国学者大都依 Fritz Baur 的提法，将固有必要共同诉讼改称为"因实体法原因的必要共同诉讼"，将非固有必要共同诉讼改称为"因诉讼法原因的必要共同诉讼"。

《德国民事诉讼法》中，提及共同诉讼的牵连性问题：同一或同种类事实上及法律上的原因。在程序进行中，《德国民事诉讼法》既看到了共同诉讼人之间行为的独立性，又规定了共同诉讼行为人之间行为的牵连性。以独立性为例，其第 61 条规定了共同诉讼的效力：除民法和本法另有规定外，各共同诉讼人相互独立地与其对方相对立，共同诉讼人中的一人的行为，其利害不及于他人。以牵连性为例，其第 62 条规定了必要共同诉讼的期限问题：一是争议的权利关系只能对全体共同诉讼人统一确定，或者因其他原因共同诉讼成为必要时，如共同诉讼人中的个别人有迟误日期或期间者，其迟误者视为被迟误的共同诉讼人所代理；二是迟误的共同诉讼人也可以在以后的程序中加入。

《日本民事诉讼法》关于共同诉讼的规定多沿着《德国民事诉讼法》的轨道前行，可谓大同小异。如在共同诉讼人之间行为的牵连性规定上，《日本民事诉讼法》第 62 条规定："在必要共同诉讼人必须合一确定诉讼标的的情况下，其中一人的诉讼行为，只有有利于全体时，才发生效力。对方当事人对共同诉讼人一人的行为，对全体发生效力。共同诉讼人中的一人的诉讼行为，其中断或中止对全体发生效力。"又如在关于固有必要共同诉讼的论述中，《日本民事诉讼法》和德国如出一辙，固有必要共同诉讼定义为只有数人共同才承认他们主张的权利关系并接受判决的适格，即不能以个别的起诉或应诉来请求本案判决。[①] 但是在准必要共同诉讼的规定上，日本学者提出了自己的看法，对于各共同诉讼人判决不得互相冲突的场合，如以数连带债务人或主债务人及保证人为共同被告，或对数人确认同一物所有权的诉讼，应准用必要共同诉讼的规定，称之为准必要的共同诉讼。[②]

---

① 〔日〕兼子一、竹下守夫：《民事诉讼法》（新版），弘文堂，1972，第 189 页。
② 〔日〕山田正三：《准必要的共同诉讼》，《法学论丛》第 28 卷第 1 号，第 1 页，转引自王嘎利《民事共同诉讼制度研究》，中国人民公安大学出版社，2008，第 192—193 页。

2. 法国

如导论所言,《法国民事诉讼法》走的是规范与经验相结合的审判对象界定路径,不以诉讼标的是同一的或同一种类作为区分普通共同诉讼与必要共同诉讼的标准,而是更为突出司法权限,通过设置一些专门法院,力求借助不同的诉讼程序来解决不同种类的纠纷。

《法国民事诉讼法》将"被告同意"作为提出共同诉讼的选择性而非必要性条款。未经被告同意,原告可以提起普通共同诉讼。在是否共同诉讼方面,诉讼的合并与分离,完全取决于当事人、法官,甚至是司法行政措施。共同诉讼与否,更多的是体现了司法强制性。从有关既判力立法和相应判例分析可得出初步结论,法国共同诉讼制度坚持诉讼独立原则。① 《法国民事诉讼法》第324条规定:由共同利益关系人之一或者针对共同利益关系人之一完成的诉讼行为,既不利于也不损害其他共同利益关系人。

在大陆法系国家,法国法关于共同诉讼的规定可谓独辟蹊径,因为更多地依赖于司法行政手段,其对牵连性判断并无严重的依赖。

(二) 英美法系中共同诉讼之牵连性理论

在1966年修改民事诉讼规则时,美国对共同诉讼的分类进行了重新界定,总体上仍保持了强制主体合并和任意主体合并的两分法。其强制合并共同诉讼人依然分为必不可少的当事人和必要的当事人,并严格限制法院以必不可少的合并为理由驳回诉讼以至于损害本可以救济的权利。

1. 任意性当事人合并

任意性当事人合并,又称为当事人的任意合并。所谓当事人的任意合并,是指基于法律所规定的情形,谁可以作为共同原告或作为共同被告加入诉讼。

美国《联邦民事诉讼规则》(简称《规则》)第20条(a)款中规定了任意当事人合并制度。《规则》第20条(a)款(1)项规定了谁可以作为共同原告加入诉讼。《规则》第20条(a)款(2)项规定了谁可以作为共同被告加入诉讼。在每种情况下,该规则规定了两重标准。简而言之,如果两个或多个当事人的诉讼请求(1)源自同一交易或事件或

---

① 张宇:《类似必要共同诉讼制度研究》,博士学位论文,西南政法大学,2017,第44页。

者系列交易或事件,且(2)至少提出了一个共同问题(法律方面的或事实方面的),则这些人可作为共同原告加入诉讼。同样,如果针对两个或多个当事人的诉讼请求(1)源自同一交易或事件,且(2)至少提出了一个共同问题(法律方面的或事实方面的),则这些人可作为共同被告加入诉讼。很少有案件,即便有的话,在满足第二个要求方面也会出现问题。该规则要求仅存在一个共同问题,其可以是法律上的问题,也可以是事实上的问题。该共同问题在案件中不必具有绝对重要性,但其必须存在,显然在大多数情况下都是如此。《规则》第20条(a)款遭遇的困难在于其第一个要求,即由多个当事人提出的诉讼请求或针对多个当事人提出的诉讼请求必须在交易上有所关联。[1]

应当注意的是,《规则》第20条所规定的当事人合并是任意性的。该规则给了原告利用或放弃合并机会的权利,允许原告出于自身利益考量进行诉讼策略选择。

2. 强制性当事人合并

强制性当事人合并,又称为当事人的强制合并。所谓当事人的强制合并,"是指基于法律的规定,当事人必须一并起诉或被诉,若有欠缺,法院必须依职权追加;被追加的当事人不参加诉讼,法院应裁定驳回起诉"。[2]

在制度设计上,允许法院对当事人实行强制性的合并,是为了保护那些缺席当事人的合法权益,避免他们因判决的作出而受到损害;同时,也是为了保护诉讼中现有当事人的合法权益,因为如果那些缺席者不加入诉讼的话,他们或许就不可能获得完全的救济。[3] 美国《联邦民事诉讼规则》第19条规定,在下列情况下,必须作为当事人参加诉讼:(1)如果由于他的缺席,而使已参加诉讼的当事人不能得到完全的救济;(2)他对诉讼的对象有利害关系,如果在他缺席的情况下作出处理,就会出现如下情况:有损或妨碍他保护自己的能力;由于与他有利害关系,使已参加诉讼的人负担两倍或数倍的损害赔偿等。在上述情况

---

[1] 〔美〕理查德·D. 弗里尔:《美国民事诉讼法》,张利民等译,商务印书馆,2013,第759页。

[2] 章武生、段厚省:《必要共同诉讼的理论误区与制度重构》,《法律科学(西北政法学院学报)》2007年第1期,第115页。

[3] 胡震远:《共同诉讼制度研究》,博士学位论文,复旦大学,2009,第142页。

下，如果该人没有自动参加诉讼，法院应以职权命令该人参加诉讼。①

在美国，民事案件的当事人及潜在的当事人可划入三个传统的类别之中，三者可视为组成同心圆。第一，外圆（最大的圆），表示案件的"适格"当事人。这些人，基于原告之选择，可能会被并入诉讼，因其与案件争议有充分联系。如今《规则》第20条（a）款界定了这类当事人。第二，在外圆之内，作为适格当事人之子集（subset），是"必须"（或"必要"）的当事人。对这些人，原告并未将其并入案件中，但法院认为这些人出庭很有必要，如果合并可行，法院将会推翻原告之当事人合并安排而要求将其并入。如今《规则》第19条（a）款界定了此类当事人。第三，在该圆圈之内，作为适格当事人和必要当事人之子集，是我们几十年来一直称为"必不可少（indispensable）"的当事人。这些人，原告本该将其并入诉讼（因为"必要"）但未并入诉讼，因为不能被并入（原因如法院对其不享有对人管辖权）。在此类人缺席时，法院将决定撤销再审案件，而非不顾其缺席继续审理。②

3. 交叉请求

美国《联邦民事诉讼规则》第13条明确规定了共同诉讼中的共同原告或者共同被告可以对同一方的其他共同诉讼人提出诉讼请求的情形。这种请求被称为交叉请求之诉。③ 交叉请求，是针对同一方的当事人（coparty）提出的诉讼请求，④ 且必须源自基本争议事项的同一交易或事

---

① See Rule 19: Joinder of Persons Needed for Just Adjudication.
② 〔美〕理查德·D. 弗里尔：《美国民事诉讼法》，张利民等译，商务印书馆，2013，第795页。
③ Fed. R. Civ. Proc. R 13（g）provides："Crossclaim Against a Coparty. A pleading may state as a crossclaim any claim by one party against a coparty if the claim arises out of the transaction or occurrence that is the subject matter of the original action or of a counterclaim, or if the claim relates to any property that is the subject matter of the original action. The crossclaim may include a claim that the coparty is or may be liable to the crossclaimant for all or part of a claim asserted in the action against the crossclaimant."
④ Rule 13. Counterclaim and Crossclaim（g）Crossclaim Against a Coparty. A pleading may state as a crossclaim any claim by one party against a coparty if the claim arises out of the transaction or occurrence that is the subject matter of the original action or of a counterclaim, or if the claim relates to any property that is the subject matter of the original action. The crossclaim may include a claim that the coparty is or may be liable to the crossclaimant for all or part of a claim asserted in the action against the crossclaimant.

件。① 在我国，司法实践中也有类似的交叉请求案件。在一继承纠纷案件中②，共同原告相互之间也发生了诉讼请求。

2015 年，美国夏威夷地区法院审理的和田正广与和田马赫诉阿罗哈金等被告（Maho Wada; Masahiro Wada v. Aloha King, LLC; TNT Self Storage Management, Inc., etc.）的案件，是一起典型的涉及交叉请求的案件。③ 原告和田正广提出，2009 年他在被告阿罗哈金有限公司（Aloha King, LLC）的檀香山储藏库租用了一个储藏单位，他 15 岁的女儿（另一原告和田马赫）遭到被告经理戴尔麦克西（Dale Mcshane）的性骚扰。原告对为被告阿罗哈金管理仓储设施的 TNT 自助储藏管理（TNT Self Storage Management）提出控诉，对与 TNT 缔结合同提供仓储设施人事服务的整体储藏解决（Total Storage Solutions）也提出了控诉。原告提出，被告整体储藏解决与被告阿布索签署合同，对戴尔麦克西进行背景调查，但被告阿布索并未公开有关戴尔麦克西的犯罪记录，且被记录在案的是一个性侵者。

2015 年 7 月 21 日，原告提出第一修正起诉书，将下列人员列为被告：阿罗哈金有限公司，储藏设施所有权人（阿罗哈金）；TNT 自助仓储管理公司，储藏设施经营/运营方（TNT 管理）；整体储藏解决，储藏设施员工及人事代理（TSS 人事代理）；阿布索，对戴尔麦克西进行背景调查（阿布索）。

前三个被告分别对阿布索提出了交叉请求，涉及违约、过失以及赔偿。阿布索基于《公平信用报告法案》（Fair Credit Reporting Act）排除了原告的诉讼请求，向法庭提出撤销原告第一修正起诉书的动议。阿布索认为，即便此法案未排除原告的诉讼请求，原告未基于此法案允许的救济方式提出的诉讼请求也将使得原告的诉讼请求应该被撤销。

法院批准了此动议，要求原告修改诉讼请求。

阿布索针对同为被告的 TSS 人事代理提出交叉请求的撤销动议，法

---

① 〔美〕理查德·D. 弗里尔：《美国民事诉讼法》，张利民等译，商务印书馆，2013，第 756 页。
② 赵某、王某等与李某法定继承纠纷一审民事判决书，河北省高碑店市人民法院民事判决书，（2015）高民初字第 9101 号。
③ See Wada v. Aloha King, LLC; 154 F. Supp. 3d 981 (D. Haw. 2015).

院部分同意,要求 TSS 人事代理修改;部分驳回了阿布索的动议。

对 TNT 自助仓储管理交叉请求的撤销动议,法院驳回。

对阿罗哈金交叉请求提出的撤销动议,法院驳回。

由此案可知,法院所认定的交叉请求,是指一方当事人对其共同当事人提出的要求该共同当事人承担部分甚至全部责任以减轻或者免除己方责任的诉讼请求。在决定是否撤销交叉请求时,法院必须先认定交叉请求中的请求事项就是事实,以有利于请求方的方式看待这些诉讼请求,并且在解决争议时应倾向于对请求人有利的方式进行。[①]

在美国,由于以"交易或事件"作为诉讼标的,而不是以争议的实体法律关系作为诉讼标的。因此,共同诉讼的当事人范围能够得到较充分的扩张,甚至连交叉请求之诉的形态也能成立。共同诉讼各方的争议必须存在交易上的关联性(牵连性)。在这种诉讼标的观念下,法院和律师愈加关注案件中利益的"联合性"与"可分性"观念。从牵连性角度考量,这种观念大行其道,实际上是对不同当事人是否应当进入一个诉讼的连接点或者分离点的判断。

三 我国共同诉讼中牵连性的实证考察

(一) 法律规定

《中华人民共和国民事诉讼法》第 52 条规定:"当事人一方或者双方为二人以上,其诉讼标的是共同的,或者诉讼标的是同一种类、人民法院认为可以合并审理并经当事人同意的,为共同诉讼。共同诉讼的一方当事人对诉讼标的有共同权利义务的,其中一人的诉讼行为经其他共同诉讼人承认,对其他共同诉讼人发生效力;对诉讼标的没有共同权利义务的,其中一人的诉讼行为对其他共同诉讼人不发生效力。"

(二) 司法解释

1. 必要共同诉讼人的双轨追加原则

对必须共同进行诉讼的当事人没有参加诉讼的,可以有人民法院追加和当事人申请追加两个途径。《民诉法解释》第 73 条规定:必须共同

---

① See Independent Living Center of So. Cal. V. City of Los Angeles, Cal., 973 F. Supp. 2d 1139, 1146 (C. D. Cal., 2013).

进行诉讼的当事人没有参加诉讼的,人民法院应当依照《民事诉讼法》第132条的规定,通知其参加;当事人也可以向人民法院申请追加。人民法院对当事人提出的申请,应当进行审查,申请理由不成立的,裁定驳回;申请理由成立的,书面通知被追加的当事人参加诉讼。

2. 必要共同诉讼人的必须参加原则

对必须共同进行诉讼的当事人不愿意参加诉讼的,既尊重其处分权,又允许缺席判决。《民诉法解释》第74条规定:人民法院追加共同诉讼的当事人时,应当通知其他当事人。应当追加的原告,已明确表示放弃实体权利的,可不予追加;既不愿意参加诉讼,又不放弃实体权利的,仍应追加为共同原告,其不参加诉讼,不影响人民法院对案件的审理和依法作出判决。

(三) 司法观点

1. 牵连性是合并的重要考量

在一关于多个法律关系的纠纷案件中,最高人民法院明确指出:侵权之诉和合同之诉具有关联性应予合并审理。本案中,A公司未依约返还B公司的国债,既侵犯了B公司的财产权又违反了合同义务,属于违约与侵权的竞合。B公司依协议管辖的约定向江苏省高级人民法院起诉的事实表明其选择的是合同之诉。另B公司因证券登记结算公司上海分公司将其持有的国债非交易过户、侵害其合法权益向江苏省高级人民法院提起诉讼,要求返还其国债,提起的是侵权之诉。综上所述,B公司对前者提起的是合同之诉,对后二者提出的是侵权之诉。最高人民法院认为,一般而言,是否应予合并审理,主要审查两个或两个以上的诉是否具有关联性。如果两个或两个以上的诉具有事实和法律上的关联性,分开审理不利于全面查清案情、分清责任,甚至会出现矛盾判决,造成诉累,则应将其合并审理。本案中的侵权之诉和合同之诉虽然性质不同,但因其具有事实和法律上的关联性,故应合并审理。这属于一种新的合并审理情形,该情形在英美法系国家被称为交叉合并。[①]

---

① 张雪楳:《本案侵权之诉和合同之诉具有关联性,应予合并审理》,载最高人民法院民事审判第二庭编《民商事审判指导》(2004年第2辑)(总第6辑),人民法院出版社,2005,第78—79页。

2. 隐含类似必要共同诉讼的观点

（1）股东对外主张公司的债权或者财产权益时无须追加全体股东作为共同原告

最高人民法院专家法官认为："鉴于股东主张原公司对外的债权或者财产权益，与股东之间就公司剩余财产进行分配属于不同的法律关系，因此，除非原公司全体股东愿意作为共同原告提起诉讼，法院一般无须追加全体股东作为共同原告提起诉讼；如多个股东就同一笔债权或者财产权益分别提起诉讼的，法院可合并审理。"[1]

（2）股东对公司决议提起确认效力之诉，应由不服公司决议的股东以公司为被告提起无效或者撤销之诉

在相关案件中[2]，最高人民法院认为：请求确认公司股东会决议有效的诉讼，系公司内部诉讼，根据《公司法》第22条之规定，股东对公司决议提起确认效力之诉，应由不服公司决议的股东以公司为被告提起无效或者撤销之诉。公司股东以公司其他股东为被告，请求确认公司决定有效，不符合公司法的规定，亦无诉的利益，为不合法之诉，应依法予以驳回。[3] 最高人民法院的这一态度，肯定了"不服公司决议的股东"的共同原告地位，但是，对于裁判是否需要合一，并没有作进一步的规定，是为遗珠之憾。同时，"不服公司决议的股东"其不服决议的理由可能不完全相同，甚至是完全不同，这在实务中也应当详加考虑。

3. 隐含准必要共同诉讼的观点

最高人民法院认为，人民法院可以追加转包人或者违法分包人为欠付工程款纠纷当事人。建设工程相关司法解释规定：实际施工人以转包人、违法分包人为被告起诉的，人民法院应当依法受理。实际施工人以发包人为被告主张权利的，人民法院可以追加转包人或者违法分包人为本案当事人。发包人只在欠付工程价款范围内对实际施工人

---

[1] 吴庆宝主编《最高人民法院专家法官阐释民商裁判疑难问题（公司裁判指导卷）》，中国法制出版社，2011，第168页。

[2] 刘聿与金守红股权转让合同纠纷管辖权异议上诉案，最高人民法院裁定书，(2010) 民二终字第85号。

[3] 苏泽林、景汉朝主编，最高人民法院立案一庭、最高人民法院立案二庭编《立案工作指导》（2011年第3辑）（总第30辑），人民法院出版社，2012，第197—198页。

承担责任。①

根据最高人民法院的答疑:"考虑到案件的审理涉及两个合同法律关系,如果转包人或者违法分包人不参加到诉讼的过程中来,许多案件的事实没有办法查清,所以可以根据案件的实际情况追加转包人或者违法分包人为共同被告或者案件的第三人;实际施工人可以发包人、承包人为共同被告主张权利。这样规定,既能够方便查清案件的事实,分清当事人的责任,也便于实际施工人实现自己的权利。"②

4. 充分考虑共同诉讼审理的司法利益

《最高人民法院关于人民法院受理共同诉讼案件问题的通知》(法〔2005〕270号)(简称《通知》)要求:当事人一方或双方人数众多的共同诉讼,依法由基层人民法院受理。受理法院认为不宜作为共同诉讼受理的,可分别受理。在高级人民法院辖区内有重大影响的上述案件,由中级人民法院受理。如情况特殊,确需高级人民法院作为一审民事案件受理的,应当在受理前报最高人民法院批准。法律、司法解释对知识产权,海事、海商,涉外等民事纠纷案件的级别管辖另有规定的,从其规定。

该《通知》凸显了最高人民法院对待共同诉讼的合并审理态度。一是坚持共同诉讼案件审理的两便原则,强调共同诉讼案件的调解工作。《通知》强调了对该类案件进行就地调解的审判方法。在调解不成的情况下,及时判决,以提高审判效率,节省诉讼资源,最大限度地保护当事人的利益,切实实现为大局服务和为人民司法的工作主题。二是依法根据实际决定案件受理方式。共同诉讼包括必要共同诉讼和普通共同诉讼。诉的合并审理的意义在于尽可能利用原有程序中的诉讼资料,提高纠纷解决的效率,节省诉讼成本。对于普通共同诉讼,人民法院是否以共同诉讼的方式受理,即对案件是否合并审理,主要看是否有利于案件的审理及审判效率的提高。《通知》规定,受理法院认为不宜作为共同

---

① 《最高人民法院关于审理建设工程施工合同纠纷案件适用法律问题的解释》(法释〔2004〕14号)。
② 《依法保护当事人权益,促进建筑市场健康发展——最高人民法院负责人就〈关于审理建设工程施工合同纠纷案件适用法律问题的解释〉答记者问》,载沈德咏主编、最高人民法院审判监督庭编《审判监督指导》(2004年第4辑)(总第16辑),人民法院出版社,2005,第41—42页。

诉讼受理的，可分别受理。①

（四）类案研究

1. 普通共同诉讼

案型一：诉讼标的同一种类的普通共同诉讼

在徐某某与上海绿地集团合肥置业有限公司、合肥建鑫房地产开发有限公司一般股权转让侵权纠纷申请再审一案②中，再审申请人申请将提起股权确认之诉与股权转让纠纷合并审理。法院认为，经审查，再审申请人所称的两案是指再审申请人以被申请人1、被申请人2为被告提起的股权确认纠纷一案和绿地公司以再审申请人、许某、被申请人2为被告提起的股权转让纠纷一案。该两案虽基于同一事实、同一法律关系，但诉讼请求不同，当事人亦不完全相同，属于可以合并审理的非必要共同诉讼。在该案件中，有两个诉讼请求：分别是股权确认和股权转让，都是基于股权纠纷的同一法律关系和同一事实，但因具体案件请求相对独立，当事人不相同，只有较弱的牵连性，两个案件并没有合一确定的必要性，因此属于可合并类型。

基于同一事实的同一种类法律关系和不同诉讼请求作为普通共同诉讼，属于常见情形。在厦门国际银行厦门思明支行、厦门国际银行股份有限公司与福建圣丰融资担保有限公司金融借款合同纠纷一案③中，上诉人为增加存贷款业绩数据，操纵一审被告等单位，让上诉人为他们提供质押担保的八笔贷款（八笔贷款无一例外是没有贸易背景、没有真实需求的虚假贷款）。最高人民法院认为，从八份《存单质押合同》来看，出质人为被上诉人，质权人为上诉人，当事人双方主体均为同一主体；从上诉人和被上诉人双方争议的诉讼标的看，均为同一质押担保法律关系和事实；本案所列的其他原审被告，均系质押合同中借款合同关系的债务人，被上诉人对其的诉讼请求，与本案质押合同纠纷有法律上的牵

---

① 江必新主编《新民事诉讼法理解适用与实务指南》，法律出版社，2012，第203页。
② 徐志庆与上海绿地集团合肥置业有限公司、合肥建鑫房地产开发有限公司一般股权转让侵权纠纷案，中华人民共和国最高人民法院民事裁定书，(2014) 民申字第364号。
③ 厦门国际银行厦门思明支行、厦门国际银行股份有限公司与福建圣丰融资担保有限公司金融借款合同纠纷案，中华人民共和国最高人民法院民事裁定书，(2013) 民一终字第30号。

连关系，其请求为对涉案的质押合同承担连带责任。根据民事诉讼诉的合并理论，基于同一事实发生的纠纷，当事人以不同的诉讼请求向人民法院起诉的，原告可以在起诉时申请人民法院合并审理，以利于诉讼经济、避免矛盾判决。故一审法院将被上诉人1诉求无效的八份《存单质押合同》合并审理并无不当。在该案中，八份《存单质押合同》涉及的不同被告，均源于同一原因事实，虽然请求不同，也构成普通共同诉讼。

从牵连性的角度来看待上述案件，不同诉之间发生牵连性的连接点，显然不是同一种类的法律关系，更不是不同的诉讼请求或者是不同的当事人。唯一可以确定的连接点，是所有的诉源自共同的案件事实。诉与诉之间因为案件事实的"同源性"，具有连接点，最终发生了牵连性。

案型二：诉讼标的不是同一种类的，构成普通共同诉讼

在华懋金融服务有限公司与世纪创投有限公司、北京市地石律师事务所一般委托合同纠纷一案[①]中，法院认为，本案中，原告1与原告2合并起诉，对同一被告分别提出不同的诉讼请求，属于当事人一方为二人以上的情形。本案起因是被告为实现其对中国中小企业投资有限公司的权益，与原告2所签订《法律服务委托协议》，委托其从事诉讼代理服务；与原告1签订《委托索偿债权协议》，委托其从事诉讼代理以外的债权索偿清收服务。上述两份协议虽有一定关联，但签约主体和委托事项均不相同，分别构成诉讼代理合同法律关系和委托合同法律关系两个相互独立的诉讼标的，三方当事人之间没有不可分的共同权利义务关系，故不构成必要共同诉讼的情形，而属于普通共同诉讼。该上述类型案件，原告方分别与被告一方发生相应的法律关系，且二者的法律关系相互独立，但是基于原告与被告所签订的合同（法律关系）都基于同一权益所发生，所以二者在权益的损益方面有牵连关系，因此可合并审理。

在湖北荆宜高速公路有限公司与金浩集团有限公司、北京嘉利恒德房地产开发有限公司损害公司利益责任纠纷一案[②]中，因对于无交易背

---

① 华懋金融服务有限公司与世纪创投有限公司、北京市地石律师事务所一般委托合同纠纷案，中华人民共和国最高人民法院民事裁定书，（2014）民四终字第29号。
② 湖北荆宜高速公路有限公司与金浩集团有限公司、北京嘉利恒德房地产开发有限公司损害公司利益责任纠纷案，中华人民共和国最高人民法院民事裁定书，（2013）民二终字第102号。

景下的巨额资金侵占，原告对被告提起诉讼。法院认为，本案系损害公司利益责任纠纷，被告1为原告的股东，原告依据《公司法》第20条、第21条的规定，起诉认为被告1作为股东在控制原告期间，在无交易背景的情况下，利用控制关系实施关联交易，侵占原告巨额资金，损害了公司利益。原告起诉所涉金额涉及数个事实，其诉讼标的属于同一种类，且当事人是相同的，人民法院可以合并审理。关于原告起诉被告2就其中被告1侵占9000万元的事实，与被告1承担连带赔偿责任，该项争议涉及与其他诉的主体合并问题。被告2不是原告的股东，但《公司法》第152条第3款规定："他人侵犯公司合法权益，给公司造成损失的，本条第一款规定的股东可以依照前两款的规定向人民法院提起诉讼。"参照该款规定，被告2可以成为损害公司利益责任纠纷的共同被告，所以，原告将被告1和被告2作为共同侵权人一并起诉符合法律规定。上诉人原告起诉被告1和被告2侵占9000万元的诉讼与起诉被告1损害公司利益责任纠纷的诉讼系不同诉讼标的，系普通共同诉讼的主体合并。

本案中，存在两次的诉之合并，第一次合并，是原告对被告1同一种类的侵权法律关系不同诉讼请求之合并，是诉之客观合并。第二次合并，是原告对被告1和被告2不同类型的诉讼标的（分别有不同的请求权基础）案件的主体合并，是关涉普通共同诉讼的诉之主观合并。在上述第二次合并中，不同诉的法律关系和诉讼请求均不同，当事人有差异，诉与诉的连接点是对同一家公司的资金侵占事实。

案型三：诉之各要素完全不同的案件不能形成普通共同诉讼的合并

在一管辖权异议案[①]中，各原告与各被告之间就股权转让引起纠纷。法院认为，本案原告1与被告1、原告2与被告2、原告3与被告3、李某与被告3、原告4与被告4、被告2与被告4均为相互独立的股权转让协议。各原告起诉的标的虽为同一种类即德州福源生物淀粉有限公司股权，但上述各转让协议的当事人各不相同，内容各异，各转让和受让当事人之间没有共同的权利和义务，依法不构成共同诉讼。故上述股权转

---

① 宋振宁、王东禹、德州华闻东方造纸有限公司、孟庆和与张雷达、王健、杨传栋、赵中镇、王东辉管辖权异议一案，中华人民共和国最高人民法院民事裁定书，（2012）民二终字第134号。

让争议不存在合并审理的法定情形。在该案件中，唯一的共同点是各原告起诉的标的为同一种类，且均属于同一家公司，但这并不意味着诉与诉之间存在连接点。从诉的四要素来看，各个诉之间，因为各个协议（案件事实）相互独立，相互之间的法律关系没有牵连性，当事人之间也不相同，诉讼请求不相同，因此，人民法院不认定为普通共同诉讼。

案型四：主体多数且法律关系同一种类的案件可以合并审理

在上诉人罗某某、舒某某因与被上诉人余某某、罗某某民间借贷纠纷一案[①]中，原告基于借款合同纠纷对被告提起诉讼。法院认为，《最高人民法院关于适用〈中华人民共和国民事诉讼法〉的解释》第221条规定：基于同一事实发生的纠纷，当事人分别向同一人民法院起诉的，人民法院可以合并审理。本案中，三张借条均由被告向原告出具，虽担保人不同，但原告基于被告向其借款的同一事实将三张借条一并起诉并无不当，一审将三张借条一并审理符合法律规定。本案中，虽然具体合同关系不同一，但却是同种类的合同关系。法律关系的同类性，并非共同诉讼的充分条件，本案中，三份合同关系是发生在相同当事人之间的一系列借贷行为构成的一个整体性案件事实（或总的案件事实），该案件事实的整体性成为不同诉之间的连接点。因此，可作为共同诉讼进行审理。本案中，还体现了诉之客观合并和诉之主观合并的不同，两个诉的当事人情形不同，会导致不同种类的诉之合并情形。具体可参见表1：

表1 诉之客观合并和诉之主观合并的不同

两个诉的当事人情形	两个诉的法律关系比较	诉之合并的名称
两个诉每一方的当事人人数均为单一，并且两个诉的当事人相同	同一种类（或不同种类）	诉之客观合并
两个诉每一方的当事人人数均为单一，并且两个诉的当事人相比较，有一方发生变化	同一种类（或不同种类）	诉之混合合并：诉之主观合并和诉之客观合并
两个诉有一方当事人人数为两个或两个以上，并且两个诉的当事人相同	同一种类（或不同种类）	普通共同诉讼的客观合并

---

① 罗枝娇等与余国华等民间借贷纠纷上诉案，江西省景德镇市中级人民法院民事判决书，(2016) 赣02民终573号。

续表

两个诉的当事人情形	两个诉的法律关系比较	诉之合并的名称
两个诉有一方当事人人数为两个或两个以上,并且两个诉的当事人相比较,有一方发生变化	同一种类（或不同种类）	普通共同诉讼的混合合并

案型五：主体多数且法律关系同一种类的案件不能合并审理

在陶某某等房屋买卖合同纠纷不予受理一案①中，102户原告与被告麻城市日月房地产有限公司签订了购房买卖合同，后因该房屋无法办理产权证，被告麻城市日月房地产有限公司股东陈某某、张某某应当承担违约责任。法院审判委员会讨论认为，本案因诉讼标的不是共同的，故不属于法律规定的必要共同诉讼。根据《民事诉讼法》第52条规定，是否作为普通共同诉讼处理的决定权在人民法院，本案虽标的是同一种类，即同为金钱给付，但原告方每户的购房时间、购买金额和单价、房屋面积、违约责任的约定都不尽相同，且这些房屋均属业主个人全部产权，属可分物，故本院认为，结合法律规定和本案实际，此案不宜作为共同诉讼处理。

在本案中，原告的诉讼请求基于不同的法律关系提出，且在合同中，价款、违约责任等的约定都不尽相同且有事实上的差别。这一类型的案件，若作为普通共同诉讼进行主体合并，并无不可，但是，也不能完全排除人民法院基于司法利益之考量，对合并的拒绝。

例如，在原告贵州青云物业管理有限公司与被告毕节卓尚房地产销售有限责任公司、毕节市鼎珏投资有限责任公司、毕节市华垠房地产开发有限公司物业服务合同纠纷一案②中，被告三家公司同时进场装修入住，并一直接受原告提供的服务。但经原告多次催收，三家公司从未缴纳物业管理服务费，故发生诉讼。法院认为，当事人一方或双方为二人以上，其诉讼标的是共同的，或者诉讼标的是同一种类，人民法院认为

---

① 陶维艳等房屋买卖合同纠纷不予受理案，湖北省麻城市人民法院民事裁定书，（2016）鄂1181民初2262号。
② 贵州青云物业管理有限公司与毕节卓尚房地产销售有限责任公司、毕节市鼎珏投资有限责任公司、毕节市华垠房地产开发有限公司物业服务合同纠纷一案，贵州省毕节市七星关区人民法院民事裁定书，（2016）黔0502民初4418号。

可以合并审理并经当事人同意的,为共同诉讼。本案中,三被告的诉讼标的是同一种类,但合并审理不仅不能实现共同诉讼的目的,反而增加诉讼的繁杂程度,故不宜作共同诉讼。因原告不愿分别诉讼,本案人民法院裁定驳回原告的起诉。事实上,在该案件中,因各个公司都属于同一个合同相对人所创办,与同一原告发生了同种类的法律关系,可合并审理。本案揭示了一个重要问题:当人民法院基于司法利益之考量拒绝诉之合并时,如何判断人民法院拒绝的正当性?

2. 固有必要共同诉讼

案型六:共同义务构成固有必要共同诉讼

在原告庞某某与被告辛某甲、被告辛某乙赡养费纠纷一案[①]中,法院认为,原告庞某某在本院依法送达交纳相关诉讼费用(公告费)通知后,未在规定期限内交纳。因本案为赡养费纠纷,原告庞某某的所有子女都有赡养义务,所有子女在赡养义务的范围内是一个共同的义务整体,是一个共同的权利义务关系,属必要共同诉讼。在该案件中,基于父母子女关系,子女对父母有赡养的义务,因此,对于赡养费有共同承担的义务,共同义务使得关涉诸位被告的诉不可分,在利益上具有强牵连性,所以为必要共同诉讼。

案型七:无共同义务不构成必要共同诉讼

在再审申请人海南省文昌市建筑工程公司因与被申请人海南琼海远为建材有限公司、一审被告黄某某买卖合同纠纷一案[②]中,申请人申请追加A和B公司参加诉讼。法院认为,本案为买卖合同纠纷,A和B公司在本案中不是合同当事人,与双方争议的诉讼标的无直接牵连,不属于《民事诉讼法》《最高人民法院关于适用〈中华人民共和国民事诉讼法〉的解释》中规定的必要共同诉讼人,一、二审法院未追加该两家公司参加诉讼并未违反法定程序。

在必要共同诉讼中,各个共同诉讼人之间因共同的权利义务而具有强牵连性,即有共同起诉或者被诉的需要且合一裁判的必要。本案申请

[①] 原告庞桂琴与被告辛宏伟、被告辛玉杰赡养费纠纷一案,鸡西市滴道区人民法院民事裁定书,(2014)滴民初字第528号。

[②] 海南省文昌市建筑工程公司与海南琼海远为建材有限公司、黄六明买卖合同纠纷再审复查与审判监督一案,海南省高级人民法院民事裁定书,(2016)琼民申1162号。

人希望追加的被告，显然没有达到这一要求。

案型八：合伙对外合同纠纷为固有必要共同诉讼

在张某某等诉裘某某企业承包经营合同纠纷①中，法院认为，张某某、章某羊、章某九和杨某海是合伙人，根据法律规定是必要共同诉讼参与人。因杨某海已亡故，其继承人参加诉讼符合法律规定。章某九既不愿意参加诉讼，又不放弃实体权利，本院将其追加为共同原告后，接到本院传票仍不参加诉讼，根据《最高人民法院关于适用〈中华人民共和国民事诉讼法〉的解释》第 74 条②的规定，章某九不参加诉讼不影响本院对案件的审理和依法作出判决。经本院向金某乔电话征求意见，他既不愿到法院表示意见，又不告知法院其通信地址，且后来在电话中明确表示不参加诉讼，考虑到金某乔仅向章某九一人转让了 5% 的合伙份额，在本案中可以把金某乔和章某九视为一个整体，故未将金某乔追加为原告。

原告方诸位合伙人之间有着共同的损益，共同的权利义务成为他们之间诉不可分的连接点。在本案中，是原告方合伙人作为一个整体与被告进行的诉讼。原告方在对外诉讼中，有着共同的损益。原告章某九须以原先所拥有的份额为一个整体进行诉讼，即在诉讼中两个当事人基于份额所享有的权利义务须统一行使，二者的股权份额在整个的诉讼过程中有共同损益情况的存在，因此是必要共同诉讼。

3. 类似必要共同诉讼

案型九：合同效力确认之诉构成类似必要共同诉讼

在再审申请人重庆两江新区科易小额贷款有限公司与被申请人恩施土家族苗族自治州林业局、恩施州金之易置业有限公司确认合同效力纠纷一案③中，法院认为，本案是合同效力确认之诉。本案被申请人以诉

---

① 张长根等诉裘愉东企业承包经营合同纠纷案，浙江省嵊州市人民法院民事判决书，(2016) 浙 0683 民初 2159 号。
② 其第 74 条规定，人民法院追加共同诉讼的当事人时，应当通知其他当事人。应当追加的原告，已明确表示放弃实体权利的，可不予追加；既不愿意参加诉讼，又不放弃实体权利的，仍应追加为共同原告，其不参加诉讼，不影响人民法院对案件的审理和依法作出判决。
③ 重庆两江新区科易小额贷款有限公司与恩施土家族苗族自治州林业局、恩施州金之易置业有限公司小额借款合同纠纷再审一案，湖北省高级人民法院民事裁定书，(2016) 鄂民再 342 号。

争土地使用权为案外人的借款设立抵押,因此与申请人签订了《最高额抵押合同》。该抵押合同是否有效,与诉争土地的还建户和回购人有直接的利害关系,诉争土地的还建户和回购人是本案必要的共同诉讼人,人民法院应依职权追加其参加诉讼。该诉讼性质为确认之诉,对于提起确认之诉的共同原告或者共同被告而言,确认之诉的请求能否获得支持,对各共同原告或者共同被告有着共同的损益关系,因此,有共同审理的必要。与之相类似的案件有,在榆林高能神府煤田营销有限公司与杨某某等人确认合同效力纠纷管辖权异议二审民事裁定书①中,法院认为,本案中,被上诉人杨某某等七人,向陕西省高级人民法院提起诉讼,要求确认原审被告A村委会与上诉人B公司签订的合同无效,其诉讼标的是共同的,人民法院可以作为必要共同诉讼受理。

合同效力确认之诉之所以会构成类似必要共同诉讼,是因为相关利害关系人对于该合同效力的确认与否有着共同的利害关系。此处,共同的利害关系成为不同诉的连接点。

案型十:连带债权人的起诉构成类似必要共同诉讼

在营口丽湖地产有限公司与张某某、陈某某一般买卖合同纠纷二审民事裁定书②中,丽湖公司与陈某某、张某某签订商品房买卖合同,而后发生纠纷。丽湖公司主张,陈某某、张某某是分别购买的226套房屋,其中陈某某购买了140套,张某某购买了86套,二人并不是某套房屋的共同买受人,不能作为共同原告起诉。法院认为,本案中,陈某某、张某某系夫妻关系,《商品房买卖合同》虽为两人各自签订,但均签订于两人夫妻关系存续期间,系对夫妻共有财产的处分,两人对因全部226套房屋《商品房买卖合同》形成的债权享有连带性权利。陈某某、张某某作为连带之债的共同权利人,人民法院对涉案《商品房买卖合同》权利义务的认定直接涉及两人利益,两人是适格的共同原告,可以作为共同原告提起诉讼。

类似的案件颇多,如在张某乙、贺某等与李某某、某汽车运输有限

---

① 榆林高能神府煤田营销有限公司与杨青骏等人确认合同效力纠纷管辖权异议案,中华人民共和国最高人民法院民事裁定书,(2012)民一终字第130号。
② 营口丽湖地产有限公司与张立平、陈俊峰一般买卖合同纠纷案,中华人民共和国最高人民法院民事裁定书,(2013)民一终字第9号。

责任公司机动车交通事故责任纠纷案①中，法院认为，原告张某乙、贺某、张某虎、张某甲作为死者张某某的近亲属要求被告李某某赔偿因张某某死亡所造成的合理损失的诉讼请求，应当予以支持。在该案件中，张某乙、贺某等属于死者的近亲属，属于在法律上对于死者的实体权利义务或者财产享有继承权、管理权和处分权的人的范围，因此，张某乙、贺某等为共同诉讼的当事人。但是在该类案件中，并不要求近亲属全部提起诉讼，可以允许其中一人为代表提起诉讼，为类似必要共同诉讼。连带债权之诉之所以会构成类似必要共同诉讼，是因为相关利害关系人对于连带债权的实现与否有着共同的利害关系。此处，共同的利害关系成为不同诉的连接点。

案型十一：连带债权人的起诉不构成类似必要共同诉讼

在苏某平、苏某瑞、赵某某与杨某某股权转让纠纷申请再审案②中，为转让、承包案涉煤矿，杨某某分别与苏某则、赵某某签订了若干协议和合同，后来发生纠纷。原告申请再审称，原审判决认定原告一人参加诉讼不会损害原告妻子的权利，是错误的。法院认为，案涉煤矿的取得与转让，发生在原告夫妻关系存续期间，案涉原告的财产属于夫妻共同财产，原告一人参加诉讼不会损害妻子的权利，原告的妻子不是必要共同诉讼当事人。对于原告妻子提出的参加诉讼的申请，原审不予准许，并无不当。

在基于夫妻关系的必要共同诉讼中，原本就夫妻双方基于共同财产享有共同的权利义务，应为类似必要共同诉讼进行合一裁判。但在具体实务中，基于夫妻双方各自分别对外进行的民事行为，人民法院的处理办法并不统一。该案最高人民法院为承审法院，其态度耐人寻味。

案型十二：连带债务人构成类似必要共同诉讼

在上诉邱某某因买卖合同纠纷一案③中，五个被告合伙人推荐一个被告（代表）与原告签订一份购货合同，合同签订后，原告按合同约定

---

① 张某乙、贺某等与李建伟、安阳市兴业汽车运输有限责任公司机动车交通事故责任纠纷案，河南省唐河县人民法院民事判决书，（2016）豫1328民初1790号。
② 苏致平、苏宏瑞、赵海清与杨永清股权转让纠纷申请再审一案，中华人民共和国最高人民法院民事裁定书，（2014）民申字第2051号。
③ 陈金秀与邱仁杰、江西省临川第五建筑安装工程公司新余分公司等买卖合同纠纷案，江西省新余市中级人民法院民事判决书，（2015）余民二终字第137号。

交付了货物，被告未付清款项，故引发诉讼。原审法院认为，本案属买卖合同纠纷。被告等人合伙承建水澜山工程项目一期二标段期间，由合伙人推荐的负责人与原告签订了购货合同。陈某某依约供应了钢材，各合伙人应连带清偿钢材款。其未按约全额付款实属违约，但该欠款是合伙人对外购货产生的债务，全体合伙人为类似必要共同诉讼人，债权人可以选择起诉全体合伙人也可起诉部分合伙人。

对于该案件，债权人拥有对自己诉权的处分权，因而可以选择起诉全部合伙人或者部分合伙人，并不强调共同被诉的必要。但是，在法院的最后判决中，其既判力都将覆盖所有的合伙人，即合一裁判的必要。

类似的案件还有，在江西远洋运输公司与DAC中国特别机遇（巴巴多斯）有限公司、福建宁化腾龙水泥有限公司、福建省宁化蛟龙水泥有限公司债权纠纷一案[①]中，原告起诉要求被告1清偿债务，并要求被告1的两个股东被告2和被告3在股东出资未到位的资金范围内承担连带清偿责任。法院认为，《中华人民共和国民法通则》第87条规定："债务人一方人数为二人以上的，依照法律的规定或者当事人的约定，……负有连带义务的每个债务人，都负有清偿全部债务的义务，履行了义务的人，有权要求其他负有连带义务的人偿付他应当承担的份额。"依照这一规定，每一个连带债务人都有清偿全部债务的义务，债权人可以选择要求全体连带债务人清偿全部债务，也可以选择要求其中的部分债务人清偿全部债务，因此，连带债务人不是必须共同进行诉讼的当事人。具体到本案而言，原告既可以起诉被告的全体股东，也可以只起诉部分股东，加利西亚公司不是必须共同进行诉讼的当事人，人民法院未通知其参加诉讼，没有违反法定程序。在另外一个保证合同纠纷案[②]中，关于是否需要追加借款人山西某公司为被告的问题。法院认为，《中华人民共和国担保法》第18条第2款规定："连带责任保证的债务人在主合同规定的

---

① 江西远洋运输公司与DAC中国特别机遇（巴巴多斯）有限公司、福建宁化腾龙水泥有限公司、福建省宁化蛟龙水泥有限公司债权纠纷案，中华人民共和国最高人民法院民事判决书，（2012）民提字第25号。

② 凤发、邢利斌、山西楼俊矿业集团有限公司、柳林联盛能源投资有限公司、李凤晓与平安银行股份有限公司青岛分行保证合同纠纷案，中华人民共和国最高人民法院民事判决书，（2014）民二终字第139号。

债务履行期届满没有履行债务的，债权人可以要求债务人履行债务，也可以要求保证人在其保证范围内承担保证责任。"《最高人民法院关于适用〈中华人民共和国担保法〉若干问题的解释》第 126 条规定："连带责任保证的债权人可以将债务人或者保证人作为被告提起诉讼，也可以将债务人和保证人作为共同被告提起诉讼。"原告未起诉借款人而直接起诉保证人符合法律规定，该院予以支持。类似的情形还可见上海新徐汇（集团）有限公司与韩凤彬管辖权异议再审案。[①]

在上述案件中，权利义务的连带性，成为诉与诉之间的连接点，因而发生了诉之牵连。原告享有对自己诉权的处分权，因此有权利选择诉讼的对象。虽然原告仅请求合同相对方中的某一主体承担连带责任，但其相互之间有相互追偿权。但是，在最后法院的判决中，其既判力会覆盖所有的连带责任人，即对连带责任人所应承担的责任合一裁判。有所疑问的是，若没有进入诉讼中的连带债权人或者连带债务人，主动要求加入诉讼，人民法院究竟应当如何处理？

4. 准必要共同诉讼

案型十三：诉讼标的是同一种类的，构成准必要共同诉讼

在一生命权侵权案中[②]，死者唐某林在酒席中与多人一同饮酒，法院认为，唐某飞作为宴席的组织者，对前来赴宴的客人有提醒适量喝酒的义务，对醉酒的客人有妥善照顾的义务。其未完全尽到相关义务。唐某飞也提供了证据证实有人向唐某林敬酒，故本案不排除多人侵权可能，现陈某兰等人仅向唐某飞一人提起诉讼，虽系其自由处分权，但唐某飞不应承担超出其份额的赔偿责任。

本案中，宴席的组织者和其他敬酒者应当对唐某林的死亡各自承担不同份额的责任，在相关可能责任人未一起被诉和应诉的情形下，无法查明案件事实，准确分担责任，故应当构成准必要共同诉讼。诸位可能责任人必须共同被诉和应诉的理由是，他们之间的责任在查明之前具有

[①] 上海新徐汇（集团）有限公司与韩凤彬管辖权异议一案，中华人民共和国最高人民法院民事裁定书，（2013）民申字第 288 号。
[②] 唐艳飞与陈会兰、唐肖、唐军、唐守楚、蒋玉娥生命权纠纷案，湖南省永州市中级人民法院民事判决书，（2016）湘 11 民终 2068 号。

整体性，也正是以整体性责任作为连接点，导致了诉之牵连，因此该诉讼为准必要共同诉讼。

案型十四：诉讼标的不是同一种类的，构成准必要共同诉讼

在一多人牵连性行为侵权案中，[1] 原告是北京某小区某号楼某单元302号的房主，曹某作为402号的房主，由于自身过错导致空调漏水造成302号房的重大损失。富华管理部是该小区的物业管理者，新爱达公司作为空调的销售、安装企业。漏水空调是开发商城开集团随房赠送的，属于房屋的一部分。法院认为，曹某房屋的空调漏水导致原告的房屋被水浸泡，原告的家庭财产因此遭受损失，应由相应的责任人予以赔偿。曹某负有正确地保管和使用其空调设备的义务，富华管理部负有保证与空调有关的公共设备处于良好状态、正常工作的义务，新爱达公司负有提供质量合格的空调产品并进行适当地安装、调试以及向使用人告知使用方法的义务，城开集团向业主随房赠送空调，负有保证空调的品质与性能的义务。四被告均基于不同的法律关系具备承担责任的前提，原告未在责任竞合的情况下作出选择，本院将在审查事实的基础上，确定由对事件的发生存在过错的当事方直接向原告承担责任。

本案涉及不同的法律关系，诉讼标的不是同一种类。不同被告之间行为的牵连性导致了原告房屋漏水和系列重大损失。在没有全部到庭诉讼的情形下，将无法查明各被告是否应当承担责任以及责任份额。本案因行为人的牵连性和牵连责任的整体性，构成了准必要共同诉讼。本案属于致害原因不明的财产损害赔偿案件，受害人可基于多个法律关系起诉不同的被告人承担责任，有的基于违约关系，有的基于产品责任关系，有的基于相邻关系，受害人同时将各相关主体均列为被告，提起诉讼，人民法院应根据庭审调查、证据的认定确定损害责任的最终承担人，向受害人进行赔偿。

类似的案件还有，在山东联合化工股份有限公司与北京烨晶科技有限公司、武汉昌发过程装备工程有限公司技术转让合同纠纷管辖权异议

---

[1] 李某与曹某等财产损害赔偿上诉案，一审：北京市朝阳区人民法院（2006）朝民初字第10487号。二审：北京市第二中级人民法院（2006）二中民终字第16211号。

案[①]中，法院认为，根据被告1、原告、被告2、某化工设计院北京设计所于2008年7月31日形成的会议纪要，为技术保密的需要，涉案专有设备由被告1成立的被告2按照被告1与原告签订的技术转让合同专门制造生产。被告2作为为履行技术转让合同而补充约定的专有设备的制造公司，被告1作为专有设备的技术提供方，双方均与本案有利害关系。原审法院根据原告的诉请将被告1和被告2列为共同被告并无不当。在上述案件中，被告1和原告是技术合同转让关系，被告2和原告是设备生产供给关系。被告1与被告2之间在意思表示上有相互联络的关系，行为之间也存在依从关系，是因为在二者的相互配合下完成了某项行为的实施。但是，该案中，被告1与被告2各自应当承担什么样的责任、各自在原告损失中的具体责任分担比例均不明确，因此，只能作为共同被告纳入诉讼。

四 共同诉讼中牵连性问题之梳理

在我国民事审判实务中，对于共同诉讼的诉讼标的是否同一、同一种类或者不同种类问题上，并非亦步亦趋地追随《民事诉讼法》第52条的指令。实际上，我国法院作为必要共同诉讼处理的很多案件，既非法律规定的诉讼标的同一的必要共同诉讼，又非法律规定的诉讼标的为同一种类的普通共同诉讼，而是不同种类诉讼标的之共同诉讼。从上述14个案型可以看出，诉讼标的之"同一、同一种类或者不同种类"并非共同审判的关键，法院的最大关注点是基于案件当事人之间存在着事实上或者法律上的牵连性，从便于查清案件事实、正确分配责任、充分保护当事人实体利益和程序利益，以及一次性解决纠纷的目的出发，综合考虑共同诉讼的必要性。由于没有建立相应的制度和程序规则，实务中以便利和各种必要性为名各行其是，以至于不同的法院在处理具体案件时做法不一，产生了一定程度的混乱。有鉴于此，对各共同诉讼形态之牵连性作比较和梳理，尤为必要。

[①] 山东联合化工股份有限公司与北京烨晶科技有限公司、武汉昌发过程装备工程有限公司技术转让合同纠纷管辖权异议案，中华人民共和国最高人民法院民事裁定书，（2012）民申字第1001号。

（一）四种共同诉讼形态牵连性之比较

从牵连性角度对共同诉讼进行分析，其关注点是共同诉讼的"共同性"，亦即，因为何种理由，该类型的诉讼必须"共同进行"。四种共同诉讼形式牵连性之比较，如表2所示。

表2　四种共同诉讼形态牵连性之比较

共同诉讼类型	案件事实牵连性	实体权利义务牵连性	程序审理牵连性
普通共同诉讼	源自相关的案件事实	诉讼标的同一种类或不同种类	可以在同一程序中审理，但裁判独立
固有必要共同诉讼	源自同一案件事实	诉讼标的同一	必须在同一程序中审理，裁判合一
类似必要共同诉讼	源自同一或不同案件事实	诉讼标的同一	可以在同一程序中审理，裁判对其他没参加诉讼的类似必要共同诉讼人，若不利，则没有拘束力；若有利，则有拘束力
准必要共同诉讼	源自整体性的案件事实	诉讼标的不同一	必须在同一程序中审理，裁判一致

第一，就普通共同诉讼而言，诉讼标的同一种类，并不是其能够被人民法院审理的必然理由。实务中，两个普通诉讼之所以被合并审理，最大的理由不是"诉讼标的同一种类"，而是该两个普通诉讼的案件事实之间具有牵连关系。即便诉讼标的不是同一种类，若两个诉之间的案件事实存在一定的牵连关系，也有可能被人民法院合并审理。

第二，就固有必要共同诉讼而言，诉讼标的同一是人民法院必须合并审理的最重要理由。诉讼标的之所以同一，根源则是共同诉讼人之间权利义务的不可分。继续溯源而上，固有必要共同诉讼人之间权利义务的不可分，来自其生活中行为的高结合度，因此，相关案件事实可称之为是同一案件事实。案件事实和实体法上的高牵连性，决定了固有必要共同诉讼人审判结果的高牵连性，即判决合一。

第三，就类似必要共同诉讼而言，诉讼标的同一是人民法院必须合并审理的最重要理由。然而，和固有必要共同诉讼相比较，类似必要共同诉讼人之间在实体权利义务上并不存在着那么高的结合度和牵连性。以最为典型的类似必要共同诉讼为例，是当公司股东权利义务遭受股东会会议决议的侵害时,若有异议的股东之间提起股东会议决议无效的确认之诉,则构成类似必要共同诉讼。于此情形,各类似必要共同诉讼人提起的是关于股东会议决议效力的确认之诉。不同类似必要共同诉讼人要求否决该效力的案件原因事实可能并不相同,因此,若在某一位类似必要共同诉讼人单独实施的诉讼中,法院所作出的裁判,对其他没参加诉讼的类似必要共同诉讼人,若不利,则没有拘束力;若有利,则有拘束力。在此意义上,类似必要共同诉讼的判决是有条件的合一。

第四,就准必要共同诉讼而言,各准必要共同诉讼人之所以应当共同诉讼,其最根本理由是他们均卷入一个具有整体性的案件事实,若不共同诉讼,则不同当事人在民事纠纷中的具体责任无法查明。此种必要共同诉讼的特点是虽然诉讼标的不是同一的,但是由于当事人之间存在事实上或者法律上的牵连关系,而有必要作为共同诉讼进行处理,并且法院也必须在分清当事人责任的基础上作出统一的裁判。[①] 具体情形如下:

首先,受害人对无意思联络的数个侵权人提起的侵权赔偿诉讼;

其次,两个以上负有不同性质民事义务的主体因不依法履行其义务,导致同一相对方主体的民事权利遭受同一损害,受害人因此对两个以上义务主体提起的诉讼。[②]

(二) 共同诉讼形态之牵连性梳理

1. 案件事实中的行为牵连性

从《民事诉讼法》第 52 条来看,共同诉讼之程序上合并审理的原因,似乎是诉讼标的之同一或同一种类。然而,诉讼标的同一或同一种类,显然不构成共同诉讼的充分条件,因此,在该法条中补充规定了"人民法院认为可以合并审理并经当事人同意"条件。从"诉讼标的之同一或同一种类"到"人民法院认为可以合并审理并经当事人同意"的变化,共同诉讼之共同审理的条件实现了从客观条件向主观条件的转化。就主观条件而言,当事人出于减轻诉累的要求,往往希望能够实现"同

[①] 章武生、段厚省:《必要共同诉讼的理论误区与制度重构》,《法律科学(西北政法学院学报)》2007 年第 1 期,第 119—120 页。

[②] 谭兵:《民事诉讼法学》,法律出版社,1997,第 218—219 页。

一整体性的案件事实"或者"具有整体性的系列案件事实"能够在同一程序中一并得以解决。当然，也不排除某些在诉讼中处于极为不利情形的被告，希望案件能分离审理以达拖延诉讼之效果。从人民法院的角度观之，裁判者的理性自会使得其将合并审理的注意力集中在"同一整体性的案件事实"或者"具有整体性的系列案件事实"上。人民法院也有自身的司法利益考量，在我国现行司法考核体系中，大多数具有行为牵连性的案件，若是符合"诉讼标的同一种类"的普通共同诉讼标准，会被分离审理；若是符合"诉讼标的同一"的必要共同诉讼标准，会被合并审理。无论如何，若没有案件事实的牵连性，人民法院难以作合并或者分离的考量。事实上，审判实务中，法院只要认为与案件可能存在事实上的关系，或者可能共同享有权利或者共同承担责任的案外人，大多依职权追加为共同诉讼当事人。即使原告不同意追加，案外人也不愿意参加到诉讼中，甚至明确表示反对，法院也会依照职权追加到诉讼中。①

2. 实体法权利义务之牵连性

（1）主体利益的牵连性

共同诉讼中实体法权利义务之牵连性，源于诉讼主体利益的牵连性。共同诉讼的当事人是一个利害关系人的群体。所谓共同诉讼主体之间的利益牵连性即指其间的利害关系，但共同诉讼人之间却未必利害同向，有时候亦可利害相向。这种利害关系可以是因为共同诉讼人享有共同权利，因为共同诉讼人基于同一事实上及法律上的原因而享有权利、负担义务或者因为涉案请求同类且由基本上同类的事实上及法律上原因而发生诉讼，不管怎样，上述利害关系不外乎原告在诉讼中所主张的具体请求权同一、相同、牵连或者属于同种类。②

（2）实体法权利义务之牵连性

共同诉讼的各种类型，起因于行为人不同行为方式导致利益交集的不同模式，最终体现为实体法上权利义务牵连的不同模式，具体包括"请求权结合"、"请求权集合"、"请求权竞合"、"请求权会合"和"请求权乌合"五种样态。

---

① 胡震远：《共同诉讼制度研究》，博士学位论文，复旦大学，2009，第56页。
② 胡震远：《共同诉讼制度研究》，博士学位论文，复旦大学，2009，第10—11页。

所谓请求权结合，是指共同诉讼当事人之间的权利义务处于高强度牵连，已经成为不可分的一体性权利义务，因此，在诉讼中可称之为诉讼标的同一。请求权结合主要是指固有必要共同诉讼下的实体权利义务牵连模式，共同共有为其典型。对于源自同一案件事实且请求权结合的固有必要共同诉讼，属于强牵连性，应当合并审理。

所谓请求权集合，是指共同诉讼当事人之间某方面的权利义务因为协议被捆绑而形成集体性的约束，此处的牵连，是协议效力所产生的约束性牵连。协议之约束性，对各共同诉讼当事人而言，具有一体性，因此，在诉讼中可称之为诉讼标的同一。请求权集合主要是指类似必要共同诉讼下的实体权利义务牵连模式，股东会议决议效力在实体权利义务方面的集体性约束力为其典型。对于源自同类案件事实且请求权集合的类似必要共同诉讼，属于中牵连性，可以合并也可以分离审理。

所谓请求权竞合，是指共同诉讼当事人之间的权利义务处于可替代性牵连状态。虽然共同诉讼当事人之间的权利义务可分、诉讼标的也不同一，但这些可分且可替代的实体权利义务源自同一整体性案件事实。因此，共同诉讼当事人若没有共同参加诉讼，则程序上各自相对独立进行；共同诉讼当事人若共同参加诉讼，则程序上合一进行，判决也须合一。请求权竞合主要是指类似必要共同诉讼下的实体权利义务牵连模式，连带责任为其典型。对于源自同一案件事实且请求权竞合的类似必要共同诉讼，属于强牵连性，应当合并审理。

所谓请求权会合，是指共同诉讼当事人之间的权利义务处于一种界限不明的牵连状态，在未经审判前是不可分的一体性权利义务。各共同诉讼当事人因为行为的牵连导致了实体法上权利义务上的牵连，然而，各共同诉讼当事人行为的性质可能并不相同，故在诉讼中诉讼标的之种类也不尽相同。此类案件中的判决应当不矛盾，保证实体权利义务在共同诉讼当事人之间的分割具有一致性。请求权会合主要是指准必要共同诉讼下的实体权利义务牵连模式，多人无共同故意侵权为其典型。对于源自同一案件事实且请求权会合的准必要共同诉讼，属于强牵连性，应当合并审理。

所谓请求权乌合，是指共同诉讼当事人之间的权利义务处于松散的牵连状态，彼此间的权利义务可分，但都源于具有相关性的案件事实。

因此，在诉讼中共同诉讼人之间的实体权利义务，可称之为诉讼标的同一种类甚至不同种类。请求权结合主要是指普通共同诉讼下的实体权利义务牵连模式。对于源自同类案件事实且请求权乌合的普通共同诉讼，属于弱牵连性，可以合并也可以分离审理。

3. 程序法诉讼行为之牵连性

(1) 普通共同诉讼

就普通共同诉讼而言，实则是独立之诉的合并审理，当事人的诉讼行为具有完全的独立性，相互不受牵制。各共同诉讼人各自独立地与对方当事人实施诉讼，相互之间并不形成协助或者限制的关系。① 此即所谓的普通共同诉讼人独立原则。② 普通共同诉讼一般源于相关的案件事实，为了提高诉讼之效率，应当允许诉讼资料的共通性之便利。普通共同诉讼中一人收集、提供的证据及抗辩，也可以作为其他共同诉讼人共通的证据及抗辩，法院可以据此认定案件事实。③

(2) 必要共同诉讼

必要共同诉讼人之间的牵连性规则，是针对两个方面来设置的：一是诉讼资料的统一；二是诉讼进行的统一。④ 就因牵连关系而形成的必要共同诉讼来看，虽然其在实体权利义务上有一致性，但也难免分歧，尤其是在准必要共同诉讼的情形下，各共同诉讼人之间具有相互损益的关系，所以共同诉讼当事人各自的诉讼行为可能不一致甚至是相互矛盾。每个共同诉讼人都具有独立的人格和自由，根据处分权主义，他们都可以依自己的意志实施诉讼行为，彼此互不依赖。他们的独立性决定了各共同诉讼人的行为可能单独地产生诉讼上的后果，利害不及于他人。⑤

在共同诉讼当事人之间行为不一致的情形下，应当分别进行讨论：

---

① 〔日〕三月章：《日本民事诉讼法》，汪一凡译，台湾五南图书出版公司，1997，第251页。

② 卢正敏：《共同诉讼研究》，法律出版社，2011，第111页。

③ 普通共同诉讼人中一人所作的抗辩如果足以否认对方当事人所主张的权利的，这对其他共同诉讼人与对方当事人的关系将产生一定的影响。参见王甲乙、杨建华、郑健才《民事诉讼法新论》，台北广益印书局，1983，第300页。

④ 卢正敏：《共同诉讼研究》，法律出版社，2011，第221页。

⑤ 胡震远：《共同诉讼制度研究》，博士学位论文，复旦大学，2009，第11页。

一方面，要尊重必要共同诉讼人的独立性①；另一方面，要综合权衡必要共同诉讼人的牵连性。

所谓必要共同诉讼人的独立性，实则是对必要共同诉讼当事人在程序上的辩论权和处分权的尊重，表现如下。①法院对各共同诉讼人的资格调查应分别进行。各共同诉讼人是否具备诉讼成立要件及当事人是否适格，法院应分别调查。如果发现必要共同诉讼人中一人的诉讼能力、当事人能力有欠缺的，该共同诉讼人一方是原告，对于该共同诉讼人提起的诉讼，法院应以"诉不合法"而驳回。②共同诉讼人可以独立进行无关本案实体利害关系的诉讼行为，如各共同诉讼人可以各自委托诉讼代理人代为诉讼。②

就准必要共同诉讼而言，更是应当充分考虑各共同诉讼人的独立性。

①和解：如果其中一部分准必要共同诉讼人愿意和对方和解，则法院应当认可其处分权，确认部分主体间和解内容的合意效力。法院也应当尊重其他主体的处分权和合法权益，注意审查和解内容是否侵害其他共同诉讼人的合法权益。

②证据：对于各准必要共同诉讼人的事实主张，因其立场和角度之不同，难免有矛盾或不一致之处，但法院均可综合使用，作为自由心证的资料。

③管辖：对准必要共同诉讼人的管辖合并，不能违背专属管辖和专门管辖的规定。

④上诉：因行为牵连性和责任牵连性界限之模糊，为查明事实和分清权责界限，如果其中一位准必要共同诉讼人上诉，则视为全体共同诉讼人均提起上诉。如此，方能贯彻准必要共同诉讼"共同诉讼"之初衷。

⑤撤诉：上诉和撤诉虽为不同程序环节，但存储有相同的程序正当性价值。相比较类似必要共同诉讼而言，准必要共同诉讼具有不可分性，

---

① 必要共同诉讼人之间各自利益的独立性，决定了其诉讼行为存在着独立性的可能。我国有学者认为，必要共同诉讼人之间行为的规制，不能按照协商一致原则，这有违合一确定的原理。具体可参见蒲一苇：《诉讼法与实体法交互视域下的必要共同诉讼》，《环球法律评论》2018 年第 1 期，第 45—46 页。

② 肖建华：《必要共同诉讼行为相互独立性和牵连性分析》，《平原大学学报》2000 年第 8 期，第 58—60 页。

故不允许一方当事人对准必要共同诉讼人中的某一个或一部分主体撤诉。

所谓必要共同诉讼人的牵连性,就固有必要共同诉讼而言,因其诉讼标的同一,所以相互间不允许出现诉讼行为的矛盾。为了避免矛盾情形的出现,有两种立法模式可资借鉴:一是协商一致而为诉讼行为;二是根据其行为是否有利于共同诉讼其他当事人而为判断。具体来说,"固有必要共同诉讼人的所谓有利诉讼行为形态包括:共同原告一人所提出的有利于全体的诉讼请求、事实、证据、抗辩或反证,对全体发生效力;共同诉讼中的一人在诉讼上的自认或放弃诉讼请求、撤诉,对全体共同诉讼人不发生效力;共同诉讼人中有人遵守期间规定实施诉讼行为,其行为的效力已及于全体共同诉讼人,在期间的效果上不产生延误效力;共同诉讼人中一人有中断或中止的原因时,其中断或中止对全体发生效力;对方当事人对于共同诉讼人一人的行为,无论是否对共同诉讼人有利,其效力都基于共同诉讼人全体。而对是否有利于全体这一标准的判断,是在当事人作出诉讼行为时,由法官从形式上加以判断,而不是在经过法院审理以后来进行"。①

固有必要共同诉讼中,无论是第一种还是第二种立法模式都不可避免带来许多新的问题。若以行为是否有利于共同诉讼其他当事人为标准来加以判断行为效力,对法官来说会出现审理上的重大困难。谷口安平教授对此有着相当精彩的点评:在制度设计上,把很多人集中起来一次性地处理,既可以节省时间和精力,又能避免前后矛盾;一次性地解决纠纷,这对于审判制度的利用方法或者运作方法来说都是有益的。可是法官却害怕参加诉讼的人多。为什么会害怕人多呢?因为每个人都有主张,在书写判决书时,必须整理出每个人的针对方向和关系,否则容易出错。因此,在口头辩论中只要某位当事人作了某一主张,法官就要行使释明权:"你所说的是大家主张还是你一个人的主张?"以此来加以确认。否则到了最后要写判决书时,想要查明但诉讼记录里也没有明确的记载。所以必须认真把握当事人的意思表示和辩论的全部内容,还要讲究很多技术才行。无论如何这些都是很费脑筋的,所以法官们才会说不

---

① 杨建华:《民事诉讼法问题研析四》,台北三民书局,1998,第61页。

愿意。这是多方当事人诉讼在实务中面临的问题。① 若采用行为人协商一致的立法，则可能出现协商难以一致的情形。因此，为了避免上述矛盾，应当寻求更为简便易行的做法，通过委托授权某一共同诉讼人或诉讼代理人来统一为诉讼行为的做法，就是一种有趣的选择。既然诉讼代理人制度和诉讼代表人制度在其他诉讼中可以大行其道，其自然也可以在共同诉讼制度中发挥其作用。

就类似必要共同诉讼人的诉讼行为而言，通说认为在类似必要共同诉讼人共同参加诉讼时，可参照固有必要共同诉讼的模式进行诉讼。

4. 判决确定中之牵连性

(1) 普通共同诉讼判决无须合一确定

普通共同诉讼，实际上是多个独立之诉的合并，所以判决无须合一确定。裁判效力有无对全体共同诉讼人合一确定的必要，是普通共同诉讼和必要共同诉讼在结果意义上的根本区别。

(2) 固有必要共同诉讼和类似必要共同诉讼判决须合一确定

固有必要共同诉讼与类似必要共同诉讼两者的区别，在于前者必须以全体共同诉讼人共同进行诉讼为必要②，后者不必全体共同诉讼人共同进行诉讼为必要。近年来，德国学者大都依 Fritz Baur 之提倡，改称用语。将固有必要共同诉讼改称为"因实体法原因之必要共同诉讼"（Notwendige Streitgenossenschaft aus materiellrechtlichen Grunden），而将非固有必要共同诉讼称为"因诉讼法原因之必要共同诉讼"（Notwendige Streirgenossenschaft aus Prozessrechtlichen Grunden）。两者之共同诉讼的主要区别是，前者必须全体多数人共同进行诉讼而且对诉讼标的之裁判必须合一确定。后者不必全体多数人共同进行诉讼，但诉讼标的之裁判效力必须对于进行诉讼之全体多数人合一确定。因此，德国学者于叙述必要共

---

① 〔日〕谷口安平：《程序的正义与诉讼》，王亚新、刘荣军译，中国政法大学出版社，1996，第180—181页。

② 一旦全体关系人无法集齐进行共同诉讼时，应如何加以处理解决的问题。对此，日本学者之间各有不同的构想。有人认为，因法律并无强制提起共同诉讼之规定，于此情形，应例外承认得个别进行诉讼。另外有人认为，应成为共同原告之人，拒绝共同提起诉讼之情形，得将拒绝之人加入被告一边而起诉解决。亦有主张，应成为共同原告之人，如拒绝成为共同原告时，其他共同原告得为全体利益进行诉讼。参见陈荣宗、林庆苗《民事诉讼法》（上）（修订四版），三民书局，2005，第197—198页。

同诉讼之种类时,亦有将前者称为"共同为诉讼追求之必要"(Notwendigkeit gemeinsamer Rechtsverfolgung),而将后者情形称为"统一为确定之必要"(Notwendigkeit einheitlicher Feststellung)。①

(3) 准必要共同诉讼判决须一致确定

准必要共同诉讼中,共同诉讼当事人行为存在牵连性,因而在一整体性权利义务的分割中存在竞争关系。准必要共同诉讼当事人并非一个整体,在彼此间的权利义务分配上存在损益关系。判决对诸共同诉讼当事人并非合一确定,而是一致确定。具体而言,在整体性权利义务的分割上,应当是此消彼长,但所有准必要共同诉讼当事人权利义务的总和,应当和人民法院所欲分配的整体性权利义务相等。

总之,共同诉讼的审理和判决的处理技术,既有实体法上的原因,又有程序法上的原因。依据共同诉讼启动时,当事人请求权模式的不同,会有不同的审判路径。其逻辑进程具体可见图1。

五 基于牵连性的必要共同诉讼之合意简化可能

共同诉讼由单一之诉的逻辑发展丰富而来,但其复杂性也导致有简化之必需。单一之诉和共同诉讼的最大区别在于,单一之诉因为主体的单一性,所以不会发生主体间在实体权利义务和程序权利义务上的牵连性。"然而,随着诉讼规模的继续扩大,人们又惊奇地发现,诉讼当事人的关系问题并未愈加复杂,因为群体诉讼是朝着简化诉讼当事人的方向设计的,在团体诉讼、选定当事人诉讼、代表人诉讼或者集团诉讼等多种群体诉讼形式中,各国通过不同的程序手段,实现了一个共同的目的:缩减实际参与诉讼的当事人。此时,诉讼规模的扩大与当事人关系的繁简程度反倒呈现一种反比关系。尽管群体诉讼是以共同诉讼为基础而设计的多数人诉讼方案,其或多或少地涉及多数当事人诉讼行为的牵连问题,但在处理当事人诉讼行为牵连性的问题上,共同诉讼却无疑是上述三种诉讼形态中最为复杂的一种。"②

---

① 陈荣宗、林庆苗:《民事诉讼法》(上)(修订四版),三民书局,2005,第195—196页。
② 胡震远:《共同诉讼制度研究》,博士学位论文,复旦大学,2009,第11页。

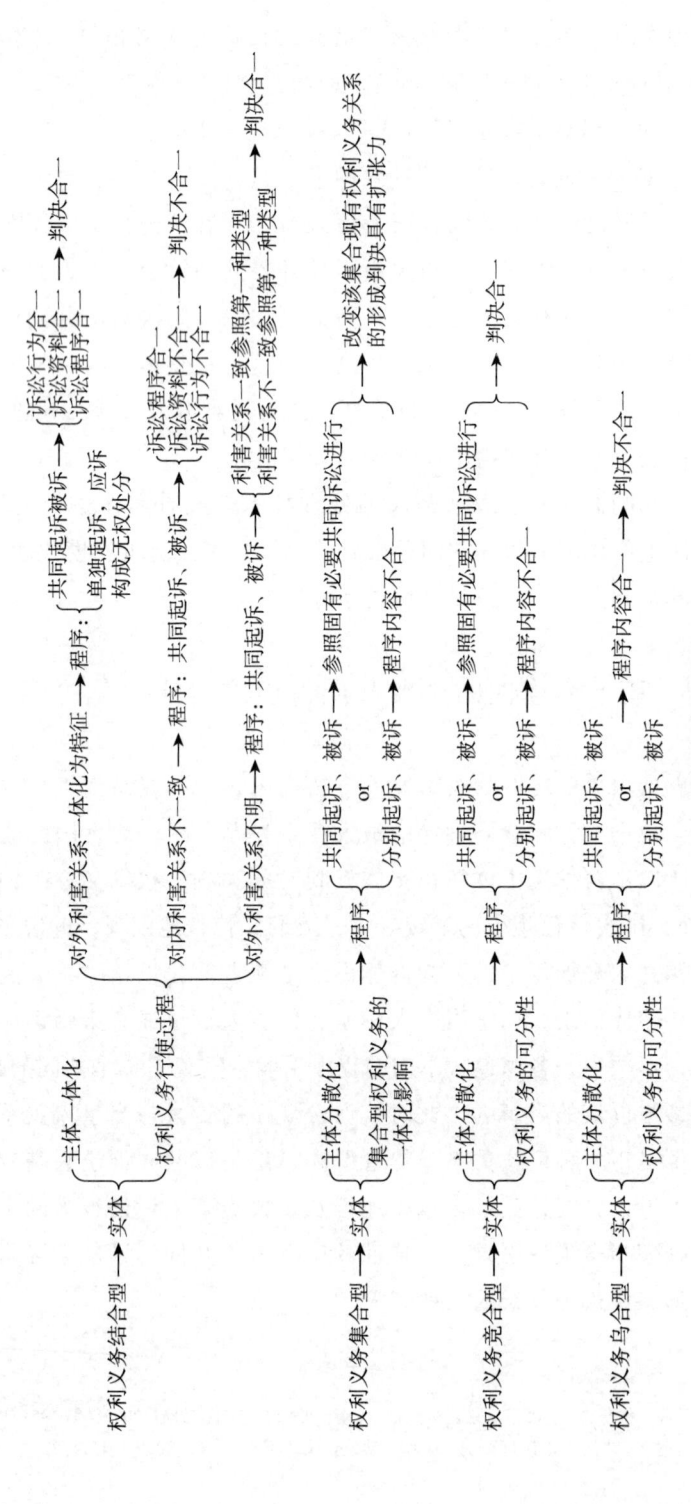

图1 共同诉讼审判路径

必要共同诉讼因牵连性而生的诉讼复杂性，导致民事诉讼法学者设计了层出不穷的理论，这又给实务界带来了巨大的操作上的不便利。具体表现在如下两个方面。一是部分必要共同诉讼人（此处指固有必要共同诉讼人和准必要共同诉讼人）若没有起诉或者被诉，则或者因为当事人不适格或者因为无法查明案情，会出现诉不合法的问题，诉讼将无法继续。判决若迟迟无法给出，这对积极参加诉讼的当事人而言极为不公平。二是固有必要共同诉讼人相互间诉讼行为的协调一致困难。贯穿于这两个难题的核心要素，是如何对待共同诉讼人的合意。

在固有必要共同诉讼中，实际上"所有实体权利义务的共同共有人必须起诉或应诉"和"必要共同诉讼人的有利诉讼行为对其他共同共有人发生效力"是矛盾的判断。既然"必要共同诉讼人的有利诉讼行为对其他共同共有人发生效力"，那么部分必要共同诉讼人为了合一的权利义务而起诉、应诉和上诉的行为，自当被视为是有利于全体必要共同诉讼人，而不应被视为当事人不适格。人民法院在必要共同诉讼案件的审理中，应当充分尊重当事人的合意。一方面，人民法院应当有意承认那些"不愿意参加诉讼，又不放弃实体权利的共同共有人"对"其他参加诉讼的共同共有人"的明示或默示授权。另一方面，在许多共同共有案件中，还会发生固有必要共同诉讼和类似必要共同诉讼的竞合，例如，在夫或妻一方以家庭共有财产与他人缔结合同或与他人发生侵权纠纷，如此则既会因家庭财产的共有性质构成固有必要共同诉讼，又会因连带债权债务的存在构成类似必要共同诉讼。为了避免这种固有必要共同诉讼和类似必要共同诉讼竞合的复杂形态，允许部分共同共有人对其他共同共有人明示或者默示授权，可以避免重复诉讼，使得案件更为简明。此外，通过委托授权某一共同诉讼人或诉讼代理人来统一为诉讼行为的做法，还可以避免诉讼行为"是否有利于其他共同诉讼人"或者"共同诉讼人是否协商一致"的判断，有利于减轻法官的审判工作量，提高诉讼效率。

六　本章小结

共同诉讼中的牵连问题，包括两类情形：一是普通共同诉讼类别中可分之诉的牵连；二是必要共同诉讼中不可分之诉的牵连。凡是必要共同诉讼中的不可分之诉，在案件事实上具有同源性，在诉讼请求上具有竞争性或者一体性，因此，必要共同诉讼中的牵连问题，是真正意义上的诉之牵连。本章沿着以下的脉络进行了相关思考、分析和总结。

首先，界定共同诉讼牵连性的逻辑表达式。扫描大陆法系和英美法系关于共同诉讼牵连性的各种表述和界定，梳理我国司法实务中的共同诉讼案件，依据案件事实、实体法权利义务和审判合一三个牵连性指标，界定"普通共同诉讼"、"固有必要共同诉讼"、"准必要共同诉讼"和"类似必要共同诉讼"的界限。

其次，分析共同诉讼牵连性的逻辑发展轨迹。共同诉讼的各种类型，起因于行为人不同行为方式导致利益交集的不同方式。具体包括"请求权结合"、"请求权集合"、"请求权竞合"、"请求权会合"和"请求权乌合"五种样态。不同样态的共同诉讼，从案件事实到实体法到程序法三个发展阶段中，表现出不同的牵连性。对不同样态的共同诉讼，应当有不同的程序处理方式：①对于源自同类案件事实且请求权乌合的普通共同诉讼，属于弱牵连性，可以合并也可以分开审理；②对于源自同一案件事实且请求权结合的固有必要共同诉讼，属于强牵连性，应当合并审理；③对于源自同类案件事实且请求权集合的类似必要共同诉讼，属于中牵连性，可以合并也可以分开审理；④对于源自同一案件事实且请求权竞合的类似必要共同诉讼，属于强牵连性，应当合并审理；⑤对于源自同一案件事实且请求权会合的准必要共同诉讼，属于强牵连性，应当合并审理。

最后，推理共同诉讼牵连性的逻辑发展空间。重点研究了通过合意简化共同诉讼中的牵连性问题，在共同诉讼之合意上，主要考虑三种类型：是否构成共同诉讼的合意；追加共同原被告的合意；共同诉讼行为的合意。同时，设定合意之技术性限制，以保证合意的效率性和公正性。

第五章　第三人诉讼的牵连性

【本章主要观点逻辑导读】

第三人诉讼牵连性之类型化

牵连要素	强牵连：权利主张型第三人原告	强牵连：原告引入型第三人	中牵连：诈害防止型第三人原告	中牵连：被告引入型第三人	弱牵连：辅助型第三人
请求事实	案件事实基本同一	案件事实不同一但间接同源	案件事实不同一	案件事实不同一但间接同源	案件事实不同一但间接同源
请求主体					
请求权基础					
请求权					
请求	原告请求与第三人利益直接竞合	原告请求与第三人利益直接竞合	原告请求与第三人利益直接竞合	原告请求与第三人利益间接竞合	原告请求与第三人利益不竞合
请求目的					

诉讼第三人制度起源于古罗马时期，罗马法承认对他人之间的诉讼有利益的第三人，可以独立申请参加诉讼以及上诉或者声明不服。该规定类似于现代诉讼中的有独立请求权第三人制度。这项制度的产生，是为了方便诉讼中的利害关系人及时地保护其合法权益。新中国成立初期的法律主要承袭苏联，到改革开放后才逐渐接受大陆法系。[①] 因第三人制度继受历史的短暂性，我国民事诉讼法学界对于该制度的讨论起步较晚，关于第三人诉讼制度下牵连性的学术争鸣更是有待深化。

一　第三人诉讼分类中的牵连性

（一）诉讼参加

所谓诉讼参加，有广义的诉讼参加和狭义的诉讼参加之区分，本章

[①] 蔡志辉：《民事诉讼第三人制度研究》，硕士学位论文，燕山大学，2009，第1页。

讨论的对象是狭义的诉讼参加。就广义的诉讼参加而言，包括第三人加入他人间诉讼程序的任何情形。就狭义的诉讼参加而言，是指为了保护自己的权益，第三人加入他人间已发生第一审诉讼系属案件的诉讼行为。此时，该第三人即为参加人。我国民事诉讼法将狭义的诉讼参加制度定位为第三人制度，可细分为有独立请求权第三人和无独立请求权第三人。

无论是广义的诉讼参加还是狭义的诉讼参加，均是因为第三人和已经发生诉讼系属的案件，或者存在案件事实上的牵连性，或者存在实体权利义务的牵连性，因此获得参加诉讼的理由。从我国司法实践的逻辑上看，广义的诉讼参加和狭义的诉讼参加有着明显的案型区别。具体可参见表1。

表1 我国司法实践中的诉讼参加

广义的诉讼参加	狭义的诉讼参加
有独立请求权的第三人：参加人以他人间诉讼的原、被告双方为共同诉讼人提起诉讼	同左
被动参加的无独立请求权的第三人：为查明案情或被告为转嫁责任而请求追加参加人，该参加人经法院通知参诉	同左
被动参加的无独立请求权的第三人：参加人为了自身的利益，以无独立请求权第三人的身份，辅助他人间诉讼中的一方当事人以对抗另一方当事人	同左
共同原告或被告的追加：参加人申请或被通知参加他人间的诉讼，成为一方当事人的共同诉讼人	—
诉讼承继：参加人申请或被通知进入他人间的诉讼，以替代原有一方当事人而成为新的当事人	—

（二）第三人之称谓

关于第三人之称谓，不同国家有着不同的表述。第三人，在大陆法系国家普遍称之为诉讼参加人，在英美法系国家则有诉讼第三人的称谓。诉讼参加人的概念是立足于清楚地表达参加诉讼和本诉的关系，第三人的概念立足于当事人之间的相互关系。这两种概念的实质没有根本的区别。①

在我国现阶段情况下还是运用"诉讼第三人"比较合理。从历史的

---

① 许晓明：《论民事诉讼第三人制度》，硕士学位论文，华中师范大学，2012，第2页。

延续性上来说，我国自民事诉讼法施行起，就一直沿用苏联的做法，称之为第三人，无论是理论还是实务上都已经熟悉了这一说法。我国法律规定有"诉讼参加人"的说法，但是和大陆法系国家的"诉讼参加人"概念有很大的不同，指称的范围包括"当事人与当事人诉讼地位相同的人"，其包括当事人、共同诉讼人、法定代表人、诉讼代表人、诉讼代理人和第三人。如果现在贸然地将第三人改为诉讼参加人，势必会引起概念上的混淆，给法理上的解释增加很大的麻烦。①

总体来说，第三人之称谓，凸显了该诉讼主体和主诉讼各方法律地位的不同，其更多地指向于请求权，揭示了参加之诉和主诉讼在实体权利义务上的牵连性。

（三）第三人之代表性分类

1. 根据程序纠纷进程需要的分类

有学者根据程序纠纷进程需要对第三人进行分类，张卫平教授提出整体重构说，主张根据纠纷解决的需要将第三人划分为三类：原告型第三人、被告型第三人和辅助型第三人。②

（1）原告型第三人

即有独立请求权第三人，指那些因自身实体权利受到侵害，将已经提起诉讼的当事人双方列为被告，提起参加之诉的第三人。该类型第三人，在参加之诉中处于原告地位。

（2）被告型第三人

即本诉被告为民事责任承担的缘由，对诉讼外的第三人提起追究其民事责任的诉讼，从而被引入诉讼的第三人。该类型第三人，在参加之诉中处于被告地位。

（3）辅助型第三人

类似于大陆法系的辅助参加人，是指与他人的诉讼结果有法律上的利害关系，基于维护自身利益需要而申请或被通知参加诉讼，辅助其中一方当事人的第三人。该类型第三人，在参加之诉中一般没有独立的权

---

① 许晓明：《论民事诉讼第三人制度》，硕士学位论文，华中师范大学，2012，第3页。
② 以下关于该观点的介绍均参见张卫平《"第三人"：类型划分及展开》，载张卫平主编《民事程序法研究》（第一辑），中国法制出版社，2004，第58—97页。

利义务主张。

2. 根据实体权益保护需要的分类

有学者根据实体权益保护需要对第三人进行了分类,如蒲一苇教授主张将我国的诉讼第三人制度划分为以下三种类型。①

(1) 权利参加型第三人

即因为自己的实体权利受到侵害,以对本诉当事人提起诉讼的形式参加诉讼的人。权利参加型第三人的基本原型是有独立请求权第三人,但又不完全与之相同,是在对有独立请求权第三人进行改造的基础上构成的第三人类型。

(2) 义务参加型第三人

即由于本诉被告认为其就原告所提出的请求对自己负有责任,因而对其提起诉讼而使其参加诉讼的第三人。这是基于我国追究无独立请求权第三人责任的规定,在借鉴美国的引入第三人制度基础上构建的第三人类型。义务参加型第三人是因为被本诉被告起诉而参加诉讼的,在本诉中处于被告的地位,即本诉被告提起的第三人之诉中的被告。

(3) 辅助参加型第三人

即因与他人间的诉讼结果具有法律上的利害关系,为辅助一方当事人而申请参加诉讼的第三人。辅助参加型第三人与大陆法系的辅助参加人基本相同,是我国民事诉讼理论中一般所理解的无独立请求权第三人。

3. 对无独立请求权第三人的分类

在诉讼第三人制度中,引发争议最大的是无独立请求权第三人的存废和分类问题。关于无独立请求权第三人的分类,比较有力的学说有以下两种:

(1) 偏重于从实体权利义务主张的新分类

肖建华教授提出,应同时借鉴糅合大陆法系上辅助参加制度和英美法系上的第三人制度,从根本上解决我国无独立请求权第三人问题。这一学说将无独立请求权第三人分解为:①准独立第三人,在诉讼中享有当事人地位可以提出权利主张或承担实体义务;②辅助参加人,不享有

---

① 蒲一苇:《民事诉讼第三人制度研究》,厦门大学出版社,2009,第189页。

实体权利，法院也不能判决其承担义务。

（2）偏重于从程序角度解读的新分类

张晋红教授认为应当重新考虑第三人类型的划分问题。认为应当重新确定第三人类型，将原有的无独立请求权第三人分为：①辅助支持本诉一方当事人进行诉讼的第三人；②被本诉被告引入的第三人。

依据张晋红教授的划分方法，第三人的类型就变为三种：真正意义上的无独立请求权辅助型第三人；被引入承担责任的第三人；有独立请求权第三人。这一观点的创意在于剥开了民事诉讼法无独立请求权的第三人制度的内涵，将需要承担责任的第三人和不需要承担责任的第三人进行了划分，使得需要承担责任的第三人获得了与之相匹配的名副其实的法律地位。

无论是从程序角度，抑或是实体角度对第三人所进行的分类，其始终无法脱离一个主题，即作为参加之诉的第三人和主诉讼的原被告双方的牵连性。这种牵连性，或者是实体权利义务的牵连性，或者是程序法上诉讼地位的牵连性。值得注意的是，无论是采取哪种牵连性标准进行的分类，应当贯穿始终，否则难免出现逻辑不周延的困扰。

4. 本书的观点

第三人是个诉讼法的概念，应从诉讼法中当事人程序法律地位的角度切入进行分类。在此基础上，可适当考虑实体权利义务的牵连性，如此，方可避免第三人分类上的逻辑不周延问题。从程序法角度，依据第三人进入诉讼的方式，可以作如下分类：

（1）原告型第三人

所谓原告型第三人，是从程序法角度设定的第三人地位，其进入诉讼程序具有主动性。从实体法角度观之，原告型第三人的主张，包括权利主张参加型第三人和诈害防止参加型第三人。

①所谓权利主张参加型第三人，其参加诉讼之目的为主张自身的实体权利，在诉讼中直接对他人间的诉讼标的主张全部或者部分权利的第三人。该类型的第三人，既有一面参加，只反对原告或被告一方对诉讼标的之主张；又有两面参加，既反对原告对诉讼标的之主张，又反对被告对诉讼标的之主张，其逻辑表达式如下：

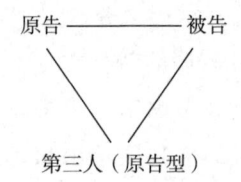

```
        原告 ────── 被告
              \     /
               \   /
                \ /
            第三人（原告型）
```

②所谓诈害防止参加型第三人，其参加诉讼之目的为保护自身的实体权利，在诉讼中不直接对他人间的诉讼标的主张全部或者部分权利，但是认为他人间的诉讼结果将会使自己的权利受到侵害而参加诉讼的人。该类型的第三人，往往为两面参加，既反对原告对诉讼标的之主张，又反对被告对诉讼标的之主张。该类型的第三人，其逻辑表达式如下：

```
        原告 ──────→ 被告
              ↑
              │
          第三人（原告型）
```

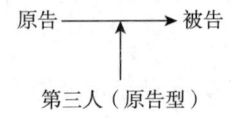

（2）被告型第三人

所谓被告型第三人，是从程序法角度设定的第三人地位，其进入诉讼程序具有被动性。在我国司法实践中，具体包括原告引入的被告型第三人和被告引入的被告型第三人。

①所谓原告引入的被告型第三人，具体包括两种情形：其一是指诉讼中为查明真相被原告引入的，且原告对其没有诉讼请求的第三人；其二是指诉讼中本待主诉讼被告引入以承担责任的第三人，当主诉讼被告怠于引入时，由原告代位引入的第三人。在第二种情形下，允许原告引入被告型第三人，既可打破诉讼中直接利害关系的限制，又有助于纷争的一次性解决。该类型的第三人，其逻辑表达式如下：

```
        原告 ──────→ 被告
              \
               \
                ↘ 被告型第三人
                  （原告引入）
```

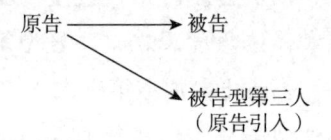

②所谓被告引入的被告型第三人，其法律地位实质上是被告之被告。相对于本诉被告而言，他是被告，即第三人之诉的被告；相对于本诉原告而言，他只是诉讼第三人。被告引入的被告型第三人的法律地位的确立，有助于纷争的一次性解决。该类型的第三人，其逻辑表达式如下：

```
原告 ——————→ 被告
              ↙
         被告型第三人
          （被告引入）
```

(3) 辅助参加型第三人

所谓辅助参加型第三人，包括三种情形：依附于原告某一方的第三人；依附于被告某一方的第三人；不完全依附于原告或被告某一方的第三人。辅助型第三人存在的意义，有三个方面：一是查明真相；二是"不完全依附于原被告某一方的第三人"的设定，尊重了第三人的独立性利益要求；三是在诉讼开始时，无论主诉讼的原告或者被告对于是否要求该第三人承担责任可能处于"不知道"或者"不清楚"的状况，此时，应当允许处于过渡状态的辅助参加型第三人的存在。对于该类型第三人的设置，在逻辑上应当注意不能出现因果倒置。有学者认为，辅助参加型第三人是"法院不判决其承担义务，也不享受实体权利"。[①] 这难免出现对辅助参加型第三人程序救济的迟延问题。原则上，应当是主诉讼任何一方当事人提出明确诉讼请求要求该辅助参加型第三人承担责任时，该第三人则自动享有和主诉讼当事人相同或相对应的法律地位。与此同时，其法律身份也从辅助参加型第三人转化为被告型第三人。

该类型的第三人，其逻辑表达式如下：

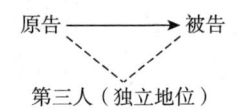

```
原告 ——————→ 被告
       ╲     ╱
        ╲   ╱
      第三人（独立地位）
```

二　比较法视野中第三人诉讼的牵连性

（一）大陆法系中第三人诉讼之牵连性理论

1. 德国

《德国民事诉讼法》第 66 条规定，在他人间已系属的诉讼中，因当事人一方的胜诉而有法律上的利益的人，可以辅助该当事人而参加诉讼。

---

① 江伟主编《民事诉讼法专论》，中国人民大学出版社，2005，第 210 页。

在德国法上，辅助参加人参加诉讼的目的是维护自身权利，其诉讼地位与他所支持的当事人相同。

《德国民事诉讼法》上的主参加诉讼并未就主诉讼和参加之诉的关系作出规定。根据德国学者的观点，主诉讼原则上不触及参加之诉，对参加人而言，主参加诉讼允许他在一个诉讼中伸张自己的权利已经足够，他不需要任何其他干预主诉讼的手段。①

2. 日本

《日本民事诉讼法》第 47 条规定了独立当事人参加：（一）主张诉讼结果侵害其权利或者诉讼标的的全部或者部分为其权利的第三人可将该诉讼的当事人双方或者一方为相对方，作为当事人参加该诉讼；（二）前项规定中的参加申请应以书面形式作出。

该条中的所谓独立当事人参加，是指在诉讼系属中第三人作为当事人进行参加的一种形态，即第三人向诉讼原告及被告的双方或一方提出自己的请求，并要求与原告请求合一作出无矛盾的判决的情形。②"日本的立法例，认为独立参加准用必要共同诉讼的行为牵连规则，即各共同诉讼人有利于全体共同诉讼人的行为，其效力及于全体；对于各共同诉讼人之行为，其效力及于全体；各共同诉讼人有诉讼停止原因者，其效力及于全体。这样就能保障程序进行的统一和诉讼资料的统一，保障判决内容在三者之间实现实体法逻辑上的统一。学说主张，参加之诉与主诉讼为相互独立之诉，本可各自运行，但两者间亦有牵连关系，使其存在合一确定的空间。共同诉讼行为牵连规则的目的原本是使共同诉讼人步调一致，形成联合关系，而在独立参加中，准用该规定的结果演变为使三者相互牵制，其中每一方均为他方之敌，任何两方不利于第三人的行为均不发生效力，通过这种禁止保证判决内容上的统一。"③

《日本民事诉讼法》第 82 条规定了无独立请求权第三人的权利义务：在一审诉讼中，无独立请求权的第三人无权提出管辖异议，无权放弃、变更诉讼请求或者申请撤诉，被判决承担民事责任的，有权提起上诉。这个规定删除了旧法中关于"无独立请求权的第三人有当事人的诉讼权

---

① 〔德〕罗森贝克等：《德国民事诉讼法》，李大雪译，中国法制出版社，2007，第 347 页。
② 〔日〕新堂幸司：《新民事诉讼法》，林剑锋译，法律出版社，2008，第 575 页。
③ 〔日〕高桥宏志：《重点讲义民事诉讼法》，张卫平等译，法律出版社，2007，第 352 页。

利义务"的表述,殊值关注。在日本立法调研中,有意见提出,有独立请求权的第三人具有当事人的诉讼权利义务,当无争议,但是,无独立请求权的第三人是否具备当事人的诉讼权利义务?考虑到其依附于原告或者被告的特征,其必然不能有当事人的全部诉讼权利义务。鉴于该表述容易使人误解为无独立请求权的三人享有与案件原告、被告同样的诉讼权利义务,因此删除"无独立请求的第三人有当事人的诉讼权利义务"的表述。[1]

《日本民事诉讼法》第 45 条规定了辅助参加人的诉讼行为:(一)辅助参加人在诉讼中可以提出攻击防御方法、申请异议、提起上诉、提起再审以及其他一切诉讼行为,但是依据辅助参加时的诉讼程序不能为的诉讼行为,不在此限;(二)辅助参加人的诉讼行为与被参加人的诉讼行为相抵触时,该行为无效;(三)对于辅助参加,当事人提出异议的情形下,在不允许辅助参加的裁判确定前,辅助参加人可以作出诉讼行为;(四)在不允许辅助参加的裁判确定后,辅助参加人的诉讼行为被当事人援用时,该诉讼行为仍然有效。第 46 条紧接着规定了裁判对辅助参加人的效力。允许辅助参加的诉讼中作出的裁判除下列情形外,对辅助参加人亦生效力:根据前条第 1 项但书规定,辅助参加人不能为诉讼行为时;根据前条第 2 项规定,辅助参加人的诉讼行为无效时;被参加人妨碍了辅助参加人的诉讼行为时;被参加人因故意或过失未为辅助参加人不能为的诉讼行为时。在日本学界,存在着辅助参加的效力性质为既判力还是参加效的争鸣,目前后者成为通说。[2]

从上述关于德日的立法和学术争鸣中可以看出,德日为典型的大陆法系国家关于第三人诉讼中的牵连性探讨,不能溢出四个主题:案件事实行为和利害关系的牵连;实体权利义务主张的牵连诉讼程序;诉讼行为和诉讼资料的牵连;裁判的牵连。相关研究围绕着这四个共同点而发生结合或分歧,但牵连性是其不变的主题。

(二) 英美法系中第三人诉讼之牵连性理论

英美法系中关于诉讼参加或第三人诉讼之规定,和大陆法系比较起

---

[1] 《日本民事诉讼法典》,曹云吉译,厦门大学出版社,2017,第 20—23 页。
[2] 〔日〕新堂幸司:《新民事诉讼法》,林剑锋译,法律出版社,2008,第 566 页。

来，有诸多不同。但是，反映在牵连性问题上，最为突出的便是引入诉讼的规定。所谓引入诉讼，通常亦称为第三方当事人程序（third – party practice），是指被告将新的当事人带入诉讼，意图使其对被告承担被告可能对原告承担的部分或全部责任的程序。这里的第三人，实质上是被告引入，亦即被告之被告。

1. 英国

与大陆法系不同，作为英美法系的典型代表，英国司法走的是经验出发型的道路，以经验主义哲学为引领，从事实出发看待案件中所应牵涉的具体当事人范围。这同时体现在共同诉讼制度和第三人制度的规定中。因此，在大陆法系难以接受的引入诉讼制度，能自然地规定于英国现行《民事诉讼规则》（*Civil Procedure Rules*，简称 CPR）第 20 章。

根据 CPR 之规定，英国民事诉讼中的反诉和其他追加之诉都与引入诉讼密切相关。英国反诉制度中，反诉的主体范围不限于原告，可以扩张至本诉原告之外的利害关系人。① 当本诉被告把原告以外的人追加为诉讼当事人，一并提起反诉时，即形成引入诉讼。除反诉外，英国民诉法上还有另外一种引入诉讼的类型，即"追加之诉"。② "所谓追加之诉并不包括反诉的覆盖范围，具体是指两种情形：一是直接追加，即被告向任何人无论是否现有诉讼当事人提出的承担连带责任、损害赔偿或其他救济之诉；二是间接追加，亦即追加之追加，在对非诉讼当事人提出追加之诉的情形中，该非诉讼当事人对任何其他人无论是否现有诉讼当事人提起之诉。"③

在考虑是否许可、驳回和合并审理引入之诉等问题上，承审法官拥有充分的自由裁量权。④ 在作出上述决定时，法院通常要考虑的事项包括："引入之诉与主诉讼的关联、引入之诉的原告所提出的请求是否与其他诉讼当事人对他提出的请求实质相同、引入之诉的原告是否希望法院对不仅存在于主诉讼当事人之间，而且存在于现有当事人和非诉讼当事

---

① CPR Rule 20.5 (Counterclaim against a person other than the claimant) provides: (1) A defendant who wishes to counterclaim against a person other than the claimant must apply to the court for an order that person be added as an additional party.
② See CPR Rule 20.2.
③ 胡震远：《引入诉讼制度的借鉴》，《东方法学》2010 年第 3 期，第 47 页。
④ See CPR Rule 20.9.

人之间的程序问题作出决定。"① 总之，法院需重点对两诉在事实上和程序上的牵连程度作出判断。

2. 美国

美国《联邦民事诉讼规则》（*Federal Rules of Civil Procedure*）第14条对引入诉讼作了全面规定。

美国《联邦民事诉讼规则》第14条第1款第1项，首先对引入诉讼的时间作了规定。② 美国的引入诉讼和英国的并无根本性的差异，关键均在于被告方（third-party plaintiff）引入第三方（third-party defendant）的适格性判断。当我们关注第三人参加诉讼中的诉求类别时，仅"被告方"能提出第三人参加诉讼诉求就变得很明显。这类诉求针对的对象必须是，"就针对被告方提出的全部或部分诉求承担或可能会承担责任"的缺席者。这一限制极其重要。不能仅仅因为被告对缺席者拥有诉求，或仅因为原告可能会对缺席者拥有诉求，就让被告方将缺席者引入诉讼。相反，对缺席者提出诉求反映了缺席者对针对被告方提出的全部或部分诉求要承担全部或部分责任。此类诉求几乎总是要求补偿和分摊。通常情况下，被告引入缺席者（third-party defendant），是因其对原告针对被告提出的全部或部分诉求要承担补偿责任或分摊责任。③

从英美法的规定可以看出，在第三人诉讼问题上，其引入诉讼最为关注的是责任的牵连性。亦即，第三人的责任必须和主诉讼被告的责任有着直接的交集关系，方可满足引入诉讼的条件。

三 我国第三人诉讼中牵连性的实证考察

（一）法律规定

《民事诉讼法》第56条规定："对当事人双方的诉讼标的，第三人

---

① 胡震远：《引入诉讼制度的借鉴》，《东方法学》2010年第3期，第47页。
② Fed. R. Civ. Proc. R 14 (a) (1) provides: "(1) Timing of the Summons and Complaint. A defending party may, as third-party plaintiff, serve a summons and complaint on a nonparty who is or may be liable to it for all or part of the claim against it. But the third-party plaintiff must, by motion, obtain the court's leave if it files the third-party complaint more than 14 days after serving its original answer." See USCS Fes Rules Civ Proc R 14.
③ 〔美〕理查德·D. 弗里尔：《美国民事诉讼法》，张利民等译，商务印书馆，2013，第822页。

认为有独立请求权的，有权提起诉讼。对当事人双方的诉讼标的，第三人虽然没有独立请求权，但案件处理结果同他有法律上的利害关系的，可以申请参加诉讼，或者由人民法院通知他参加诉讼。人民法院判决承担民事责任的第三人，有当事人的诉讼权利义务。"

前两款规定的第三人，因不能归责于本人的事由未参加诉讼，但有证据证明发生法律效力的判决、裁定、调解书的部分或者全部内容错误，损害其民事权益的，可以自知道或者应当知道其民事权益受到损害之日起6个月内，向作出该判决、裁定、调解书的人民法院提起诉讼。人民法院经审理，诉讼请求成立的，应当改变或者撤销原判决、裁定、调解书；诉讼请求不成立的，驳回诉讼请求。

民事诉讼法规定了有独立请求权第三人和无独立请求权第三人进入诉讼的入口和程序。在我国司法实践中，出于厌诉和怕担责的心理，无独立请求权的第三人申请参加诉讼的情形极为少见，且往往被法院拒之门外。绝大多数情况下，无独立请求权的第三人都是在收到法院的职权通知后参加诉讼的。胡震远法官在其博士学位论文中指出："法院通知其参加诉讼一般有两种情况：一是因为其掌握证据而不提供，为了查明案件事实，通知其参加诉讼；二是法院认为其系纠纷形成的罪魁祸首，通知其参加诉讼可以直接使其向原告承担责任。法院依职权通知无独立请求权的第三人的方式，有利于提升司法化解纠纷的能力，但也给法院强拉管辖，乱列第三人并实施地方保护提供了制度借口。"[①]

（二）司法解释

《民诉法解释》第81条规定：根据《民事诉讼法》第56条的规定，有独立请求权的第三人有权向人民法院提出诉讼请求和事实、理由，成为当事人；无独立请求权的第三人，可以申请或者由人民法院通知参加诉讼。

第一审程序中未参加诉讼的第三人，申请参加第二审程序的，人民法院可以准许。

《民诉法解释》第82条规定：在一审诉讼中，无独立请求权的第三人无权提出管辖异议，无权放弃、变更诉讼请求或者申请撤诉，被判决

[①] 胡震远：《共同诉讼制度研究》，博士学位论文，复旦大学，2009，第164页。

承担民事责任的,有权提起上诉。

《民诉法解释》第 150 条规定:人民法院调解民事案件,需由无独立请求权的第三人承担责任的,应当经其同意。该第三人在调解书送达前反悔的,人民法院应当及时裁判。

(三) 司法观点

1. 间接承认原告型第三人(防止诈害型)的存在[①]

承办法官主导意见认为,星光公司诉明正公司受让兰生公司持有的上投置业公司股权未支付对价,损害兰生公司利益,导致兰生公司无能力返还其货款,直接侵犯了星光公司的利益。[②] 本案中,并未发生明正公司和兰生公司就受让协议纠纷的主诉讼,但直接允许为防止诈害发生的星光公司对他人之间的合同提起诉讼,可谓是间接承认原告型第三人(防止诈害型)的存在。案件中星光公司诉明正公司受让兰生公司持有的上投置业公司股权未支付对价,事实上,对于明正公司和兰生公司之间的股权受让协议,星光公司不是协议相对方,没有直接利害关系。

2. 对不承担责任的民事主体成为无独立请求权的第三人路径的切断

在一购销合同纠纷案中,最高人民法院明确表述了主诉讼的责任承担与第三人地位确立之间的关系:中国建设银行内蒙古巴彦淖尔盟分行(简称巴盟建行)既未对购销合同双方当事人争执的诉讼标的提出独立的请求,也与购销电冰箱合同纠纷案件的处理结果无法律上的利害关系,即无论何方败诉,均不存在需要巴盟建行履行某种义务问题。故巴盟建行不是购销合同货款纠纷案的第三人,该行对他人清偿电冰箱货款不承担连带责任。[③]

此后,对商事合同纠纷中的第三人认定,最高人民法院有了更明确

[①] 天津中能星光实业有限公司与上海兰生国际贸易有限公司、宁波保税区明正国际贸易有限公司买卖合同纠纷再审案,最高人民法院判决书,(2009)民提字第 111 号。

[②] 李京平:《原告能否依不同法律关系诉不同被告 人民法院判决不应对案外人的民事权利义务作出决断》,载最高人民法院民事审判第二庭编《商事审判指导》(2010 年第 4 辑)(总第 24 辑),人民法院出版社,2011,第 150—151 页。

[③] 《最高人民法院关于贵州省遵义市遵渝五金电器联营公司诉内蒙古杭锦旗商业综合批发公司驻临河地方国营经营公司、内蒙古磴口县委机关劳动服务公司购销电冰箱合同货款纠纷案如何确定当事人问题的复函》(法经〔1993〕139 号)。

①受诉人民法院对与原被告双方争议的诉讼标的无直接牵连和不负有返还或者赔偿等义务的人,以及与原告或被告约定仲裁或有约定管辖的案外人,或者专属管辖案件的一方当事人,均不得作为无独立请求权的第三人通知其参加诉讼。②人民法院在审理产品质量纠纷案件中,对原、被告之间法律关系以外的人,证据证明其已经提供了合同约定或者符合法律规定的产品的,或者案件中的当事人未在规定的质量异议期内提出异议的,或者作为收货方已经认可该产品质量的,不得作为无独立请求权的第三人通知其参加诉讼。③人民法院对已经履行了义务,或者依法取得了一方当事人的财产,并支付了相应对价的原、被告之间法律关系以外的人,不得作为无独立请求权的第三人通知其参加诉讼。

此后,根据最高人民法院法官著述,其认为《合同法解释(二)》第16条规定[2]中,所谓的"可根据具体案情",是指以下两种情形。①该第三人不仅仅是履行辅助人,而且还与涉他合同当事人一方存在利害关系(如债权债务关系)。如仅仅只是履行辅助人,原则上不应作为无独立请求权的第三人,而可以作为证人。②在考虑是否将涉他合同中的第三人列为无独立请求权的第三人,还应根据《最高人民法院关于在经济审判工作中严格执行〈中华人民共和国民事诉讼法〉的若干规定》第9条的规定进行具体分析。

综上所述,最高人民法院在第三人问题上秉持的观点,并不回避当事人之间的牵连性。无论是对防止诈害型诉讼的确认,还是对无独立请求权的第三人必须与诉讼当事人有利害关系可能承担责任的判断,其要旨均围绕着第三人和业已发生的诉讼必须有权利义务上的牵连关系。这种牵连,若是直接的权利义务关系的牵连,在司法中不会产生第三人地位的疑惑;若是间接的权利义务关系的牵连,最高人民法院并不阻止下级人民法院将其纳入第三人的范围;若是没有任何权利义务上的直接或

---

[1] 《最高人民法院关于在经济审判中严格执行〈中华人民共和国民事诉讼法〉的若干规定》(法发〔1994〕29号)。
[2] 《最高人民法院关于适用〈中华人民共和国合同法〉若干问题的解释(二)》(法释〔2009〕5号)第16条规定:人民法院根据具体案情可以将合同法第64条、第65条规定的第三人列为无独立请求权的第三人,但不得依职权将其列为该合同诉讼案件的被告或者有独立请求权的第三人。

间接牵连关系时，最高人民法院则明确持否定的态度。

（四）类案研究

1. 原告型第三人

案型一：权利主张参加型第三人

在沈某某诉平江县梅仙镇张韩村村委会建设工程施工合同纠纷案①中，被告方村委会根据规划，将辖区的村级公路硬化工程发包给原告和另一人罗某某。该工程竣工验收并投入使用，双方因工程款结算发生诉讼。法院立案受理后，依法适用简易程序公开开庭进行了审理。后因罗某某申请其作为本案有独立请求权的第三人，法院依法准许，再次公开开庭进行审理。

权利主张参加型的第三人就是我国民事诉讼法学界传统理念中有独立请求权的第三人。罗某某是本案中权利主张参加型第三人，因自己的实体权利受到侵害，以对本诉当事人提起诉讼方式参加诉讼的人。在主诉之工程款结算诉讼中，罗某某作为工程承包人，对于争议标的享有实体权利，如果不参加诉讼可能会对罗某某的利益产生损害。因此，罗某某属于权利主张型的第三人。有所区别的是，若罗某某是以本诉中双方当事人为共同被告，则构成权利主张型第三人的两面参加；若罗某某是以本诉中某一方当事人为共同被告，则构成权利主张型第三人的一面参加。

本案的牵连性包括如下四个方面。①案件事实行为和利害关系的牵连。因罗某某与原告一起承包了公路硬化工程，彼此之间的利益是相互牵连的，有着直接的交集关系。②实体权利义务主张的牵连。本案因案件事实和利害关系的牵连，自然引发罗某某和主诉讼的原告彼此之间有着权利义务的牵连关系。③对争讼的实体权利义务，诉讼三方存在竞争性的分割关系，故诉讼人之间诉讼行为独立，允许相互间提出互相矛盾的证据主张。④人民法院对该实体权利义务的判决分割方式，在参加诉讼的三方必须保持一致性。

案型二：诈害防止参加型第三人

诈害防止参加型第三人，其参加诉讼的途径至少有四种：常规的以

---

① 沈泼墨诉平江县梅仙镇张韩村村委会建设工程施工合同纠纷案，湖南省平江县人民法院民事判决书，（2016）湘0626民初2421号。

有独立请求权的第三人方式参加诉讼,这在我国目前民事司法实践中存有一定困难;第三人执行异议之诉;第三人撤销之诉;第三人申请再审。

在刘某某、魏某某民间借贷纠纷执行审查案[①]中,杜某某、魏某某为夫妻关系。该民间借贷一案中,案外人杜某某称,涉及的债务是虚假的,案外人对此并不知情,法院生效判决也认定案外人不承担还款责任。法院认为,虽将本案的涉案债务认定为魏某某的个人债务,但法院查封的两部车辆为案外人杜某某与被执行人魏某某婚后购买,在无相反的证据证明的情况下,应当属于夫妻共同财产,由案外人与被执行人所共有。被执行人魏某某不履行生效判决规定的义务,本院对其与案外人的共同财产进行查封符合法律规定。案外人主张本案所涉债务为虚假债务,该问题应当通过审判监督程序解决,不属于执行异议审查范围。

本案杜某某为非借贷关系的合同相对人,所以其可以主张是由于诉讼结果而使自己权利受到损害的案外第三人。杜某某提出诈害防止参加之诉的目的,主要是防止本诉原、被告共谋,以虚假诉讼损害第三人的权利。杜某某主张本案中所涉债务为虚假债务,但在审判中,杜某某不能参与诉讼。尽管事后可以通过审判监督程序解决,但从现实来看,如果不允许第三人以有独立请求权的第三人的身份将无法在第一时间保护和救济第三人的权益。

从牵连性的角度看待本案,存在以下四个方面的牵连性。①本案中杜某某与主诉讼中的被告魏某某的行为是彼此独立的。杜某某与魏某某是夫妻,因此,当不能证明被执行财产不构成夫妻共同财产时,若魏某某不履行生效判决规定的义务时,则相关财产就会成为执行标的。因此,各行为人的利益有着间接的交集关系。②实体权利义务主张的牵连。现被执行财产无法证明不属于夫妻共同财产,因此第三人和主诉讼的原告、被告将就该财产作为整体性的实体权利义务存在着竞争性的分割关系。主诉讼原告的主张、被告的抗辩、第三人的申请,均是围绕该财产权的归属而展开。③各诉讼人之间诉讼行为独立,诉讼资料因具有共通性而发生牵连性。④裁判的牵连。若一开始准许杜以杰参加诉讼,就第三人

---

① 刘玉军、魏明霞民间借贷纠纷执行审查案,山东省沂南县人民法院执行裁定书,(2016)鲁 1321 执异 8 号。

诉讼请求和主诉讼原告请求间应当作出一致判决。

2. 被告型第三人

案型三：原告引入型第三人

在刘某等诉朱某房屋租赁合同纠纷案①中，原告刘某和妻子董某与被告朱某签订租赁合同一份，约定将原告门面房两间、楼上住房四间的房屋租赁给朱某。现租赁期限未至，原告以被告朱某将房屋转租给郭某未经自身同意为由，要求解除原被告之间的租赁合同。在审理过程中原告以本案所争议的诉讼标的与现在房屋使用人郭某有利害关系为由申请追加郭某为无独立请求权的第三人。

在审理过程中原告以本案所争议的诉讼标的与现在房屋使用人郭某有利害关系为由申请追加郭某为无独立请求权的第三人。因此郭某是原告引入型的第三人。从牵连性的角度分析本案，存在以下的牵连性。①案件事实行为和利害关系的牵连。第三人与主诉讼的原告或（和）被告的行为彼此独立，但各行为人的利益有着间接的交集关系。这是一个连环租赁合同，原告将房屋租赁给被告，被告朱某又将房屋转租给第三人郭某。如此，郭某通过和被告朱某的合同，与主诉讼原告之间发生了利益上间接的交集关系。②实体权利义务主张的牵连。因为原告与被告之间存在租赁合同及被告与第三人之间存在着转租的行为，所以原告认为被告的转租行为会是原告实体权利减损的直接原因。因此，第三人对房屋的占用，就成为主诉讼原告实体权利减损的间接原因。③诉讼程序、诉讼行为和诉讼资料的牵连。各诉讼人之间诉讼行为独立，第三人和主诉讼被告作为共同一方，面临原告共同的攻击和防御方向；第三人郭某和被告朱某基于要抗辩原告的主张对原告董某有相同的攻击和防御方向。第三人和被告如果不站在同一条诉讼战线上就有可能造成两败俱伤。与此同时，第三人与主诉被告之间也存在一定的利害关系，所以两人的诉讼行为既可能利害同向，又可能利害相向，故其相互间的诉讼行为具有一定独立性。④裁判的牵连。若人民法院支持原告刘某、董某的腾房诉讼请求或者对转租行为在判决理由中作无效认定，将会对第三人郭某的

---

① 刘某等诉朱某房屋租赁合同纠纷案，河南省项城市人民法院民事判决书，（2016）豫1681民初3535号。

租赁权益产生实际的影响。

类似的原告引入型第三人案件,在实务中颇为常见。在张某琴与陈某聪、第三人黄某、黄某芬、黄某文、黄某英房屋买卖合同纠纷案①中,原告与被告陈某聪签订《卖房协议》。被告陈某聪作为收款人出具收条,将房产证及土地使用证交付原告,原告使用诉争房屋至今,但未办理产权变更登记。原告现诉求依法确认原、被告签订的《卖房协议》合法有效;判令被告协助办理房屋过户手续。该房子是被告与黄某春婚姻关系存续期间以家庭共有资金取得,属夫妻共有财产。在黄某春去世后,其配偶(被告)、父母、子女(第三人黄某)均依法享有法定继承权,其中父母应得的份额在身故后应由其子女即黄某春的姐妹(第三人黄某芬、黄某文、黄某英)继承,故被告及第三人对诉争房屋均应依法分得相应的继承份额,即诉争房屋系被告及第三人的共有财产。故在此案中,第三人黄某、黄某芬、黄某文、黄某英是原告引入型的第三人。本案第三人抗辩认为,要求原告立即搬出诉争房屋,停止非法占有使用并返还该房。法院认为,第三人认为其对诉争房屋享有所有权,而以有独立请求权的第三人身份提出主张。第三人在本次诉讼中是依附于被告,系法律上的无独立请求权的第三人,故不能作为有独立请求权的第三人提出诉讼请求。因此,第三人提出"要求原告立即搬出诉争房屋,停止非法占有使用并返还该房"的主张,本院不予处理。

从牵连性角度分析本案,有以下几个方面的牵连性。①案件事实行为和利害关系的牵连。第三人和主诉讼的原告的行为彼此独立,第三人和主诉讼被告有着利益上的直接交集关系,第三人和主诉讼原告有着利益上的直接交集关系。②实体权利义务主张的牵连。第三人黄某、黄某芬、黄某文、黄某英基于身份血缘关系对争议标的有部分的继承权。原告和被告之间的诉讼会损害到第三人的利益,且第三人对于争议标的的实体权利也是原告实体权利减损的间接原因。此外,还应当注意到,本案四位第三人之间在房产的未来分割中也会存在利益上的竞争关系。③诉讼行为的牵连。第三人和主诉讼被告一方面对主诉讼原告有着共同的攻

---

① 张万琴与陈定聪、第三人黄容、黄文芬、黄仕文、黄文英房屋买卖合同纠纷案,浙江省瑞安市人民法院民事判决书,(2016)川 0322 民初 2623 号。

击和防御方向；另一方面第三人和主诉讼被告也有利益竞争关系，第三人黄某、黄某芬、黄某文、黄某英基于身份血缘关系对争议标的有部分的继承权，未来可能会对被告的所有权发起冲击。故其相互间诉讼行为具有独立性。若是承认既判力的参加效，则关涉第三人在本案中的争点判断，将会对未来第三人和主诉讼被告之间的分割共同共有财产诉讼产生直接影响。④裁判后果的牵连。若人民法院判决，原告和被告签订的《卖房协议》合法有效，并要求被告协助办理房屋过户手续，则将会对第三人的实际权益产生影响。

在大多数原告引入型的第三人案件中，主诉讼被告和第三人之间的法律关系效力会对主诉讼争议的法律关系产生先决性的影响。例如，被告与第三人的转租行为是否有效，能够直接影响到主诉讼中租赁合同是否可以解除。当两个法律关系效力之间具有先决性影响时，第三人进入诉讼是查明案件事实不可或缺的诉讼主体。在程某鹏等诉上海盛怡房地产经纪事务所居间合同纠纷案①中，原告程某鹏与被告上海盛怡房地产经纪事务所居间合同纠纷。原告程某鹏与第三人姚某、陆某红、姚某章签订《房屋买卖（转让）合同》，就本市的一宅基地房屋及附属设施，两块土地使用权等转让事宜达成一致。在庭审中，第三人姚某、陆某红、姚某章共同述称，和原告之间的合同是真实的，对合同效力不发表意见。法院认为，原告程某鹏不是涉案房屋所在地村民，也未取得相关组织或部门批准，且合同标的尚包括两块土地的承包经营权，被告居间成功的原告与第三人之间签订的《房屋买卖（转让）合同》无效，原、被告之间的居间合同同样亦为无效。此案中，第三人姚某、陆某红、姚某章是原告引入型的第三人，并且，第三人签订的《房屋买卖（转让）合同》效力直接决定了争讼居间合同的效力。

案型四：被告引入型第三人

甲因在乙餐厅吃了腊牛肉患病而起诉乙餐厅，要求赔偿损失。乙起初只申请法院通知供给腊牛肉的丙食品公司作为无独立请求权的第三人参加诉讼，以查明甲患病是否因腊牛肉变质而起。法院审理查明丙供给

---

① 程龙鹏等诉上海盛怡房地产经纪事务所居间合同纠纷案，上海市浦东新区人民法院民事判决书，（2016）沪0115民初72500号。

乙的腊牛肉确已变质，而甲患病确系吃腊牛肉所致。基于此，乙对丙提出诉讼请求，要求丙承担相应的民事责任，则此时的丙转变成为第三方被告，其诉讼权利和诉讼义务与被告等同。①

从牵连性的角度分析此类案件，其存在如下几个方面的牵连性。①案件事实行为和利害关系的牵连。第三人和主诉讼原告的行为彼此独立，和主诉讼被告的行为存在权利义务上的牵连。第三人和主诉讼原告的利益有着间接交集关系。乙餐厅提供了甲的餐品，丙是提供腊牛肉原材料的公司，甲、丙的利益之间因此存在着间接交集。②实体权利义务主张的牵连。甲由于吃了乙餐厅提供的腊牛肉而患病，而追根究底是由于丙提供的腊牛肉原材料有问题，因此，第三人是主诉讼原告实体权利减损的间接原因。③诉讼程序的牵连。各诉讼可在同一程序中解决，诉讼人之间因利益的独立性决定了诉讼行为的独立性，但这不排除某些诉讼资料的共通性。④裁判的牵连。人民法院对该实体权利义务的判决分割方式，在参加诉讼的三方必须保持一致性。

3. 独立辅助型第三人

案型五：不依附于任何一方的辅助型第三人

在曹某某等诉何某某物权保护纠纷案②中，原告曹某某系贵州省关岭布依族苗族自治县顶云乡新场村下良寨组村民，1998年第二轮土地承包时，原告与新场村签订承包合同，承包了8亩土地，并取得了土地承包经营权证书。后因关岭自治县顶云新城建设（新场生态移民搬迁地），需征收土地，经关岭布依族苗族自治县灞陵大道建设工作领导小组办公室进行征地堪丈制表，对新场村下良寨组户名为曹某某的农户征收土地面积为0.73亩，补偿金额为41267.49元，未注明被征收土地位置及名称。因在土地征收公示期间，被告何某某就该征收土地事项提出异议，第三人即以土地存在争议为由，至今未发放该地土地征收补偿费。审理中，原告以第三人负有说明及发放土地征收补偿款义务为由，申请追加关岭自治县人民政府为无独立请求权的第三人参加诉讼，法院予以准许。

在本案中，关岭自治县人民政府就是辅助参加型第三人。关岭自治

---

① 张晋红：《民事诉讼当事人研究》，陕西人民出版社，1998，第302页。
② 曹明全等诉何太琴物权保护纠纷案，贵州省关岭布依族苗族自治县人民法院民事判决书，（2016）黔0424民初955号。

县人民政府负有说明及发放土地征收补偿款义务，因此第三人和主诉讼的原告和被告具有权利义务的牵连关系。第三人和主诉讼的诉讼标的有着间接的利益交集关系。在主诉讼的争点认定上，主诉讼判决对第三人发生既判力的参加效。

辅助参加型第三人不具有当事人的地位，既不是原告也不是被告，而是一种具有特殊地位的诉讼参加人，只能辅助一方当事人（原告或者被告）或者不辅助任何一方，仅为查明案件事实的便利而进行诉讼，在诉讼中只享有与其诉讼地位相适应的诉讼权利。在沈阳市于洪区新和盛石材经销处等诉深圳海外装饰工程有限公司买卖合同纠纷案[1]中，原告向被告吉林省电力有限公司调度通信楼装饰装修工程一标段供应石材。吉林省电力有限公司调度通信楼的业主单位国网吉林省电力有限公司对于石材质量、验收工作及付款进度等事项更为了解，为便于查清本案事实，将国网吉林省电力有限公司列为无独立请求权的第三人参与诉讼。这就是一种典型的辅助参加型第三人。

四 第三人诉讼中牵连性问题之梳理

（一）第三人诉讼中牵连性之综述

综合上述五个案型，在我国民事诉讼实践中，存在"原告型第三人（权利主张型）"、"原告型第三人（诈害防止型）"、"被告型第三人（原告引入且可能承担责任）"、"被告型第三人（被告引入且被请求承担责任）"和"辅助型第三人"。在英美法系中以引入诉讼模式存在的"被告型第三人（被告引入且可能承担责任）"，我国多以无独立请求权第三人的方式隐晦地加以规制，这导致无独立请求权的第三人承担责任时出现的诸多法理困境。许多学者就此已有洞见，如江伟教授指出："'无独立请求权'与判决承担民事责任矛盾。如果只允许本诉讼的原告或被告向第三人提出请求，而第三人不能向对方提出独立请求，则第三人在实体法上的抗辩权、支配权和请求权等权利就不能向对方直接主张，法院判

---

[1] 沈阳市于洪区新和盛石材经销处等诉深圳海外装饰工程有限公司买卖合同纠纷案，吉林省长春市南关区人民法院民事判决书，（2016）吉0102民初3160号。

决第三人承担责任就明显地在实体和程序上偏袒本诉讼的一方当事人。无独立请求权第三人无'诉'而被诉，与诉的原理相矛盾。没有第三人之诉，而判决'无独立请求权第三人'承担民事责任，第三人的诉权没有程序保障。"① 有鉴于此，学界如张卫平教授主张设立被告型第三人，殊值赞同。

如此五个案型中的第三人，其在诉讼中表现出来的牵连性具体见表2。

表2 五个案型中的第三人在诉讼中表现出来的牵连性

诉的变化	诉之变化的具体分类	案件事实行为和利害关系的牵连	实体权利义务主张的牵连	诉讼程序、诉讼行为和诉讼资料的牵连	裁判的牵连
第三人诉讼	原告型第三人（权利主张型）	第三人和主诉讼的原告或（和）被告的行为彼此有权利义务的牵连关系，所有行为人的利益有着直接交集关系	第三人和主诉讼的原告或（和）被告就某一实体权利义务存在直接的竞争性分割关系	诉讼人之间诉讼行为独立	就某一实体权利义务的确定应当合并审理合一判决
	原告型第三人（诈害防止型）	第三人和主诉讼的原告或（和）被告的行为彼此独立，和主诉讼原、被告就主诉讼之诉讼标的之利益有着间接交集关系	第三人和主诉讼的原告就被告的整体性实体权利义务存在间接的竞争性分割关系	诉讼人之间诉讼行为独立	就第三人诉讼请求和诉讼原告请求间可以合并审理判决
	被告型第三人（原告引入且可能承担责任型*）	第三人和主诉讼原告的行为彼此独立。第三人和主诉讼被告的利益有着直接交集关系，第三人和主诉讼原告的利益有着间接交集关系	第三人是主诉讼原告实体权利减损的间接原因	诉讼人之间诉讼行为独立，第三人和主诉讼被告一方面对原告有共同的攻击和防御方向；另一方面也有竞争关系；故其相互间诉讼行为具有独立性	就第三人和主诉讼被告间的责任承担应当合并审理作出一致判决
	被告型第三人（被告引入且被请求承担责任型）	第三人和主诉讼原告的行为彼此独立。第三人和主诉讼被告的利益有着直接交集关系，第三人和主诉讼原告的利益有着间接交集关系	第三人是主诉讼原告实体权利减损的间接原因	诉讼人之间诉讼行为独立	就第三人和主诉讼被告间的责任承担可以合并审理作出一致判决

---

① 江伟主编《民事诉讼法专论》，中国人民大学出版社，2005，第209页。

续表

诉的变化	诉之变化的具体分类	案件事实行为和利害关系的牵连	实体权利义务主张的牵连	诉讼程序、诉讼行为和诉讼资料的牵连	裁判的牵连
第三人诉讼	辅助型第三人（为查明事实进入诉讼，但对自身实体权利义务没有请求权）	第三人和主诉讼的原告和被告的行为彼此独立，第三人和主诉讼原、被告双方的利益有着间接交集关系	主诉讼的原被告因辅助型第三人的实体权利义务产生间接的牵连性	诉讼人之间诉讼行为独立	主诉讼判决对第三人发生既判力的参加效

*此处若在审理过程中，原告主张第三人需要承担责任，则其事实上已经转化为被告，此时分为三种情形：（1）主诉讼被告若能退出诉讼，则形成单一之诉；（2）主诉讼被告若被要求和第三人共同承担责任，则实际上主诉讼和参加之诉已经转化为共同诉讼；（3）原告若不再主张主诉讼被告需要承担责任，但不被允许退出诉讼，则主诉讼转化为参加之诉，主诉讼的被告实际上已经转化为参加之诉的第三人；而参加之诉转化为主诉讼，参加之诉的第三人转化为主诉讼的被告。总之，此处主诉讼被告和第三人之间若地位可以互相转换，则就主诉讼的原告而言，他已经事实上提出了主观预备之诉。

（二）案件事实中的行为牵连性

在存在第三人的案件中，当事人（第三人）对彼此之间行为上是否存在牵连性，以及在何种程度上存在着牵连，其判断可能确切，也可能不确切，更可能是一种事实上的主观判断而非法律上的客观判断。因此，第三人诉讼中案件行为的牵连性，更多意义上，是指由于当事人（第三人）对彼此之间行为牵连的模糊性认识，基于这种不确定性而产生的牵连性。

无论是哪种第三人的形态，其诉讼地位均是当事人的"预判"，并非人民法院的"预判"。唯有如此，方能保证当事人处分权的彻底贯彻。若当事人（第三人）对自身诉讼地位的预判和人民法院的预判出现不一致的情形，则人民法院可以行使阐明权。经阐明后，若当事人（第三人）坚持自身主张，自当承受相应的程序不利益后果，但人民法院不能以审判权径行改变第三人的诉讼地位。

（三）实体法权利义务之牵连性

1. 原告型第三人（权利主张型）

原告型第三人（权利主张型），是对他人之间诉讼请求内容的全部或部分，提出了独立的诉讼请求。原告型第三人（权利主张型），实质上是为对抗本诉中当事人的权利主张，保护自身权益而提出独立权利主张，其因此在实体权利义务上和主诉讼当事人之间兼具独立性和牵连性。所谓独立性，是相对于主诉讼中原、被告而言，即第三人提出了不同于原、被告的独立诉讼主张。所谓牵连性，是指第三人的独立请求应当与主诉讼第三人的请求权和抗辩权之间，存在某种排斥或对立的关系。因此，第三人和主诉讼的原告或（和）被告的行为彼此有权利义务的牵连关系，所有行为人的利益有着直接的交集关系。第三人对主诉讼的诉讼标的有直接的利害关系，此处的实体权利义务的交集和争夺关系，是主诉讼和参加之诉发生并交织的根本原因。

2. 原告型第三人（诈害防止型）

第三人和主诉讼的原告或（和）被告的行为彼此独立，但围绕本案的权利义务关系，无论是原告和第三人，还是被告和第三人之间的利益仅有着间接的交集关系。在此类型诉讼中，第三人对主诉讼的诉讼标的没有直接的利害关系，但是，主诉讼带来的法律后果，将使得主诉讼被告在总体经济利益上受到重大消减，并间接影响第三人对主诉讼被告债权实现的可能性。在此意义上，第三人和主诉讼的诉讼标的存在间接的利害关系。

3. 被告型第三人（原告引入且可能承担责任型）

第三人和主诉讼原告的行为彼此独立，两者间的利益有着间接的交集关系。亦即，主诉讼原告的胜诉或败诉，均可对第三人的利益带来间接影响。在此类型诉讼中，第三人对主诉讼的诉讼标的没有直接的利害关系，但是，主诉讼带来的法律后果，将使得主诉讼被告的某一实体权利义务受到重大消减，而主诉讼被告和第三人间的权利义务交集进而又使得诉讼结果间接影响第三人实体法上的权利义务总量。在此意义上，第三人和主诉讼的诉讼标的存在间接的利害关系。

综上所述，"原告型第三人（诈害防止型）"和"被告型第三人（原告引入且可能承担责任型）"的共同点是：该两类诉讼中的第三人和主诉讼的诉讼标的均存在间接的利害关系，因而和主诉讼的原告没有直接利益关联，不能成为主诉讼的被告。该两类诉讼的不同点是："原告型第三人（诈害防止型）"是主动要求参加诉讼，目的是防止诈害；"被告型第三人（原告引入且可能承担责任型）"是被动参加诉讼，目的是查明真相。然而，若"被告型第三人（原告引入且可能承担责任型）"中的第三人要求主动参加诉讼，并以防止诈害为目的主张原被告间的诉讼标的无效时，则出现了"被告型第三人（原告引入且可能承担责任型）"向"原告型第三人（诈害防止型）"的转化。可见，两者间的界限并非泾渭分明。

4. 被告型第三人（被告引入且被请求承担责任型）

第三人和主诉讼原告的行为彼此独立，和主诉讼被告的行为存在权利义务上的牵连。第三人和主诉讼原告的行为彼此独立，两者间的利益有着间接的交集关系。亦即，主诉讼原告的胜诉或败诉，均可对第三人的利益带来间接影响。

5. 辅助型第三人（为查明事实进入诉讼，但对自身实体权利义务没有请求权）

第三人和主诉讼的原告和被告的行为彼此有权利义务的牵连关系，所有行为人的利益有着间接的交集关系。辅助型第三人和纯粹证人的区别在于，辅助型第三人和主诉讼标的有着间接利害关系，证人则无任何利害关系。辅助型第三人和被告型第三人（原告引入且可能承担责任型）的区别在于，前者有着独立的诉讼立场，后者则会依附于主诉讼的被告。辅助型第三人和被告型第三人（被告引入且被请求承担责任型）的区别在于，主诉讼原告的诉讼请求一旦获得人民法院支持，辅助型第三人和主诉讼被告之间没有明确的责任追偿关系。

（四）程序法诉讼行为之牵连性

我国现行民事诉讼法对有独立请求权的第三人提起的参加之诉与主诉讼的关系究竟如何未作规定，但关于有独立请求权第三人参加诉讼和主诉讼牵连性判断的制度效果，需要引起重视。

权利参加型第三人参加诉讼的形态或方式包括两种。①以本诉的原、被告为被告提起参加之诉，即所谓的"两面参加"，第三人的主张与本诉的双方第三人均呈对立状态，形成三面诉讼关系。这种参加形式是我国现行的有独立请求权第三人所采用的方式，也是权利参加型第三人诉讼参加的典型形态和基本形态。②以本诉的一方当事人为被告提起参与之诉，即所谓"一面参加"，第三人只对本诉的原告或者被告提起诉讼请求，因而形成两面诉讼关系，即本诉双方当事人之间的对立关系和第三人与本诉一方当事人之间的对立关系。

1. 诉讼时间上的牵连性

一审中第三人之参加：在第一审程序中，无论诉讼进行到哪一个阶段，权利参加型第三人均可以参加诉讼，应无疑问。为了保证诉讼法内部逻辑的一致性，一审辩论终结前参加，方为妥当。

二审中第三人之参加：第一审认定的事实很可能存在实体上的错误，如果不允许第三人在二审中参加诉讼，其所作的裁判就难免与将来第三人另行诉讼的裁判发生矛盾。[①] 我国民事诉讼法对此采取"人民法院可以准许"之态度，然何谓可以？

笔者认为，从谋求纠纷统一解决的制度本旨来考虑，应当允许权利参加型第三人在第二审程序中提起参加之诉，以达到合并辩论、统一裁判的目的。尽管此时由二审法院直接作出判决，第三人不能提起上诉，对第三人的审级利益有所不利，但是，权利参加型第三人参加诉讼的场合，第三人原本是可以另行对本诉当事人提起诉讼的，其参加诉讼并不具有强制性，是否参加诉讼，取决于第三人的意愿。即便第三人不参加诉讼，也并不意味着其权利就得不到救济。在本诉系属于第二审法院时，第三人既可以选择参加诉讼，也可以选择另行提起诉讼。故此，如果第三人不愿受二审裁判的拘束，他完全可以选择通过另行提起诉讼来保护其权利；而一旦第三人选择直接在第二审法院提起参加诉讼，即视为是对审级利益的舍弃，表明他接受二审法院的裁判结果。

2. 第三人参加诉讼的方式受制于实体权利义务的牵连性主张

就原告型第三人参加的方式而言，因为其参加诉讼的缘由是自身有着独立的实体权利义务主张，所以其参诉与否完全属于第三人的处分权自由。是否参加诉讼，完全委诸第三人自己的判断，法院不能进行强制。第三人即便不参加诉讼，还有其他途径可以进行权利救济，如另行起诉、

---

① 《民诉法解释》第 81 条规定，第一审程序中未参加诉讼的第三人，申请参加第二审程序的，人民法院可以准许。

第三人撤销之诉①、第三人执行异议之诉②和再审申请③。我国诉讼学界一般认为法院不能依职权追加有独立请求权第三人参加诉讼，但在发现原、被告之间的诉讼争议涉及第三人实体权利时，应当通知第三人，并告知其参加诉讼的权利。蒲一苇教授认为，基于纠纷的特殊性，本诉当事人通常不会对第三人为诉讼告知行为，为给第三人提供参加诉讼的机会，必要时由法院予以通知是可行的，既可以维护第三人的利益，也不与处分原则相悖。但法院的通知不具有强制效力，第三人申请无须向法院表明其是否参加诉讼。④

总之，应当赋予原告型第三人以参加诉讼的程序选择权。

就被告型第三人参加的方式而言，因为其参加诉讼的缘由是他人对其提出了独立的实体权利义务主张，所以其参加诉讼与否具有被动性，并没有基于处分权而生的参加诉讼程序选择权。被告型第三人负有参加诉讼的义务，无论是原告抑或是被告对其提起诉讼，第三人必须进行应诉和答辩。如果第三人拒不应诉答辩，法院可以缺席判决。被告型第三人参加诉讼的方式，必须是主诉讼原告或被告的诉讼主张，并且，对该主张人民法院只能进行形式性的审查。在主诉讼原告或被告无诉讼主张要求第三人参加诉讼的情况下，人民法院可以根据案件审理需要对主诉讼当事人行使阐明权，但不得依职权通知第三人参加，否则将有悖处分原则。

---

① 《民诉法解释》第 292 条规定：第三人对已经发生法律效力的判决、裁定、调解书提起撤销之诉的，应当自知道或者应当知道其民事权益受到损害之日起六个月内，向作出生效判决、裁定、调解书的人民法院提出，并应当提供存在下列情形的证据材料：（一）因不能归责于本人的事由未参加诉讼；（二）发生法律效力的判决、裁定、调解书的全部或者部分内容错误；（三）发生法律效力的判决、裁定、调解书内容错误损害其民事权益。

② 《民诉法解释》第 307 条规定：案外人提起执行异议之诉的，以申请执行人为被告。被执行人反对案外人异议的，被执行人为共同被告；被执行人不反对案外人异议的，可以列被执行人为第三人。

③ 《民诉法解释》第 422 条规定：必须共同进行诉讼的当事人因不能归责于本人或者其诉讼代理人的事由未参加诉讼的，可以根据民事诉讼法第 200 条第 8 项规定，自知道或者应当知道之日起六个月内申请再审，但符合本解释第 423 条规定情形的除外。人民法院因前款规定的当事人申请而裁定再审，按照第一审程序再审的，应当追加其为当事人，作出新的判决、裁定；按照第二审程序再审，经调解不能达成协议的，应当撤销原判决、裁定，发回重审，重审时应追加其为当事人。

④ 蒲一苇：《民事诉讼第三人制度研究》，厦门大学出版社，2009，第 211 页。

就辅助型第三人参加的方式而言，因为其参加诉讼的缘由更多的是在于案件事实的查明。虽然案件的处理结果与其有间接的利害关系，但主诉讼原、被告在争议诉讼标的中并不能向辅助型第三人主张实体义务的履行（如代位权诉讼），故其参加诉讼的方式只有两种：或是出于自身利益的考量申请参加；或是由人民法院依据职权通知参加。

3. 诉讼行为的牵连性

就原告型第三人而言，由于其和主诉讼原被告之间就争议的诉讼标的存在竞争性的分割关系，在判决未予以明确之前，原告型第三人和主诉讼原、被告之间的关系与准必要共同诉讼当事人之间的关系雷同。故在诉讼行为上，可准用必要共同诉讼的诉讼行为牵连性的处理方式。具体而言，是应当充分考虑各行为人的利益独立性。包括如下情形：

①和解与自认：如其中两方愿意和对方和解，法院可以依法确认其和解内容的效力，但是和解协议之内容不能损害其他当事人的合法权益。如其中一方愿意就具体事项对另一方自认，法院可以确认其自认的效力，但是这种自认不能损害第三方的合法权益。

②证据：对于各方的事实主张，不论其是否存在矛盾或不一致，法院均可作为自由心证的资料。

③管辖：对于各方的管辖合并，不能违背法律专属管辖和专门管辖的规定。

④上诉：因行为牵连性和责任牵连性界限之模糊，为查明事实和准确划清责任界限，如其中一方上诉，则视为各方均提起上诉。与一并上诉的做法同理，其中一方当事人有中断或中止的事由发生时，其中止或中断的效力及于全体，整个诉讼都告中断或中止。

⑤撤诉：三方诉讼中，各方的利益主张具有可分性，故允许一方当事人对其中某一方或某两方撤诉。

就被告型第三人而言，其和主诉讼原被告之间就争议的诉讼标的存在竞争性的分割关系，在判决未予以明确之前，被告型第三人和主诉讼原、被告之间的关系同样与准必要共同诉讼当事人之间的关系雷同。故没必要把被告型第三人参加诉讼时当事人诉讼行为的牵连性进行独立讨论。

就辅助型第三人而言，其或者和本案没有直接的利害关系，无须履行本案诉讼标的中的义务、承担责任；其或者在本案中的责任已经明确，故辅助型第三人能保持超然的独立诉讼地位，其诉讼行为和本案主诉讼当事人完全独立。辅助型第三人所应承担的实体权利义务和本案诉讼标的有一定的牵连性，但不会因为主诉讼原告或者被告任何一方的胜败发生实体权利义务的增减问题。辅助型第三人参加诉讼的更重要目的是查明事实，但因和本案有着利害关系，又和一般的证人不同。应当注意的是，无论是应当事人申请或者应人民法院通知要求进入诉讼程序的辅助型第三人，其诉讼任务可能会随着审判进程的展开发生变化。如果在诉讼中，主诉讼原告或被告认为该辅助型第三人应当承担责任并提出明确的诉讼请求，则该辅助型第三人则会转化为被告型第三人，其诉讼行为所应遵守的牵连性法则也随之发生变化。

（五）裁判的牵连性

1. 原告型第三人判决的牵连性

原告参加型第三人若是同时起诉主诉讼中的两方，即两面参加。此时，三面性纠纷一次统一解决，是设立原告参加型第三人制度的目标。在该诉讼中，诉讼对象对本诉的原告、被告和参加人而言，必须合一确定，法院通过共同的辩论和心证，在综合判断原告的诉讼请求和第三人的诉讼请求后，对三方当事人之间的纠纷作出一个互不矛盾的判决。该判决对原告、被告及第三人三方之间的争议进行合一解决，而且对三方当事人均产生既判力。[①]

原告参加型第三人若是仅仅起诉主诉讼中某一方，即一面参加。此时，若是权利主张型的第三人，其和主诉讼的诉讼标的之间有着直接利害关系，因此和其并未起诉的主诉讼中的另一方存在诉讼标的物（额）上的竞争关系，裁判仍然应当合一确定解决方不致矛盾。因此，对原告型第三人（权利主张型），鉴于案件事实间接同源，且主诉讼和参加之诉的诉讼请求有直接竞争性，属于高度牵连性，故应当合并审理合一判决。

若是诈害防止型第三人，其和主诉讼的诉讼标的之间仅有着间接利害关系。依据传统诉讼标的理论，主诉讼中原告对被告主张的往往是基

---

① 蒲一苇：《民事诉讼第三人制度研究》，厦门大学出版社，2009，第213页。

于某一实体权利义务关系的给付之诉，第三人参加之诉主张的往往是基于某一实体权利义务关系是否有效的确认之诉，于此情形，参加之诉的诉讼请求成立与否对主诉讼原告的诉讼请求之间存在先决关系，似乎应当合并审理、一致确定方不致矛盾。但是，诈害防止型第三人的诉讼请求是否具有真实性，是司法实务中的难题，法官既不能未审先定，又不能全然接受。因此，对原告型第三人（诈害防止型），鉴于案件事实往往没有同源性，但主诉讼和参加之诉的诉讼请求有直接竞争性，属于中度牵连性，故可以合并审理共同判决。

总之，在有独立请求权第三人两面参加的情形下，三方均就主诉讼之诉讼标的展开了充分的攻击和防御，则主诉判决确定权利义务关系之既判力之主观范围应当包括有独立请求权第三人，参加之诉的判决确定权利义务关系之既判力之主观范围应当包括主诉原告和被告。在有独立请求权第三人一面参加的情形下，由于诉讼目的之同一性，有独立请求权的第三人和非第三人参加之诉的被告一方也会就事实上或法律上的争点展开充分的攻击和防御，故前诉中的判决会对后诉（有独立请求权的第三人和非第三人参加之诉的被告一方的诉讼）产生参加效。原告型第三人判决的合一解决、一致确定的判决逻辑表达式如下：

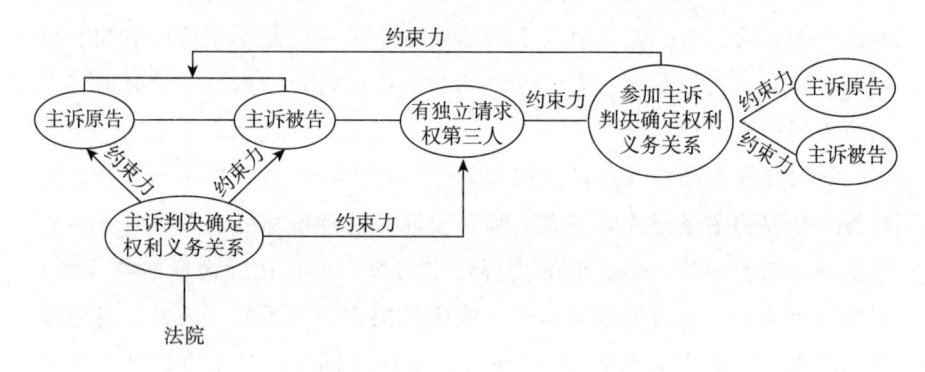

2. 被告型第三人判决的牵连性

被告型第三人参加诉讼的原因，是第三人对原告所提出的诉讼请求可能负有间接民事责任，相对于被告对原告的直接责任而言，第三人对原告的这种责任是一种派生性的责任。派生性的民事责任，源自法律关系间的牵连性。

第三人派生性责任的承担，以被告对原告负有责任为前提。当然，在被告参加型第三人参加诉讼时，本诉的被告对原告是否应当承担责任、第三人是否应当对被告承担责任，均处于不确定状态。即便被告在本诉中败诉，也并不意味着第三人就一定对被告负有相应的责任。第三人是否对被告负有派生责任，取决于其责任与被告对原告所负责任之间是否具有因果关系。①"第三人之诉和本诉中，各个当事人的权利和责任互不相同，但可以互相替代，让第三人代替被告承担责任，而第三人只是在其应对被告承担责任的范围内向原告承担责任"。②

总之，在实体权利义务的总量上，三方当事人之间存在权利义务的加减换算关系，决定了被告型第三人参加之诉和主诉讼判决之间合一确定的必要性；在实体权利义务的性质上，参加之诉中第三人对被告所负责任的确定，往往是主诉讼中被告对原告承担责任的原因，两者间有事实上的先决关系，这进而也决定了被告型第三人参加之诉和主诉讼判决之间合一解决、一致确定的必要性。具体应当分两种情形而为处理：针对被告型第三人（原告引入且可能承担责任），鉴于案件事实间接同源，且主诉讼和参加之诉的诉讼请求有直接竞争性，属于高度牵连性，故应当合并审理一致判决；针对被告型第三人（被告引入且被请求承担责任），鉴于案件事实间接同源，且主诉讼和参加之诉的诉讼请求有间接竞争性，属于中度牵连性，故可以合并审理一致判决。

诉讼实务中，既有原告对被告和被告型无独立请求权第三人（其责任依附于被告）的责任承担请求，又会出现主诉讼被告对原告提起反诉时，其对依附主诉讼原告和对反诉中被告型无独立请求权第三人（其责任依附于主诉讼原告）的责任承担请求。只要诉讼中存在对被告型无独立请求权第三人承担责任的明确诉讼请求，由于责任的依附性和派生性，兼之被告型无独立请求权第三人已就事实上或法律上的争点展开充分的攻击和防御，则判决确定的权利义务关系之既判力客观范围应当作用于被告型无独立请求权第三人。相关判决既判力客观范围作用之逻辑表达式如下：

---

① 蒲一苇：《民事诉讼第三人制度研究》，厦门大学出版社，2009，第231页。
② 江伟主编《民事诉讼法专论》，中国人民大学出版社，2005，第217页。

```
         责任依附原告的              责任依附被告的
          被告型第三人                被告型第三人
              ↑                          ↑
            约束力                      约束力
              |                          |
            原告                        被告
                \                      /
              约束力                约束力
                  \                /
                   判决确定
                   权利义务关系
                       |
                      法院
```

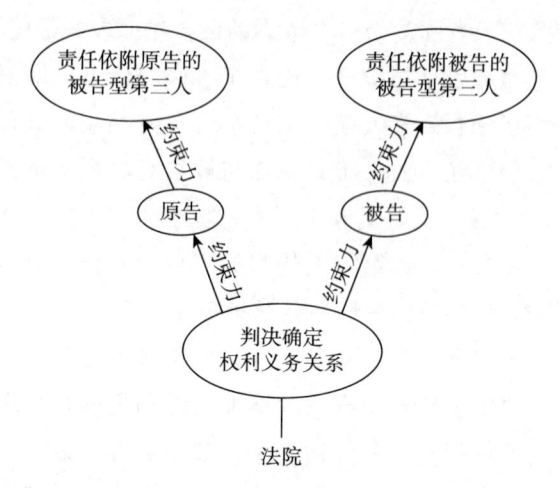

3. 辅助型第三人前诉和后诉判决的部分合一确定

辅助参加型第三人，在前诉讼中没有权利义务的承担问题。但是，可能发生辅助参加人和前诉讼当事人间的后诉讼，此时，前诉判决对后诉当事人可以发生"参加效""反射效""争点效""波及效""证明效"等[①]。例如，后诉当事人虽可以提出诉讼，但不得对法院判决主张不当，不得就前诉中双方已经过攻击和防御的争点判定提出相反的主张。对辅助型第三人，鉴于案件事实间接同源，且主诉讼和参加之诉的诉讼请求有间接竞争性以及该第三人在诉讼中的独立地位，属于弱牵连性，故可以合并审理并允许主诉讼判决对第三人发生既判力的参加效。

在承认被告型无独立请求权的第三人的同时，也承认辅助型无独立请求权的第三人的类型，具有既判力层面的意义。由于主诉讼中争讼的实体权利义务关系和无独立请求权的第三人没有直接相关性，辅助型无独立请求权的第三人参加诉讼其旨虽在查明事实，但和一般证人不同的是，该诉讼对辅助型无独立请求权的第三人将会发生参加效。如此，方可避免在后诉讼中（辅助型无独立请求权的第三人和前诉原、被告任何

---

① 德国法学家 Schwab 将既判力对第三人所发生的拘束力分成两种类型。(1) 第三人的诉讼标的与当事人之间的诉讼标的具有实质上的同一性，只是在形式上主体有所变更。这种情形下所发生的既判力扩张实际上是以诉讼上牵连关系为标准所发生的扩张。(2) 具有既判力的前诉判决所确定的事实，对于一方当事人与第三人间的后诉裁判而言，属于前提性事实时，前诉判决对后诉之第三人及法院发生拘束力。这种情形下的第三人效力实际上是指前诉判决对与当事人有实体上牵连关系的第三人所生的预决效力。胡军辉：《民事既判力扩张问题研究》，中国人民公安大学出版社，2011，第 32 页。

一方或双方的诉讼）将前诉讼的争点进行无条件重新审理的问题。应当注意的是，如辅助型无独立请求权的第三人在被法院通知参加后，被通知者仍拒不参加的，仍产生参加的效力。有鉴于此，辅助型无独立请求权的第三人参加诉讼之判决的既判力作用范围之逻辑表达式如下：

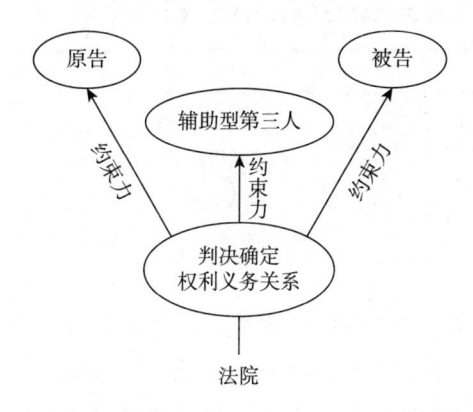

```
         原告              被告
             ↖          ↗
              辅助型第三人
                 ↑
            约束力
         约束力       约束力
              判决确定
              权利义务关系
                 ↑
                法院
```

五 基于牵连性的第三人诉讼地位之确立和转化

（一）第三人诉讼地位的转化

为了举例说明第三人诉讼地位的相互转化可能性，在此以实务中经常出现的租赁合同作具体说明。在租赁合同中，经常因转租行为而产生纠纷。此时，在不同的租赁合同纠纷中，任何一方都可能成为原告，任何一方都可能成为被告，任何一方都可能成为第三人。亦即，三方的诉讼地位可互相转换，出现各种类型的第三人。这些类型的第三人模式在实务中均有相关案例可以佐证：

类型一：出租人为原告，承租人为被告，次承租人为第三人。原告因承租人擅自转租要求解除租赁合同收回房屋。

类型二：承租人为原告，次承租人为被告，出租人为第三人。原告因次承租人不缴纳租金请求解除租赁合同。

类型三：出租人为原告，次承租人为被告，承租人为第三人。原告因承租人不知下落直接对次承租人提出返还房屋的所有权请求。

类型四：出租人为原告，承租人为被告，次承租人为有独立请求权第三人。当次租赁合同和租赁合同租金具有联动关系时，次承租人因出租人和承租人合谋恶意抬高租金而提起诉讼。

这是一种最简单的粗线条划分,转租行为效力纠纷中的当事人关系具体可见表3。

表3 转租行为效力纠纷中的当事人关系

原告	被告	第三人
出租人	承租人	次承租人
承租人	次承租人	出租人
出租人	次承租人	承租人
出租人	承租人	次承租人

在上述的类型中,还可进一步地进行细分,包括但不限于如下几种情形:①前三种类型中,原、被告的位置可以对换;②前三种类型中,第三人的引入既可能是原告引入型,又可能是被告引入型;③第四种类型中,有独立请求权第三人,既可能是只起诉主诉讼原、被告某一方的一面参加,又可能是同时起诉主诉讼原、被告两方的两面参加。

（二）确立新的第三人类型的必要性

1. 确立原告引入型第三人的必要

在前述类型一中,出租人为原告,承租人为被告,次承租人为第三人。原告因承租人擅自转租要求解除租赁合同收回房屋。

此时,原告诉讼请求可以有两种模式:①请求解除与被告间的租赁合同;②请求解除与被告间的租赁合同,并请求被告和第三人归还占用房屋。

若是采取第一种诉讼请求,则自是无碍诉讼,但是若原告胜诉,是否可以直接请求第三人（次承租人）归还占用房屋,不无疑问。若法院在判决理由中,直接认定转租行为无效,原告并不能据此直接要求第三人腾房。但是,在原告和第三人之间的后诉中,人民法院关于该转租行为无效的认定,应当可以对当事人产生参加效。虽如此,原告不免增加了诉累负担。

若是采取第二种诉讼请求,则在立法上有确立原告引入型第三人的必要。如此,原告请求第三人腾房的诉讼请求,才能于法有据。

原告能否以违约为理由，将承租人和次承租人以共同被告的形式提起诉讼？鉴于次承租人和原告之间没有直接的利害关系，并非合同相对人，所以，原告提起共同诉讼的方式，并不可行。

原告能否对承租人提起违约之诉，并对次承租人提起所有物返还之诉，然后请求人民法院进行诉之合并？鉴于我国大陆地区采用传统诉讼标的理论，许多地方法院会认为此时两个诉的诉讼标的既不同一，又不是同一种类，因此无法进行诉之客观合并。当然，实务中也有些法院会允许进行客观合并。在当前的实务环境中，是否允许合并，存在着很大的变动空间和不被法院允许的可能。

2. 确立被告引入型第三人的必要

如原告因次承租人损坏租赁房屋请求解除租赁合同并对承租人提出赔偿损失请求时，法律应当允许作为被告的承租人将次承租人直接引入诉讼，以求纷争的一次性解决。并且，恰如张晋红为代表的民事诉讼研究者所言，将此类第三人独立出来，给予其和原、被告相对等的法律地位，有利于切实保护和平衡第三人与主诉讼原、被告之间的权益。

3. 确立"诈害防止"原告型第三人的必要

在前述类型四中，当次租赁合同和租赁合同租金具有联动关系时，次承租人确有因出租人和承租人合谋恶意抬高租金而提起诉讼的必要。在我国近年虚假诉讼猖獗的情形下，仅仅依靠第三人撤销之诉或者审判监督程序来保护受诈害诉讼不利后果的第三人，有着程序上过于滞后的弊端。

4. 确立"权利主张"原告型第三人的注意事项

前文中叙述了确立"诈害防止"的原告型第三人的必要，同时，还应注意出租人对第三人的"诈害防止"。在一买卖合同纠纷上诉案中[1]，原告购买房屋支付购房款后要求被告交付时，第三人刘伟以其作为案涉房屋承租人的身份，对抗原告提出的腾退房屋请求并要求人民法院确认房屋租赁合同有效。

对于此类第三人积极参加诉讼要求主张权利的情形，应当注意第三人是否恶意使用"买卖不破租赁"的法则，来达到强占出租人房屋的非

---

[1] 刘伟与梅玺等房屋买卖合同纠纷上诉案，一审：浙江省杭州市滨江区人民法院判决书，（2012）杭滨民初字第833号。二审：浙江省杭州市中级人民法院判决书，（2013）浙杭民终字第1145号。

法目的。二审法院在评析中指出,此类案件应当把第三人和主诉讼的牵连性分为形式意义上的牵连性和实质意义上的牵连性。所谓形式意义上的牵连性,要解决的是第三人可否参加本诉的问题。第三人只要持有书面的租赁合同,则满足形式意义上的牵连性,即有权作为有独立请求权第三人参加本诉,法院此时亦只需审查其提交的书面租赁合同的形式要件即可,而对该租赁合同的真伪、效力则不必探究。所谓实质意义上的牵连性,要解决的是第三人可否对抗买受人的问题。如果第三人和出卖人之间不存在事实上的租赁关系,则买卖不破租赁制度即无适用的余地,第三人的诉讼主张即无法得到人民法院的支持。①

六　本章小结

大多数第三人的参加之诉和主诉讼的诉讼标的存在着直接竞争关系,构成了诉之牵连。但是,原告型第三人(诈害防止型)是一种例外,其诉讼请求和主诉讼原告的诉讼请求没有交集,相互间存在的仅仅是一种间接竞争关系,出于国家司法政策的考量,将其和主诉讼合并审理,是一种拟制的诉之牵连。就辅助型第三人而言,其根本没有提出独立的诉讼请求,故不存在着严格意义上的诉之牵连。本章沿着以下的脉络进行了相关思考、分析和总结。

首先,界定第三人诉讼中牵连性的逻辑表达式。扫描大陆法系和英美法系关于第三人诉讼牵连性的各种表述和界定,梳理我国司法实务中的第三人诉讼案件,指出"原告型第三人(权利主张型)"、"原告型第三人(诈害防止型)"、"被告型第三人(原告引入且可能承担责任)"、"被告型第三人(被告引入且被请求承担责任)"和"辅助型第三人"是第三人诉讼的五大案型。

其次,分析第三人诉讼牵连性的逻辑发展轨迹。第三人和主诉讼原告、被告间的纠纷或是源于同一整体性案件事实,或是源于前后有承继性的案件事实,因此,第三人和主诉讼实体权利义务关系有着或直接或

---

① 睢晓鹏:《买卖不破租赁规则中租赁关系的司法判定》,《人民司法》2013 年第 22 期,第 22 页。

间接的利害关系。第三人诉讼行为的独立性和依附性应以其自身的利益为出发点来决定攻击和防御方向，人民法院在此合并诉讼中，就相关权利义务的分割判决应当具有整体性的考量。

再次，推理第三人诉讼牵连性的逻辑发展空间。为提高诉讼效率，在尊重当事人选择和合意的基础上，可以洞穿"直接利害关系"的藩篱，允许"因果链条行为模式"下的"被告引入型第三人"、"原告型第三人（诈害防止型）"和"没有诉讼立场只有诉讼利益的辅助型第三人"加入主诉讼。同时，基于牵连性要素的程序平等性考量，应当强化甚至是平等化第三人的程序地位。

最后，依据案件事实的同源性和诉讼请求竞争性这两个要素的区别，对不同类型的第三人给予不同的程序处理模式。

①针对原告型第三人（权利主张型），鉴于案件事实间接同源，且主诉讼和参加之诉的诉讼请求有直接竞争性，属于高度牵连性，故应当合并审理合一判决。

②针对被告型第三人（原告引入且可能承担责任），鉴于案件事实间接同源，且主诉讼和参加之诉的诉讼请求有直接竞争性，属于高度牵连性，故应当合并审理一致判决。

③针对原告型第三人（诈害防止型），鉴于案件事实往往没有同源性，但主诉讼和参加之诉的诉讼请求有直接竞争性，属于中度牵连性，故可以合并审理共同判决。

④针对被告型第三人（被告引入且被请求承担责任），鉴于案件事实间接同源，且主诉讼和参加之诉的诉讼请求有间接竞争性，属于中度牵连性，故可以合并审理一致判决。

⑤针对辅助型第三人，鉴于案件事实间接同源，且主诉讼和参加之诉的诉讼请求有间接竞争性以及该第三人在诉讼中的独立地位，属于弱牵连性，故可以合并审理并允许主诉讼判决对第三人发生既判力的参加效。

第六章 反诉的牵连性

【本章主要观点逻辑导读】

反诉牵连性之类型化

牵连要素	牵连类型一（意定，裁定）	牵连类型二（意定，裁定）	牵连类型三（意定，裁定）	牵连类型四（强制合并）	牵连类型五（强制合并）
请求事实	事实间接同源：整体性事实的不同部分	事实间接同源：派生性整体性关联性	事实间接同源：非同一事实但事实间具有关联性	同一事实	
请求主体					
请求权基础	派生性整体性关联性				同一法律关系
请求权					
请求	请求间接竞争：内容吞并或抵消	请求间接竞争：内容吞并或抵消	请求可能间接竞争：内容交叉或不交叉	请求间接竞争：内容吞并或抵消	请求间接竞争：内容吞并或抵消
请求目的			有请求（诉讼）目的之联系		

　　反诉制度是在起诉制度建立之后才逐渐形成的。反诉制度起源于古罗马法，在古罗马初期的诉讼程序中，反诉制度并没能得到法律上的认可，后来在公平理念的影响下，罗马在一定条件下承认被告的抵消抗辩，进而延伸承认反诉。[①] 反诉的牵连性，是民事诉讼法中诉之牵连问题的典型表现。虽然如此，但是目前民事诉讼理论界和实务界对反诉牵连性问题的研究并未达致透彻和一致。

---

① 杜承秀：《反诉类型化研究》，《广西政法管理干部学院学报》2006 年第 5 期，第 70—75 页。

一 反诉分类中的牵连性

(一) 反诉的界定

被告利用原告提起之诉讼程序，在诉讼系属中，就与原告之诉讼有相牵连之请求，对原告提起之诉讼，称为反诉。原告之诉称为本诉，本诉被告向本诉原告提起反诉，原告与被告倒置，称为反诉原告与反诉被告。反诉虽系利用本诉之程序而提起，但反诉之性质为独立之诉讼，若被告不利用反诉而独立另外起诉，则为完全独立之诉讼。[①]

一般认为，反诉具有牵连性、独立性、特定性和对抗性四大特征。[②]

(1) 反诉理由的牵连性：反诉的理由与本诉具有牵连性。反诉的理由包括事实上的理由和法律上的理由，因此反诉与本诉之牵连，既包括案件事实的牵连性，又包括法律关系的牵连性。由于反诉理由与本诉理由具有牵连性，反诉诉讼请求与本诉诉讼请求也会发生牵连关系。

(2) 反诉请求的独立性：反诉是一个独立的诉，具有诉的四大要素，可不依附于本诉而独立存在。一方面，反诉不因本诉撤回而失去效力；另一方面，无论本诉是否撤回，反诉之撤回不需要征得本诉原告之同意。

(3) 反诉对象的特定性：传统理论认为，反诉的提起，只能由本诉被告针对本诉原告而为之。

(4) 反诉目的的对抗性：反诉诉讼请求之目的，在于抵消或吞并本诉诉讼请求。

(二) 反诉与反驳 (抗辩) 的区分

反诉与反驳 (抗辩) 具有明显的差异性。两者之间无论是在性质、结果、方向、手段和目的之各方面，均有明显的不同。具体可见表1。

[①] 陈荣宗、林庆苗：《民事诉讼法》，三民书局，1996，第370页。
[②] 周世新、聂明根：《反诉制度相关问题探究》，《江西社会科学》2003年第8期，第162页。

表 1 反诉与反驳（抗辩）之区分

类别种类差异	性质	结果	方向	手段	目的
反诉	诉的一种特殊形式，必须具备诉的四要素，是被告向原告提出的新的诉讼请求	结果必然会产生一种新的诉讼法律关系可以在承认原告诉讼请求的情况下被提出	可以在承认原告诉讼请求的情况下被提出	实体权利义务的攻击	抵消、吞并原告的诉讼请求
反驳（抗辩）	不是诉，是一种具体诉讼行为。不是被告向原告提出的新的诉讼请求	结果不会产生新的诉讼法律关系	是对原告诉讼请求的否定，否则就是认诺	程序反驳与实体反驳	动摇原告的诉讼请求

（三）反诉与本诉牵连性之分类

关于反诉与本诉牵连性之分类，学者们意见虽未完全统一，但几乎趋同。杨建华教授所作的分类论述，相当精辟。他认为，反诉与本诉之牵连关系，有下列两种情形。[①] 第一种情形是反诉之标的与本诉之标的有牵连关系者，如反诉与本诉之诉讼标的相同，而非同一事件者；反诉与本诉之诉讼标的由同一法律行为所生者；反诉与本诉之诉讼标的由同一事实发生者；反诉与本诉之诉讼标的系形成同一法律关系者；反诉与本诉之诉讼标的的互不兼容或其中之一为先决问题者。第二种情形是反诉之标的与本诉之防御方法有牵连关系者。

本书拟依据从诉之牵连的四个连接点的角度，分析实务中常见的反诉与本诉牵连现象。

1. 实务中反诉与本诉在法律关系上的牵连

实务中反诉被告所主张的反诉与本诉在法律关系上的牵连，由强至弱，主要有以下几种情形：

（1）反诉与本诉基于同一法律关系。即反诉与本诉所依据的权利义务关系性质相同。例如，基于同一保管合同关系，原告起诉乙，请求法院判决乙返还其保管的物品，被告反诉原告请求支付保管费。此外，如果双方对其起诉所依据的同一法律关系的效力认识不同，不影响反诉和本诉的牵连性。例如，在一房屋买卖合同中，原、被告均起诉请求确认

[①] 杨建华：《民事诉讼法要论》，北京大学出版社，2013，第 227 页。

某房屋的所有权归自己所有。

(2) 反诉与本诉基于同一事实下的两个不同法律关系。如在雇佣活动中因雇工的受伤导致雇佣任务无法完成，现雇工对雇主提起侵权之诉，雇主对雇工提出违约之诉。

(3) 反诉与本诉所基于的两个不同法律关系具有派生性。如本诉原告起诉被告违约，反诉原告起诉本诉被告在履约纠纷中对其的人身侵权。

(4) 反诉与本诉所基于的两个不同法律关系具有整体性。如本诉原告依据主合同起诉被告违约，反诉原告依据从合同反诉本诉原告违约。

(5) 反诉与本诉所基于的两个不同法律关系具有一般关联性。原、被告相互间有一系列的买卖合同，如本诉原告依据甲合同起诉被告违约，反诉原告依据乙合同起诉本诉被告违约。

上述法律关系的牵连性，虽未必都能得到人民法院的支持，但其内在的牵连性，毋庸置疑。

2. 实务中反诉与本诉在案件事实上的牵连

实务中反诉被告所主张的反诉与本诉在案件事实上的牵连，由强至弱，主要有以下几种情形：

(1) 反诉与本诉基于同一案件事实。如原、被告的互殴行为。原、被告双方对同一案件事实的法律定性认识之不同，不影响反诉的牵连性。例如，原告起诉请求离婚，被告以婚姻关系不成立提起婚姻效力确认之反诉。双方对同一案件事实的法律关系定性认识之不同，不影响反诉的成立。

(2) 反诉与本诉基于同一法律关系下的两个不同事实。如在房屋租赁合同中，原告依据租赁合同到期的事实要求退房，被告依据租赁物损坏未及时维修的事实要求退还部分租金。

(3) 反诉与本诉所基于的两个不同案件事实具有派生性。如本诉原告起诉被告妨碍其相邻权中的通行自由，反诉原告起诉本诉被告毁坏其地上林木导致无处堆放的行为。

(4) 反诉与本诉所基于的两个不同案件事实具有整体性。如本诉原告因为工程完工要求被告支付工程款，反诉原告则因为被告在工程建设过程中借用的原材料抵扣工程款。"工程完工"和"工程建设过程中借用的原材料"都是同一工程下的事实，具有整体性。

(5) 反诉与本诉所基于的两个不同案件事实具有一般关联性。原、被告相互间均有借用对方物品的事实，现均起诉对方违约。

上述案件中关于法律关系和案件事实的牵连性，虽未必都能得到人民法院的支持，但其内在的牵连性，毋庸置疑。就现有实务案件而言，反诉的牵连性缘由有两个：一是法律关系，二是案件事实。所谓诉讼请求之吞并和抵消，实则是反诉之目的。就法律关系和案件事实而发生的牵连性而言，从前述司法案例中可以总结出多种表现形式，具体可见图1。

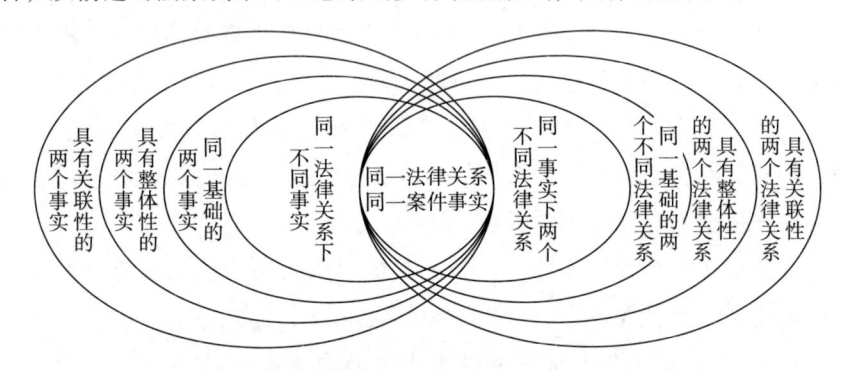

图1 法律关系和案件事实发生牵连性的表现形式

3. 实务中反诉与本诉在诉讼请求上的牵连

学理上通说认为反诉对本诉的诉讼请求有抵消、吞并之功能，然而实务中反诉的诉讼请求和本诉的诉讼请求存在不同关系，或者为同一关系，或者为交叉关系，或者为同类关系。

（1）反诉与本诉请求是同一内容的相反主张。如基于同一案件事实、同一法律关系，双方均主张某物品的所有权。例如，买卖合同中，本诉原告要求确认合同有效给付标的物，反诉原告则要求确认合同无效、恢复原状。该类案型其逻辑表达式如下：

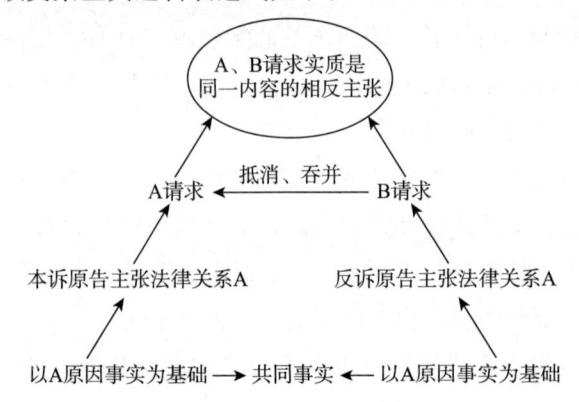

第六章 反诉的牵连性

（2）反诉与本诉请求重叠部分是同一内容的交互主张。原、被告双方可以基于某一整体事实下的不同部分，依据不同法律关系提起不同的诉讼请求。例如，本诉原告因为工程完工要求被告支付工程款，反诉原告则因为被告在工程建设过程中借用的原材料抵扣工程款，并归还扣留的相关权属证明。此类案件中，反诉的诉讼请求范围超过了本诉的诉讼请求范围。该类案型其逻辑表达式如下：

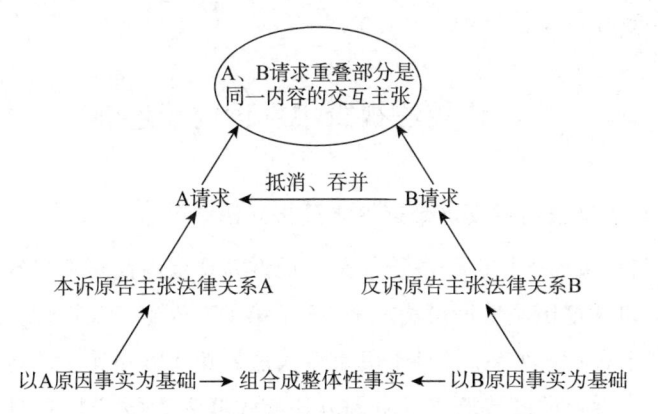

```
              ⌒A、B请求重叠部分是⌒
              ╲同一内容的交互主张╱
                      ↑
              抵消、吞并
         A请求 ←————————— B请求
           ↑                   ↑
           │                   │
    本诉原告主张法律关系A    反诉原告主张法律关系B
           ↑                   ↑
    以A原因事实为基础 → 组合成整体性事实 ← 以B原因事实为基础
```

（3）反诉与本诉请求内容上没有重叠，但均指向种类物，双方仅有诉讼目的之联系。实务中，被告方会基于牵连性事实，依据不同法律关系提起反诉。这是一种泛牵连性的反诉，多不为人民法院所认可。即便如此，有的法院虽不承认反诉的成立，但考虑到双方所主张案件事实的牵连性，也会同意将两个案件进行诉之合并，提高审判效率。该类案型其逻辑表达式如下：

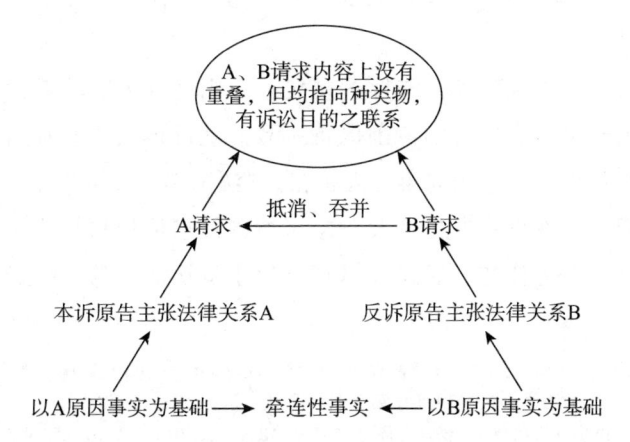

```
            ⌒  A、B请求内容上没有  ⌒
            │  重叠，但均指向种类物， │
            ╲   有诉讼目的之联系    ╱
                      ↑
              抵消、吞并
         A请求 ←————————— B请求
           ↑                   ↑
           │                   │
    本诉原告主张法律关系A    反诉原告主张法律关系B
           ↑                   ↑
    以A原因事实为基础 → 牵连性事实 ← 以B原因事实为基础
```

4. 实务中反诉与本诉在当事人上的牵连

通说认为反诉当事人范围不得超出本诉当事人之范围。然而，实务中，存有反诉当事人范围超出本诉当事人之案型，主要包括如下两种情形：一是反诉原告就诉讼标的必须合一之必要共同诉讼原告提起反诉；二是反诉原告就本诉原告和第三人提起反诉。反诉原告依据实体权利义务之牵连性，进行了反诉对象的扩张，但这两类案型，究竟应当如何处理，学界颇有争议。

二 比较法视野中反诉的牵连性

（一）大陆法系对反诉牵连性之严格立法倾向

"大陆法系为防止诉讼过于复杂，反诉客观范围仅限于与本诉有牵连关系者。如《德国民事诉讼法》第33条第1款规定，反诉请求提起必须与本诉请求有牵连关系。《日本民事诉讼法》第146条第1款也规定反诉标的需以本诉标的的请求或者防御方法有关联者为限。"[①] 在日本，即便有了充分牵连性，满足了同一程序等基本要件，也未必能提起反诉，如"反诉致使诉讼程序显著迟延时"则为法所不容许。[②] 对反诉，《法国新民事诉讼法典》第70条规定："反诉或追加之诉，仅在其与本诉请求有足够联系时，始予受理。但是，抵消之诉，即使并无此种联系，亦得受理之；如此种诉讼请求有可能过分迟延整个案件的判决，法官应将其分离。"[③] 由上可知，大陆法系的代表国家，均要求反诉与本诉之间存在充分的牵连性。

关于反诉之主观范围牵连性的规定。原则上，大陆法系国家均要求反诉当事人和本诉当事人的范围保持一致。就反诉当事人而言，无论是原告抑或是被告，均禁止向第三人扩张。"法国禁止反诉当事人扩张，反诉当事人仅限于本诉双方当事人。在《德国民事诉讼法》上，对于反诉当事人为何，并未作特别规定（《德国民事诉讼法》第33条），其学说

[①] 张嘉军：《扩张与限制：试析两大法系两种不同反诉观——兼论我国反诉制度的未来走势》，《安徽大学学报》2005年第2期，第100页。

[②] 《日本民事诉讼法典》，曹云吉译，厦门大学出版社，2017，第51—52页。

[③] 《法国新民事诉讼法典》，罗结珍译，法律出版社，2008，第136页。

及实务在一定情形,承认第三人反诉,即经由反诉或随同反诉将原未参与诉讼之第三人纳入诉讼程序之中,反诉之当事人范围未受限于本诉之当事人范围。"① "日本最高法院判例认为,反诉系本诉被告对于本诉原告所提起者,如非属于本诉当事人间不得提起反诉。即使与本诉原告有共同侵权行为关系之第三人,亦不得对之提起反诉。"②

由上可知,大陆法系国家对反诉之立法和实务中牵连性之认定和扩张,原则上采取谨慎的态度,严格控制牵连性的泛化。

此外,"德国对强制反诉也有特别规定,即如果对主诉的裁决的全部或部分取决于某项法律关系或权利的存在而其存在与否曾在程度中有争论,被告得以申请作出宣告判决的反请求申请法院裁决"。③

(二) 英美法系对反诉牵连性之宽松立法倾向

在反诉之客观范围上,英美法系对牵连性之要求几近于无。相较于大陆法系,英美法系对于反诉的提起没有严格的条件限定。英国的民诉理论与实务,对反诉持有一种泛牵连性的观点。美国《联邦民事诉讼规则》第13条④也规定被告可以反请求的形式向原告提出任何请求,但是,该请求范围颇为泛化,并非如强制反诉那般,需要基于对方当事人所请求的交易或事件而产生。反诉之泛牵连性与反诉客观范围的边界泛化,一方面,有利于纷争的一次性解决;另一方面,有可能导致诉讼的拖沓冗长。

英美法系还有强制反诉的特别规定。例如,"英国《最高法院规则》规定任何诉讼的被告主张其对原告有请求权或有权对原告主张救济时,不得另行诉讼而只能提起反诉。反请求可以涉及任何时候以任何方式成立的诉讼"。⑤ 美国也是明确规定了基于同一交易或事件而产生强制反诉。⑥ "美国《联邦民事诉讼规则》对强制反诉的规定,是由于两个请求

---

① 许士宦:《新民事诉讼法》,北京大学出版社,2013,第143页。
② 许士宦:《反诉之扩张》,《台大法学论丛》2002年第5期,第5页。
③ 张晋红:《对反诉理论与立法完善的思考》,《法律科学(西北政法学院学报)》1995年第3期,第71—74页。
④ See Rule 13. Counterclaim and Crossclaim. (b) Permissive Counterclaim. A pleading may state as a counterclaim against an opposing party any claim that is not compulsory.
⑤ 张嘉军:《扩张与限制:试析两大法系两种不同反诉观——兼论我国反诉制度的未来走势》,《安徽大学学报》2005年第2期,第99页。
⑥ See Rule 13. Counterclaim and Crossclaim. (a) Compulsory Counterclaim.

之间事实的关系，被告必须在原告的诉讼中主张其权利，否则根据既判力原则他将丧失权利并不得另案起诉"。①

1938 年，美国《联邦民事诉讼规则》通过，反诉被区分为强制反诉和任意反诉。这种区分随即引发此问题：被告方若未能在待审未决案件中提出反诉，在未来提出诉讼的权利是否会被排除。由于条文未就此作明确规定，法院从实践中逐渐累积经验并得出结论：强制反诉规则将产生阻断效力。

美国《联邦民事诉讼规则》第 13 条（a）款规定的强制反诉，强调被告的诉因和原告的诉讼请求产生于同一交易或事实。在判断被告提出的反诉是否属于强制反诉时，美国联邦法院在实践中采用了四因素测试法，只要具备其中任何一种因素，即认为构成强制反诉：（1）诉讼请求和反诉的事实和法律争点大体相同；（2）如果不考虑强制反诉规则，既判力也会禁止被告后续提出诉讼请求；（3）实际上是相同证据证明或反证了原告以及被告的诉讼请求；（4）诉讼请求和反诉之间存在逻辑联系。在判断第四点时，如果反诉和诉讼请求缘于同一起因事实群，在如下两种意义上二者则被视为具有逻辑联系：（1）两诉的基础是同一起因事实群（same aggregate of operative facts），或者（2）原诉讼请求所基于的核心事实群，使得被告方具有其他法律权利，且此权利若非基于该核心事实群则处于休眠状态。②

佩斯夫妇诉提默曼等案件（Jeanne Pace, Dan Pace v. Timmermann's Ranch and Saddle Shop, Inc.; Dale Timmermann; Carol Timmermann; Tammy Rigsby; Dawn Manley），是一个有关反诉是否应该被确认为强制反诉的典型案件。③ 此案先是在 2013 年由美国联邦伊利诺伊州东区地区法院审理，后经第七巡回法院部分改判，确认原告提出的部分诉讼请求不构成对另一在先案件的强制反诉，另一部分则构成强制反诉。

本案基本事实如下：

---

① 张晋红：《对反诉理论与立法完善的思考》，《法律科学（西北政法学院学报）》1995 年第 3 期，第 71—74 页。
② See Opinion Corp. v. Roca Labs, Inc., 312F. R. D. 663 (M. D. Fla. 2015), on reconsideration, (Jan. 25, 2016).
③ See Pace v. Timmermann's Ranch and Saddle Shop Inc., 795 F. 3d 748 (2015).

提默曼是一家提供马匹寄宿和买卖的公司，同时也经营一家农场以及一家马鞍商店。纠纷产生时，卡罗和戴尔正负责经营提默曼，道恩·曼利和塔米·瑞格斯比是公司雇员。佩斯夫人受雇于公司，担任记账员。提默曼在首次提起的诉讼中主张，佩斯夫人存在侵吞款项以及偷盗公司财物的行为，并在首次发现其存在上述行为时解雇了佩斯夫人。佩斯夫人在之后的诉讼中提出，其行为与行业惯例一致，并且其主管对其行为完全知晓。戴尔向伊利诺伊州湖城警长办公室报警，指控佩斯夫人盗窃财物超过10万美元，并随后说服警长逮捕了佩斯夫人。之后，佩斯夫人被拘留，次日释放。佩斯夫人被释放后，除提默曼之外的其他被告继续向警长办公室提供有关主张其非法行为的信息，此后州检察官依据上述信息对佩斯夫人提出指控，罪名包括盗窃、造假以及违法使用信用卡。

本案的民事审判过程如下：

2011年，提默曼对其前雇员珍妮·佩斯提出诉讼，称其违反信义义务（fiduciary duty）、欺诈以及不当得利。提默曼提出，佩斯夫人窃取公司财物和钱款；佩斯夫人进行答辩并提出反诉。

2013年，佩斯夫人及其丈夫丹·佩斯，对提默曼及其四名雇员提出新诉，主张被告合谋以便非法拘禁佩斯夫人。佩斯夫人主张，由于被告的行为，她经历了严重且极端的情感创伤；佩斯先生则提出财产损失。

佩斯夫人提出动议，主张两诉合并。法院就调查部分批准了该动议，但就庭审部分拒绝了此动议，并告知佩斯夫人应在调查完结后要求合并审理。在调查期间，地区法院撤销了佩斯夫人提出的后诉，认为该后诉实际上是公司2011年提出诉讼的强制反诉，此后诉中的个人被告佩斯先生，本应该依照美国《联邦民事诉讼规则》第20条加入前诉。佩斯夫人就地区法院的撤销以及拒绝批准其合并诉讼请求的动议提出上诉。

上诉法院认为，佩斯夫人针对提默曼之外的其他当事人提出的诉讼不构成对2011年诉讼的强制反诉，因为从美国《联邦民事诉讼规则》第13条以及第20条规定看，诉讼当事人在本应该提出的强制反诉中，没有义务将其认为是新增当事方合并在该强制反诉中。而且，由于佩斯夫人对提默曼主张的程序滥用是在其提出反诉之前就已经提出的，则因此构成法定反诉（mandatory counterclaim），因此，地区法院的判决部分被推翻，部分被维持。

由此案看出，法院认为根据美国《联邦民事诉讼规则》第 13 条的规定："强制反诉规定的是请求人对其'相对方'（opposing party）所提出的诉讼请求，并不针对合并当事人。"而且，第 13 条（h）款规定，"本诉当事人之外的人可以按照本规则第 19 条和第 20 条的规定成为反请求或交叉请求的当事人"。因此，2011 年的第一次民事诉讼的当事人只是提默曼公司和佩斯夫人，对于佩斯夫人而言，其相对方就是提默曼公司，而不是其他本可合并但未合并的当事人。且基于第 19 条规定的必要当事人合并之规定看，除提默曼公司之外的其他当事人，并不属于必须合并的当事人。将第 13 条（a）款规定的强制反诉与第 20 条规定的任意合并当事人捆绑在一起，创制出必要当事人合并并非该条款的本意之所在。

在反诉当事人之扩张上，英美法系较大陆法系显得更为宽松。在英美法系，反诉除了可向本诉原告提起外，还可以向第三人提起。英国《民事诉讼规则》第 20.2 条①规定反诉可以扩张于本诉原告以外的其他诉讼当事人。美国《联邦民事诉讼规则》第 13 条（h）款②规定，反诉的对象包括本诉当事人之外的人。

总体来说，英美法系在反诉牵连性方面的要求极其宽松，同一交易或者事件是其判断牵连性的标准。然而，这仅仅是对强制反诉而言的一种弹性而模糊的标准。就任意反诉，英美法系采用了一种泛牵连性的标准。

三 我国反诉中牵连性的实证考察

（一）法律规定

根据《中华人民共和国民事诉讼法》第 51 条规定："原告可以放弃

---

① CPR 20.2— (1) A Part 20 claim is any claim other than a claim by a claimant against a defendant and includes— (a) a counterclaim by a defendant against the claimant or against the claimant and some other person; (b) a claim by a defendant against any person (whether or not already a party) for contribution (GL) or indemnity (GL) or some other remedy; and (c) where a Part 20 claim has been made against a person who is not already a party, any claim made by that person against any other person (whether or not already a party). (2) In this Part "Part 20 claimant" means a person who makes a Part 20 claim.

② Rule 13. Counterclaim and Crossclaim (h) Joining Additional Parties. Rules 19 and 20 govern the addition of a person as a party to a counterclaim or crossclaim.

或者变更诉讼请求。被告可以承认或者反驳诉讼请求，有权提起反诉。"

反诉作为一个独立的诉，首先必须符合民事诉讼法起诉的条件：（1）原告是与本案有直接利害关系的公民、法人和其他组织；（2）有明确的被告；（3）有具体的诉讼请求和事实、理由；（4）属于人民法院受理民事诉讼的范围和受诉人民法院管辖。

反诉除了要满足《民事诉讼法》起诉的条件之外，通说认为："反诉的提起还应满足下列程序条件：（1）反诉只能是本诉被告向本诉原告提起，而不能对原告以外其他人。（2）反诉只能向受理本诉的法院提起。（3）反诉与本诉必须是适用同种诉讼程序。（4）反诉不能是其他法院专属管辖。（5）反诉与本诉的诉讼请求必须在事实或法律上有牵连。（6）提起的期限为法庭辩论结束前。"[1]

（二）司法解释

《民诉法解释》对反诉的构成条件作了详细规定。

1. 反诉范围之限定

《民诉法解释》第233条规定："反诉的当事人应当限于本诉的当事人的范围。反诉与本诉的诉讼请求基于相同法律关系、诉讼请求之间具有因果关系，或者反诉与本诉的诉讼请求基于相同事实的，人民法院应当合并审理。反诉应由其他人民法院专属管辖，或者与本诉的诉讼标的及诉讼请求所依据的事实、理由无关联的，裁定不予受理，告知另行起诉。"

2. 反诉独立性之确立

《民诉法解释》第239条规定："人民法院准许本诉原告撤诉的，应当对反诉继续审理；被告申请撤回反诉的，人民法院应予准许。"

（三）司法观点

查诸《最高人民法院民事诉讼司法观点全集》，其对于反诉部分的内容并无专门的答复或者特别司法观点。可见，最高人民法院不认为在该问题上有太多需要进一步澄清的空间。然而，在民事司法实践的反诉之处理上，仍然可以发现不少人民法院相互间不一致的反诉处理方式。

---

[1] 张晋红：《对反诉理论与立法完善的思考》，《法律科学（西北政法学院学报）》1995年第3期，第71—74页。

（四）类案研究

虽然民事诉讼法及其司法解释对构成反诉的条件作出相关的法律规定，但在司法实践中对反诉制度的操作仍然存在着许多问题，在司法实践中反诉成立的概率不高，各个法院对于反诉的构成条件存在着歧义，如何使其改变是司法界的一大难题。下面我们来认识一下反诉成立的条件在司法实践中是如何运用的。

1. 基于法律关系牵连性提起的反诉

案型一：不是基于同一法律关系则牵连性不足，不构成反诉

在刘某某与合水县民政局房屋租赁合同纠纷案[①]中，本案反诉原告与被告因租赁合同案引起纠纷，合同约定将房屋及部分设施给原告用，合同到期不久前原告重新装修，合同到期后，反诉被告要求原告搬离房屋，双方发生纠纷。法院认为本案一审原告基于其与被告签订的合同纠纷提起了合同之诉，请求终止双方签订的合同；被告承担违约金；支付延期交房的占用费。被告针对本诉提起反诉，反诉请求之一是要求原审原告支付拖欠的招待费用9642.5元。招待费用的产生系原审原告与原审被告因餐饮服务这一事实发生的债务关系，和本案中租赁合同不属于同一事实，也不基于同一法律关系，故该反诉请求与本诉不具有事实或法律上的牵连性，不能合并审理。该法院的判决认为本诉的诉讼请求是基于合同关系，反诉是基于债务关系，两者之间不是基于相同法律关系，因此，反诉不能成立，不能合并审理。

法律关系同一，是本诉与反诉发生牵连性的重要连接点。类似的案件如在一健康权纠纷上诉案[②]中，被告在一审中主张其并未向原告实施侵权行为，原告四处造谣并恶意提起本案诉讼，导致其名誉权受损，因此提出反诉，要求原告向其赔礼道歉及赔偿精神损失费。法院认为，从被告反诉主张的诉讼标的与本案并非属于同一法律关系或同一权利，亦非基于同一法律关系或原因事实，因此原审法院未受理并无不当。

[①] 刘俊海与合水县民政局房屋租赁合同纠纷案，甘肃省庆阳地区中级人民法院民事裁定书，（2014）庆中民终字第507号。
[②] 莫柱厚等与杨窝球健康权纠纷上诉案，广东省东莞市中级人民法院民事判决书，（2013）东中法民一终字第271号。

案型二：基于同一法律关系则牵连性充分，构成反诉

在马某好与王某宾、王某峰管辖案①中，法院认为原审原告是以被告未完全履行退股协议约定的义务为由而提出起诉，主张支付剩余股权转让款。原审被告则以原告未按退股协议约定提供正确生产配方和协助解决技术问题，并导致其产品出现质量问题为由，而反诉主张赔偿损失。从以上内容可知，本案的反诉与本诉请求均是基于同一法律关系即股权转让合同关系而提出，并且本诉请求的成立在于被告义务的履行，而该项义务的正确履行与否必然又会关乎反诉请求能否获得支持，鉴于此，本院认定反诉请求与本诉请求之间存在牵连关系。

本案中，法院认为本诉与反诉都是基于同一个合同关系：同一股权转让合同关系，具有牵连性。从而认为本诉与反诉之间存在着牵连性，因此要合并审理。

一般而言，本诉和反诉基于相同法律关系，法院在牵连性判断方面不会有太多困难，也比较一致地采取认定反诉能够成立的做法。类似的案例有：

（1）在一买卖合同纠纷上诉案②中，甲公司和乙公司签订买卖合同，约定甲向乙购买服装，乙公司按约定交货，但是甲迟迟拖欠支付货款，甲公司反诉其货物存在质量问题。法院认为，乙公司与甲公司之间的服装买卖合同合法有效，乙公司提起的本诉所涉及的是双方之间的全部业务往来，甲公司提起的反诉所涉及的也是双方之间的全部业务往来，本诉与反诉之间存在牵连性和法律关系的包含性，可以一并予以处理。

（2）在一土地承包经营权案③中，法院认为本诉原告起诉村民委员会请求其与王某所签的合同无效并返还原告土地，院里村民委员会请求原告支付承包费所提起的反诉，均系基于原告承包村民委员会果园及1.5亩土地的相同事实，一审法院受理院里村民委员会对原告的反诉在本案合并审理并无不当。

---

① 马存好与王仕宾、王青峰管辖裁定书案，广东省中山市中级人民法院民事裁定书，(2015)中中法立民终字第313号。
② 甲公司与乙公司买卖合同纠纷上诉案，江苏省苏州市中级人民法院民事判决书，(2012)苏中商终字第0335号。
③ 王京学与莱西市日庄镇院里村民委员会、王钢土地承包经营权纠纷案，山东省青岛市中级人民法院民事判决书，(2015)青民一终字第2654号。

（3）在一房屋租赁合同纠纷案①中，法院认为，在朝阳法院审理原告某公司起诉被告某公司租赁合同纠纷案期间，本案诉讼请求与前诉原告某公司的诉讼请求系基于同一租赁关系，返还装修之投入与赔偿损失之诉讼请求与前诉腾退房屋和支付使用费均属确认同一租赁合同无效的后果，两诉之间基于同一事实，应当予以合并审理。

（4）在一财产损害赔偿纠纷案②中，法院认为，原告某公司基于某居委、书院居民组强行拆除峄北加油站的侵权行为请求赔偿经济损失；而某居委、书院居民组因原告某公司迟延履行交纳租金的义务，提出反诉要求与其解除租赁合同并给付欠交的租金。一、二审法院基于双方之间存在的租赁关系，本诉与反诉有事实上的牵连性，一并审理有事实和法律依据。

案型三：基于同一种类的法律关系则牵连性不充分，不构成反诉

在一买卖合同纠纷上诉案③中，原、被告公司签订钢材买卖合同，两者有数笔业务往来，但都没有书面或口头合同约定，原审原告按约履行合同后，被告长期拖欠货款，原审被告反诉称原告的钢材存在质量问题，但是法院认为，被告某公司提起反诉请求是基于之前与原告某公司发生的业务，所涉争议货物不是在同一个买卖合同关系项下，故其诉讼标的并不属于同一法律关系，反诉与本诉之间不具有牵连性。

在这类案件中法官认为本诉与反诉的诉讼标的不属于同一法律关系，而是同一种类的法律关系，以此判断本诉与反诉不具有牵连性，不将本诉与反诉合并审理。有疑问的是，涉反诉的法律关系和本诉之法律关系，均源于两家公司的系列性交易活动，在某种意义上具有案件事实的整体性，这是否可以作为反诉成立的理由？进一步引申出的问题是，实务中究竟应在何种程度、何种意义上来定性反诉所必需的"共同案件事实"？

案型四：基于相互补充的法律关系则牵连性充分，构成反诉

在福建武夷山三木实业有限公司与佛山市澳妮斯家具有限公司买卖

---

① 红画坊（北京）酒店管理有限公司诉北京创世纪体育有限公司房屋租赁合同纠纷案，北京市第三中级人民法院民事裁定书，（2015）三中民初字第05876号。
② 邹城市宏华商贸有限公司诉邹城市人民政府钢山街道办事处北关社区居民委员会等财产损害赔偿纠纷案，最高人民法院民事裁定书，（2013）民申字第830号。
③ 上海昱冶经贸有限公司与上海宝然钢铁有限公司买卖合同纠纷上诉案，上海市第二中级人民法院民事判决书，（2010）沪二中民四（商）终字第1331号。

合同纠纷案①中，原、被告分别签订了《家具订货补充协议》与《家具订货合同》两份买卖合同，但前者是对后者的补充，《家具订货补充协议》中增加新的买卖标的并约定了不同于《家具订货合同》的交货时间，但是并不影响其成为《家具订货合同》的组成部分。法院认为，在该案中的本诉与反诉之间是基于相同的买卖合同关系，因此，本诉与反诉之间是具有牵连性的。虽然是两个不同的合同，但它们之间存在着主从关系，所以两个合同之间存在牵连，不能将其当成两个独立的合同来看，因此两案可以合并审理。本案中，法院认为具有主从关系的两个法律关系可以看作是同一法律关系，因此，本诉与反诉都是基于相同的买卖合同关系，具有牵连性。类似的案件有，在一租赁合同纠纷案②中，法院认为淄博市周村区商家镇代家村委会与山东省民族艺术学校签订的《有关土地使用权暨建校投资的相关协议》与《代管协议》的内容相互关联。淄博市周村区商家镇代家村委会依据该两份协议提起本诉，诉求土地使用权等总体费用；山东省民族艺术学校依据《代管协议》提起反诉，追要地上校舍转租金、校舍维护赔偿金、校舍树木赔偿金。本诉事实与反诉事实之间具有牵连性，双方当事人的诉讼标的具有同一性，诉讼请求主观权益上有联系。

案型五：基于同一法律关系的给付之诉与确认之诉未必有牵连性

在谢某某与奚某某、陶某某等买卖合同纠纷案③中，法院认为从诉讼请求分析，本诉原告提起的是给付之诉，而被告提起的是确认之诉，不适宜在本案中一并处理，被告可另案起诉。从本案的裁定中可以看出该法官对给付之诉与确认之诉的定性存在微妙的倾向。但是在另外一转让合同纠纷案④中，最高人民法院则认为，反诉被告基于收购合同对反诉

---

① 福建武夷山三木实业有限公司与佛山市澳妮斯家具有限公司买卖合同纠纷案，福建省南平市中级人民法院，(2015) 南民终字第782号。
② 淄博市周村区商家镇代家村村民委员会与山东省民族艺术学校租赁合同纠纷案，淄博市中级人民法院二审民事裁定书，(2016) 鲁03民终1730号。
③ 谢自芳与奚班平、陶善金等买卖合同纠纷案，安徽省马鞍山市中级人民法院一审民事裁定书，(2015) 马一初字第00073-1号。
④ 上海中机能源工程有限公司与柳州市工业控股有限公司、广西壮族自治区柳江造纸厂、柳州中竹纸业有限责任公司、柳州中竹林有限责任公司、中国工商银行柳州分行企业转让合同纠纷案，中华人民共和国最高人民法院民事判决书，(2006) 民二终字第70号。

原告提起合同无效的确认之诉，反诉原告也基于收购合同对反诉被告提起给付之诉，给付之诉前提是合同有效，因此，反诉原告的诉请旨在排斥反诉被告提出的合同无效的诉讼请求，两者诉请之间具有牵连性，符合反诉的条件。原审被告的反诉成立。

这两个案件都包含着给付之诉和确认之诉，在第一个案件中，法官认为它们不适合合并审理，但在第二个案件中，法官认为基于同一法律关系的给付之诉与确认之诉具有牵连性，应当合并审理。实务中，对于确认之诉与给付之诉相互间是否构成本诉与反诉，存在着一定争议。

案型六：反诉往往是既基于同一法律关系又基于同一案件事实

在一雇佣纠纷案①中，法院认为，本案本诉为原告作为司机在受雇行为中受伤要求雇主予以赔偿，反诉为被告所作为雇主要求原告在受雇行为中因过失给雇主造成损失予以赔偿，本案本诉与反诉具有法律上的牵连性，被告所提出的反诉请求符合反诉的法定条件，原审法院对被告所提的反诉应予受理。

在此类案件中，本诉与反诉既基于同一法律关系又基于同一案件事实。亦即，法律关系的牵连和案件事实的牵连在许多情形下具有不可分性。当事人之间往往先存在某一法律关系，而后因为该法律关系下某一共同事实引发出的责任分担问题发生争议。那种把反诉和本诉基于同一法律关系或同一案件事实的分法，更多的是一种理论抽象偏好。更应该考虑如下情形：反诉和本诉基于同一案件事实，但基于不同法律关系。例如，对于互殴行为，事实是共同的，但是存在两个不同主体主导下的两个侵权法律关系；又如，对于同一事件，原告起诉被告侵权，被告起诉原告违约。

2. 基于案件事实牵连性提起的反诉

案型七：反诉是否基于同一法律关系并不明确，但基于同一案件事实

在一买卖合同纠纷上诉案②中，当事人双方先签订《框架协议》，后

---

① 孙龙所不服河南省辉县市人民法院（2013）辉民初字第1028—1号不予受理反诉案，河南省新乡市中级人民法院民事裁定书，（2014）新民管终字第46号。
② 上海洪浒实业有限公司与上海市基础工程有限公司买卖合同纠纷上诉案，上海市第二中级人民法院民事判决书，（2010）沪二中民四（商）终字第96号。

又签订了《购销协议》，约定废除《框架协议》，后又恢复《框架协议》的履行，因此，双方对《框架协议》的效力存在争议。法院认为，在本案中，虽然双方对《框架协议》的效力存有争议，但对实际履行中所涉标的物均较为明确，系闵浦大桥工程所需Q345C钢板，诉讼标的为项下货款，即本案反诉和本诉的诉讼标的属于同一权利，两者具有牵连性。

在这类案件中，因该法律关系的效力不定，本诉与反诉是否基于同一法律关系并不明确，但是，法院认为诉讼标物属于同一权利，从而判断本诉与反诉具有牵连性。一般而言，反诉基于同一事实是其成立的重要理由。如在一离婚后财产纠纷案①中，法院即认为本案本诉请求与反诉请求所涉为同一标的物，诉讼基于同一事实即双方离婚的事实及离婚协议及其补充协议的履行，反诉和本诉具有牵连性。

案型八：反诉与本诉的部分诉讼请求基于同一事实，部分不基于同一事实，不合并审理

在一买卖合同纠纷上诉案②中，法院认为，原告某公司依据双方签订的买卖合同提出本诉，要求被告某公司支付所欠货款，则被告某公司提出的反诉请求应基于相同的买卖合同关系，或基于相同的买卖货物的事实。但被告某公司提出的反诉请求中，除要求原告某公司支付迟延交货违约金、取回存在质量问题货物的诉讼请求是基于双方发生的买卖合同关系而提出，其余提出的要求原告某公司返还模具的反诉请求所基于的法律关系和事实与本诉所涉买卖合同关系及本诉所涉事实并不相同，不应合并审理。该法院对本诉与反诉的诉讼请求只有一部分基于相同的事实，判决不合并审理，对于其做法是否合理还有待考证。

案型九：反诉请求虽不基于相同法律关系，但是基于同一基础事实，因此合并审理

在一占有物返还纠纷案③中，原告公司租用被告的房屋用作职工宿舍，某日原告公司的部分职工搬离宿舍，被告以物品安全为由锁上院落

---

① 上诉人于某甲与被上诉人李某离婚后财产纠纷案，河南省郑州市中级人民法院二审民事判决书，(2015)郑民一终字第1939号。
② 杭州达尔杰帝照明灯具有限公司与奉化市康柏奥工贸发展有限公司买卖合同纠纷上诉案，浙江省杭州市中级人民法院民事判决书，(2015)浙杭商外终字第34号。
③ 上诉人郑州合兴包装有限公司与被上诉人李新惠占有物返还纠纷案，河南省郑州市中级人民法院，(2016)豫01民终11409号。

大门，后经当地村干部调解放行。次日晚，被告接他人通知后赶回家中发现原告公司撤离的员工将出租屋配备的电视机等物私自装车企图带走，被告将原告公司的车辆扣留，而且为防止原告公司被扣车辆驶离，将四个车轮卸掉后放置在门前，于是双方由此发生纠纷。法院认为，在本案中被告针对原告公司要求返还车辆及员工物品并赔偿车辆扣押损失的本诉请求，反诉要求原告公司返还租赁房屋及设施，支付剩余租金并赔偿损失，虽然反诉与本诉之间并不基于相同法律关系，但反诉与本诉基于房屋租赁这一基础事实，将本诉和反诉合并审理符合法律规定。

在这类案件中，本诉为占有物返还之诉与反诉为违约之诉，法律关系并不相同，但反诉与本诉基于房屋租赁这一基础事实，因此合并审理。有疑问的是，基础事实在多大程度上可以等同于"成立反诉所要求的共同案件事实"。

本诉与反诉的诉讼请求的法律关系不同，但是案件事实存在共同性或者共通性时，反诉往往能够成立。在另一返还原物纠纷案①中，法院认为上诉人是本诉的原告，被上诉人针对其提出反诉是合法的。上诉人要求被上诉人返还房屋，被上诉人提出反诉要求按法定继承的规定继承该房屋和父亲留下的其他遗产。虽然两者的法律关系不同，但是二者具有牵连性，反诉请求能够达到抵消本诉的目的，符合反诉的条件，因此，一审法院没有支持被上诉人的反诉请求是错误的。

案型十：反诉请求虽不基于相同法律关系，但是基于同一基础事实，人民法院拒绝合并审理

在一返还原物纠纷案②中，法院认为，上诉人称被上诉人应赔偿其人身损失、家园损失和经济林损失并要求就此提起反诉，因该诉讼请求与被上诉人要求其返还原物两头耕牛的诉讼请求并非基于同一法律事实，二者不能相互抵消，不具有法律意义上的牵连性，故上诉人的该诉讼请求在本案中不构成反诉。

在此类案件中，法官认为本诉与反诉的诉讼请求并非基于同一法律

---

① 彭桂英等诉贾天财返还原物纠纷案，内蒙古自治区呼伦贝尔市中级人民法院民事判决书，(2015) 呼民终字第 153 号。
② 宋远发等诉李学香返还原物纠纷案，湖北省恩施土家族苗族自治州中级人民法院民事判决书，(2014) 鄂恩施中民终字第 00070 号。

事实，二者不能相互抵消，判定不具有法律意义上的牵连性，因此法官判定其不合并审理。然而，该案中，上诉人提出其之所以要牵走原告的两头耕牛，理由在于被上诉人曾经无故将上诉人的房屋及家园毁灭，将上诉人的经济林全部毁掉并强行分给他人耕种，并伙同他人将上诉人打伤致残，且从未对上诉人进行任何补偿。因此，才有了本案中上诉人在原审的反诉请求。综观此类案件，令人疑惑的是，在即时相互侵权案中，如互殴事件，提起的反诉往往能够被法院接受；在非即时相互侵权案件中，提起的反诉往往不能被法院接受，这两者之间的差异，究竟是时间上的差异，还是其他原因？

在另一即时相互侵权案[1]中，反诉原告认为之所以锁被告山庄大门，是因为被告拖欠其粮油款，因果关系很明显，本诉与反诉当然具有牵连关系。法院认为，本诉与反诉的"牵连"并非仅指原因上的牵连，更主要的是指法律上的牵连。本案中，原告提起的被告锁山庄大门造成损失的侵权之诉（本诉）与被告提起的原告拖欠粮油货款之诉（反诉），两者在诉讼标的（前者为侵权损害赔偿，后者为粮油货款给付）、理由（前者为因损害而提起，后者为因货款未支付而提起）上都不存在牵连性，本诉与反诉都是完整独立的诉，二者在法律上不存在关联性，反诉人所提反诉不能成立，原审对其反诉不予受理并无不当。该案件中，前述其他案件法官所强调的所谓"基础案件事实"之类的牵连性连接点已荡然无存，引发许多实务中判断反诉牵连性标准一致性问题。

3. 反诉中对当事人牵连性的要求

案型十一：反诉被告只能是本诉的原告，不包括本诉之外的其他人

在一占有保护纠纷上诉案[2]中，法院认为本案反诉系上诉人主张被上诉人侵犯其权利提起的诉讼，基于反诉的牵连性和特殊性，反诉的被告只能是本诉的原告，而不包括本诉之外的其他人。所以该反诉不能成立。

在这类案件中，法官认为反诉的被告只能是本诉的原告，反诉主体

---

[1] 张未来不服河南省辉县市人民法院（2013）辉民初字第1213—1号不予受理反诉案，河南省新乡市中级人民法院民事裁定书，（2013）新民管终字第157号。
[2] 王乃乾与王文之占有保护纠纷上诉案，山东省滨州市中级人民法院民事判决书，（2014）滨中民一终字第366号。

对象范围清晰，不包括本诉之外的其他人，否则就不构成反诉。反诉中的当事人若超出本诉当事人的范围，将会构成法院不合并审理的重要理由。类似的案件如在一转让合同纠纷上诉案①中，法院同样认为，该反诉的当事人已经超出了本诉当事人的范围，这是反诉无法成立的重要理由。在另一服务合同纠纷上诉案②中，法院认为，被告某公司提起的反诉，反诉被告既有本诉原告又有本诉被告，超越了反诉案件当事人的范围，与本诉非基于同一法律关系，故缺乏牵连性，不符合反诉受理的条件。裁定不合并审理。

在此类案件中，法院认为反诉的被告只能是本诉原告，不能是其他第三人或者本诉的其他被告。对于反诉的被告只限于本诉的原告这一规定，在理论界中有不同的看法，是否应该扩大反诉中的当事人范围还有待考证，需要更多的实践来验证。

案型十二：反诉中允许当事人的扩张

在一名誉权纠纷案③中，原、被告系夫妻关系，第三人系其儿子，第三人和被告是母子关系，他们是反诉的原告，其请求是原告（反诉被告）侵犯他们的隐私权，要求赔偿。

在本案中，法院对于第三人和本诉被告作为反诉的原告提起的反诉，并没有对当事人进行审查，没有认为第三人提起反诉不符合《民事诉讼法》的规定："反诉的原告只能是本诉的被告，反诉的被告只能是本诉的原告。"该案中第三人和本诉被告都是反诉的原告，法院也允许这种存在，说明反诉的当事人在实务中有扩张的情形。此外，最高人民法院还在一份裁定书④中承认，在反诉中，可基于与本诉相同事实追加本诉案外人作为反诉的共同被告。

---

① 梁荣宣等与韦廷希股权转让合同纠纷上诉案，广东省阳江市中级人民法院民事判决书，（2015）阳中法民二终字第 68 号。
② 深圳捷信金融服务有限公司与深圳市外企德科人力资源服务有限公司等服务合同纠纷上诉案，广东省深圳市中级人民法院民事裁定书，（2016）粤 03 民终 11350 号。
③ 杨先洪诉李国琼等名誉权案，四川省大邑县人民法院民事判决书，（2000）大邑民初字第 27 号。
④ 参见最高人民法院（2015）民申字第 1937 号民事再审裁定书。

实务中反诉当事人扩张的类似情形，既存在于合同纠纷案①中，又存在于机动车交通事故责任纠纷案②中，本案中原、被告因机动车交通事故引起纠纷，追加第三人作为当事人参加诉讼，第三人作为反诉原告向原告、被告提起了反诉，请求予以赔偿，该院受理了该案。在这个案件中，法院对于第三人单独作为反诉原告并没有提出异议，而是允许反诉当事人可以是第三人，这与我国现行的民事诉讼法对反诉当事人的规定有点差异，也构成了反诉当事人的扩张。

反对反诉当事人的扩张，更多的是传统法律制度的历史惯性原因。允许反诉当事人扩张，这是对纠纷一次性解决原则和双方当事人平等原则的贯彻。③

4. 反诉对诉讼请求牵连性的要求

案型十三：尽管反诉的目的在于抵消或吞并本诉原告的诉讼请求，但因二者之间不具有法律上的牵连关系不构成反诉，从而不具有牵连性

在一侵害商标权及不正当竞争纠纷、侵害外观设计专利权纠纷案④中，法院认为，本案中，上诉人某公司针对被上诉人某集团的起诉，尽管目的在于抵消或吞并本诉原告某集团的诉讼请求，但因二者之间不具有法律上的牵连关系而不构成民事诉讼法意义上的反诉。主要理由在于：上诉人某公司的起诉与被上诉人某集团的起诉并非基于同一法律关系。上诉人某公司的起诉与被上诉人某集团的起诉不是基于相同法律事实。因此，上诉人某公司的起诉不构成反诉，其可以另行起诉主张权利。但考虑到上诉人某公司的起诉与被上诉人某集团的起诉的紧密关系，原审法院应当将该两案合并审理。

在这个案件中，法官认为仅仅满足诉讼请求之间的相互吞并、抵消

---

① 哈密地区物资贸易中心诉哈密地区交通开发总公司无效冷藏汽车购销合同案，新疆维吾尔自治区哈密地区中级人民法院民事判决书，(1993) 哈中法经初字第 1 号。
② 付炳戌、付宇青诉被告阿拉善左旗凯达化工有限责任公司、彭杨杨、中华联合财产保险股份有限公司阿拉善盟中心支公司机动车交通事故责任纠纷案，内蒙古自治区阿拉善左旗人民法院一审民事判决书，(2015) 阿左民一嘉初字第 2248 号。
③ 张超：《反诉当事人范围研究》，《法律适用》2018 年第 11 期，第 53—55 页。
④ 江苏苏典酒业有限公司诉苏酒集团贸易股份有限公司等侵害商标权及不正当竞争纠纷、侵害外观设计专利权纠纷案，江苏省高级人民法院民事裁定书，(2014) 苏知民终字第 00264 号。

的条件，则反诉的牵连性还不充分，还需要法律或事实上的牵连性。但该案中，法院最终还是做了诉的合并审理。

诉讼请求的相互吞并、抵消，仅仅构成了反诉的必要不充分条件。类似的案件颇多，在一房屋租赁合同纠纷上诉案①中，原审原告请求被告将租赁场地移交给原告并支付租金，反诉原告要求被告赔偿经济损失，主要涉及建筑工程合同及对建筑物权属的认定。法院认为，本案中，被告某公司的反诉请求与原告某公司的本诉请求非基于相同法律关系或相同事实，亦不具有因果关系，不应合并审理，被告某公司可以另行起诉。在该类案件中，诉之四要素的连接点中，法律关系和案件事实连接点均没有发生牵连性，故仅以诉讼请求之牵连作为反诉成立的理由，尚显不充分。

5. 强制反诉

案型十四：拒绝强制反诉

在一买卖合同纠纷上诉案②中，上诉人宣称一审法官"在本案审理中并未依法就是否反诉对其进行必要的释明，程序上已严重违法"。法院认为，法官应该主动释明的内容中不包括反诉。依法提起反诉是当事人享有的诉讼权利，当事人应自行决定是否提起反诉，在当事人有提起反诉的意向时，人民法院才应当向当事人释明反诉的有关事项。我国尚不存在强制反诉，主动依职权告知当事人是否提起反诉不是法官必须履行的释明义务。所以，一审判决程序并不违法，汉宾公司的上诉理由不能成立。

案型十五：接受强制反诉

在一房屋买卖合同纠纷案③中，人民法院认为，本案诉争房屋买卖合同的效力，已为（2008）厦民终字第1371号民事判决所确认，原告王丽红参加该诉讼，明知买卖关系的存在而未以优先购买权为由进行抗辩，现其就同一诉讼标的再以优先购买权受侵害为由提起诉讼，违反民事诉讼一事不再理原则，法院依法不应受理。本案判决的判断标准来源于英美法系的强制反诉制度。认为被告不提起反诉，产生失权效果，不得另

---

① 福州蓝虎鲸游乐有限公司与福州市西湖公园管理处房屋租赁合同纠纷上诉案，福建省福州市中级人民法院民事裁定书，（2015）榕民终字第580号。
② 重庆汉宾光电节能技术有限公司与深圳市矩形科技有限公司买卖合同纠纷上诉案，重庆市第一中级人民法院民事判决书，（2014）渝一中法民终字第02180号。
③ 王丽红诉简光超等房屋买卖合同纠纷案，厦门市集美区人民法院民事判决书，（2008）集民初字第2326号。

案起诉。

总体来说，在司法实践中对于反诉要与本诉有牵连性的判断，各个法官有不同的判断方法，认定牵连性的标准多种多样。在民事诉讼法中对于本诉与反诉之牵连性的指示还不够具体，导致了实践中的分歧。

综合上面15个案型，可以发现反诉在实务中的确定方式并不统一。民事诉讼法中明确规定反诉要与本诉有牵连性，即要求反诉与本诉的诉讼请求基于相同法律关系、诉讼请求之间具有因果关系，或者反诉与本诉的诉讼请求基于相同事实的，反诉的反请求能排斥、抵消和吞并本诉请求的，人民法院应当合并审理。但是在实务中仍是难以判断出反诉与本诉是否有牵连性，对于"相同事实"或者"相同法律关系"这种描述，缺乏细化的构成要件进行限制，因而可谓模糊不定。这为法官的自由裁量权留下了很大的空间，导致反诉之判定具有相当的主观性和任意性。

四　反诉中牵连性问题之梳理

（一）反诉牵连性之综述

反诉中牵连性的发展，具体包括案件事实行为和利害关系的牵连；实体权利义务主张的牵连；诉讼程序、行为和诉讼资料的牵连；裁判的牵连。相关牵连性的发展可见表2。

表2　相关牵连性的发展

案件事实行为和利害关系的牵连	实体权利义务主张的牵连	诉讼程序、诉讼行为和诉讼资料的牵连	裁判的牵连
反诉中有原告行为方有被告行为*，且原、被告行为的利益指向有直接交集关系	本诉原告和反诉原告就一整体性权利义务存在着竞争性的分割关系	诉讼行为独立	就整体性权利义务的分割判决应当具有一致性

　　*行为结合创设权利义务，如合同、共同共有、婚姻等身份关系；行为互为因果关系：如斗殴；行为之间具有条件关系、派生关系、主从关系。

（二）反诉形态内部之牵连性分析

1. 案件事实中的行为牵连性

（1）行为的客观牵连性。传统理论认为，反诉与本诉在行为上的牵连性，不外乎两种。一是原被告行为源自同一原因事实，例如双方行为结合创设权利义务：合同、共同共有、婚姻等身份关系。二是原告和被告的行为因时空上的依存关系而牵连，例如，原、被告行为互为因果：斗殴；又如原、被告行为之间具有条件关系、派生关系、主从关系等。

（2）行为的主观牵连性。在实际案件中，反诉原告的牵连性判断可能是错误的，反诉和本诉之间实际并不存在牵连性。事实上，牵连性首先是反诉原告的一种事实主张，其是否与客观事实相符，则有待于人民法院审理判定。主观牵连性也是经常发生的情形，如何审理，将在下文中详述。

2. 实体法权利义务之牵连性

本诉原告和反诉原告之所以会在诉讼中纠缠不清，其根源是双方就一整体性权利义务存在着竞争性的分割关系。例如，在一合同关系中，双方对合同效力的不同认识，对该合同项下权利义务的不同主张，其实质是事关该合同整体性权利义务中的分配问题。其他反诉案件，只要和本诉间存在牵连性，概莫能外。

3. 程序法诉讼行为之牵连性

（1）诉讼资料的共通性。反诉和本诉因案件事实和实体权利义务上的牵连性，双方在诉讼中的资料也必然具有共通性，合并辩论在大多数情形下有利于提高审判效率。

（2）诉讼行为的独立性。本诉原告和反诉原告是同一整体性权利义务的竞争双方，其自当为各自利益的需要开展独立的诉讼行为。

（3）反诉提起的时间。有学者认为，反诉之提起，应当受限于审级程序。例如，台湾学者指出："提起反诉之时限是法院言词辩论终结以前，第三审为法律审，专就法律问题为审理，不再就事实问题为审理，无法审理反诉所主张之事实问题，故不许於第三审提起反诉。反诉之提起通常於第一审言词辩论终结前提起，言词辩论终结后，本诉原告未有提起上诉之前，无法提起反诉。俟本诉系属于第二审法院且于言词辩论终结以前，亦得提起反诉，但应经他造同意始得提起（本法第四四六条第一项），盖为保护反诉被告得受第一审审判之审级利益也。"[①]

---

① 陈荣宗、林庆苗：《民事诉讼法》，三民书局，1996，第332页。

在大陆两审终审制体系中，也有学者认同反诉的提起应当受到审级的限制，认为："只要对被告在二审程序中提出反诉设置须经原告同意（明示的或者默示的）这一限定条件即可。因为既然民事案件经过两级法院的审理于双方当事人体现为一种审级利益，基于处分原则，当事人双方当然可放弃这一利益。被告在二审程序中提出反诉这一事实本身即意味着其放弃了审级利益固不待言，而原告若对被告提出反诉不表示反对实质上亦已表示其放弃了该审级利益。因此，若被告于二审程序中提出反诉而原告未表示反对，人民法院对该反诉案件之审理也就可以采取与通常态势之民事案件同一之审结样式。也即人民法院可以根据当事人自愿的原则就该反诉案件进行调解，若调解未果或者当事人不愿接受调解即可依法及时作出判决而无须（也不应）告知当事人另行起诉。如此一来，人民法院关于二审程序中反诉案件之审理既不违背民事诉讼法之本旨，亦无侵蚀当事人审级利益之虞。"[1]

总之，审级利益是双向的利益，不偏不倚地保护原被告。二审中提起反诉，需得到原被告双方一致的认同，方可有效进行。否则，反诉原告只能另行起诉。

（4）上诉。反诉和本诉具有实体法上权利义务的牵连性和竞争性。因此，若一方上诉，理当将另外一方的请求资料全部移送上一级人民法院进行审理，否则，若某一方上诉理由获得人民法院支持，可能出现实体权利义务分配中的矛盾。

（5）反诉提出系错误之情形。如果被告提起反诉，法院审查之结果，认为不合反诉之要件时，此际，该当如何处理？一种做法是将被告反诉主张驳回，但这可能损害被告的利益，如诉讼费用缴纳、时效中断等程序利益。另一种做法是，分案处理，由其他法官在其他的诉讼程序中另行审判。总之，此时是被告的反诉不成立，但并非被告的诉不成立，将其分案处理，或者采取混合合并的方式审理，较为符合诉讼经济之目的。

4. 判决合一确定中之牵连性

（1）一般反诉。在一般的反诉情形中，本诉之审判与反诉之审判，

---

[1] 占善刚：《关于二审程序中反诉问题的一点思考》，《河北法学》2000年第6期，第138—139页。

原则上最好合并审理，以利用同一诉讼程序，达到诉讼资料共通和诉讼经济之目的。但是，一般反诉中的本诉和反诉虽有牵连，但并不妨碍其各自的独立性，所以若将其分别辩论、分别判决也不能算是法理上的错误。

（2）预备反诉。所谓预备的反诉系指以本诉被驳回作为解除条件而提起反诉请求裁判之情形。易言之，本诉假使因为不合法或无理由被驳回，反诉即不请求裁判。例如，在买卖之案例，X 请求 Y 交付买卖标的物甲物，Y 主张买卖契约无效或不存在，故拒绝交付甲物，如果买卖契约有效，即请求给付价金。① 此处预备反诉中的"预备"，乃针对本诉是否有理由而言，若本诉无理由，则不提起反诉；若本诉有理由，则提起反诉。

预备反诉之情形。盖此反诉提起时附有解除条件，与本诉系密切而不可分开者，因此，于预备的反诉之情形，不应该分别辩论、分别判决。②

（3）本诉与反诉内容指向同一法律关系。若本诉与反诉系针对同一权利义务关系请求审判，亦即本诉与反诉均要使同一法律关系发生变动。则不应当分别审判。因为本诉与反诉是关于同一法律关系的判断问题，无论是在效力认定上，还是权利义务的分配上，本诉原告和反诉原告都存在竞争关系，相互间的诉讼请求往往也是对立不相容的关系。此时，若分别辩论分别判决，则有可能导致裁判矛盾的结果。

五 基于牵连性看反诉之扩张

（一）牵连性下的强制反诉

强制反诉与任意反诉之根本区别在于，对被告提出反诉所作条件上的限制。"所谓强制性反诉就是被告对特定的反诉只能在本诉程序中以反诉形态提出，如果被告不提出反诉，视之为放弃相应的实体权利主张并不得另案起诉。与此相对应的任意性反诉即由被告依其意志决定是否提

---

① 邱联恭：《口述民事诉讼法讲义（二）》，自刊，2006，第 263 页。
② 邱联恭：《口述民事诉讼法讲义（二）》，自刊，2006，第 268 页。

出反诉,如果被告不提出反诉不影响其另案起诉。"① 强制反诉既考虑诉讼经济,同时也考虑保护本可以提起反诉的当事人的程序利益。强制反诉的关键在于,哪些类型的反诉可以强制要求提起?

从牵连性的角度出发,强制反诉必然是特指那些和本诉具有最高牵连性的反诉类型。所谓最高牵连性,是指反诉与本诉源于同一案件事实或者同一法律关系,如此,反诉和本诉实则是同一个硬币的两面。于此情形,反诉和本诉具有强烈的不可分性,被告若不提起反诉而只行抗辩之事,则会遭受不可避免的实体和程序上的双重损失。就程序角度而言,对源于同一案件事实或者同一法律关系的本诉,被告若不提起反诉,待本诉生效后,被告的起诉可能构成重复诉讼,后者在后诉中前诉的争点会发生证明效或者争点效,这将使得被告处于程序上极为不利的位置。有论者认为,强制反诉存在一些不可克服的缺陷:为顾虑被告无意兴讼或无资力缴纳裁判费,因在事实证据尚未搜集齐全之情况下,贸然强制提起反诉,将有使其受败诉判决并发生既判力之虞,对其权利影响至巨。② 从牵连性角度观之,这并非根本缺陷。所谓的诉讼费用困难问题,在同一案件事实或者同一法律关系中,被告若不提起反诉,其遭受程序上不利的概率将大大提高,在得失之计算和比较后,理性人没有太多拒绝提起反诉的经济理由。所谓的事实证据收集问题,完全可以在我国的证据制度中得到消化。③ 众所周知,强制反诉的要求和法官阐明权的恰当行使并行,此不赘述。此外,实务中存在本诉与反诉的法律关系并不相同,但源于同一案件事实的情形。鉴于不同法律关系在准必要共同诉

---

① 张晋红:《对反诉理论与立法完善的思考》,《法律科学(西北政法学院学报)》1995年第3期,第71—74页。
② 许士宦:《新民事诉讼法》,北京大学出版社,2013,第148—150页。
③ 《民事诉讼法》第200条规定,当事人的申请符合下列情形之一的,人民法院应当再审:(一)有新的证据,足以推翻原判决、裁定的。《最高人民法院关于适用〈中华人民共和国民事诉讼法〉审判监督程序若干问题的解释》第10条规定,申请再审人提交下列证据之一的,人民法院可以认定为《中华人民共和国民事诉讼法》第179条第1款第(1)项规定的"新的证据":(一)原审庭审结束前已客观存在庭审结束后新发现的证据;(二)原审庭审结束前已经发现,但因客观原因无法取得或在规定的期限内不能提供的证据;(三)原审庭审结束后原作出鉴定结论、勘验笔录者重新鉴定、勘验,推翻原结论的证据。当事人在原审中提供的主要证据,原审未予质证、认证,但足以推翻原判决、裁定的,应当视为新的证据。

讼可以合并审理,自然也可以反诉的形式合并审理,不违反诉的程序正当性。

应当注意的是,剥去可以基于同一案件事实或者同一法律关系的反诉类型,其余的反诉类型,牵连性程度并不足够充分,不适合作强制要求。如在我国司法实务中的如下情形,则不适合纳入强制反诉的范畴。(1)在案件事实方面不可强制反诉的案型。本诉与反诉的事实非同一事实但存在原因关系、本诉与反诉是源于同一基础事实但有着明显不同的内容、本诉与反诉源自具有整体性的关联性事实。(2)在诉讼请求方面不可强制反诉的案型。这主要体现在原告和被告的诉讼请求基于不同的案件事实,且诉讼请求相互间不存在吞并或者抵消效应。

(二) 牵连性下的反诉当事人扩张

传统反诉理论,均认为反诉之当事人范围必须和本诉当事人范围一致。这意味着两种情形均被许可:一是反诉当事人和本诉当事人范围相同;二是反诉当事人小于本诉当事人(如部分被告提起反诉,或者被告仅向部分原告提起反诉)。若反诉当事人范围超出本诉当事人范围,则为传统反诉理论所不容许。然而,我国实务中既出现不允许超出本诉当事人范围之案例,又出现允许超出本诉当事人范围之案例。在德国和我国台湾地区也已经出现允许反诉当事人范围超出本诉当事人范围之立法。[①]从牵连性角度考察,反诉当事人范围之扩张,应当被约束于一些高牵连性的反诉案件类型。本诉之范围,无论其主观范围或者客观范围,均乃本诉原告基于处分权主义所进行的纠纷解决空间之设定。在实务中,无论是本诉与反诉中法律关系、案件事实或者诉讼请求中任何一个连接点的范围,都有现实案例进行突破,并且未引起人民法院的广泛质疑。既如此,从逻辑之一致性和诉讼经济性出发,自然也应当允许对本诉与反诉中最后一个连接点——当事人范围,进行有限的突破。这种突破应当从程序和实体上进行双重限制,以保证本诉和反诉的牵连性不因反诉当事人的扩张而被随意稀释。限制应当包括实体法上的限制和程序法上的限制。所谓实体法上的限制,即要求被反诉扩张之当事人和本诉原告就

---

① 台湾"民事诉讼法"第259条规定:被告于言辞辩论终结前,得在本诉系属之法院,对于原告及就诉讼标的必须合一确定之人提起反诉。

反诉有着共同的诉讼标的,实则是指必要共同诉讼之类型。所谓程序法上的限制,即要求反诉与本诉必须处于同一法律关系且同一案件事实的高度牵连性。

(三) 牵连性下的反诉之二审提起

是否允许二审提起反诉,涉及的是诉讼经济和审级利益这双重价值之间的平衡问题。这两个价值取向难以判断孰轻孰重,但是在一些特殊的反诉案型中,如前述的反诉与本诉源自同一案件事实且同一法律关系的情形,应当可以允许被告在二审提起反诉。其原因是:"在判断反诉请求所必要之诉讼资料,于第一审已提出而经辩论、审理,及为审理本案请求于第一审已成为争点而经审理判断之事项,就此于第二审提起反诉等情形,因无碍于反诉被告审级利益之虞,故不需其同意,否则即有违反诉讼经济,发生裁判矛盾之虞。"[①]

六 本章小结

反诉之诉讼请求必须可以吞并或抵消本诉的诉讼请求,这个判断直接点明了反诉与本诉之间的牵连性。合格的反诉总是因为其诉讼请求和本诉的诉讼请求存在着竞争性,所以构成了诉之牵连。本章沿着以下的脉络进行了相关思考、分析和总结。

首先,界定反诉中牵连性的逻辑表达式。扫描大陆法系和英美法系关于反诉牵连性的各种表述和界定,梳理我国司法实务中的反诉案件,指出"诉讼请求同一"、"诉讼请求交叉"和"诉讼请求同类"是反诉的三大案型。

其次,分析反诉牵连性的逻辑发展轨迹。本诉原告和反诉原告的纠纷应当源于同一整体性案件事实,就某一实体法整体性权利义务存在竞争性的分割关系,在诉讼中独立进行攻击和防御。人民法院在此合并诉讼中,就该整体性权利义务的分割判决应当具有一致性。

最后,推理反诉牵连性的逻辑发展空间。重点探讨了反诉功能扩大化在我国司法实践中所遭遇的障碍,认为基于案件事实牵连性的考虑,

---

① 许士宦:《新民事诉讼法》,北京大学出版社,2013,第143页。

可以强化反诉的功能：一是反诉扩张；二是强制反诉。若是基于同一事实或同一法律关系，且被告诉讼请求能吞并或抵消原告诉讼请求，则应当强制反诉；若是案件事实间仅具有整体性、派生性或其他关联性，且被告诉讼请求能吞并或抵消原告诉讼请求，则应当允许人民法院裁定该反诉是否成立并予以合并审理。总之，以行为牵连性为基础，或充分尊重被告提出反诉的选择权，或强制原被告达成本诉与反诉合并之合意，以求最大限度地一揽子解决纠纷。

第七章　重复诉讼的牵连性

【本章主要观点逻辑导读】

重复诉讼牵连性之类型化

牵连要素	强牵连类型（法定）	中牵连类型（裁量）	弱牵连类型（裁量）
请求事实	同一	同一或基本相同	事实间接同源：因事实交叉而产生证明效、争点效
请求主体	同一		参加效
请求权基础	同一		争点效 遮断效
请求权			
请求	同一	不同	不同一
请求目的			

一　重复诉讼分类中的牵连性

（一）重复诉讼之定义

从牵连性角度出发，所谓重复诉讼，实则是指前诉和后诉在诉的要素上的重复现象，"是有时序的两次诉讼的重合"[①]。然而，这种时序上的重合，还可细分为两种情形：第一种情形是前诉尚处于诉讼系属中时，出现了后诉对前诉的重复；第二种情形是前诉发生既判力之后，出现了后诉对前诉的重复。大陆法系国家采用的一般是狭义的重复诉讼观点，特指第一种情形。我国的《民诉法解释》第247条采用的是广义的重复诉讼观点，同时包括了第一种和第二种情形。本文对重复诉讼的两种情

[①] 张卫平：《重复诉讼规制研究：兼论"一事不再理"》，《中国法学》2015年第2期，第49页。

形都予以讨论。①

重复诉讼一般而言被作为一种诉讼病理现象来对待。其根据主要有以下几点:"违背诉讼经济原则或价值追求;重复诉讼有可能造成后诉与前诉的矛盾裁判,由此损害司法裁判的权威;重复诉讼加重被告的讼累。"②

(二) 既判力之定义

1. 既判力

就既判力的概念而言,学界已经达成共识,有争议的是诸如争点效等准既判力概念的效力。在此,借用我国台湾地区学者陈计男对既判力概念之精湛表述:"既判力系指判决发生形式上确定力后,就当事人方面:关于判决内容(实质上)之确定的判决,其后不得再就同一法律关系更行起诉,或于它诉讼上为确定判决内容相反之主张;就法院方面:后诉之裁判亦不得与该确定判决内容相抵触。"③

2. 既判力范围的三个维度

(1) 既判力的主观范围

所谓既判力的主观范围,是指既判力原则上及于当事人,不宜将既判力的范围扩张到没有参加诉讼的案外人。其理由在于当事人在诉讼中已就争议事项进行了攻击和防御,受到了充分的程序保障,自当受既判力之约束。

既判力的主观范围在一定情形下会发生扩张,主要包括以下情形:既判力的主观范围扩张至诉讼系属后当事人的继受人,这里的继受可以分为一般继受与特定继受(诉讼承担的逻辑表达式见图1);④身份关系的形成判决既判力及于不特定第三人(身份关系形成判决逻辑表达式见图2);既判力及于诉讼系属后为了当事人或其继受人的利益占有标的物

---

① 如果前诉已有确定判决,则前诉与后诉的关系属于以既判力效力作为研究的问题,因此有学者认为我国《民事诉讼法》第247条混淆了重复诉讼和既判力范围二者间的界限。
② 张卫平:《重复诉讼规制研究:兼论"一事不再理"》,《中国法学》2015年第2期,第51页。
③ 陈计男:《民事诉讼法论》(下卷),三民书局,1994,第60页。
④ 诉讼系属中当事人将作为诉讼标的的法律关系转移给第三人,诉讼继续进行,这称为诉讼权利义务承担。

的人，如受任人、保管人、受寄人但不包括为自己利益而占有的承租人、质权人等；在原告或被告为他人的利益参加诉讼时，该他人也为既判力所约束，如遗产管理人、遗嘱执行人和破产管理人等法定诉讼担当人（任意诉讼担当逻辑表达式见图3，任意和法定诉讼担当之混合逻辑表达式见图4）。[①]

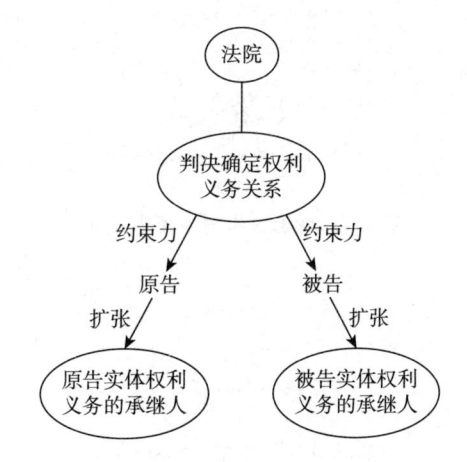

图1 诉讼承担的逻辑表达式

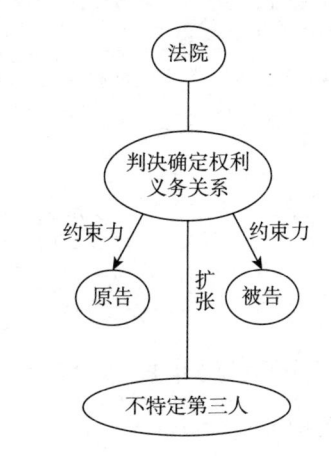

图2 身份关系形成判决逻辑表达式

---

① 李龙：《论民事判决的既判力》，《法律科学（西北政法学院学报）》1999年第4期，第8页。

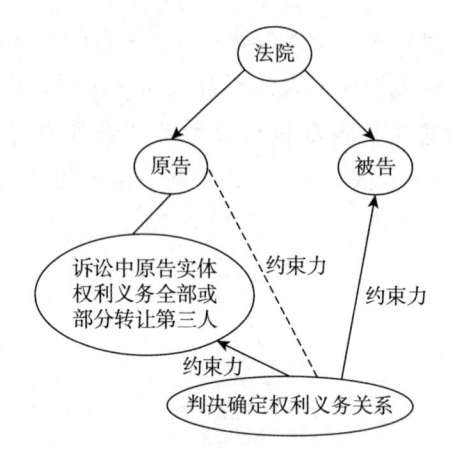

图3 任意诉讼担当逻辑表达式

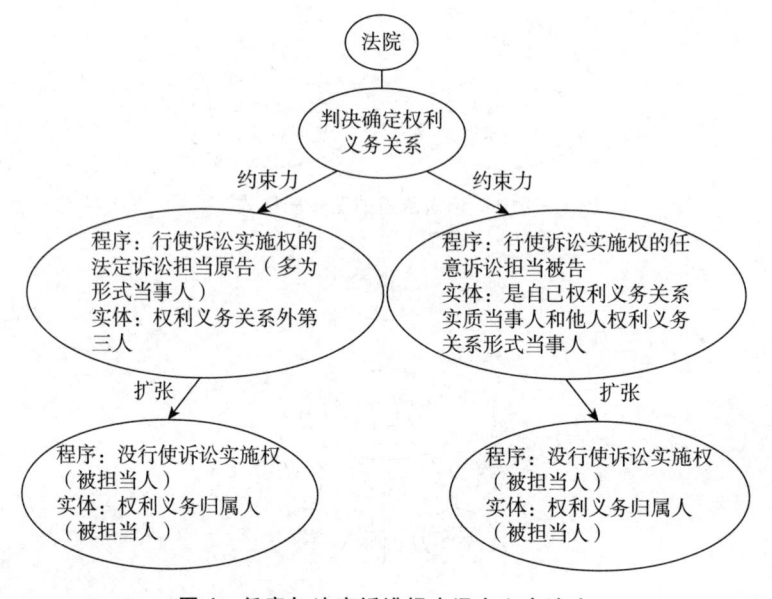

图4 任意与法定诉讼担当混合之表达式

(2) 既判力的客观范围

"当事人在诉讼中发生争议的东西,法院都应当进行裁判。因此,诉讼标的和裁判标的之间没有区别,和诉讼标的一样,裁判标的也是原告希望作出与诉讼请求相符的裁判请求。因此,'裁判标的和诉讼标的是同一的'。"①

---

① 〔德〕罗森贝克等:《德国民事诉讼法》(下),李大雪译,中国法制出版社,2007,第1157页。

"判决主文中的判断恰恰是针对作为诉讼标的（即判决标的）的实体法律事项的对应判断，其与诉讼标的（即判决标的）的范围是一种对应的关系。进而可以得出这样一个公式：既判力客观范围＝判决标的范围＝诉讼标的范围＝判决主文中判断事项的范围。"① 因此，结论只能是：既判力的客观范围原则上仅限于判决主文之事项，判决理由因和判决标的、诉讼标的不直接相关，无既判力。

"传统界定模式下，被排除在既判力客观范围之外的判决理由中的判断事项主要有以下四类：第一类为事实认定判断；第二类为先决性法律关系判断；第三类为抗辩权判断；第四类为甄别抽象法律规范的判断。判决理由无既判力原则之例外是抵消权抗辩。"②

（3）既判力的时间范围

既判力的时间范围，包括发生时、标准时和消灭时。发生时意味着只有判决确定的时候民事审判对象的范围才得以最终固定下来。标准时意味着在言辞辩论终结时既判力所作用的民事审判对象范围，如无特别程序理由，不得再行发生新的变化，其原因是后续产生的新的实体争议，没经过当事人的起诉和正当程序的审判，因此不能够归入审判对象的范围。消灭时并不意味着民事审判对象被完全取消，只是允许民事审判对象的范围和其上之约束力发生变动，处于可变动状态。

（4）既判力三大范围的牵连性

既判力的主观范围和客观范围，严格意义上可归纳为既判力的空间范围，从而与既判力之时间范围相对应，构成了完整的既判力。既判力的空间范围，要受到既判力相对性原理的冲击，因此，既判力的空间范围不是绝对封闭。既判力所做的时间范围和空间范围的限定，指出了民事诉讼中"一事不再理"的范围。既判力除了在实体上进行"一事"的界定，这就是既判力的实质确定力；既判力还在程序上对"不再理"进行界定，这就是既判力的形式确定力。

---

① 林剑峰：《民事判决既判力客观范围研究》，厦门大学出版社，2006，第59页。
② 丁宝同：《论争点效之比较法源流与本土归化》，《比较法研究》2016年第3期，第77—78页。

3. 既判力效力之分类

（1）拘束力

拘束力，是一种具有程序法属性的效力，它是指不允许法院对已经宣告的判决随意进行变更或者撤销。日本的学者将拘束力分为自缚力和羁束力，前者又称为羁拘力，是指判决对本法院的拘束力；后者是指判决对其他法院的效力。①

（2）形成力

形成力，是指形成判决确定后，依判决所确定的内容使当事人之间的民事法律关系发生、变更或者消灭的效力。有学者认为，形成力与既判力有以下明显的区别："一是形成力作用的主体范围大多具有绝对性，既判力作用的主体范围则具有相对性；二是形成力是通过形成判决对现存法律关系的变动所产生的效力，既判力则是对诉讼标的的判定所产生的效力；三是形成力是形成判决所特有的效力，确认判决和给付判决并不产生形成力，但确认判决、给付判决和形成判决都可能产生既判力。"②

（3）执行力

执行力，是指给付判决确定以后，法院通过适用民事执行程序使其内容得以实现的效力。执行力是以判决中的给付内容为基础的，其核心是实现确定判决的内容，既判力的核心是强调确定判决对后诉的作用。关于既判力和执行力之关系，多认为执行力为既判力之"力"的一种。但也有学者认为，既判力和执行力是判决的两种不同效力，两者的差异主要表现如下。一是载体不同。法院的给付判决、确认判决和形成判决，都可能具有既判力，但执行力是给付判决专有的效力，只有法院确定的给付判决才具有执行力。公证债权文书、财产保全裁定、先予执行裁定则仅有执行力而无既判力。二是对象不同。既判力针对法院和当事人，执行力仅仅针对当事人。三是时间要求不同。既判力一般无期限限制，执行力则有法定期限的要求，如当事人超过法定期限，就丧失了申请执行的权利。四是关注的因素不同。既判力关注的是法的安定性、纠纷的一次性解决和程序保障，强调前诉对后诉法院和当事人的拘束作用；执

---

① 谭兵、李浩主编《民事诉讼法学》，法律出版社，2009，第335页。
② 邓辉辉：《民事诉讼既判力理论研究》，中国政法大学出版社，2014，第18页。

行力关注的重点是迅速实现权利人的利益，强调实现裁判内容的权利义务。正是因为执行力和既判力存在差异，规范执行权的法律往往是单独立法，执行权的性质和运作模式也不同于审判权。[①]

4. 既判力理论的新发展与准既判力概念

（1）反射效

"所谓反射效，系指判决之既判力虽不直接对当事人以外之第三人发生效力，但当事人因受既判力之拘束，在实体上与当事人有特殊关系（依存关系）之第三人，亦因该判决所反射利益或不利益之影响，此种判决对第三人之效力，称为反射效。"[②] 反射效理论由德国 Wach 最早提出，并经过 Huttecer 的"附随效力理论"而趋于成熟。[③]

例如，在债权人对主债务人提起的诉讼中，当债权人败诉时，由于保证债务具有从属性，因此主债务人的胜诉判决效力就会有利地及于保证人，进而在债权人对于保证人提起的后诉中，保证人也能胜诉。此外，依据《日本商法》第 80 条与第 81 条的规定，合名公司所承受的判决效力有利或不利地及于该合名公司的股东，应当说这属于反射效的一种典型例子。而且，与既判力的性质不同，这种反射效并不属于职权调查事项，因而在诉讼中必须经当事人的援用才产生效力，在双方当事人达成（不适用反射效的）合意的情形下，并不产生反射效，承受反射效人员的诉讼参加并不是共同诉讼的辅助参加，而属于通常的辅助参加。此外，在某些情形下，为了使反射效更有效地发挥作用，不仅仅是判决主文既判力发生扩张，而且判决理由中的判断（争点效）也必须发生扩张。[④]

反射效之逻辑表达式如图 5 所示。

原告A → 判决1 ←—被告B→ 原告A → 判决1的拘束力 ← 与被告B有实体权利义务依存关系的C
　　　　　↓　　　　　　　　　　　　　　↓
　　　　法院　　　　　　　　　　　　　法院
　　前诉　　　　　　　　　　　　　　后诉

图 5　反射效之逻辑表达式

---

① 邓辉辉：《民事诉讼既判力理论研究》，中国政法大学出版社，2014，第 18 页。
② 陈计男：《民事诉讼法论》（下），三民书局，2005，第 85 页。
③ 吴英姿：《判决效力相对性及其对外效力》，《学海》2000 年第 4 期，第 32 页。
④ 〔日〕高桥宏志：《民事诉讼法制度与理论的深层分析》，林剑锋译，法律出版社，2004，第 610 页。

(2) 波及效

如果说反射效是只在理论上讨论的概念的话，波及效就更只是一个理论上的问题。它主要讨论诸如消费者对于商品瑕疵的诉讼，其他消费者对于法院就商品瑕疵的认定，能否在自己起诉时援用？即前诉的判决能否赋予一定的效力而适用于后诉中？波及效主要在我们所谓的普通共同诉讼中被讨论。这对于减轻诉累，尤其是节省司法资源有好处。①

英美法系国家关于判决的排除效力中有所谓的"争点排除效力"（issue preclusion），它是"间接禁反言"的现代表述，范围比请求排除（claim preclusion）小。是指如果一个争点（issue）在前诉中被诉讼和审理过，则在后诉中，此争点将不会被再次审理，而是直接被认定。"它只是缩小了第二个案件的审理范围。"② 对于非相互的攻击性援用争点排除效（波及效），如果使用，其好处是提高效率和防止裁判的不一致，以防司法系统仅仅成为"赌桌"。但其坏处是，被告在第一个案件中败诉，有可能将在所有后诉中败诉，如果被告在第一个诉讼中败诉，因攻击性的争点排除效（波及效）使用的决定权在原告，原告可以因不采用而不受拘束。这对被告来说很不公平。③

波及效之逻辑表达式如图 6 所示。

图 6　波及效之逻辑表达式

(3) 证明效

关于确定判决中的事实认定对后诉的效力，学说上有预决力、非预

---

① 冯举：《民事判决既判力主观范围研究》，硕士学位论文，中国政法大学，2007，第 59—60 页。
② See *Introduction to Civil Procedure*, Richard D. Freer Aspen Publishers, 2006, pp. 510–511.
③ 冯举：《民事判决既判力主观范围研究》，硕士学位论文，中国政法大学，2007，第 60 页。

决力以及证明效三种观点。我国理论实为承袭苏联法"预决性"的概念躯壳,以免证效力为内实,本质上系法定证明效。① 在我国,"已为法院发生法律效力的裁判所确认的事实"被称为"预决事实",在后案或后诉中有相对免证的预决效力,即能够直接采用(除非被推翻)。与预决效力相通的是日本的"争点效力"和英美法系的"争点排除效力"(issue preclusion)。预决效力或争点效力对当事人的约束属于间接禁反言的范畴,即强调在前后不同的案件中,对于同一案件事实,同一个人应当作出一致的主张。② 争点效理论以诚实信用原则或双方当事人公平原则作为理论根据。虽然事实性证明效在很大程度上也需要借助上述两条原则提供理论基础。但是,与争点效属于经当事人主张后法院方可以进行调查不同,事实性证明效则是法官在认定事实时自由裁量酌定的事项。③

证明效之逻辑表达式如图 7 所示。

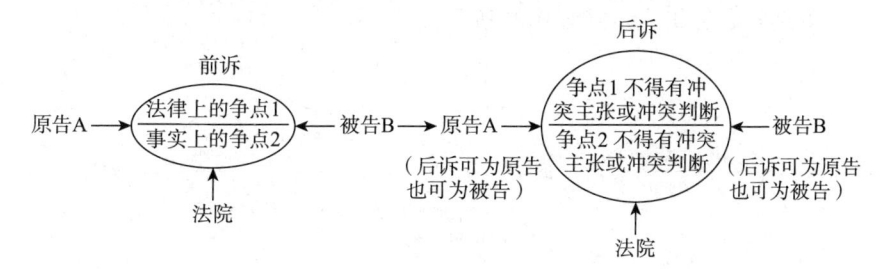

图 7 证明效之逻辑表达式

(4)争点效

争点效理论认为,在前诉中已被双方当事人进行攻击和防御的主要争议事项,若法院在生效判决的判决理由部分作出判断,则在相关当事人之间的后诉审理程序中,既不允许后诉当事人提出与该判断结论相冲突的主张或实施相应的举证行为,也不允许后诉法院作出与之相冲突的

---

① 段文波:《预决力批判与事实性证明效展开:已决事实效力论》,《法律科学(西北政法大学学报)》2015 年第 5 期,第 106 页。
② 邵明:《现代民事诉讼基础理论——以现代化正当程序和现代诉讼观为研究视角》,法律出版社,2011,第 237 页。
③ 段文波:《预决力批判与事实性证明效展开:已决事实效力论》,《法律科学(西北政法大学学报)》2015 年第 5 期,第 110 页。

判断。新堂幸司教授在日本倡导的争点效理论的核心逻辑：即非判决主文的争议事项，如果在前诉过程中获得了实质程序保障，就应当产生遮断在后诉再争议的效果。①

新堂幸司的理论体系中，争点效是不同于传统既判力概念的一个全新概念。该理论同时提出，赋予确定判决之判决理由中的判断事项以争点效必须具备相应的程序要件：其一，争点效的赋予仅限于判决理由对主要争点作出的判断；其二，前诉当事人已就该主要争点穷尽诉讼攻防手段；其三，判决理由就该主要争点的判断结论是"实质性"（而非"程序性"）的；其四，前诉之系争实体利益大于或等于后诉之系争实体利益；其五，当事人须于后诉程序中提出援引该项判断结论之争点效的程序主张。② 应当注意的是，争点效不产生一事不再理和遮断效力的问题，当事人如果能够提出新的诉讼资料足以推翻前诉的判断的，争点效不发生效力。③

争点效之逻辑表达式如图 8 所示。

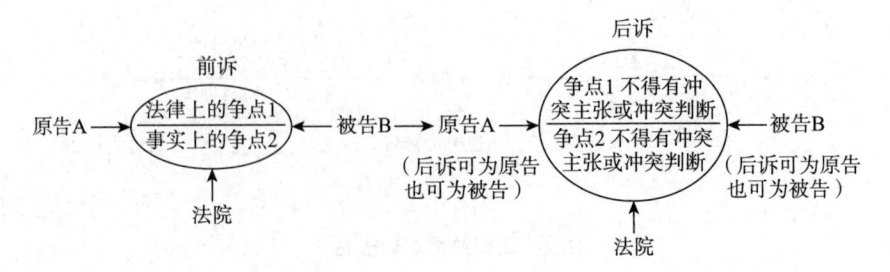

图 8 争点效之逻辑表达式

（5）遮断效

在争点效理论发展的后期，新堂幸司又提出了"遮断效"的概念，进一步扩张其原有的理论体系。所谓"遮断效"是指，前诉之确定判决就其没有作出判断，但当事人于诉讼程序中具有"正当解决期待"的争议事项所产生的"阻断后诉"的约束性效果。如在前诉中 A 争点构成主

---

① 林剑锋：《既判力相对性原则在我国制度化的现状与障碍》，《现代法学》2016 年第 1 期，第 132 页。
② 〔日〕新堂幸司：《新民事诉讼法》，林剑锋译，法律出版社，2008，第 499 页。
③ 李龙：《论民事判决的既判力》，《法律科学（西北政法学院学报）》1999 年第 4 期，第 6 页。

要争点，而在后诉中 B 争点构成主要争点，前诉判决并未就 B 争点作出判断。但从前诉的整体程序运行来看，基于原告的诉讼行为和诚实信用原则，被告有足够的理由期待，只要解决 A 争点事项，就足以最终判定原告的诉请是否成立。对于 B 争点，被告则有足够的理由期待原告于前诉中一同提出，而不是在此之后另诉提出。此时，前诉判决尽管没有对 B 争点作出判断，但其仍能阻止以 B 争点为据的再诉，这种程序阻断的效果即为"遮断效"。①

遮断效之逻辑表达式如图 9 所示。

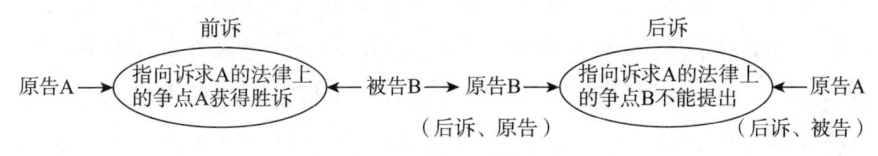

原告A ⟶ 指向诉求A的法律上的争点A获得胜诉 ⟵ 被告B ⟶ 原告B ⟶ 指向诉求A的法律上的争点B不能提出 ⟵ 原告A
（前诉）　　　　　　　　　　　　　　　　（后诉、原告）　　　　　　　　　　（后诉、被告）

图 9　遮断效之逻辑表达式

（6）参加效

判决之参加性效力扩张理论由日本学者兼子一所创，其理论内涵是：试图将"仅限于参加人与被参加人间之参加性效力，扩张于当事人间"。如 A（买方）与 B（卖方）签订有买卖标的物 X 的合同，之后发生纠纷，A 以 B 为被告提起诉讼，要求 B 承担因 X 的瑕疵造成损害的赔偿责任，而 B 称其标的物 X 是自 C 处购得，C 则可以辅助参加人的身份参加诉讼，而 B 则是被参加人。在 A 与 B 的诉讼中，如法院以 X 确有瑕疵为由，判决 B 败诉，则判决理由中"标的物 X 确有瑕疵"的判断对 C 亦将产生约束力，即之后如果 B 以 C 为被告提起损害赔偿诉讼，在该后诉中，C 不得再就标的物 X 之瑕疵问题再行争执，法院也须据前诉之确定判决认定 X 确有瑕疵。此处，前诉判决理由中"标的物 X 确有瑕疵"的判断在 B（被参加人）和 C（辅助参加人）之间所产生的约束力，即为"判决之参加性效力"。②

参加效之逻辑表达式如图 10 所示。

---

① 〔日〕新堂幸司：《新民事诉讼法》，林剑锋译，法律出版社，2008，第 505 页。
② 参见兼子一《既判力と参加性効力》，《法政研究》1965 年第 3-6 号，第 33 页。

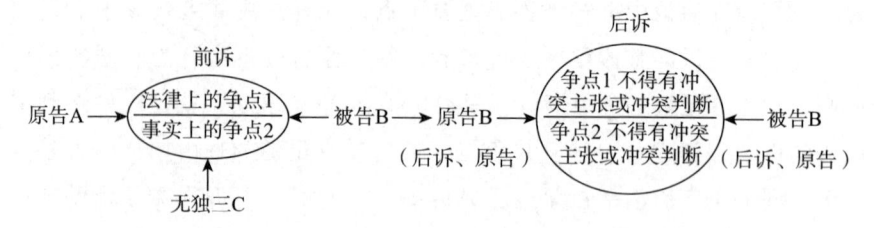

图 10　参加效之逻辑表达式

（三）一事不再理、既判力和重复诉讼之理论牵连①

借由古希腊法学家 Demosthenes "法律禁止同一人因同一事项受两次审理"的表述，②"一事不再理"（Ne bis in idem）原则在民事诉讼中得以确立。在之后案件的不断滋养中，此原则获得了丰盛的生命力并进而衍生出诉讼系属和既判力理论。③ 实务中，如何判断所起诉之案件是否违反"一事不再理"原则而构成重复诉讼，是一个不容回避的问题。中国民事诉讼理论界和实务界对此问题的回答，却令人有无所适从之惑。作为一个在理论上和实践中都具有重要效用的原则，意欲摆脱当前的这种迷惘，既不能单独依靠理论辩说，也不能仅仅依赖那些未臻高度一致性的审判实践。将此二者综合考量，彼此对照，彼此印证，或许能有使当前芜杂的"一事不再理"原则获得澄清的可能。

1. 书面的"一事不再理"

（1）民事诉讼理论中的"一事不再理"

就何为"一事"而言，民事诉讼法理论界学说众多，有法律关系说、法律事实说、诉之声明说等，至今尚无一种学说取得绝对统治地位。

就何为"不再理"而言，从"一事不再理"原则本源上的表述看，Ne bis in idem，即一事不再理，其 bis 是指第一次审判，idem 是指第二次审判。换言之，此原则是指已经由某一法院审判的案件就不应该再进入第二个法院重新审判了。这其中有两层含义：其一，一旦原告将被告诉

---

① 梁开斌：《一事不再理原则在中国民事诉讼理论与实践中的澄清》，《华南理工大学学报》（社会科学版）2019 年第 3 期，第 66—80 页。
② Bas Van Bockel, *The Ne Bis in Idem Principle in EU Law*, Hague: Kluwer Law International, 2010, p. 2.
③ Juha Raitio, *The Principle of Legal Certainty in EC Law*, Berlin: Springer, 2003, p. 158. 转引自袁秀挺《民事诉讼一事不再理原则新论》，《法治论丛》2007 年第 7 期，第 47 页。

至某一有管辖权之法院,则双方当事人即由于此诉讼而与受理法院形成了一种约束,任何一方当事人均不得再以同一问题诉至另一法院;其二,一旦受理了此案件的有管辖权法院就系争事实作出有效判定,则此判定即应得到所有人的尊重。前者,即所谓的诉讼系属;后者则是为人所熟知的民事裁判既判力。

然而,在中国大陆地区民事诉讼理论学界,却长期存在狭义的"一事不再理"理论,即"一事不再理"完全等同于既判力。[1] 这种理论上的歧路,也直接导致了立法上的疏漏。

(2) 民事诉讼立法中的"一事不再理"

由于立法疏漏,[2] "一事不再理"作为诉讼原则在现行的民事诉讼法内尚付诸阙如。学界一般认为,《民事诉讼法》第 124 条第 5 项系"一事不再理"原则之立法体现。该项规定:"对判决、裁定已经发生法律效力的案件,当事人又起诉的,告知原告申请再审,但人民法院准许撤诉的裁定除外。"

对照理论上的"一事不再理",立法者即便如何敝帚自珍,也很难认为此条文规范周全。一方面,该条文没有对"一事"进行明确定义;另一方面,该条文"判决、裁定已经发生效力的"之范围,显然不包括调解书、仲裁裁决书、法院支付令等其他具有法律约束力的文书。易言之,该条文内容过于粗疏,不但遗漏了一部分法律文书的既判力,而且丝毫没有就当事人与法院之间的诉讼系属予以规范。虽然有立足后世批判前事之嫌,但现行的民事诉讼法在"一事不再理"的立法上仍有很大的可进步空间之结论并无不当。

(3) 最高人民法院司法解释中的"一事不再理"

梳理相关司法解释可知,最高人民法院对"一事不再理"原则所秉持的态度并不一致,这既包括对"一事"界定的前后不一致,又包括对"不再理"态度的前后不一致。

---

[1] 陈洪杰:《论"一事不再理"与"既判力"之区分》,《民事程序法研究》2008 年第 1 期,第 90 页。

[2] 张卫平:《民事诉讼法前沿理论问题》,《国家检察官学院学报》2006 年第 10 期,第 146 页。

①认同"一事不再理"

最高人民法院《全国沿海地区涉外、涉港澳经济审判工作座谈会纪要》[法（经）发〔1989〕12号]规定："当事人不得就同一法律事实或法律行为，分别以不同的诉因提起两个诉讼。"由此规定可知，最高审判机关认为"一事"即同一法律事实或法律行为。就此"一事"，当事人不得先后依据不同的法律规范分别起诉，即便实体法对此"一事"规定为"两事"。

②允许"一事再理"

《最高人民法院关于在经济审判工作中严格执行〈中华人民共和国民事诉讼法〉的若干规定》（法发〔1994〕29号）第2条规定："当事人基于同一法律关系或者同一法律事实而发生纠纷，以不同诉讼请求分别向有管辖权的不同法院起诉的，后立案的法院在得知有关法院先立案的情况后，应当在七日内裁定将案件移送先立案的法院合并审理。"简言之，当实体法将"一事"规定为"两事"，则当事人享有两次诉权。只是基于诉讼经济的考虑，后立案的法院应将后诉移送至先立案的法院而使两诉合并审理。

③回避如何界定"一事"以避免触犯"一事不再理"

《最高人民法院关于民事诉讼证据的若干规定》（2001年）之后的相关解释中，最高人民法院在个人因向企业出资引发的纠纷问题处理中指出，在企业经营案件中，如果当事人错将借贷法律关系主张成合伙投资法律关系，并据此提起诉讼，则其必然面临败诉之风险。此时，法院应发挥其司法阐明作用，提示当事人主张收回贷款之诉讼请求。由此，"通过法院的指导，避免了甲要打两个官司，才能要回投资款的诉累，提高了诉讼效率"。①

最高人民法院的这种做法，事实上回避了当事人自始主张的"投资"是否与在法院指导下主张的"借贷"构成"一事"。毕竟，无论是"投资"还是"借贷"，都是同一当事人之间基于同一金钱往来事实提出的返还主张请求。如果尊重1989年的司法解释，则后诉和前诉构成"一

---

① 黄松有主编、最高人民法院民事审判第一庭编著《民事诉讼证据司法解释的理解与适用》，中国法制出版社，2002，第203页。

事"；如果尊重1994年的司法解释，则后诉只需向不同法院提出，即构成"两事"。此后，最高人民法院也界定了何谓"一事"。[①] 然而，此界定非但没有澄清"一事"与"两事"之间的区别，反而使得司法实践更加不一致。

2. 民事审判实践中的"一事不再理"

民事审判中的"一事不再理"，具有相对独立于理论的自我判定和认知智慧。在关于其他法律文书的既判力尚无书面规范时，实践上对其效力的承认充满了理论校准的启示意义。然而书面上"一事不再理"原则的暧昧不明，也在一定程度上影响了民事审判实践对此问题的处理，主要包括诉讼系属的模糊以及何谓"一事"之判定不一致。

(1)"一事"判定标准不一

①当事人变化与"一事"之判断

常态而言，诉讼当事人如果发生变化，必然会形成新的诉讼，即后诉与前诉并非"一事"。这样的案例不胜枚举。值得我们关注和思考的，则是与此诉讼常态相对应的当事人变化并不形成新的诉讼，即后诉和前诉其实仍是"一事"之情形。

②法律关系变化与"一事"之判断

当事人就同一法律事实或行为，基于同一诉讼目的提请法院裁决的系争法律关系发生变化时，是否会形成新诉？对此问题的回答，审判实践不尽统一。

③后诉使用的新证据与"一事"之判断

在北京市第二中级人民法院审理的北京中建二局装饰工程有限公司与北京凌飞空间钢结构工程有限公司承揽合同纠纷上诉案中，法院以新证据为由，重新审理了此案并作出判决。法院这种以新证据出现而认为构成新诉的做法，事实上违反了"一事不再理"原则。毕竟，法院已经就此诉讼作出了生效判决。如果一方当事人重新获得证据且足以推翻原审裁判，则应该依据《民事诉讼法》第200条申请再审。但应注意的是，此处所谓的新证据，仅限于前诉时由于当事人证据收集能力不足而未能

---

① 梁开斌：《"案件事实说"与中国民事司法实践》，《厦门大学法律评论》2008年第2期，第285页。

收集到但事实上已经存在的证据，不包括前诉时根本不存在而后诉时由于客观情形变化出现的新证据。

（2）"不再理"之界定突破与困惑并存

①突破性地承认判决和裁定之外生效法律文书之既判力

在郭某某诉中国人民财产保险股份有限公司济源市支公司案中，法院的判决，事实上承认了原告与案外人之间的协议效力及于此案，法院的这种实践做法，在2011年河南省平舆县法院处理的王某某诉宋某某等案（涉及原告与案外人的调解协议）、2011年上海市徐汇区法院处理的黄某某诉上海某某案（涉及仲裁委员会的调解协议和仲裁裁决）、2012年河南省郑州市中级人民法院处理的郑州大学第四附属医院与吴某某等案（涉及另一刑事案件中达成的民事调解协议）中，均可得见。司法实践中这种具有自发智识的做法，是对书面法律极具营养的反哺之举，理应获得理论和立法以及司法解释的青睐。

②诉讼系属不明引发实践困惑

与对法院裁判之外的法律文书之既判力尊重形成对比的，是法院在处理所受理案件与其他法院已受理案件有关甚至重复时的做法。简言之，即如何处理诉讼系属。由于种种原因，诉讼系属为中国的民事诉讼理论和立法所轻慢。虽然司法解释中的具体条款在一定程度上规范了诉讼系属，但民事审判实践中诉讼系属含糊不明，惠尔康商标专用权纠纷系列案正是最好的例证，其先后在北京①、福建②、湖南③、天津④四地反复诉讼。虽然四地八家法院最终的审理结果大致趋同，即不支持福州维他龙营养食品有限公司的诉讼请求。但由于审理法院不同，各法院在具体细节上也就存在不同认定。此系列案历时之久，牵涉法院之多，以及各法院在具体事实认定上的差异，直击当前民事审判实践的一个软肋：如

---

① 福州维他龙营养食品有限公司与国家工商行政管理总局商标评审委员会商标撤销行政纠纷上诉案，北京市高级人民法院行政判决书，（2005）高行终字第31号。
② 福州维他龙营养食品有限公司与厦门惠尔康食品有限公司不正当竞争纠纷上诉案，福建省高级人民法院民事判决书，（2005）闽民终字第64号。
③ 福州维他龙营养食品有限公司与厦门惠尔康食品有限公司等商标侵权纠纷上诉案，湖南省高级人民法院民事判决书，（2005）湘高法民三终字第49号。
④ 福州维他龙营养食品有限公司与厦门惠尔康食品有限公司商标侵权纠纷上诉案，天津市高级人民法院民事判决书，（2005）津高民三终字第51号。

何处理一个案件的诉讼系属问题？民事诉讼理论和立法对此问题的忽视，导致民事审判实践者在此问题上也颇为困惑。这种困惑在其他案件中也多有呈现，如福建省高级人民法院审理的福建南平金福房地产有限公司与福建省南平市房地产管理局案，[①] 海南省第一中级人民法院审理的吉林人民出版社诉廖某某等案。[②]

3. 经实践砥砺的"一事不再理"之调整

"一事不再理"作为民事诉讼中的一项基本原则，在书面上难谓圆满，在审判中的应用更让人有飞蓬随风之感。当前，民事审判案件量日渐增多，厘清"一事不再理"有助于理论的自我坚固，也有助于指引民事审判实现其公平和效率之价值。

（1）"一事"之界定

正确理解和适用"一事不再理"原则，需恰当界定何谓"一事"。从理论上看，所谓"一事"，首先必然是发生在同一当事人之间。此处所谓同一当事人，并不受诉讼地位影响：即无论在前后两诉中的原被告地位是否相同均不影响其身份。反言之，如果当事人发生变化，则不再是一事。但经由实践检验，此结论并不具有自足性。实践中会出现当事人虽然发生变化但两诉仍旧是"一事"的情形，前文中惠尔康系列案即是此例证。类似的情形在前文提及的王享流与高贰英案、卢彩云与李湛溪案中也有体现。鉴于此，所谓同一当事人，还应包括两诉中一诉的当事人完全为另一诉所覆盖且一诉的诉讼目的也完全为另一诉所覆盖之情形。

其次，"一事"应该是基于同一法律事实或行为而提起的诉讼。根据审判实践看，此处需要注意的是，有时候法律事实或行为是一个持续性的行为或事实，如持续侵权。如果提起后诉时，一方主张了前诉提起时尚未发生的情形或事实，则后诉应判断为构成新诉；[③] 如果提起后诉时一方主张的是前诉提起时已经发生但未能获取证据的，则后诉不构成

[①] 福建南平金福房地产有限公司与福建省南平市房地产管理局房屋拆迁安置补偿合同纠纷再审案，福建省高级人民法院民事裁定书，（2009）闽民申字第915号。

[②] 吉林人民出版社诉廖芳婷等侵害作品复制权、发行权纠纷案，海南省第一中级人民法院民事判决书，（2011）海南一中民初字第61号。

[③] 梁开斌：《"案件事实说"与中国民事司法实践》，《厦门大学法律评论》2008年第2期，第278—280页。

新诉。当事人对已生效裁判提出新证据的,应按照申诉处理,即前文所论述的北京凌飞公司诉北京中建二局案所揭示之情形。

最后,"一事"和起诉时依据的法律关系联系并没有那么密切。这是因为,简单重复诉讼并不多见;而同一当事人基于同一事实先后依据不同法律关系提出的诉讼是否必然构成新诉则值得存疑,甚至可以更为确定地说此类后诉不可构成新诉,毕竟其诉讼目的是相同的。

概言之,"一事不再理"之所以成为民事诉讼理论和实践中的重要支柱,其根源是为了防止同一人不断地受到来自相同另一方基于同一诉讼目的而借助司法权力的诉讼袭击,即诉讼系属之意义;以及防止不同的司法机关就同一纷争作出先后可能相矛盾的不同判决,即既判力之意义。因此,如何判断"一事",关键要看是否是同一当事人(不受诉讼地位影响),基于同一法律事实或行为而提出的同一诉讼目的之诉讼。

(2)"不再理"之界定

确定了"一事"之后,对其不予再理的情形有两种:此"一事"已为另一有管辖权的法院所受理,即诉讼系属;此"一事"已为一有权公权力机关作为纷争外第三方给予生效决定,即既判力。有鉴于此,对"不再理"之准确适用则有赖于对此二者的准确界定。

①诉讼系属之界定

诉讼系属,基于前文论述可初步作此界定:即特定当事人将其纷争提交至有管辖权的法院之后且获得终局裁判之前,在此特定纷争之上,当事人之间和当事人与该法院之间形成的一种约束关系。这种约束关系应得到当事人和法院的尊重,不得任意更改和否定。其目的很明确,即在诉讼这种"复仇的文明替代物"(Edourado Couture)[①]之中,保护一方当事人免受另一方当事人以诉讼为武器的重复"诉讼攻击"。

在大陆法系国家和地区,诉讼系属非常重要并得到立法承认。《德国民事诉讼法》第261条第(1)款明文规定:通过起诉,一案即在法院获得诉讼系属(Rechtshängigkeit);第(3)款第1项规定:获得诉讼系

[①] John Anthony Jolovicz, *On Civil Procedure*, London: Cambridge University Press, 2000, p. 92.

属的案件，不得在另一法院或同一法院重新获得诉讼系属。① 《日本民事诉讼法》第142条也明文禁止重复起诉：系关一法院系属之案件，当事方不得再另行起诉。② 中国台湾地区的"民事诉讼法"第253条规定：当事人不得就已起诉之事件，于诉讼系属中，更行起诉。

大陆法系国家和地区的此项立法，都蕴含了同一理念：禁止对同一纠纷重复起诉。禁止重复起诉不仅是基于人权理念对当事人的保护，也是基于诉讼经济和权威之理念对法院的保护。诉讼系属始于一方当事人的起诉，终于法院作出终局生效裁判，至于其他非诉程序则不形成诉讼系属。基于大陆法系的诉讼结构特点，当一方当事人重复起诉时，不仅当事人可提起诉讼系属抗辩，法院也应依职权注意。鉴于中国大陆地区民事审判量越来越大、法院审判负担越来越重之实际情形，在民事诉讼法理论和立法中，应尽快正视此问题，裨缺补漏，以保障民事诉讼的效率。

②既判力之界定

既判力，简言之，即生效裁判之拘束力，是对一诉诉讼目的已经实现的确定回答。在民事诉讼中，既判力的界定包括如下内容：既判力的约束对象，既判力的效用，具有既判力的裁判种类以及既判力的范围。

首先，既判力的约束对象既包括当事人也包括一国国内的所有法院。基于诉讼系属在当事人间形成的约束关系，以及享有程序保障机会的也限于诉讼当事人。因此，原则上既判力是仅及于当事人。但鉴于前文对实际案例的分析，有时候后诉当事人虽然只是前诉的第三人，甚至完全没有参加前诉，但其诉讼目的为前诉所覆盖以致后诉成为多余者，也应受既判力约束。另外，也还有当事人继受人受既判力约束之情形。③

其次，确定了既判力之后，其效用有二：其一，当事人之间在此特

---

① § 261 Rechtshängigkeit (1) Durch die Erhebung der Klage wird die Rechtshängigkeit der Streitsache begründet. (3) Die Rechtshängigkeit hat folgende Wirkungen: 1. während der Dauer der Rechtshängigkeit kann die Streitsache von keiner Parteianderweitig anhängig gemacht werde.
② 第142条（重複する訴えの提起の禁止）裁判所に係属する事件については、当事者は、更に訴えを提起することができない。
③ 邱联恭：《口述民事诉讼法讲义（三）》，自刊，2007，第304页。

定事项上的权利义务关系已经确定并禁止重起争执；其二，法院在处理有关此事项的其他诉讼时，应尊重此判决所确定的权利义务关系。即使法院受理的后诉是新诉，只要前诉之判决所确定之事项对后诉待决事项有影响的，亦需尊重其既判力。

再次，具有既判力的裁判种类不仅包括法院作出的生效判决和裁定，还应包括仲裁裁决。① 基于民事纠纷解决多元化机制越来越重要，其他能够作出具有同等定纷止争之效的组织或机构所作出的各类法律文书，也应承认其效力。

最后，既判力的范围需要注意的是其时间基准点。这一点，通常应以生效裁判发生效力的时间基准点为准，对此前的系争法律关系所作出的裁判具有确定的约束力。如果之后重新发生了变化，则需要分辨是新产生的案件事实还是新发现的证据，给予不同处理。前者，可认定构成新诉；后者则只是构成申请再审理由。

"一事不再理"作为民事诉讼的基本原则，在中国当前的书面和实践中的繁杂现状，并不利于理论的自我生长和完善，也不利于审判实务中效率与公平价值的实现。作为既具有理论上高屋建瓴价值的法律原则，又具有朴素实践品格的审判准则，"一事不再理"意欲实现澄清，则不可避免地应经由理论上的反思和实践中的检验。借由理论梳理和审判实践的分析，至少可得出一个初步结论：对"一事"之判定应落足于后诉之诉讼目的是否为前诉所覆盖或吞并；其对"不再理"之判定则既包括对诉讼系属的尊重，又包括对既判力的尊重，换言之"不再理"是对后诉是否必要的考虑。如果后诉的诉讼目的正在经由前诉实现，或者已经经由前诉实现，则后诉即可归为不必要，以"一事不再理"原则予以禁止。如此，纷争一次性解决之目的和诉讼安定之目的才能实现。

4. "一事不再理"、既判力和重复起诉规制范围之比较

在大陆法系，"一事不再理"更多的是一种理念意义上的原则。其下有重复起诉和既判力分制不同之领域。三者具体关系可见图11。

---

① 〔德〕罗森贝克等：《德国民事诉讼法》，李大雪译，中国法制出版社，2007，第1156页。

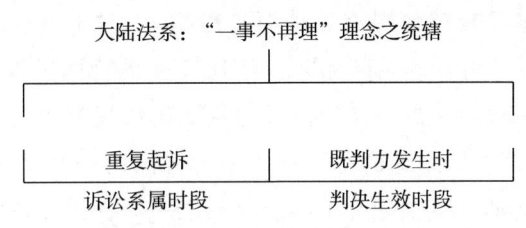

第七章 重复诉讼的牵连性

```
大陆法系:"一事不再理"理念之统辖
┌─────────────┬─────────────┐
│   重复起诉   │  既判力发生时 │
│  诉讼系属时段 │  判决生效时段 │
└─────────────┴─────────────┘
```
图11 大陆法系三者具体关系

在我国,从前述实务分析可以看出,"一事不再理"和重复起诉是高度重合的两个概念。其下有诉讼系属和既判力分制不同领域。三者具体关系可见图12。

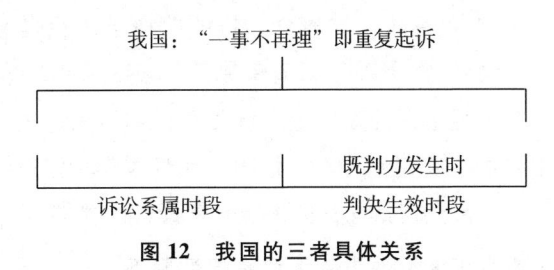

```
我国:"一事不再理"即重复起诉
┌─────────────┬─────────────┐
│             │  既判力发生时 │
│  诉讼系属时段 │  判决生效时段 │
└─────────────┴─────────────┘
```
图12 我国的三者具体关系

二 比较法视野中重复诉讼的牵连性

(一)德日规范出发型的重复诉讼牵连性判断

在大陆法系,罗马法中的一事不再理的根据逐渐分化为"诉讼系属抗辩"和"既决案件抗辩"(exceptio rei judicatae)这两类根据。[1] 前者指向于案件未决时的重复诉讼,后者指向于案件既决时的既判力。无论是从诉讼系属角度,抑或是既判力角度,德国和日本民事诉讼法都严格按照规范出发型的视角,以诉讼标的(法律关系)来看待前诉和后诉的牵连性。

《德国民事诉讼法》第261条规定,诉讼系属有下列效力:在诉讼系属期间,当事人双方都不能使该诉讼案件另行发生系属关系;受诉法院

---

[1] 张卫平:《重复诉讼规制研究:兼论"一事不再理"》,《中国法学》2015年第2期,第48页。

的管辖不因决定管辖的情况有变动而受影响。[①] 对于诉讼系属中案件之界限，德国以诉讼标的为判断标准。自1877年的德国民事诉讼法中即使用了请求权这一概念，诉讼标的被视为从实体法规范出发的且具有实体法意义的范畴。应当注意的是，近年来，德国的伯特赫尔（Botticher）和施瓦布（Schwak）共同倡导了诉讼标的之一分支说，该学说部分克服了传统诉讼标的理论缺陷，但也带来了新的问题。此待后文中详细讨论。

《日本民事诉讼法》第142条规定：当事人不能再次对系属于裁判所的案件提起诉讼。该条规定即是日本民事诉讼法中的"禁止二重起诉原则"。从该条规定来看，本条并未使用"诉讼标的"的概念，而是使用了"案件"这一相对范围较大的概念。目的即在于避免强迫被告承受二重应诉负担以及避免重复审理及矛盾审判。[②] 与德国民事诉讼法相比较，日本民事诉讼法在重复起诉的规定上一脉相承，均以法律关系作为前诉和后诉是否构成重复的主要识别标准。然而，从日本学者注解中，也可以看出，日本学界已经注意到以诉讼标的判定重复诉讼的弊端：范围过窄。

（二）英美事实出发型的重复诉讼牵连性判断

关于重复诉讼，美国《布莱克法律辞典》将其解释为："已判决的事项或案件，其效力规则是有完全事务管辖权的法院作出的终局判决对当事人及其利害关系人的权利具有决定作用，同时该判决绝对地阻止他们就同一请求和诉因再行起诉。"[③]

英美法系没有诉讼标的理论，但仍然存在诉讼标的的概念。在英美法系的事实出发型诉讼中，从事件中发现应有之法是诉讼的作用，因而诉讼标的是原始事件的本身。[④] 在英美法系"事实出发型"诉讼中，以已经发生的案件本身作为诉讼标的，法院判决对被其判断的全部事项产生约束力，其中对基于"诉因"提出的"诉讼请求"的判断所产生的约束力称作"既判力"。英美法系通常根据"诉因"来判断是否适用既判力，若法院对某个"诉因"作出了确定判决，则对基于该"诉因"之上

---

① 《德国民事诉讼法》，丁启明译，厦门大学出版社，2016，第60页。
② 参见〔日〕伊藤真《民事诉讼法》（第4版补订版），东京有斐阁，2014，第218页；转引自《日本民事诉讼法典》，曹云吉译，厦门大学出版社，2017，第49页。
③ *Black's Law Dictionary*, 5th edition, West Publishing Co., 1979, p.1174.
④ 〔日〕中村英郎：《新民事诉讼法讲义》，法律出版社，2001，第22页。

的诉讼请求（或权利主张）不得再提起诉讼请求。① 因此，就重复诉讼的判断而言，英美国家从案件事实出发来界定前诉对后诉的覆盖范围，相较于德日国家从法律关系出发来界定前诉对后诉的覆盖范围而言，英美国家让前诉和后诉在更广泛的意义上发生了牵连。

美国基于其联邦的性质，民事诉讼有两套体系：联邦民事诉讼和各州的民事诉讼。联邦民事诉讼管辖权的确定依据是明确的：民事权利来源基于联邦法律、民事主体州籍不同且诉讼标的额超过 7.5 万美元，或者具有援引附属管辖区的情形。民事诉讼中，州确立对争议事项享有管辖权会更为普遍。当然，当前各州的实践和立法都明显受到联邦的影响，由此也确立了联邦民事诉讼的权威地位。这被学者形象地称为双重主权（dual sovereignty）。而且由于这种双重主权，美国联邦最高法院的造法作用尤为明显。②

下文若无特别标注，均是指美国联邦民事诉讼的相关规则和实践。

1. 排除原则

在美国民事诉讼法教科书中，排除原则的名称有多个，可称为"在先判决原则（doctrine of former adjudication）"或"既判力（res judicata）"或"请求和争点排除（claim and issue preclusion）"或"判决效力（effect of Judgments）"或"排除原则（preclusion doctrines）"。

在实践中，根据美国联邦最高法院的判例看，排除原则会被分别称为请求排除原则和争点排除原则。③

请求排除是"既判力"（其字面意思是指"已经裁决的事项"）的现代术语表达；有时候也被称为反对拆分请求的规则。这一现代术语表达受到《判决法重述》（第二版）[*Restatement (Second) of Judgments*] 之影

---

① 邵明：《现代民事诉讼基础理论：以现代化正当程序和现代诉讼观为研究视角》，法律出版社，2011，第 223 页。
② See Geoffrey C. Hazard Jr., "Civil Procedure Rules for European Courts, 100 Judicature", *Summer*, 2016, p. 61.
③ 〔美〕理查德·D. 弗里尔：《美国民事诉讼法》，张利民等译，商务印书馆，2013，第 645 页。我国也有学者对此作了较系统的研究，参见胡军辉《美国民事请求排除规则及其借鉴》，《政治与法律》2013 年第 9 期，第 138—145 页；胡军辉、葛敏《美国争点排除例外规则初探》，《湖南社会科学》2014 年第 4 期，第 88—91 页。

响。① 其代表了这样一种观点，即诉讼请求人仅有一次机会提出自己的诉讼请求。

争点排除是"间接再诉禁止"（collateral estoppel）的现代表达。

"诉讼请求"可以界定为单一交易引起的所有救济权利，也可以界定为单个受到侵害的权利。法院包括美国联邦最高法院，尤其是在一些较为古老的案例里，会将请求排除和争点排除均称为"既判力"。

在排除原则（禁止重复诉讼）上，学界和司法界的基本观点如图 13 所示。

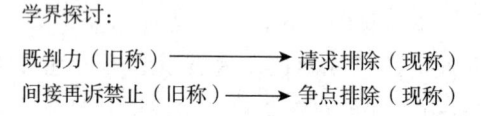

学界探讨：
既判力（旧称）——→ 请求排除（现称）
间接再诉禁止（旧称）——→ 争点排除（现称）

法院实践：
既判力 ——→ 请求排除 ——→ 单一交易引起的所有救济权利
                                    ——→ 受到侵害的权利
         ——→ 争点排除

图 13　在排除原则上学界和司法界的基本观点

由此可知，既判力是一个伞状词，包含了请求排除和争点排除这两个彼此相关但并不相同的概念。② 请求排除禁止当事人重复提出同一请求，即使在后诉讼出现新的或不同争点。而且，根据判例看，请求排除不仅禁止当事人重复提起已经在案件 1 判决过的诉讼请求，甚至对于原本应该在案件 1 提起但实际并未提起的诉讼请求也可以进行排除。③ 争点

---

① 《第一次判决法重述》由美国法律学会于 1942 年发布，《判决法重述》（第二版）于 1982 年发布。法律重述由美国法律学会发布，该学会由美国颇负声望的律师、法官和学者组成，有近 3000 名会员。学会定期关注法律特定问题并为每一研究方案指定一名报告人。由顾问组和咨询组来协助报告人工作。报告人须向学会全体成员呈报其研究方案，以让学会投票决定是否采纳该研究方案。

② Steve Wieland, "Don't Let the TAAB Decide Your Next Infringement Dispute," *Advocate*, May 2016, p. 38.

③ See Duffie v. United States, 600 F. 3d 362, 372 (5th Cir. 2010); accord Brain Life, LLC v. Elekta, Inc. , 746 F. 3d 1045, 1053 (Fed. Cir. 2014) ("Claim preclusion bars both claims that were brought as well as those that could have been brought. ").

排除则禁止当事人重复提起同一法律或事实争点，即使该争点出现于新的请求之中，当然该争点必须实际影响到在先判决的结果。

请求排除和争点排除不仅仅是诉讼技巧，也是基于如下几点考虑。

第一，案件终局性的正当性考虑。从某种角度而言，诉讼必须宣告完成，而不能始终处于法院审理过程中。第二，被告在一定程度上享有终止权。因为，同一诉讼请求反复被诉则意味着被告将始终处于被攻击的状态。第三，案件判决的一致性要求。反复诉讼意味着同类案件的诉讼结果可能不一致，不一致性会损毁公众对于司法制度的信心，因为这样的司法制度似乎更像买彩票中奖。

在判断后诉讼是否重复诉讼时，早期的案例倾向于以诉因（cause of action）是否相同确定前后诉讼是否重复，而更晚近的案例则以前后诉讼是否基于同一诉讼请求提起。[1]

同一诉讼请求的构成要件有以下三个。[2]

构成要件一：在先已判决案件（下文称案件1）和在后诉讼（下文称案件2）由同一诉讼请求人针对同一被告提起。[3]

这一点并不能简单地理解为两个案件"包含相同当事人"，否则就会和强制反诉规则（compulsory counterclaim rule）混同。所谓强制反诉，是指美国《联邦民事诉讼规则》第13条（a）款（1）项（这一规则已被诸州采用）所规定的情形，即如果被告要对原告提出诉讼请求，且该请求与原告的诉讼请求源自同一交易或事件，则其必须在该待决案件中提出。[4]没有提出的，一般会被视为被告放弃其诉讼请求且不得再提起诉讼。[5]

---

[1] 〔美〕理查德·D. 弗里尔：《美国民事诉讼法》，张利民等译，商务印书馆，2013，第650页。

[2] 根据美国联邦第五巡回法院的规则看，请求排除判断标准有四个：在后诉讼当事人与在先诉讼当事人相同或具有利害关系；在先诉讼已经由具有正当管辖权法院作出判决；判决系基于实体所作出的终局判决；两次诉讼的诉讼请求或诉因相同。这实际上和学者用的三部分构成说一致，即第二点和第三点合并为判决是有管辖权的法院基于案件实体作出的终局判决。See Duffie v. United States, 600 F. 3d 372 (5th Cir. 2010)。

[3] 〔美〕理查德·D. 弗里尔：《美国民事诉讼法》，张利民等译，商务印书馆，2013，第651页。

[4] See Rule 13. Counterclaim and Crossclaim.

[5] Michael D. Convay, "Narrowing the Scope of Rule 13 (A)," *University of Chicago Law Review*, Winter, 1993 (60), p.141. 参见〔美〕理查德·D. 弗里尔《美国民事诉讼法》，张利民等译，商务印书馆，2013，第776页。

同时也不能表述为：由同一"原告"（plaintiff）针对同一被告提起。所有的原告都是诉讼请求人，但并非所有的诉讼请求人都是原告。

美国《联邦民事诉讼规则》第13条第2款规定了任意反诉（permissive counterclaim）规则，该规则允许被告在待决案件中提出任何针对原告的诉讼请求，即使这一诉讼请求与原告的诉讼请求毫无关联。①

仅在案件1和案件2皆由同一诉讼请求人针对同一被告提起的情况下才适用请求排除原则，这一要求反映了一个重要的宪法规定：正当程序，即一个人仅当其作为案件当事方时，才可受该案判决的拘束。

在某些情形下，排除效力可能及于非案件1当事人的某个人。"非当事人排除"经常用于该非当事人与案件1中的当事人有"利害关系"的情况。据此，如果案件1和案件2由同一诉讼请求人（或与该诉讼请求人有"利害关系"的某人）针对同一被告（或与被告有"利害关系"的某人）提起，则请求排除原则将予以适用。

构成要件二：案件1就案件实体事项已作出有效终局判决②

就案件实体事项已作出有效终局判决的法院命令才被赋予排除效力——其一般有下列三大特点：（1）必须有效；（2）必须是终局判决；（3）必须是基于案件实体作出。尤其是第（3）点的基于案件实体（merits）作出的要求，排除了法院基于管辖或程序事项作出判决的禁止再诉效力。

但"基于案件实体"并不要求对案件必须进行有陪审团的审理，"基于案件实体"并不等于"诉讼审理"。譬如说，一个有效终局判决是通过简易判决（无陪审团审理）作出的。根据学者的研究看，当前美国的民事诉讼中，通过陪审团完成审判的甚至不足总案件量的5%。③一个基于案件实体作出的缺席判决，通常也被认为具有排除效力。

对于自愿撤诉（voluntary dismissal）的，根据美国《联邦民事诉讼规则》第41条（a）款规定，这种撤销案件"不影响实体权利"，亦即

---

① Rule 13. Counterclaim and Crossclaim (b) Permissive Counterclaim. A pleading may state as a counterclaim against an opposing party any claim that is not compulsory.

② 〔美〕理查德·D. 弗里尔：《美国民事诉讼法》，张利民等译，商务印书馆，2013，第653页。

③ See Geoffrey C. Hazard Jr., "Civil Procedure Rules for European Courts, 100 Judicature", *Summer*, 2016, pp. 61–62.

其不被视为基于案件实体作出,除非撤案的通知、约定、命令有相反规定。[1] 据此看,自愿撤诉案件一般不产生排除效力。

如果法院基于案件实体作出了强制驳回起诉的裁定,该裁定是否具有排除效力则要视情况而定。根据措辞周延的美国《联邦民事诉讼规则》第41条(b)款之规定看,第一,如果强制驳回起诉裁定是基于管辖权缺失(意指对人管辖权或事物管辖权)、不当审判地或未能依据美国《联邦民事诉讼规则》第19条并入一方当事人,则第41条(b)款规定这种驳回起诉并未"基于案件实体作出裁决"。当然这意味着此类驳回起诉裁定没有排除效力。第二,除非法院在驳回起诉令中有相反表达,对于"原告未能执行或遵守这些规则或任何法院命令",驳回起诉裁定"将视为基于案件实体作出之裁决"。第三,依据美国《联邦民事诉讼规则》第41条(b)款之规定,除非法院另外有所命令,"任何依据本条的驳回起诉裁定……视为基于案件实体作出的裁决"。[2]

从字面意思看,每一强制驳回起诉的裁定均发生排除效力(再诉禁止);实际上,根据美国联邦最高法院在塞姆特克国际公司诉洛克希德·马丁公司(Semtek International, Inc. v. Lockheed Martin Corp.)案中表达的观点,该规则在此方面并不是严格按其字面意思解读。此案中,原告在加利福尼亚州法院提起案件1的诉讼,被告基于异籍管辖权[3]将案件移送至美国联邦法院。该美国联邦法院依据加州两年的诉讼时效法律规定将案件驳回。该驳回起诉令很明确地表示该驳回起诉是"关于实体权利方面的(on the merits)和影响实体权利的(with prejudice)"。因为马

---

[1] See Rule 41. Dismissal of Actions (a) Voluntary Dismissal.

[2] Rule 41. Dismissal of Actions (b) Involuntary Dismissal; Effect. If the plaintiff fails to prosecute or to comply with these rules or a court order, a defendant may move to dismiss the action or any claim against it. Unless the dismissal order states otherwise, a dismissal under this subdivision (b) and any dismissal not under this rule – except one for lack of jurisdiction, improper venue, or failure to join a party under Rule 19 (/rules/frcp/rule_19) – operates as an adjudication on the merits.

[3] 异籍管辖权,是指在异籍案件(diversity of citizenship cases)中,因为当事人具有不同的州籍并且符合联邦法院规定的争议金额要求,诉讼将由联邦法院管辖。由于案件诉讼请求并非依据联邦法产生,因而具有适用州法律的空间。实践中,宪法也要求对一部分案件适用州法律。参见〔美〕理查德·D. 弗里尔《美国民事诉讼法》,张利民等译,商务印书馆,2013,第578页。

里兰州的诉讼时效法律规定是三年，因而不会阻止该诉讼请求之提出，所以原告就同一诉讼请求在马里兰州法院提起案件2的诉讼。基于上述规则看，案件2属于重复诉讼。

然而，美国联邦最高法院（法官们一致）裁决认为，位于加州的联邦法院判决并不具有请求排除效力。首先，美国联邦最高法院认为《联邦民事诉讼规则》第41条（b）款根本不是针对请求排除。其所规定的驳回起诉裁定"视为基于案件实体作出的裁决"，仅指原告不能在已作出驳回起诉裁定的同一联邦地区法院就同一诉讼请求再次提起诉讼。根据美国联邦最高法院的裁决，该条并非旨在建立请求排除方面的联邦法律。正如美国联邦最高法院的判决意见书里所解释的，"作出裁决的法院从其管理自身内部程序的规则中"发现具有请求排除效力的规则，这是一个"非常奇怪"之举。

其次，因为美国《联邦民事诉讼规则》在此并不适用，美国联邦最高法院然后裁定联邦法院在此问题上是否被要求适用州法律。法院裁定对这一主题应该受联邦普通法管辖，但这种情况下的联邦普通法——一个拥有异籍管辖权的联邦法院受理的案件1将会采用联邦法院所存地的州法律。

此案表明，美国《联邦民事诉讼规则》第41条（b）款的表达并非排除效力方面的普遍真理。

构成要件三：案件1和案件2均基于同一诉讼请求①

请求排除的本质在于诉讼请求人只有一次诉讼机会来提出其诉讼请求。问题在于诉讼请求一词的含义并不明晰。

满足美国《联邦民事诉讼规则》第12条（b）款（6）项规定的答辩目的的"诉讼请求"之构成要件与满足请求排除目的的诉讼请求（或"诉因"）之构成要件可能并不相同。② 用大法官Cardozo的话说：一个"诉因"可能指满足一种目的的一件事情，而在满足另外一种目的的情况下，可能又指代不同的一些事情。其所指的一件事情可能是异议是否正当的问题，而不同的一些事情可能是诉状修改的问题或既判力原则的

---

① 〔美〕理查德·D. 弗里尔：《美国民事诉讼法》，张利民等译，商务印书馆，2013，第660页。

② See Rule 12. Defenses and Objections.

适用问题……有时候在一定的语境中，其可能被认定为侵权或违反义务。而在其他时候和其他语境中，可能是救济法律的概念……另外一方面将其揭示为……一组形成了某种冤情的主体事实。①

当前的趋势是，对诉讼请求一词采用更加宽泛的定义。这种宽松的趋势反映了法律的变化。较早时，诉答和合并规则对单一诉讼中原告主张诉讼权利和合并当事人的能力施加了严格的限制。因此，请求排除法律对诉讼请求的范围界定得相当窄，原告可能需要通过案件2来寻求其不可能依据案件1中的合并规则得到的东西。如今对诉讼请求更加宽泛的定义，则反映了诉答和合并规则上的宽松的规则。

当然，仅在合并的程序规则允许诉讼请求人将所有与交易相关的诉讼请求放在案件1中时，司法制度才能通过请求排除原则来要求诉讼请求人这样做。因为美国《联邦民事诉讼规则》规定宽松（尤其是诉讼请求合并的规则）。其允许诉讼请求人将所有的诉讼请求——甚至那些与交易不太相关的诉讼请求放入单个诉讼中解决，通过适用请求排除规则来要求诉讼请求人将所有与交易相关的诉讼请求放在案件1中集中解决，这是一种公平的做法。②

如今，联邦以及和大多数州的法律都以交易标准（transaction test）界定诉讼请求。交易标准关注的是两个案件是否基于相同的起因事实核心内容。正是起因事实核心内容决定了诉讼请求，而非所寻求的救济类型、基本理论或者权利类型。③ 诉讼请求的内容包括"起因事实"（operative facts）、"交易或事件"（transaction or occurrence）、"基本事实情况"（basic factual situation）、"被告不法行为"（defendant's wrongdoing）、"起作用事实的单一本质"（a single core of operative facts）等。最富影响力的表述来自《判决法重述》（第二版），根据其规定，一项诉讼请求包含"涉及引起诉讼的交易的，或一系列相关联交易的所有或任何部分的"所有救济权利。④

---

① 美国诉孟菲斯棉籽油公司案（United States v. Memphis Cotton Oil Co.），《联邦最高法院判例汇编》第288卷，1933，第62、67—68页。
② 丁红军：《论美国民事请求排除规则》，硕士学位论文，山东大学，2015，第7—8页。
③ Houston Professional Towing Ass'n v. City of Houston. 812 F.3d, 447 (5th Cir. 2016).
④ 《判决法重述》（第二版）第24条第（1）款。

并非所有的州都采用交易标准来界定诉讼请求的范围。还有一些州以及研究者们是基本权利理论的拥趸。所谓基本权利理论（the primary rights theory），意指诉讼请求人对被告侵犯的每一权利即拥有一个单独的诉讼请求，因而也能够提起一个单独诉讼。

就笔者收集到的资料看，伊利诺伊州、加利福尼亚州、佐治亚州以及弗吉尼亚州都是适用基本权利理论。

一家美国联邦地区法院在适用伊利诺伊州法律时，对伊利诺伊州尚未接受交易标准表示遗憾和失望：法院积案如山，因此难以确保诉讼当事人根据法律应享有的一天庭审权利。本案中，原告甚至坚称自己应该有三天的庭审。"我们督促并希望伊利诺伊州法院能顺从当今州法院接受《判决法重述》（第二版）中交易标准的潮流，其终将看到这样做是合适的。"①

加州长久以来都从未放弃这一标准。

佐治亚州以成文法规定了机动车辆碰撞案件中应适用基本权利理论。

弗吉尼亚州的做法颇为有趣。1949年，在著名的卡特诉欣克尔（Carter v. Hinkle）案中，弗吉尼亚州最高法院最终采用了基本权利标准而明确拒绝采用交易标准。案件1为一个碰撞事件的财产损失赔偿提起，而案件2为人身损害赔偿提起。在审查了两种方法的支持意见后，法院最终采信基本权利理论，并将其描述为"不太实用但……更符合逻辑的路径"。法院承认交易标准更具效率，但同时认为基本权利标准更契合法律的其他方面。

2006年，弗吉尼亚州最高法院颁布的一条法院规则采纳了交易标准界定诉讼请求。不过，该规则明确规定了一种例外情形——针对造成既有人身伤害又有财产损失事件除外。② 换言之，卡特案在今天也会得到

---

① 萨雷梅诉圣文森特纪念医院公司案（Salaymeh, St. Vincent Memorial Hosp. Corp.），《联邦地区法院判例汇编》第706卷，始于第643、646—647页（联邦伊利诺伊州中部地区法院1989年）。

② 《弗吉尼亚州最高法院规则》第1条第6款（a）项。该规则自2006年7月1日之后适用于弗吉尼亚州民事诉讼判决，其规定："针对一方当事人因被确认的行为、交易或事件而提起的诉讼请求，法院依据案件实体做出的终局判决，应永远禁止其基于同一行为、交易或事件的任何诉讼请求或诉因向同一对方当事人提起任何第二次诉讼或后续民事诉讼……"第6款（c）项规定："该规则中的本条款不应禁止一方当事人或其保险人基于同一行为、交易或事件提起单独的人身损害和财产损失诉讼……"

一样的结果。

　　从坚持采用基本权利理论的州的实践看，该理论未造成诉讼拖延以及司法资源浪费等问题。该理论只是赋予当事人选择合并起诉或分开起诉的权利，并非强制其一定要拆分诉讼。原告可自由选择在单个诉讼中提出人身损害和财产损失两项诉讼请求，或者其中任何一项诉讼。从实际情况看，很多诉讼请求人为避免重复诉讼的讼累，也会合并起诉。

　　此外，案件1的裁决很可能会影响到当事人在案件2中达成和解。由此，案件2的审理并不会对司法系统造成重大负担。一法院在解释争点排除效力时说，即使在实行基本权利请求排除的州，这一方法：即使两次诉讼实际上都进行审理，所消耗的总的司法时间可能不比将两部分放在一次诉讼中所消耗的时间更多。事实上，可能的结果是两次诉讼不可能都加以审理。如果审理财产损失的案件裁决对原告不利，即不存在第二次审理。如果裁决对原告有利，双方当事人可能会妥善地对财产赔偿请求进行和解。①

　　《判决法重述》（第二版）同时也指示我们注意这些交易或"一系列相互关联的交易"。《判决法重述》（第二版）给这一定义增加了一种实际分析的方法，要关注事实是否在"时空、来源或动机方面紧密相连以及这些因素集合在一起是否组成了一个单元以方便法院审判"，② 同时考虑将这些因素视为单个诉讼请求是否与当事人的愿望和商业预期相符。

　　尽管如此，法院实践中经常会采用多个标准。典型的是弗吉尼亚州，已知的包括证据同一性标准、交易标准、基本权利标准。

　　根据学者分析看，证据同一性标准没什么实际意义。③

　　一般而言，争点排除比请求排除适用范围稍窄，争点排除并不必然使案件2被驳回，其作用是减少案件2所需审理的焦点。因为争点排除的适用并不受交易相关性之限制，因此在某种程度上，争点排除的适用范围要比请求排除宽泛，亦即，在案件1中裁决的某一争点可能在案件2

---

① 安德鲁斯诉克里斯滕松案（Andrews v. Christenson），《太平洋判例汇编第二辑》第692卷，始于第687页，第690页第1个注释（俄勒冈州上诉法院1984年）。
② See Petro‑Hunt LLC v. United States, 365 F. 3d 385. 396 (5th Cir. 2004), Houston Professional Towing Ass'n v. City of Houston. 812 F. 3d, 447 (5th Cir. 2016).
③ 〔美〕理查德·D. 弗里尔：《美国民事诉讼法》，张利民等译，商务印书馆，2013，第668页。

中认为业已确认,即使案件情形在现实生活中存在巨大差异时亦是如此。

对争点排除的标准定义包含五大要件。"第一,如同请求排除一样,案件1必须基于案件实体作出有效终局判决;第二,案件2中出现的相同争点必须已在案件1中得以诉讼并作出裁决;第三,该争点对于案件1的判决必须绝对必要;第四,由于正当程序的原因,争点排除仅能由案件1的一方当事人或与案件1中的一方当事人有'利害关系'(in 'privity' with a party)的人主张;第五,审理案件2的法院必须对'相互性(mutuality)'进行评估,因为这将牵涉谁可主张争点排除。"①

在判断争点是否必要时,我们要问:如果针对该争点的事实裁决以另一种结果出现,这个判决内容还一样吗?若答案是肯定的,则该裁决对该判决来说并非绝对必要,因为该判决的作出并不依赖于对该争点的裁决。

在第一版和第二版《判决法重述》中,均提及这样一个案例:譬如A、B驾车发生交通事故,各自的车辆都受损,人身损害同时发生。

案件1:A诉B,车辆损失赔偿;审理查明A、B均有过错,A败诉。

案件2:B诉A,人身损害赔偿;此处不适用请求排除,A能否援引争点排除,B有过错?答案是否定的。

争点排除并不适用于"支持"判决的事实裁决;而是要求这些争点对于判决来说必须是"关键和必要"。

如果法庭对多个争点作出裁决,且对每个争点的裁判结果都与判决指向一致,此时即出现了"选择性"裁决的问题。换言之,关于任何一个争点的裁决结果都足以作为案件判决的理由。举例而言,A诉Z过失,案件经陪审团参与审理。陪审团作出的特别裁决认为(1)Z无过失,及(2)A有过失。法庭因而作出支持Z的判决。选择性裁决为同一结论提供了两种理由。

《判决法重述》(第一版)体现了对这一问题的传统做法,它认为选择性裁决中的两个都属于绝对必要。然而这一观点招致批评,当美国法律学会在起草《判决法重述》(第二版)重新考虑这一问题时,其采取

---

① 〔美〕理查德·D. 弗里尔:《美国民事诉讼法》,张利民等译,商务印书馆,2013,第672—717页。

了相反的方法。依据《判决法重述》（第二版），选择性裁决被认为对案件1的判决来说不是绝对必要的，因此在案件2中，其中的任何一个裁决都不具有争点排除之效力。

《判决法重述》（第二版）之所以这样做是基于两大原因。其一，选择性裁决对判决（decision）而言并非必要，事实裁决者可能对其未予充分关注；其二，面对两个不利裁决的败诉方，可能会被劝不要提起上诉审查。

不要将选择性裁决——两个裁决中的每一个裁决都将得出相同判决与两个裁决对判决结果来说都属必要的情形相混淆。

A诉Z过失，案件经陪审团参与审理。陪审团作出特别裁决认为（1）Z有过失，且（2）A无过失。法庭因而作出有利于A的判决。

这两个裁决不是选择性裁决，因为选择性裁决强调的是每一个争点的裁决都将得出同一判决。

2. 区分正当程序（Due Process）和相互性（Mutuality）

探究正当程序关心的是对谁可以主张排除，探究相互性关心的是由谁可以主张排除。

正当程序的理念要求，一个人当且仅当其在案件1中有充分和公平之机会进行攻击和防御的情况下，才能受案件1判决既判力之拘束。反之，非案件1当事人则不受案件1判决既判力的拘束。就会导致一个问题，即当多个原告分别针对同一被告提出相同或类似诉求时，被告将不得不一一应诉，而且无论被告在先进行和完成的诉讼中胜诉多少次，都不能在后续诉讼中援引争点排除。

为解决此问题并且提高诉讼效率，美国在民事诉讼中开始扩大此类的在先判决对后续诉讼当事人的拘束范围。即案件1可以约束被认为与案件1当事人具有"法律上利害关系"的人。这一术语已经不再仅仅局限于最初的指向当事人之间的财产权利关系，而是扩大到指向非案件1当事人与案件1当事人之间的联系。

根据美国联邦最高法院在2008年判决的泰勒诉斯特杰尔案（Taylor v. Sturgell）所澄清的，下列六种情形下，案件1的争点排除效将及于非案件1当事人。

（1）非当事人同意受判决既判力拘束。

（2）非当事人因与当事人之前存在实体法律关系而受判决既判力拘束。这种实体法律关系，最典型的是因继承或公司合并等形成的利益继承关系。

（3）非当事人因已被案件 1 的一方当事人充分代表而受判决拘束。此所谓的充分代表，主要是集团诉讼和基于信托关系或监护关系形成的代表关系。

在这个方向上，第五巡回法院甚至扩大到实际代表（virtual representation）标准。[1] 在其创设此标准的艾劳吉特—通用公司诉艾斯丘（Aerojet - General Corp. v. Askew）案中，公司与两个州政府机构（以下简称政府机构）达成协议，后者是佛罗里达州达德县（Dade County）的一块土地所有权人。协议给予该公司该地块的 10 年期租赁权，并赋予其在租期内任何时间购买该地块的选择权。公司行使选择权购买土地前，佛罗里达州通过了一部制定法，规定任何政府机构在没有将其所有的土地首先提出卖给所在地的县府前不得转让给任何人。该法生效之后，公司行使选择权购买了土地。但达德县也想购买这块土地，并认为依据新法有权这样做。案件 1 中，该公司诉两政府机构，请求实际履行该协议。被告并未依据新法提出抗辩，甚至未提到该法。此外，达德县并未加入诉讼。公司赢得简易判决，法院命令被告将土地转让给公司。

此时，达德县基于新法请求佛罗里达州最高法院发出一个特别的执行职务令（writ of mandamus），要求两政府机构将土地转让给它，被告未对此令提出异议。佛罗里达州最高法院准予发放此令。该公司随后对两政府机构和达德县提起案件 2 的诉讼，请求法院发出命令，停止干预案件 1 判决，并停止执行佛罗里达州最高法院执行职务令。该案被上诉至第五巡回法院，公司胜诉。第五巡回法院用其著名的表述写道："如果诉讼的一方当事人与非诉讼当事人的利益是如此一致以至于成为其实际代表，则该非当事人可以受到该诉讼判决之拘束。"

美国联邦最高法院并未认可这种做法，而是限制了充分代表标准。

（4）非案件 1 当事人掌控了案件 1 的诉讼。这种主要是指基于行政

---

[1] 华盛顿州也仍然在适用实际代表标准，参见 Kathleen M. McGinnis, "Revisiting Claim and Issue Preclusion in Washington," *Washington Law Review*, March, 2015（90），p. 75。

管理关系形成的对案件的掌控。

（5）非当事人通过代理人（proxy）进行的诉讼。

（6）非当事人可能受特别法安排之诉讼拘束。

在关注由谁主张争点排除时，涉及的是诉讼中的相互性（mutuality）问题。相互性的逻辑在于：只有受到案件1判决约束的人才能在案件2中主张对已审理争点的排除，或者说承担案件1判决之负担的人可在案件2中主张免除再度担负同样的责任。这也意味着案件1败诉当事人可以反复就同一争点对未参与案件1的其他人再度诉讼。这会引发下述问题："让诉讼当事人就同一争点的司法解决获得不止一次的充分和公平机会……只要不相关的被告坚持诉讼，就允许重复诉讼同一争点，这反映了一种赌桌上的或'缺乏约束的'气氛和'下级法院的冷漠'，'这对制定诉讼程序来说几乎毫无价值或极不明智'。"

为避免这种反复诉讼以求有利于己方的判决结果，争点排除原则出现了一次重大变化，即允许非相互性的争点排除。非相互性的争点排除，如果由被告方主张，会出现防御性的非相互性争点排除；如果由申请人主张，则会出现进攻性非相互性争点排除。为限制后一种情形造成的诉讼突袭，美国联邦最高法院经过实践认为应对其予以限制：审理案件2的法院确信（1）援用争点排除的一方不能"轻易地加入本可加入的在先诉讼"，且（2）适用争点排除不会对被告造成不公平的结果。①

2014年，美国全国律师考试委员会（National Committee of Bar Examiners）公布了一份样卷，其中的问题9引起一些程序法学者的讨论。问题9如下：

一摩托车手与卡车发生碰撞，摩托车手在州法院起诉卡车司机，要求就车辆损坏进行赔偿。陪审团确认卡车司机无过错，法院作出判决。之后，摩托车手在美国联邦法院起诉雇用卡车司机并且是卡车所有权人的公司，要求进行人身损害赔偿。公司根据州判决提出驳回起诉的动议。如果法院批准该动议，其理由何在？

A. 请求排除（既判力）原则禁止摩托车手起诉公司；

---

① 〔美〕理查德·D. 弗里尔：《美国民事诉讼法》，张利民等译，商务印书馆，2013，第713页。

B. 争点排除（间接再诉禁止）确认了公司不存在过错；

C. 摩托车车手违反了救济选择原则；

D. 州法院的判决是判例。

一些程序法学者认为 A 以及 B 均成立。也基于对问题 9 的讨论，有学者提出，非相互性的争点排除原则也同样适用于请求排除，即非相互性的请求排除应称为排除原则进一步发展的方向。[①]

在适用排除原则时，联邦第五巡回法院认为，只有案件 2 所基于的侵权事实发生于案件 1 终局判决作出之前时，才能适用请求排除。但地区法院的做法已经出现了突破这种限制的案例，在 Adaptix, Inc. v. Amazon.com, Inc. 一案中，法院认为如果案件 1 的判决认定未发生侵权，则该判决对判决之后发生的事实引发的诉讼可产生请求排除之效力。[②] 适用争点排除原则时，案件 1 处理的争点可以排除判决作出后发生行为引发的争点。

在某些情形下，当请求排除和争点排除仍不足以保护案件 1 当事人免受后续诉讼的困扰，当事人或者法院还可以援引凯斯勒原则（Kessler Doctrine）。该原则主要是保护在专利类案件 1 被确认为非侵权人的当事方，使其免受后续诉讼持续干扰其进行正常的商业活动。

2011 年至 2016 年，联邦得克萨斯州东区地区法院审理的 Simple Air, Inc. v. Google Inc. 系列案件，是美国民事诉讼中适用排除原则和凯斯勒原则的一个典型例子。

Simple Air 是一家位于得克萨斯州的科技许可公司（technology licensing company），自 2011 年 9 月 15 日起，Simple Air 先后四次起诉 Google，认为 Google 的谷歌云信息服务以及设备间云信息服务（Google Cloud Messaging，以下简称为 GCM）侵犯了其专利。

在第一个案件中，Simple Air 提出，Google GCM 侵犯了其第 7035914 号专利（以下简称 914 专利）和第 6021433 号专利（以下简称 433 专

[①] Glenn S. Koppel, "The Case for Nonmutual Prtvity in Vicarious Liability Relationships: Pushing the Frontiers of the Law of Claim Preclusion," *Campbell Law Review*, 2017 (39), p. 1.

[②] See Adaptix, Inc. v. Amazon.com, Inc., No. 5: 14 - cv - 01379 - PSJ, 2016 WL 948960, at *3 (N.D. Cal. Mar. 4,: 016), citing Foster v. Hallco Mfg. Co., 947 F. 2d 469 (Fed. Cir. 1991) and Nystrom v. Trex Co., 580 F. 3d 1281 (Fed. Cir. 2009).

利）。之后，Simple Air 撤回有关 433 专利的诉讼请求，进行了依据 914 专利提出的诉讼。第一次庭审后，陪审团认为谷歌侵权；第二次庭审后，陪审团认定损害赔偿额为 8500 万美元。两次庭审分别发生于 2014 年 1 月和 3 月，庭审结果于 2 月 10 日和 5 月 13 日公布。经过上诉，巡回法院推翻一审判决，认定侵权不成立。

2013 年 10 月 4 日以及 2014 年 1 月 8 日，第一个案件尚未审结时，Simple Air 针对谷歌提出另外两个诉讼，2014 年 2 月 13 日，两诉合并。此次诉讼中，Simple Air 提出，Google GCM 侵犯了其第 8572279 号专利（以下简称 279 专利）和第 8601154 号专利（以下简称 154 专利）。这两项专利与 914 专利名称以及特征均相同："数据传输系统与方法"（System and Method for Transmission of Data）。另外，279 专利与 154 专利都是第 11/409，396 号申请的展期，本申请则是一项 17 年前申请的展期；正是这项 17 年前的申请最终成熟化为 914 专利。2015 年 10 月 12 日，Simple Air 撤回基于 154 专利的诉讼请求，该撤诉产生排除效力；继续进行依据 279 专利提出的针对谷歌 GCM 的诉讼，也就是第一次诉讼中主张的侵权产品。

前三个案件最终均以谷歌胜诉为结果。

2016 年 4 月 8 日，Simple Air 针对谷歌提出第四次诉讼，主张谷歌 GCM 侵犯了其第 8639838 号专利（以下简称 838 专利）和第 8656048 号专利（以下简称 048 专利）。838 专利于 2014 年 1 月 28 日获得，早于合并后的第二/三次诉讼日期；048 专利于 2014 年 2 月 18 日获得；晚于合并后诉讼 5 日。和之前 914 专利、279 专利以及 154 专利一样，838 专利以及 048 专利名称也是"数据传输系统与方法"，特征一致，展期历史也一致。

总而言之，后面的四项专利均是同一项申请（即 11/409，396 号申请）的延伸，而此项申请则正是 914 专利的延伸。基于此，谷歌向法院提出动议，应适用请求排除和凯斯勒原则，强制撤回 Simple Air 的第四次诉讼。

法院在 2016 年 9 月 2 日签署并批准了谷歌的动议申请，认定基于请求排除原则，Simple Air 不能再次提出侵权之诉；同时认定基于凯斯勒原则，原告不能再对其认定的侵权人提出诉讼，即便是基于前诉判决之后作出的侵权行为也不能重新起诉。①

当然，Simple Air 和谷歌之间的争议并未完全终结，双方还就154专利是否存在不能授予专利的情形发生了争议，美国专利审理和上诉局（Patent Trial and Appeal Board，PTAB）支持了 Simple Air，认为谷歌提出的154专利异议不成立。谷歌对此结论不服，向美国联邦巡回上诉法院提出上诉，上诉法院在2017年3月28日作出判决，支持了PTAB的结论。②

三　我国重复诉讼中牵连性的实证考察

（一）法律规定

《民事诉讼法》第124条第5项规定："对判决、裁定已经发生法律效力的案件，当事人又起诉的，告知原告申请再审，但人民法院准许撤诉的裁定除外。"该条文是对"一事不再理"理念的确认，也是民事诉讼法司法解释中关于禁止重复起诉的依据。

（二）司法解释

2015年2月4日开始施行的《最高人民法院关于〈中华人民共和国民事诉讼法〉的解释》（简称《民诉法解释》），在第247条中对重复起诉作了专门性的规定。

《民诉法解释》对处于诉讼系属中的重复起诉作了明确规定：两个以上人民法院都有管辖权的诉讼，先立案的人民法院不得将案件移送给另一个有管辖权的人民法院。人民法院在立案前发现其他有管辖权的人民法院已先立案的，不得重复立案；立案后发现其他有管辖权的人民法院已先立案的，裁定将案件移送给先立案的人民法院。

《民诉法解释》第247条对重复起诉之判定标准作了明确规定：当事人就已经提起诉讼的事项在诉讼过程中或者裁判生效后再次起诉，同时符合下列条件的，构成重复起诉：（一）后诉与前诉的当事人相同；

---

① See United States District Court, E. D. Texas, Marshall Division, September 02, 2016 204 F. Supp. 3d 908 2016 WL 4582085.
② See Google Inc. v. Simple Air, Inc. United States Court of Appeals, Federal Circuit, March 28, 2017—Fed. Appx. 2017 WL 1149518.

(二）后诉与前诉的诉讼标的相同；（三）后诉与前诉的诉讼请求相同，或者后诉的诉讼请求实质上否定前诉裁判结果。依据该条规定前诉和后诉是否构成重复起诉的关键在于"三相同"和"一否定"的标准。相对以前的民事诉讼规定而言，之前立法中的诉讼标的概念或者一事不再理原则的模糊性程度较高，解释中的关于重复起诉的定义，在清晰度方面有了较大的进步。但是在实践中，对于这"三相同"和"一否定"的标准的操作仍然存在着诸多模糊之处，并且还有第247条之外的其他因素也在影响着法官对重复起诉的判定心理，有必要对作为司法解释的该条款作进一步的实践性解释。此外，"第247条的最终目的或许是限制重复诉讼及诉权滥用，但在条文的表述上却增加了判断重复诉讼的要素，从而反倒增加了多次诉讼的可能"。[①] 为避免重复诉讼的概率大幅增加，有法官[②]和学者[③]在适用第247条"后诉请求实质上否定前诉裁判结果"这一要件时，认为应对诉讼标的作扩大解释，将其理解为同一事实。总体来看，该条文的"核心价值主要是激发了司法实务界对诉讼标的理论和与其相关的诉讼请求等概念内涵的普遍关注。就法律适用和法律解释而言，这一规定解决的问题并不比其制造的问题更多"。[④]

（三）司法观点

（1）两次起诉之诉讼请求相互不能涵盖，不属于"重复起诉"。在李某某与超星数图公司、贵州大学等著作权侵权案〔（2010）民提字第159号〕[⑤] 中，最高人民法院认为，权利人针对数字图书馆运营商及不同用户提起的侵权诉讼，因被诉侵权主体不完全相同，诉讼请求不能互相涵盖，故不构成重复诉讼，但对权利人赔偿损失的请求能否予以支持，应当进行综合考量；若权利人在以前诉讼中获得的赔偿足以补偿其因本案侵权行为所遭受的实际损失，本案被告不应再向权利人承担赔偿责任。

---

① 卜元石：《重复诉讼禁止及其在知识产权民事纠纷中的应用——基本概念解析、重塑与案例群形成》，《法学研究》2017年第3期，第106页。
② 具体参见最高人民法院民事裁定书，（2015）民申字第1401号。
③ 郭家珍：《论民事重复诉讼识别规则的适用——以"后诉请求实质上否定前诉裁判结果"要件为对象》，《河南财经政法大学学报》2019年第2期，第66页。
④ 傅郁林：《改革开放四十年中国民事诉讼法学的发展——从研究对象与研究方法相互塑造的角度观察》，《中外法学》2018年第6期，第1428页。
⑤ 参见最高人民法院民事裁定书，（2010）民提字第159号。

（2）合同纠纷案件胜诉后判决无法执行，原告又向第三人提出侵权诉讼的，不属于重复起诉。①

（3）甲地法院受理合同一方当事人追索设备款纠纷诉讼，乙地法院受理对方当事人产品责任纠纷诉讼，不属于重复起诉。②

（4）在 2015 年《民诉法解释》第 247 条出台之前，最高人民法院以及各级人民法院更加倾向于以案件事实的同一性作为判定是否构成重复起诉的重要标准。③

（四）类案研究

案型一：后诉与前诉当事人相同之界定

关于前诉与后诉当事人相同的问题，在实践中比较没有争议的有两种情况：前诉与后诉的当事人完全相同；前诉与后诉的当事人相同，但是身份发生了置换，比如前诉的原告变成了后诉的被告。比较有疑问的是在前诉发生之后，一些当事人的权利义务部分或者全部地转移给了第三方，该第三方又提起了新的诉讼。此时是否能够认定，该第三方作为权利义务的继承（受）方也符合当事人相同规定的标准。

（1）名称的细微差异可能导致当事人的不相同

在"吴良材"商标及不正当竞争案中④，（2007）苏中民三初字第 0089 号中并未查清"上海三联（集团）有限公司"和"上海三联（集团）有限公司吴良材眼镜公司"是否为同一诉讼主体，案件涉及的四项权利分属于不同的诉讼主体，且均为独立的权利，受法律保护的范围截然不同，原审法院错误地将上述应当属于四个案件的不同诉讼主体的诉求合并为一个案件，在审理时也没有对不同的权利和诉讼主体进行严格区分。此类案件中，要求法院核对两个名词有细微差异的企业是否具有同一性，实属当然。

---

① 杜万华主编《最高人民法院民事诉讼法观点全集》，人民出版社，2016，第 1480 页。
② 杜万华主编《最高人民法院民事诉讼法观点全集》，人民出版社，2016，第 1477 页。
③ 具体可参见：奉化步云公司与上海华源公司商标所有权转让纠纷不予受理案，《最高人民法院公报》2006 年第 6 期；王贺春、张福才等六人与卢继先，华宸建设集团股份有限公司债权转让合同纠纷案，《最高人民法院公报》2012 年第 11 期。
④ 参见"吴良材"商标及不正当竞争案，（2007）苏中民三初字第 0089 号和（2009）苏民三终字第 0181 号。

（2）权利义务的继受主体被视为相同的当事人

在一权益纠纷案中①，法院认为原告在第一次判决中向人民法院提出撤诉申请并获准予，后被告以新名称提起诉讼，前诉"国网四川巴中市巴州供电有限责任公司"与后诉"国网四川省电力公司巴中市巴州供电分公司"为同一诉讼主体。

（3）普通使用许可合同的被许可人被视为相同当事人

在一合同纠纷案中②，二审法院认为后诉宏富公司得到前诉星河湾公司的授权，作为"星河湾 + starRiver + 图"的普通使用许可合同的被许可人依法可以提起侵犯商标权诉讼，但两案具体的诉讼请求基本相同，且能相互涵盖及宏富公司没有新的事实和理由，故均需承受作为诉讼结果的判决的既判力约束。此案中法院虽在外观上认可了普通使用许可合同的被许可人为新当事人，但认为其受前诉既判力约束，实质上是不认可其为新当事人。类似的案件还可参看新疆农洋洋国际贸易有限公司与新疆农资（集团）有限责任公司侵害商标权纠纷上诉案③。此类案件中，人民法院将任意诉讼担当作为判定当事人是否具有"同一性"的一个桥梁性工具，殊值注意。这种做法的程序正当性值得深思，对此有学者指出："生效判决效力及于受让人正当性基础应当是受让人在诉讼中获得了程序保障，或者说其庭审请求权获得了保障，即争议权利、义务的受让人能够参与诉讼，并有充分发表意见和主张的机会。这是因为当事人获得程序保障是判决具有既判力的根据所在。"④

（4）代位权诉讼中代位权人不被视为相同当事人

在西安市鑫鸿泰物资有限公司与北京林河兴业房地产开发有限公司、被上诉人北京林河兴业房地产开发有限公司西安分公司、被上诉人浙江

---

① 四川巴中经济开发区奇章街道办事处元堡村八组与国网四川省电力公司巴中市巴州供电分公司侵害集体经济组织成员权益纠纷案，四川省巴中市巴州区人民法院民事判决书，（2017）川 1902 民初 3913 号。

② 广州宏富房地产有限公司与恩平市协豪房地产有限公司侵害商标权及擅自使用知名商品特有名称纠纷案，江门市中级人民法院民事判决书，（2014）江中法民再字第 13 号。

③ 最高人民法院发布 2015 年中国法院 50 件典型知识产权案例之二十四：新疆农洋洋国际贸易有限公司与新疆农资（集团）有限责任公司侵害商标权纠纷上诉案，新疆维吾尔自治区高级人民法院民事裁定书，（2015）新民三终字第 16 号。

④ 刘敏：《民事诉讼中当事人恒定原则的适用》，《法商研究》2016 年第 5 期，第 124 页。

驰成建设有限公司、浙江驰成建设有限公司西安分公司债权人代位权纠纷案中①，法院认为，本院制作的（2014）西中民三初字第00132号调解书，解决的是鑫鸿泰公司与驰成公司及其西安分公司之间的买卖合同纠纷，而本案，鑫鸿泰公司主张的是代位权诉讼，被告为林河公司及其西安分公司，两案的当事人及诉讼请求均不相同，不构成重复诉讼，林河西安分公司主张受理本案违反一事不再理原则，没有法律依据，本院不予支持。此类案件中，同样是诉讼担当，人民法院又认为作为代位权人参与的后诉和前诉的当事人并不相同。

  从上述四个类型的案件中可以看出，案件一彰显的是法人名称必须完全相同的基本道理。案件二、三和四则要求我们对诉讼担当中当事人之间的关系作进一步的理解。所谓诉讼担当，可以分为法定的诉讼担当和任意的诉讼担当。法定诉讼担当的具体形态包括基于财产管理权或处分权而引发的诉讼担当和基于身份权而引发的诉讼担当。前者如遗嘱执行人、遗产管理人、破产管理人、股东代表诉讼、债权人代位诉讼等。后者如自然人死亡后，仍然享有人格权，由其继承人担当诉讼。任意诉讼担当的具体形态包括合伙人、业主委员会、普通使用许可合同的被许可人、著作权集体管理组织等。从人民法院的判决三和判决四这两个案件中可以发现，法院对于代位权诉讼中的代位权人和普通使用许可合同中的被许可人诉讼，持有不同的当事人判断标准。究其原因，在债权人代位诉讼中，债权人、债务人、次债务人之间形成了利益对立之三角关系。这种特殊的利害关系使债务人在诉讼中的地位具有一定的特殊性。②例如，诉讼担当人进行诉讼所获判决对被担当人生效，而代位债权人对次债务人提起诉讼请求败诉，如果债务人也受其判决效力的作用，显为不公平。事实上，该债务人不应当受债权人败诉判决的约束，仍然能够

---

① 西安市鑫鸿泰物资有限公司与北京林河兴业房地产开发有限公司、被上诉人北京林河兴业房地产开发有限公司西安分公司、被上诉人浙江驰成建设有限公司、浙江驰成建设有限公司西安分公司债权人代位权纠纷案，陕西省高级人民法院民事判决书，（2016）陕民终357号。
② 张晓茹：《再论诉讼担当——以担当人和被担当人在实体法和程序法上的关系为视角》，《法学杂志》2012年第2期，第87—92页。

对第三债务人提出权利存在的主张。①

案型二：后诉与前诉的诉讼标的相同之界定

关于诉讼标的之概念，目前学界通说认为是指原告在诉的声明中所表明的具体的权利主张，或者是当事人之间发生争议并要求法院以裁判的形式予以解决的法律关系。② 根据笔者的调研，实务界对于诉讼标的之概念，有相当一部分法官处于模糊不清的状态，但在高级以上的人民法院，均有共识，持法律关系说。因此，理论界与实务界对于诉讼标的之共识，是认为当事人之间所争议的法律关系即诉讼标的。

虽然法律关系说的位置是如此牢固，但在具体使用中，仍是不无争议，焦点集中于对法律关系究竟应该是持抽象的法律关系观抑或是具体的法律关系观，以及如果是具体的法律关系观，那么应该具体到什么样的程度？

（1）给付之诉与确认之诉并不构成法律关系不同的理由

有著作权侵权纠纷判决③中，法院认为，在前诉原告提出的给付之诉案件中，诉讼标的为双方当事人之间争议的著作权侵权法律关系；基于相同的事实，后诉中原告虽然提出确认之诉，但后诉争讼的法律关系仍为著作权侵权法律关系，与前诉案件的诉讼标的是相同的。应指出的是，给付之诉、确认之诉和形成之诉的划分，是诉讼请求的类型划分，不是诉的类型划分，更不是法律关系的类型划分。给付之诉与确认之诉中当事人的诉讼请求，可能有所不同，但其在本质上涉及的是同一法律关系，这点毋庸置疑。

（2）对著作权不同权能的保护要求可能构成同一法律关系

在丁某某诉常某某侵犯著作权纠纷上诉案中④，法院认为，本院

---

① 肖建华：《诉权与实体权利主体相分离的类型化分析》，《法学评论》2002年第1期，第139—145页。
② 齐树洁：《民事诉讼法》，中国人民大学出版社，2015，第6页。
③ 海南诚禾文化传媒有限公司、文龙其诉海南日报报业集团、海南日报有限责任公司、蔡于浪著作权权属、侵权纠纷案，海南省高级人民法院民事裁定书，（2017）琼民终228号。
④ 最高人民法院公布2010年中国法院知识产权司法保护50件典型案例之二十五：丁运长诉常照荣侵犯著作权纠纷上诉案，河南省高级人民法院民事判决书，（2010）豫法民三终字第46号。

（2006）豫法民三终字第 57 号民事判决已对常某某等作者发表《球》文 3 的事实进行了认定，并作出常某某等不构成对丁某某作品的抄袭、对丁某某不构成侵权的生效判决。丁某某认可《表》文与《球》文 3 系同一作品，本案丁某某又针对该事实起诉常某某擅自发表丁某某《表》文侵犯著作权，系针对同一法律事实分别以不同的诉因提起两个诉讼，构成重复起诉。

在这个案件的前诉中原告指控的是抄袭，涉及侵害作品署名权、修改权、作品完整权等权能，后诉指控的是"擅自发表"，涉及侵害作品发表权。前后诉事实上涉及不同的著作权权能，在最高人民法院颁发的《民事案件案由规定》中，也将这些权能分别归类，列属于不同的案由。既然是不同的权能和不同的案由，法院将其认定为同一法律关系似有不妥。

最高人民法院的颁发的《民事案件案由规定》，将所有的案由分为 43 类 424 个案由。如果从抽象的角度出发，将所有的案由全部分为 43 类也并无不可，这就是抽象的法律关系观，但这会在实践中造成大多数的案件出现诉讼标的相同的问题。最高人民法院因此进行了案由的细化，从相对具体的角度来进行划分，分为 424 个案由，避免了大多数案件的诉讼标的混同问题。但是从 43 类到 424 个案由的细化努力，并不能够完全避免，有一部分案件仍会出现诉讼标的相同的问题。

本案中人民法院的案件案由规定，就被承办法院刻意回避，解释为"系针对同一法律事实分别以不同的诉因提起两个诉讼"。从避免重复诉讼的角度而言，承办法院的做法，在价值判断上没有任何问题。但是在逻辑推理方面，承办法院存在明显的问题，将两个完全不同的法律关系"迫不得已"视为同一个法律关系。这并非承办法院的错误，而是现行民事诉讼法司法解释中关于重复起诉的规定本身范围过小，导致了承办法院不得不削足适履。究其根本原因，将诉讼标的界定为法律关系，有着范围过窄的先天毛病。这种先天不足，并不能通过将 43 类细化到 424 个的后天努力来补足。要解决法院的这种逻辑困境，民事诉讼法必须对诉讼标的中的案件事实要素作重新的认识，为其在重复起诉中寻找一个妥适的地位。案件事实是认定重复起诉中绕不过的一道坎，本文第二部分将作详细论述。

案型三：后诉与前诉诉讼请求相同之界定

所谓后诉与前诉的诉讼请求相同，不可拘泥于形式，可从内容上相同或者实质上相同来加以判断，这正是最高人民法院不允许"后诉的诉讼请求实质上否定前诉裁判"的来由。

(1) 以案件事实判断诉讼请求额的异同

在玛纳斯县国运汽车运输有限责任公司（以下简称国运公司）与成平令房屋租赁合同纠纷案[①]中，成平令认为（2016）新2324民初2091号民事判决书已经判决由国运公司支付暖气费5649.75元，本案国运公司再次提出要求成平令支付国运公司垫付的暖气费5649.75元，为一案两审，构成重复起诉。人民法院认为，本院作出的（2016）新2324民初2091号民事判决书为金昊热力有限公司将国运公司、成平令作为被告要求支付暖气费5649.75元的案件，系另一法律关系。且本院（2016）新2324民初2102号民事判决书确认成平令向国运公司赔偿使其腾房占有使用费10666.7元，而本案为国运公司要求成平令支付采暖费及利息共计6187.05元，前诉与后诉诉讼标的不同，不属于重复起诉。

案件事实对诉讼请求的甄别功能，在另一类似案件中[②]〔(2018) 琼97民终204号〕得到运用。案件事实可以告诉我们，同一种类诉讼请求的额度在前后诉中的变化往往是无关宏旨，但案件事实这一要素对于不同种类诉讼请求的变化则无甄别功能。例如，在一婚姻家庭纠纷案[③]中，法院认为，前诉诉讼请求为给付银行存款、银行活期存款、一次性丧葬费抚恤金、报销医疗费。后诉中，原审被告就同一案件事实诉求承担办理丧葬事宜实际花费。两诉的诉讼请求并不重复。

上述案件中，法院对诉讼请求异同的判断无疑正确，相关案件的一大旨趣是，法院是借助于案件事实作为判断前后诉之间诉讼请求相同的依据。由此可见，前后诉诉讼请求相同与否，经常需要借助其他因素的介入来加以判断。

---

① 参见新疆昌吉州玛纳斯县人民法院民事判决书，新2324民初802号。
② 海南泰宝实业有限公司与儋州丰福水产品供销有限公司建设用地使用权合同纠纷案，海南省第二中级人民法院，(2018) 琼97民终204号。
③ 谢某1与谢某2、谢某3婚姻家庭纠纷案，广东省南平市中级人民法院民事判决书，(2019) 闽07民终632号。

（2）以法律关系判断诉讼请求额的异同

有物权纠纷案①中，法院认为，同一当事人之间前诉的诉讼请求的请求权基础是建立在合同法律关系上的，实质上是基于债权而提起的诉讼；后诉的诉讼请求标的请求权基础是抵押权，是基于物权而提起的诉讼。前后两诉的诉讼请求并不相同。相反的情形发生在另一劳务合同纠纷案②中，法院因前后诉涉及同一劳动法律关系，拒绝了当事人在诉讼请求额上做文章的请求。

在这两个案件中，法院借助了法律关系来判断不同诉讼请求额的真实异同情况。

（3）诉讼标的物自身有明显判断标准

在一房屋拆迁安置补偿合同纠纷案③中，法院认为，后诉较之于前诉所少提出的30平方米的回建地回购款的诉讼请求，不构成重复起诉。

诉讼标的物和诉讼标的额有着不同的特征，诉讼标的额能够通过人为的计算方式进行随意操弄，而诉讼标的物是一种客观实在的物体，因此其自身的增减有着明显的判断，前诉与后诉是否相同也多可依据其自身而加以判定。

（4）同一争议标的分割起诉被视为前后诉讼请求相同

有买卖合同纠纷案中④，法院认为，在前案中，原告即对包含请求煤炭总院支付适用定金罚则的多项诉求提起诉讼，被驳回诉求后，上诉人又在本案中仅对请求煤炭总院支付适用定金罚则的诉求起诉，已违反"一事不再理"原则和法律规定。"一事不再理"原则要求不得对同一争议标的重复起诉，或将该同一争议标的进行分割再次起诉。其将同一争议标的分割后再行起诉的行为是对诉讼资源的浪费，也是对诉讼权利的滥用。

---

① 辽源市双龙房地产开发有限责任公司与辽源农村商业银行有限责任公司物权纠纷，辽源市龙山区人民法院民事裁定书，（2017）吉0402民初1926号。
② 张问林诉四川省强锐建筑劳务有限公司、第三人成都鹏远市政工程有限公司劳务合同纠纷案，彭州市人民法院，（2018）川0182民初52号。
③ 合浦展鹏实业有限公司与梁耀姨房屋拆迁安置补偿合同纠纷案，广西壮族自治区北海市中级人民法院，（2016）桂05民终361号。
④ 福建永恒能源管理有限公司、煤炭科学研究总院买卖合同纠纷案，福建省泉州市中级人民法院民事裁定书，（2016）闽05民终4352号。

案型四：案件事实要素对重复起诉认定的影响

在最高人民法院关于重复起诉的司法解释规定中，并未强调案件事实要素的重要性。但是，在大陆法系关于诉讼标的之学理或者实务认识上，普遍认为案件事实、诉之声明和法律关系是判定诉讼标的是否同一的三个构成要素之一，无可回避。即便是在我国的司法解释中无此相关规定，但在相关的司法实践中，我们仍然可以看到案件事实对于认定是否构成重复起诉的重要性。

(1) 对事实做形式上的修改不影响重复起诉的认定

有买卖合同纠纷案中[①]，法院认为，申请人在原审法院起诉时基于《中华人民共和国产品质量法》要求被申请人承担产品质量责任，本次起诉是基于合同法及民法通则要求被申请人承担违约责任，根据《合同法》第122条规定，因当事人一方的违约行为，侵害对方人身、财产权益的，受损害方有权选择依照本法要求其承担违约责任或者依照其他法律要求其承担侵权责任。两种差异是由于同一种事实引起的，仅仅是因为申请人的表达方式不一样。申请人既已选择在原审法院起诉要求被申请人承担产品质量责任，且该案已审结，申请人再就同一事实提起违约之诉，不符合法律规定。原审裁定驳回申请人的起诉，并无不当。在诉讼过程中当事人提出的诉讼请求中时常会出现前诉的诉讼请求包括后诉诉讼请求的情况，虽然两者字面的意义不同，但是其所追究的事实却是相同的，对于该情况，应得到规制。

这些案件中反映出一个浅显易懂的道理，当事人无论是对事实做形式上的修改或者对诉讼标的额做人为的修改，以此来规避重复起诉的行为均应得到规制。

(2) 前诉讼争事实和因履行生效判决调解书而产生的新事实不能等同

深圳市而立创新五金有限公司与安防智能（中国）有限公司侵权责任纠纷案中[②]，法院认为，在前诉中，而立公司的诉讼请求为"解除双

[①] 北京馨春鸣玥食品有限公司销售一店、廊坊市八度麦城食品有限公司买卖合同纠纷案，再审审查与审判监督民事裁定书，(2018) 冀民申 8930 号。

[②] 深圳市而立创新五金有限公司与安防智能（中国）有限公司侵权责任纠纷案，广东省深圳市中级人民法院民事裁定书，(2016) 粤 03 民终 8252 号。

方买卖合同关系，安防公司赔偿损失 319870 元"，该"损失 319870 元"具体是指在库产品的市场价值；前诉发生效力后，安防公司一直没搬走在库产品，因此，在后诉中，而立公司的诉讼请求为在库产品 2012 年 3 月 1 日至产品清走之日的场地占用费等经济损失。两案中的诉讼请求并不一致，后诉的诉讼请求亦未否定前诉判决结果。类似的案件还有裴向阳与长春水务集团城市排水有限责任公司诉房屋拆迁安置补偿合同纠纷案，① 在该案的前诉中，人民法院判决撤销裴向阳与水务集团 2006 年 12 月 12 日签订的《棚户区拆迁补偿协议书》，由裴向阳与水务集团依据 2004 年颁布的《长春市城市房屋拆迁管理条例》重新协商以选择货币补偿或产权调换的方式对裴向阳的被拆迁房屋进行补偿安置。在后诉中，裴向阳诉请拆迁安置房屋产权证办理及赔偿损失、多收拆迁扩大面积款 138857.5 元的问题，系属（2013）朝民再初字第 5 号民事判决生效后，双方在履行拆迁安置补偿协议过程中产生新的争议，上述争议并非基于先前的拆迁安置补偿法律事实，而是关于事后达成的拆迁安置补偿协议履行争议，因此该问题亦不再重复告诉范畴。

实务中，这种"案结事不了"的诉讼颇多，如南京江宁科学园蓝天房地产开发有限公司与费某某商品房预售合同纠纷案中②，法院认为，前案蓝天公司系依据商品房预售合同向费某某主张支付合同欠款，而本案蓝天公司系依据双方在前案执行中达成的和解协议向费某某主张解除合同，故此两案并非重复诉讼。从人民法院对两种事实是否构成重复起诉的判断而言，法院的做法无疑是正确的，但是这种因诉生诉的新案件，是否有可以进一步压缩或杜绝的空间，值得考虑。

(3) 原有事实和因时间经过的新生事实不能等同

有抚养费纠纷案③中，法院认为，前诉的诉讼请求及生效判决均未涉及离婚前的抚养费问题，而后诉的主张则是涉及离婚前的抚养费支付问题，两次诉讼虽均涉及抚养关系，但两次诉讼请求中抚养费的形成时

---

① 裴向阳与长春水务集团城市排水有限责任公司诉房屋拆迁安置补偿合同纠纷案，吉林省长春市中级人民法院民事判决书，(2016) 吉 01 民终 1429 号。
② 南京江宁科学园蓝天房地产开发有限公司与费玉林商品房预售合同纠纷案，江苏省南京市中级人民法院民事裁定书，(2016) 苏 01 民终 4937 号。
③ 张译心与张骁抚养费纠纷一案，广东省深圳市中级人民法院裁定书，(2016) 粤 03 民再 85 号。

期不同，属不同诉讼标的，不属于重复起诉。

类似因时间经过而产生不同诉讼请求问题还存在于其他买卖合同纠纷案①中。法院认为，由于未能按照判决书履行返还购房款本息的义务，致使涉案房屋银行按揭贷款未能结清，银行贷款利息损失持续发生，虽然生效判决确定赔偿的是自 2013 年 1 月 15 日起至 2017 年 10 月 15 日期间的利息损失，而现请求给付的是自 2017 年 10 月 16 日起至 2018 年 8 月 15 日止已向银行支付的利息，但是因为判决后未及时履行义务而由此新产生的利息，因此不属于重复诉讼。司法实践的这种处理方法，和《民诉法解释》第 248 条的规定相一致。

（4）前诉身体治疗事实和后续治疗事实的判断

在一旅游合同纠纷案②中，法院认为，后诉原告所主张的后遗症治疗费，系因本次事故造成的新的医疗费用，且该费用属合理范围，不认为其违反"一事不再理"原则。故在后诉中结合前诉已生效的赔偿责任处理结果，新的后续治疗费由两被告共同赔偿。

在周某与南通大学附属医院医疗服务合同纠纷案中③，人民法院认为，本案诉讼标的为后续治疗费用及护理费、交通费等，两案诉讼标的并不相同，本案所涉费用并未在前案中处理，不构成重复起诉，但是，在本案处理该医疗服务合同纠纷中的后续费用问题中，双方当事人对在前诉中已经确定下来的责任比例提出上诉，违反民事诉讼既判力原则，故对双方该上诉理由，依法不予支持。

（5）前诉中的抗辩事实也视为案件的基本事实

有买卖合同纠纷案中④，法院认为上诉人主张的追究被上诉人的合同违约诉讼，在综合上诉人本案所述及被上诉人另案已诉事项来看，上诉人对生效法律文书已经确定的同一争议事项，以相同的抗辩理由提出

---

① 沈阳绿康置业有限公司与倪中冉房屋买卖合同纠纷案，辽宁省沈阳市中级人民法院民事裁定书，(2019) 辽 01 民终 1793 号。
② 杨冬华与广东顺之旅国际旅行社有限公司、云南旅游汽车有限公司旅游合同纠纷一案，广东省佛山市顺德区人民法院裁定书，(2017) 粤 0606 民初 11708 号。
③ 周某与南通大学附属医院医疗服务合同纠纷案，江苏省南通市中级人民法院民事判决书，(2016) 苏 06 民终 1120 号。
④ 新乡市凤泉区隆昌机械厂与徐小道买卖合同纠纷一案，河南省新乡市中级人民法院民事裁定书，(2010) 新中民二终字第 182 号。

诉讼，应属重复诉讼。

(6) 同一法律关系系属下的不同事实视为一个整体

叶某某与杨某某房屋租赁合同纠纷案中[①]，人民法院认为在后诉中叶某某上诉要求确认杨某某解除合同行为构成违约并要求赔偿损失的上诉请求，与前诉中叶某某起诉要求确认杨某某阻挠张某某使用租赁房屋要求其腾房的行为构成违约并赔偿损失的诉讼请求系持同一理由、针对同一诉讼标的请求。而杨某某解除合同行为是否构成违约的问题，已经前诉判决，据此认定本案系重复诉讼，并依据"一事不再理"的原则处理本案并无不当。

在一担保抵押合同纠纷案中[②]，法院认为，前诉中原告是以"主债务人没有自觉履行还款义务"构成违约并要求承担相应责任，后诉中原告是以"担保人未履行抵押担保责任"构成违约并要求承担相应责任。前诉中原告已和主债务人对债务偿还达成协议，并经人民法院以调解书的形式予以确认，这表明前诉中原告已放弃向担保人主张承担抵押担保责任的权利。人民法院认为在后诉中上诉人要求担保人承担担保责任与前诉中要求被告履行还款义务实际上系对就同一案件事实、同一诉讼标的再行起诉，在前诉中已作出详细评述及判决，因此，二审法院认定此案依据"一事不再理"原则对其作出驳回上诉处理并无不当。

案型五：准既判力对重复起诉认定的影响

(1) 争点效

有合同纠纷案[③]中，原告诉请人民法院确认被告装饰公司与另一被告刘某某之间签订的《协议书》无效。被告在前诉中提出要求原告支付装修款的给付之诉，前诉为生效判决。法院认为：当事人提起给付之诉实质上已包括确认之诉，无论是否胜诉，均具有确认之诉的性质。前诉中已对相关协议作出认定，对双方产生既判力。

在上述案例中，前诉给付之诉的利益明显大于后诉确认之诉的利益，

[①] 叶建平与杨汉英房屋租赁合同纠纷案，湖北省武汉市中级人民法院民事判决书，(2016) 鄂01民终2059号。

[②] 中国农业银行邓州市支行与刘宗志抵押担保合同纠纷一案，河南省南阳市中级人民法院民事裁定书，(2009) 南民二终字第648号。

[③] 习水县半日休闲会所有限公司、李晓波装饰装修合同纠纷一案，贵州省高级人民法院再审审查与审判监督民事裁定书，(2018) 黔民申156号。

并且关于原告与被告是否存在人事关系这个争点双方都穷尽了攻击和防御，人民法院也已对该争点作出判断，因此，该争点对后诉具有拘束力，也即符合争点效的构成要件。前诉与后诉有共同的争点，前诉与后诉具有牵连，在禁反言原则的作用下，后诉对于该争点的判断应一致。

（2）证明效

有借贷纠纷案①中，原审被告提交的部分证据不足以推翻原审确认的案件事实，却主张驳回原审中"原告要求被告承担的部分借款及利息偿还"的诉讼请求。法院认为，在本案中原审被告提交的证据不足以推翻原判决中用以确定案件事实的公文证据，不足以改变案件的基本事实，维持原判。

《最高人民法院关于适用〈中华人民共和国民事诉讼法〉若干问题的意见》第75条规定："下列事实，当事人无需举证……（4）已为人民法院发生法律效力的裁判所确定的事实。"由此可见，生效判决所认定的事实在无相反证据推翻的情况下对后诉具有证明力。即判决理由中法院所认定事实对后诉具有拘束力。但应当注意的是，如果把这种证明效不能等同于既判力客观范围。既判力只能通过再审程序推翻，而证明效只要当事人有足够的相反证据即可推翻。

（3）反射效

在张某某诉李某民间借贷纠纷案中，②原告诉请被告还款的债权系从第三人处取得。而该第三人与本案被告的债权已经法院前诉判决所确定。人民法院认为原告对被告享有的该债权业经本院于2015年6月9日作出的（2015）衢常商初字第389号生效判决所确认。该判决已经产生既判力，且已申请本院强制执行，现原告就本院生效判决所确认的该笔债权再次提起诉讼，要求被告李某履行还款义务，违反了民事诉讼"一事不再理"原则，故依法应予驳回。

理想的反射效案例是：在债权人诉请债务人还债的前诉判决中，法院判决债权人败诉。因此，对于债权人诉请保证人还债的后诉中，保证

---

① 刘维因与倪明立、叶军平民间借贷纠纷再审案，浙江省杭州市富阳区人民法院民事裁定书，（2017）浙0111民申5号。
② 张持平诉李丹民间借贷纠纷案，浙江省常山县人民法院民事裁定书，（2016）浙0822民初2954号。

人可以援用前诉判决。即前诉判决对保证人产生反射效，促使保证人获得胜诉判决。本案作为反射效案例稍显勉强，更多意义上应属于既判力主观范围的扩张。

（4）参加效

参加效在案例库中至今没有找到合适的案例。理想案型是：在债权人起诉债务人还款的诉讼中，保证人作为辅助第三人帮助债务人对债务存在与否这个问题进行充分攻击和防御。若法院判决债务人败诉，其判决的效力及于保证人。即在后诉债权人起诉保证人承担保证责任的时候，保证人不得以债务不存在为由进行抗辩，因为前诉判决对保证人有参加效的作用。

案型六：其他诉讼制度或价值对重复起诉认定的影响

（1）诉讼请求分割与司法资源浪费

在一离婚后财产纠纷案中①，一审法院认为，张某的起诉已构成重复诉讼。二次诉讼的请求权基础相同，在法官释明后，张某对其中的财产请求分次主张诉讼，缺乏依据，否则，民事诉讼定纷止争的目的难以实现，双方当事人亦将陷入长期的讼累之中，同时也将对有限的司法资源造成浪费。二审法院认为，张某在前诉法官要求其明确诉讼请求的情况下，最终并未对本案所涉5笔款项主张权利，前诉法官的释明及张某对交易明细进行甄别，均涉及本案5笔款项，因而二次诉讼的请求权基础相同，张某分次诉讼依据不足，本院不予支持。类似问题也发生于其他合同纠纷案中②，法院认为，司法审判作为一种有限的国家资源，其以全体纳税人的税款为支撑，故任何当事人都不能也不应对其进行靡费和滥用，而原告杨善兵此种将同一争议标的不断进行切分诉讼的行为即是对诉讼资源的靡费和滥用，也妨碍了其他公民对该项资源的正当利用，故杨善兵提起的本案诉讼与被调解的前案诉讼应被认定为属于"一事"范畴，而不应再予受理。

（2）再审制度的对接

唐某某与郭某某、中国人民财产保险股份有限公司东丰支公司机动

---

① 上诉人张某为与被上诉人章某离婚后财产纠纷案，浙江省金华市中级人民法院民事裁定书，（2016）浙07民终2524号。
② 杨善兵将合同标的切分再诉连云港金瑞房地产开发有限公司合同纠纷违反一事不再理原则被驳回起诉案，江苏省高级人民法院民事裁定书，（2012）苏商申字第256号。

车交通事故责任纠纷案中，法院认为，现唐某某以原审法院漏判部分赔偿为由，以同一事实、同一被告再次提起相关赔偿损失诉讼。本院认为，在本案中，前诉与本诉的当事人相同，诉讼标的相同，本诉的诉讼请求与前诉的诉讼请求存在重复的情况，已构成重复起诉，而对于前诉是否存在漏判，不属于本案受理范围，唐某某可依法选择解决途径。

从上面两个案件中，可以看出，当事人诉讼请求的提出具有一定的风险。若当事人诉讼请求全部提出，被法院漏判，则只能依据审判监督程序寻求救济；反之，若当事人诉讼请求没有全盘提出，可能被法院视为诉讼请求的不当分割，有被认定为重复诉讼之风险。再审制度的存在，从制度渠道限制了某些案件二次诉讼的概率；重复诉讼制度的存在，更是从制度渠道上消灭了部分案件二次诉讼的可能；珍惜司法资源的价值观，也在一定程度上消灭了部分案件二次诉讼的可能。实务操作中，再审制度的存在是人民法院拒绝进行二次诉讼的刚性理由，珍惜司法资源的价值观则成为人民法院拒绝二次诉讼的柔性理由。亦即，人民法院即便对于某些并不构成重复诉讼的案件，也能够有理由拒绝进行二次诉讼。

从上述的6个案型可以看出，重复起诉的司法解释看似明确，然而司法实践总是比司法解释有着更为丰富的内涵，在诸多案件的反复推导和总结下，可以发现以下几个有益的结论或者问题。

问题一：重复诉讼各要素的实践定义

关于后诉与前诉的当事人相同之判断，实践中人民法院对于前后诉之间存在诉讼担当关系的当事人，认为其利益上若存在一致关系，原则上可判定为相同当事人。例外情形是代位权诉讼中的当事人，人民法院认为其利益上是不一致的三角对立构架，因此不可判定为相同当事人。亦即，利益关系的一致性与否，是判断前后诉存在诉讼担当关系当事人是否相同的重要标准。

关于后诉与前诉的诉讼标的相同之判断，实务中将法律关系的抽象性作了不适当的拔高，例如，法院可以认为对著作权不同权能的保护要求均隶属于同一法律关系。法院的这种做法，在精神上符合重复起诉的规定，但在逻辑上却无法将前诉和后诉之间的法律关系进行有效等同。事实上，人民法院至今无法从定义上正面地回答民事诉讼中法律关系的单元划分这个命题，即便是最高人民法院颁发的《民事案件案由规定》

的 424 个案由也具有一定的随意性，缺乏明确的标准。法律关系单元划分标准的缺失，会在实践中造成无法判断部分案件中前后诉的诉讼标的是否相同的问题。要解决法院的这种逻辑困境，民事诉讼法必须对诉讼标的中的案件事实要素作重新的认识，这也符合目前大陆法系和英美法系的最新立法潮流。①

关于后诉与前诉的诉讼请求相同或一致之判断，实践中可知，相当大部分的诉讼请求本身无法进行前后异同的比较，必须借助于法律关系和案件事实要素来加以判定。只有做诉讼请求为具体诉讼标的物的情形下，后诉与前诉的诉讼请求异同才可凭借诉讼请求本身进行判定。

问题二：案件事实要素对重复诉讼判定的重要性

关于后诉与前诉的案件事实相同之判断，司法实践中可归结出两个有价值的结论：一是前诉中的抗辩事实也视为案件的基本事实，后诉若仅以抗辩事实为由提起，可判定构成重复诉讼；二是同一法律关系系属下的不同事实视为一个整体，前诉和后诉若分别主张同一法律关系下不同构成要件系属下的案件事实，可判定构成重复诉讼。值得一提的是，在前诉身体治疗事实和后诉后续治疗事实之间是否构成两个不同诉讼的问题上，人民法院的裁判有三种不同回答：构成重复诉讼、不构成重复诉讼、仅仅在责任比例的确认上构成重复诉讼，后诉因此必须援引前诉的责任比例方式来分配新的责任。人民法院的第三种做法，符合客观实际，有利于节约司法资源，在一定程度上实现了既判力客观范围的扩张，理论界对此应当进行适当的总结。

问题三：其他诉讼制度或价值对重复起诉认定的影响

其他诉讼制度或价值对重复起诉认定的影响，主要集中于诉讼请求分割和再审制度。在诉讼请求分割方面，人民法院普遍认为，诉讼请求的分割是对诉讼资源的糜费和滥用，必须以重复起诉处理。然而这种"一刀切"的做法也完全封闭了诉讼试探的空间，有待于进一步检讨。现行制度设计下，当事人诉讼请求的提出具有一定的风险。若当事人诉讼请求全部提出，被法院漏判，则只能依据审判监督程序寻求救济；反

---

① 有关于以案件事实要素确定诉讼标的之比较研究，可参见笔者的另一篇论文：《民事诉讼标的理论争鸣的终结》，《甘肃政法学院学报》2009 年第 4 期，第 43—48 页。

之，若当事人诉讼请求没有全盘提出，则可能被法院视为诉讼请求的不当分割，有被认定为重复诉讼之风险。这令实务中确有分割诉讼请求之正当利益的当事人陷入两难境地。

四 重复诉讼中牵连性问题之梳理

（一）重复诉讼牵连性之综述

重复诉讼的牵连性问题，主要是指前诉和后诉之间在诉的要素上的牵连性判断。除了实体法上的牵连性外，前诉与后诉之间还存在着程序法上的牵连。相关牵连性之总结可参见表1。

表1 相关牵连性之总结

诉的变化	案件事实行为和利害关系的牵连	实体权利义务主张的牵连	诉讼程序、诉讼行为和诉讼资料的牵连	裁判的牵连
重复诉讼	前诉和后诉原告所涉的是共同的案件行为或基本共同的案件行为	前诉和后诉原告所涉的是共同的实体权利义务关系	前诉和后诉诉讼行为独立，但受既判力的争点效、证明效、波及效等约束，并不能违反禁反言原则	前诉和后诉裁判具有一致性

（二）案件事实中的行为牵连性

在重复诉讼中，前诉和后诉原告所涉的是共同的案件行为或基本共同的案件行为。亦即，前诉和后诉的基本案情相当，但是，因为传统诉讼标的理论承认从不同法律关系角度来规制同一行为的诉之差异性，所以即便是系于同一行为的前诉和后诉也可能不构成重复诉讼。

（三）实体法权利义务之牵连性

1. 权利义务分割之情形

若原、被告双方之间存在100万元借贷关系。原告基于同一借贷合同，在前诉中主张20万元的债权，在后诉中主张80万元的债权。在诉讼法上，对此是否构成重复起诉颇有歧见，持肯定主张者认为，这是当事人处分权的自由行使；持否定主张者认为，前诉、后诉是依据同一原因事实的重复审理，可能会造成矛盾裁判。于此情形，人民法院应当考虑后诉是否有单独起诉的诉之利益。若有，则允许后诉的展开；若无，则充分行使阐明权，或者让前诉原告为诉之追加，或者径直将前后诉合并审理。

2. 权利义务抵消之情形

若原、被告双方之间存在 100 万元借贷关系。原告基于借贷合同，主张 100 万元的债权，被告基于相关联的原因事实提出了其中 20 万元的抵消抗辩。当前诉讼尚未终结，被告在后诉中再行提出对原告该笔 20 万元的诉讼请求。于此情形，考虑到抵消之抗辩能发生既判力，应当将后诉讼认定为重复诉讼。

3. 权利义务基于同一原因事实之情形

若原被告双方之间存有 100 万元借贷关系。现基于同一借贷合同，原告在前诉中向被告主张 100 万元的本金，在后诉中向被告主张 5 万元的利息。此时，无论是前诉还是后诉的主要争点，均是该借贷关系的效力。因前诉对后诉可以发生争点效，于此情形，可以认定后诉是重复起诉。理论上通常认为，同样当事人之间尽管诉讼标的不同，但争点相同时，依然属于重复诉讼的范畴，可以通过反诉予以合并，但不得另行诉讼。①

4. 前诉和后诉权利义务间存有先决关系之情形

张卫平教授认为，此种情形可以分为两类：其一，前诉为给付之诉，后诉为消极确认之诉；其二，前诉为消极确认之诉，后诉为给付之诉。对于第一类情形，由于给付之诉已经包含确认请求，因此，无论后诉是给付之诉，还是确认之诉都属于重复诉讼。对于第二类情形，前诉与后诉的诉讼请求互相矛盾。后诉实际上是反诉，分别诉讼可能导致矛盾判决，因此，当后诉为消极确认之诉时，且符合反诉条件的，应当与前诉合并，对于可能导致矛盾判决的诉讼，应禁止另行起诉。前诉为消极确认之诉，后诉为给付之诉的，也应当依照反诉合并于前诉的处理方法。从大陆法系民事诉讼诉的利益角度，前诉为确认之诉，该诉的被告又提起基于同一法律关系的给付之诉时，如果不作为反诉将其合并到本诉程序之中，单独另行提起诉讼的将以不具有诉的利益为由予以驳回。因为

---

① 张卫平：《重复诉讼规制研究：兼论"一事不再理"》，《中国法学》2015 年第 2 期，第 59 页。

先行的确认之诉必然涉及实体请求权或法律关系是否成立的问题，所以作为包含确认请求的给付之诉只能作为反诉予以合并，没有必要另行提起。如果从既判力角度或理论则因为后诉的判决可能与先行的确认之诉矛盾，因此也应当禁止另行起诉。①

（四）程序法诉讼行为之牵连性

前诉和后诉诉讼行为之牵连，具体可分为以下两种情形：

1. 法官发现后诉是重复起诉的情形

如果法官判断结果，认为是重复起诉，可直接予以驳回。或者，在法官行使阐明权后，由当事人自行撤回起诉。后一种做法免去法官撰写裁定书之辛劳，显然更有益于提高法官的工作效率。

2. 法官没发现后诉是重复起诉的情形

如果法官没发现后诉是重复起诉时，可分别进行讨论：

若当事人双方均未提及后诉乃重复诉讼之抗辩时，对后诉的终审判决，应当发动再审。若后诉先于前诉下判决而且确定，后诉之判决发生了既判力，并不构成再审之理由。此时，前诉因已有后诉之确定判决，前诉若再行判决不但违反了重复起诉的规定，也违反了既判力之规定，前诉构成再审事由。

当事人有提及后诉乃重复诉讼之抗辩时，但法官不认同当事人之理由并坚持下判的，此时，主张抗辩方的当事人的程序利益没能获得充分的程序保障。即便后诉先下判决，也可认为该后诉存在着程序上的严重缺陷，后诉的既判力应当通过再审予以推翻。

（五）判决合一确定中之牵连性

重复诉讼的主要目的，即在于防止前后诉讼判决的矛盾。对于同一个案件事实，当事人在前诉与在后诉中提出之资料未必完全一致，法官在前诉和后诉中的心证也可能存在差别，因此，可能造成不同之判决。这样容易影响社会之秩序和司法之威信。

有疑问的是，某些案件的前诉和后诉之间在诉讼标的上不同，争点也不同，不能构成完全的重复诉讼，但是存在部分重复诉讼的情形。于

---

① 张卫平：《重复诉讼规制研究：兼论"一事不再理"》，《中国法学》2015年第2期，第56—57页。

此情形，前诉和后诉的判决应当如何协调？

德国法学家 Zeuner 举出这样的例子：甲对乙提起请求返还 10 万元借款之诉，乙主张甲的债权不成立，纵使成立也已经清偿，法院采纳了清偿之抗辩而判决原告败诉，此后乙主张甲之债权不存在，提起返还前次所清偿的金钱。在这一案件中，Zeuner 认为在前诉所判决的清偿与后诉的请求返还之间存在上述"法律上的意思关联"，请求之债权因清偿而消灭之判决理由中之判断有既判力，当事人此后不得主张请求之债权自始不成立。① 学理上，将在前诉与后诉存在一定的意思关联时，承认前诉判决理由中的判断亦有既判力的学说称为"意思关联说"（Sinnzusammenhang）。②

在上述案件中，前诉原告的诉讼标的是借贷法律关系的给付之诉，被固定解决的争点则是债务是否实际上得到清偿；后诉原告的诉讼标的是借贷法律关系的确认之诉，拟解决的争点则是借贷法律关系是否有效和被告是否存在不当得利。总体上，前诉和后诉的当事人相同，诉讼请求不同（"前诉原告要求被告偿还 10 万元"和"后诉原告要求被告偿还 10 万元"并非同一笔款项），诉讼标的相同（只是权利主张形式不同），前诉和后诉不构成重复诉讼，只能算是部分重复诉讼。于此情形，在后诉的诉讼标的是前诉的先决事项时，后诉可认为是前诉的续行或补充，因此，前诉判决之既判力应当扩及于后诉，当事人对于前诉判决理由中之判断不得争执，应当不出乎当事人的意料。如果将这种关系作一般性的推论将得出以下结论，即在前诉所确定的诉讼标的之法律效果，其所试图实现的法律秩序包含或排斥后诉之诉讼标的之法律效果时，则两诉的诉讼标的之间存在"法律上的意思关联"。③

五 基于牵连性的重复诉讼之再界定

从牵连性的角度看待重复诉讼，则无论是对于诉讼系属中，还是发生既判力的前诉，判定后诉是否构成对前诉的重复，其标准必然是诉之

---

① 骆永家：《既判力之研究》，三民书局，1999，第 65 页。
② 胡军辉：《民事既判力扩张问题研究》，中国人民公安大学出版社，2011，第 96 页。
③ 关于 Zeuner 的理论，参见骆永家《既判力之研究》，三民书局，1999，第 67—71 页。

要素的比较。民事诉讼法解释正是以诉的要素作为连接点，通过判断前诉、后诉是否存在紧密牵连，从而得出重复诉讼的结论。

(一) 实体法上的重复诉讼观

我国民事诉讼法采用了"当事人、诉讼标的（法律关系）和诉讼请求"的三要素比较法，以鉴别后诉是否对前诉构成重复诉讼。从实务操作来看，法官对三要素比较鉴别法的使用，更侧重于法律关系之比较，将前诉、后诉法律关系的相同与否作为刚性标准。因此，可以将这种重复诉讼的认定方式，称之为"实体法上的重复诉讼"。民事诉讼法解释局限于法律关系层面来界定重复诉讼，范围过窄，解决的只能是第一层的"小重复诉讼"问题。对当事人、法律关系和诉讼请求均相同的"实体法上的重复诉讼"，对于重复有着最严苛的要求，实践中几无争议。无论是从观念还是实践上均应认定其具有高度牵连性，予以重复起诉禁止。

(二) 案件事实上的重复诉讼观

在重复诉讼判定上，我国民事诉讼法采用了"当事人、诉讼标的（法律关系）和诉讼请求"的三要素比较法，谨守了传统诉讼标的理论的界限。然而，这样的判定标准，可能导致重复诉讼的界定范围过于狭窄，不利于案结事了。即便是在传统诉讼标的理论之发祥地的德国，其也注意到了法律关系作为诉讼标的之狭窄弊端，改采新诉讼标的理论。若以诉之声明为重复诉讼主要判断标准，则诉之声明的基本单位划分不好把握。

诉讼标的理论一分肢说以诉之声明作为确定诉讼标的的基本单位，但是，如何划定一个完整的诉之声明存在着一定的困难。例如，《合同法》第107条规定：当事人一方不履行合同义务或者履行合同义务不符合约定的，应当承担继续履行、采取补救措施或者赔偿损失等违约责任。如是，假定在一个买卖合同纠纷中，原告对被告提出的诉之声明如下：（1）给付未交付的部分货物、对已交付货物中的不合格者进行更换、赔偿因迟延履行所带来的损失；（2）给付因不及时赔偿损失而发生的利息费用；（3）承担全部诉讼费用。学者们认为，对于原告的这些请求，究竟应当视为5个、3个抑或是2个诉之声明，存在着一定的疑问。

由此引申出来的问题是，对于同一法条所规定的若干个不同法律后果是否可以视为一个诉之声明？对于不同法条所规定的不同法律后果是否可以视为不同的诉之声明？对于每个案件中所必然发生的诉讼费用承担问题是否应当视为诉之声明的一部分？对于这些问题，一分肢说都无法给出令人满意的回答。

　　此外，诉讼标的理论一分肢说还容易导致诉之声明的混淆问题。例如，在请求给付金钱的时候，遵循一分肢说可能会发生此诉讼标的和彼诉讼标的难以区分的问题。例如，甲和乙之间先后有两笔各1万元的借款，分别为不同日期所借。依据一分肢说，这两笔借款的诉之声明均为甲请求给付1万元借款的法律地位，如是，就发生了两个诉讼的诉讼标的相混同的问题。同样地，如果甲乙之间的这两笔借款，一笔是货物买卖合同中所欠的货款，另一笔是正常的借款，依据一分肢说，也难以对这两个诉之声明作出区分。

　　有鉴于以法律关系或诉之声明作为判断重复诉讼的标准，存在诸多弊端，故应当考虑其他诉的要素作为判定标准的可能性。由此，"案件事实上的重复诉讼观"自然而然进入研究者的视野。这意味着，前诉与后诉若涉及同一案件事实、同一当事人和同一诉讼请求，即构成重复诉讼。具体而言，当前诉与后诉其他要素不变的情形下，若涉及的是同一案件事实但不同法律关系，也可构成重复诉讼。与"案件事实上的重复诉讼观"相配套的一个诉讼技术，是人民法院阐明权的行使。在前诉中，人民法院应就该案件事实中所可能隐含的法律关系基础进行阐明，让当事人就可能存在的法律关系进行充分的攻击和防御，极尽程序保障之能事。如此，才能认定分别基于同一案件事实不同法律关系的前诉和后诉构成重复诉讼。对案件事实相同而诉讼请求不相同的"案件事实的重复诉讼"，其是否构成重复与前诉中法官阐明权的充分行使紧密相关，故应认定其具有中度牵连性，视程序保障权的落实情形而裁量决定是否予以重复起诉禁止。"案件事实上的重复诉讼观"，是对"实体法上的重复诉讼观"所界定范围的第一次扩张。

（三）程序法上的重复诉讼观

　　实务中判定重复诉讼虽以法律关系为重要指标，但偶尔也将"前诉、后诉当事人不同之情形"认定为重复诉讼，具体可看前述类案研究中的案型一。这类案型的出现，主要是将重复诉讼中当事人的覆盖范围扩张至存在诉讼承担和诉讼担当的其他主体中。这种扩张更多意义上是一种程序法角度的判断，故可称之为程序法上的重复诉讼。程序法上的重复诉讼，其主观范围主要指向于当事人扩张下的重复，其客观范围则更多指向于前诉和后诉中部分内容的重复，如争点效、证明效、参加效等之作用范围的重复。[①] 对部分案件事实相同而诉讼请求不相同的"程序法上的重复诉讼"，应以程序保障权的落实为依据，认定前后诉具有弱牵连性，故人民法院可以考虑通过参加效、争点效和遮断效的方式，对部分重复起诉的内容予以禁止。"程序法上的重复诉讼观"，是对"实体法上的重复诉讼观"所界定范围的第二次扩张。

六 本章小结

重复诉讼中，后诉的诉讼请求实际上构成对前诉诉讼请求的一次非法竞争，正是因为这种请求内容竞争上的牵连性，后诉与前诉发生了诉之牵连。本章沿着以下的脉络进行了相关思考、分析和总结。

首先，界定重复诉讼中牵连性的逻辑表达式。扫描大陆法系和英美法系关于重复诉讼牵连性的各种表述和界定，梳理我国司法实务中的重复诉讼案件，指出"案件事实的重复诉讼"、"实体法上的重复诉讼"和"程序法上的重复诉讼"是判断重复诉讼的三大坐标。对不同类型的重复诉讼，应当有不同的程序处理模式。对当事人、法律关系和诉讼请求均相同的"实体法上的重复诉讼"，应认定其具有高度牵连性，予以重复起诉禁止；对案件事实相同而诉讼请求不相同的"案件事实的重复诉讼"，应认定其具有中度牵连性，可以考虑在前诉中通过法官阐明权的充分行使予以重复起诉禁止；对部分案件事实相同而诉讼请求不相同的"程序法上的重复诉讼"，应认定其具有弱牵连性，可以考虑通过参加效、争点效和遮断效的方式，对部分重复起诉的内容予以禁止。

其次，分析重复诉讼牵连性的逻辑发展轨迹。指出案件事实的牵连性是重复诉讼的本源。此外，重复诉讼中前诉当事人和后诉当事人所争议的权利义务可以存在多种联系样态，包括：前诉、后诉权利义务相同

[①] 事实上，《民诉法解释》第247条中"后诉请求实质上否定前诉裁判结果"的解释有弹性，存在着既判力向判决理由扩张的可能。具体参见严仁群《既判力客观范围之新进展》，《中外法学》2017年第2期，第557—558页。

之情形；前诉、后诉权利义务分割之情形；前诉、后诉权利义务抵消之情形；前诉、后诉权利义务源于同一原因事实之情形。

最后，推理重复诉讼牵连性的逻辑发展空间。重点探讨了民事诉讼法解释中关于重复诉讼三个条件的界定，认为局限于法律关系层面，解决的只能是第一层的"小重复诉讼"问题；只有引入行为的牵连性判断，才能真正彻底解决第二层的"大重复诉讼"问题；在尊重当事人合意和程序保障权的基础上，还可大胆讨论第三层的"重复诉讼主客观范围扩张"问题，具体包括当事人重复之扩张、争点重复之扩张和证明重复之扩张三个方面。

第八章 诉之牵连的审判模式

【本章主要观点逻辑导读】

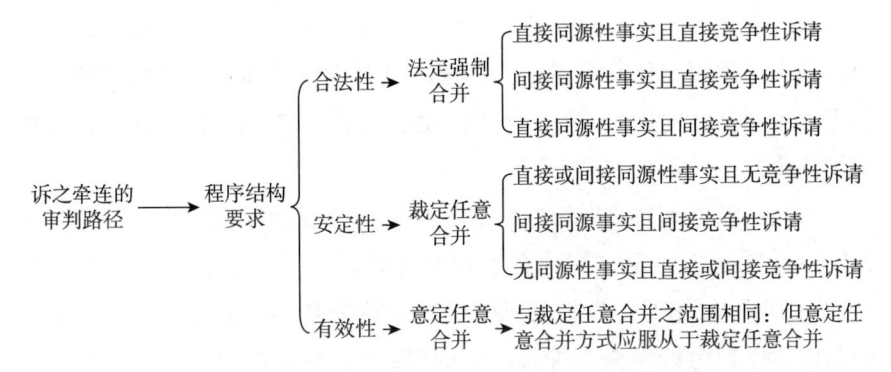

诉之牵连的审判路径 → 程序结构要求
- 合法性 → 法定强制合并
  - 直接同源性事实且直接竞争性诉请
  - 间接同源性事实且直接竞争性诉请
  - 直接同源性事实且间接竞争性诉请
- 安定性 → 裁定任意合并
  - 直接或间接同源性事实且无竞争性诉请
  - 间接同源事实且间接竞争性诉请
  - 无同源性事实且直接或间接竞争性诉请
- 有效性 → 意定任意合并 → 与裁定任意合并之范围相同；但意定任意合并方式应服从于裁定任意合并

承认诉之牵连现象的普遍存在，就应当令其在审判模式上和单一之诉有所区分，作出对应的调整。这种调整首先是民事审判对象范围界定方式的重新审视，随之而来的是处理牵连之诉特殊原则的提出和司法技术的微调。

一 民事审判对象界定路径的反思

从学术史的梳理中可以看出，对于民事诉讼标的之研究，目前存在两种路径：一是大陆法系以德国为代表的规范出发型的逻辑路径；二是英美法系以美国为代表的事实出发型的经验路径。法国则是走出一条介于逻辑与经验之间的中间道路。应当注意的是，持有逻辑路径的诉讼标的研究者并不排斥对案例的关注，持有经验路径的诉讼标的研究者也并不拒绝对规范的总结。二者之间的不同，更多的是研究原点的不同和研究对象上的主次之分。

（一）两种研究路径

1. 逻辑路径

在大陆法系学界盛行的是逻辑路径，主要包括以下两个方面：

一是绝对体系化的诉讼标的观：坚持诉讼标的范围之恒定。论者坚持诉讼标的概念在诉讼各阶段统一性的标准，即在诉讼系属、诉讼合并、诉讼变更、既判力、重复起诉以及执行阶段，都坚持同一内涵的诉讼标的概念，如此保证了诉讼标的概念前后逻辑的一致性，维护了民事诉讼法体系的完整性。如德国法中，学者最关注的便是诸如此类的逻辑问题：实体法请求权说能否解释确认之诉与形成之诉、二分肢说难以区分此案件事实与彼案件事实的异同性、二分肢说是否必须回归实体法理由肯定票据债权与原因债权的个别性、一分肢说对于原因债权与票据债权的既判力之区分存在的困境。① 我国大陆也有颇多学者认为诉讼标的之覆盖范围的确定方式需统一恒定。②

二是相对体系化的诉讼标的观：坚持诉讼标的范围之变动。论者强调诉讼标的概念的覆盖范围在审判的各阶段发生一定的变化。有主张"前大后小"的相对诉讼标的理论，如台湾的杨淑文教授，认为诉讼标的范围在既判力阶段应当进行严格的限缩③；有主张"可大可小"的诉讼标的相对论，如台湾地区的邱联恭教授和许士宦教授允许诉讼标的范围出现"前大后小"或"前小后大"的变动，变动依据是程序保障权履行是否到位。④ 此外，我国大陆也有颇多学者认为诉讼标的之覆盖范围无须恒定，应当视程序之需要而发生变动。⑤ 持诉讼标的范围变动论者，

---

① 具体可参见〔德〕汉斯-约阿希姆·穆泽拉克《德国民事诉讼法基础教程》，周翠译，中国政法大学出版社，2005，第86—92页；陈玮佑《诉讼标的概念与重复起诉禁止原则——从德国法对诉讼标的概念的反省谈起》，《政大法学评论》2011年第127期；卢佩《困境与突破：德国诉讼标的理论重述》，《法学论坛》2017年第6期，第73—81页。

② 具体可参见李浩《民事诉讼法学》，法律出版社，2016，第117页；齐树洁《民事诉讼法》，厦门大学出版社，2013，第47页；江伟《民事诉讼法》，高等教育出版社，2004，第11页；常怡《民事诉讼法》，中国政法大学出版社，1997，第133页。

③ 杨淑文：《诉讼标的理论在实务上之适用与评析》，《政大法学评论》1999年第61期。

④ 具体可参见邱联恭《口述民事诉讼法讲义（2006年笔记版）》，三民书局，2007，第152页；许士宦《重复起诉禁止原则与既判力之客观范围》，《台大法学论丛》2002年第6期。

⑤ 具体可参见张卫平《民事诉讼法》，中国人民大学出版社，2015，第148页；张卫平《论诉讼标的及识别标准》，《法学研究》1997年第4期；李龙《民事诉讼标的的理论研究》，法律出版社，2003，第231页；王亚新、陈杭平、刘君博《中国民事诉讼法重点讲义》，高等教育出版社，2017，第11页；陈杭平《诉讼标的理论的新范式——"相对化"与我国民事审判实务》，《法学研究》2016年第4期；严仁群《诉讼标的之本土路径》，《法学研究》2013年第3期，第91—109页。

其实质上仍然是坚持以程序价值逻辑一致性为前提，进而对诉讼标的范围进行适当调整的学说。从诉讼标的概念的内涵来看似乎前后出现了不一致，但是这种不一致，是更深层次价值逻辑对概念逻辑的解构，因此，这一类型的诉讼标的理论，本质上走的还是逻辑的研究路径。

2. 经验路径

所谓经验路径，其本质上不以逻辑性作为判断诉讼标的范围的重要考量标准。在办案中，法官对案件单元的处理方式，更多的是考虑同行的评价、法院的考核以及案结事了后的社会效应。无论是来自同行的、法院的、当事人的或者社会的评价，都有许多非制度逻辑的成分，本质上属于对经验的经验性评价。特别是就当事人和社会的评价而言，由于我国程序法治理念普及性的相对落后，当事人和社会舆情的评价标准，主要是以实质正义为依据，其中经验的因素又占据了相当大的成分。

在我国，无论是大陆还是台湾地区的学者对诉讼标的理论的研究，更多的是秉承大陆法系的逻辑研究路径。多数诉讼标的研究者并没有考虑法官的现实处境和办案压力，少数诉讼标的研究者确实适当兼顾了经验成分和现实的可操作性。但即便是少数诉讼标的论研究者对于经验和现实的考量，仍然是以逻辑为出发点进行思考，因此，其本质上是"逻辑的经验"而不是"经验的逻辑"。与学界高密度的诉讼标的研究相比较，法官受制于办案的压力，往往无法系统思考和分身撰文，准确表述自己对诉讼标的之洞见。

从两大法系的发展来看，无论是诉讼标的研究之逻辑路径抑或是经验路径，均有其自身的成因和特色优势，难分伯仲。我国诉讼标的之研究，若加入经验的视角或者提升经验视角的比重，无疑能为我们带来完全不同的研究风景。

（二）逻辑路径的前置视角与反思

以逻辑为主导的诉讼标的研究路径，有个前置视角——民事诉讼法应当有一个统一的、体系化的诉讼标的概念。这样的前设，优点是有助于保持诉讼标的在民事诉讼实践中的逻辑一致性，缺点是研究视角中经验性内容的弱化会影响诉讼标的理论在实务中的生命力和可接受度。

作为概念法学演绎巅峰之一的德国民事诉讼法学界，将诉讼标的与既判力客观范围这一等式逻辑①进行深耕细作,推出旧实体法说。旧实体法说的先天缺陷催生新诉讼标的理论,具体包括一分肢说、二分肢说以及新实体法说。所有这些学说都以捍卫诉讼标的概念的前后一致性来彰显诉讼标的体系的完整性。德国人对于概念逻辑自洽性的陶醉几乎被日本人全盘承继,稍稍有所突破的是新堂幸司对于既判力争点效和遮断效的论述②,即便如此,新堂幸司的论述仍然是在德国人诉讼标的理论逻辑的框架内进行,本质上还是概念逻辑的内部演绎。在我国台湾地区,以邱联恭教授为代表的诉讼标的相对论提出者异军突起,对程序保障权的强调,意味着从概念逻辑向价值逻辑的飞升。近年我国大陆学者,或是移植德国的新诉讼标的理论,或是提出非统一性的诉讼标的理论,以从容应对统一的诉讼标的理论无法解决的不同类型民事诉讼案件,或者是同类型的民事诉讼案件在诉讼不同阶段的复杂表现。

诉讼标的理论的研究发端于德国人的概念法学思维方式,承继于日本人的精细化研究偏好,为我国台湾地区老一辈学者全盘移植,今天则有台湾地区和大陆学者基于逻辑对于诉讼标的之反逻辑解构。总体上来看,理论界诉讼标的理论之研究,始终没有跳出德国人预设的"诉讼标的=既判力客观范围"这一基本逻辑框架和前置视角。一些学者反对"诉讼标的=既判力客观范围"这一逻辑等式的"反逻辑"研究,仍然是以逻辑的统一性作为对立面进行思考与探究,是以"新的逻辑战胜旧的逻辑",并未摆脱逻辑的影子。

坚持逻辑的路径,对诉讼标的理论的科学性和唯理性,起到了重要的推动作用,但不可否认的是,这也导致诉讼标的理论的复杂化与多元化。如吴英姿教授所言,让研究被锁定在法律解释论建立起来的理论框架中无法突破,只能在局部深化、精细化,理论烦琐主义盛行。③既然诉讼标的范围之决定有两种路径,自然会产生一个问题:逻辑的路径和经验的路径二者究竟应当以谁为主?或者二者是否有进一步融合的可能?

---

① 长期以来,诉讼标的是以既判力为导向进行边界范围的界定,通过对诉讼标的与既判力关系的探讨,进而漫灌至诉讼系属、诉之合并、诉之变更、共同诉讼、第三人诉讼、反诉以及重复诉讼等其他民事诉讼法的具体相关领域。
② 〔日〕新堂幸司:《新民事诉讼法》,林剑锋译,法律出版社,2008,第499、505页。
③ 吴英姿:《诉讼标的理论内卷化批判》,《中国法学》2011年第2期,第177—190页。

（三）从逻辑向经验的位移

日耳曼民族以其精细化的思维和逻辑性著称，其对于诉讼标的理论的研究有着相应的法治思维基础。但甲之蜜糖可能是乙之砒霜，德国的诉讼标的运行环境和中国的诉讼标的运行环境并不相同。德国当事人与法官的思维方式和中国当事人与法官的思维方式也并不相同，这决定了德国诉讼标的理论的移植或者是隐藏于德国诉讼标的理论背后理念的移植，有可能并不适用于中国的诉讼标的运行环境。

对诉讼标的逻辑性的追求，必须和程序正义理念相互配套。然而，现实是西方深入人心的程序正义理念在我国还有很长的一段路要走。于此情形，我们必须考虑到那些注重程序正义"只抬头看路"的学者和关注实质正义"只埋头拉车"的法官之间的差异，给予"拉车"的法官以更多的同情，这是基于语境论的法律制度研究进路和方法。实务中法官诉讼标的之确定方法，是一种基于我国本土实践而生成的法律秩序和准制度。在此，本文赞同苏力教授的法律制度语境论研究方法，主张对于实务中的诉讼标的确定秩序，应当"力求语境化地（设身处地地、历史地）理解任何一种相对长期存在的法律制度、规则的历史正当性和合理性……切实注重特定社会中人的生物性禀赋的以及生产力（科学技术）发展水平的限制，把法律制度和规则都视为在诸多相对稳定的制约条件下对于常规社会问题作出的一种比较经济且常规化的回应"。[①] 严格而言，实务中法官采用的诉讼标的之确定方法是一种"事实上的法律（事实之法）"。任何诉讼标的理论都不应当具有超越一切的合法性，只有服务于和满足于中国司法实践需要，这才是一个诉讼标的确定方法所具有合法性的根据。德国人预设了"诉讼标的＝既判力客观范围"这一基本逻辑框架和前置视角，在此视角下展开和衍生出的各种诉讼标的理论，必须与我国的司法实践若合符节，方能开花结果。

基于语境论的思考，我们首先应当反思中国的法官是在一种什么样的环境下受到什么样的影响来思考和运行诉讼标的。他们既要遵循程序法的逻辑，又要遵循案件办理中的非程序逻辑，这两者究竟对法官的诉

[①] 苏力：《语境论：一种法律制度研究的进路和方法》，《中外法学》2000年第1期，第40—59页。

讼标的确定产生什么样的影响？对这个问题的回答，需要研究视角从逻辑向经验的位移。

二 我国司法实务中变动的民事审判对象裁判路径

（一）有关诉讼标的案件之运行总况

通过对中国裁判文书网 2014 年至 2017 年有关诉讼标的之程序争点案件的梳理，可以得出各年度的基本数据。以诉讼系属（含管辖）为例，可以通过如下的公式求得：诉讼标的（之讨论）在诉讼系属类案件各年度的比重 = 各年度含诉讼标的之诉讼系属类案件量 ÷ 各年度诉讼系属类案件总量 × 100%。

通过表 1 所求得的百分数，将各年度与诉讼标的有关民事案件的百分比以曲线相连，即如图 1 所示。由此可以看出，近年来，诉讼标的之运用在民事审判实务中的受重视程度正处于上升趋势。通过表 1 所求得的百分比，将各年度与诉讼标的有关的程序争点的百分比以曲线相连，即如图 2 所示。由此可以看出，诉讼标的之讨论最容易出现在与重复起诉相关的程序争点中，其次是出现在与第三人之诉（含第三人诉讼和第三人撤销之诉）相关的程序争点中。令人意外的是，在诉讼系属（含管辖）、共同诉讼、诉讼请求的合并与变更、执行异议之诉等程序争点中，尽管理论上认为这些程序争点和诉讼标的之讨论具有高度相关性，但在我国的民事审判实务中，看不到这种理论强相关性的存在，在实务中有待加强。

表 1 含诉讼标的程序争点案件情况

含诉讼标的程序争点		2014 年	2015 年	2016 年	2017 年
含诉讼标的之诉讼系属类案件量	占诉讼系属类案件比重	3428（1.49%）	5180（1.85%）	7241（1.57%）	8396（1.86%）
含诉讼标的之共同诉讼类案件量	占共同诉讼类案件比重	261（6.04%）	261（5.28%）	706（8.11%）	653（5.28%）
含诉讼标的第三人诉讼类案件量	占第三人诉讼类案件比重	376（43.42%）	526（30.02%）	1160（29.63%）	1900（32.47%）

第八章 诉之牵连的审判模式

续表

含诉讼标的程序争点		2014 年	2015 年	2016 年	2017 年
含诉讼标的重复起诉类案件量	占重复起诉类案件比重	1624（33.63%）	6892（59.11%）	12975（56.2%）	16551（60.15%）
含诉讼标的执行异议之诉类案件量	占执行异议之诉类案件比重	357（1.66%）	367（1.06%）	892（0.88%）	1284（0.79%）
含诉讼标的类案件	占民事总案件量的比重	15504（20.73%）	20835（24.57%）	35231（24.24%）	41970（27.7%）

图 1 诉讼标的于整体民事案例中发展趋势

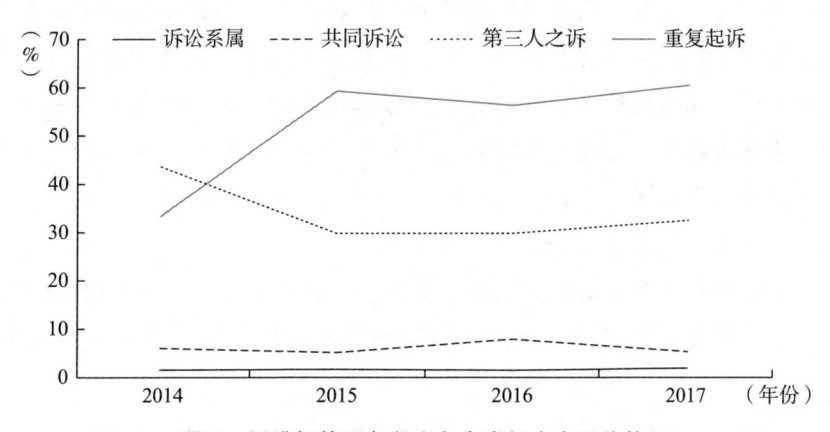

图 2 诉讼标的于各程序争点案例中发展趋势

（二）变动中的民事审判对象裁判路径

通过对多位法官的访谈，前后梳理了近 1500 份裁判文书，可以发现民事审判实务中诉讼标的之界定办法大相径庭，裁判路径并不统一。裁判路径的变动和不统一,直接体现于案件诉讼单元之划分上,最为直观的是,对于是否将不同的法律关系合并在一个案件中进行审理,一般情况下法官的裁判路径有如下几种:

1. 多数当事人之间多个法律关系的法定合并审理

凡是法律或者司法解释明确规定应当合并审理的案件,法官均会合并审理。此时,案件的诉讼标的单元之划分实质上是以案件事实为单元依据。我国法律对大多数固有必要共同诉讼案件均如此处理。此外,还有一些司法解释明确规定应当合并审理的案件。此类案件以交通肇事损害赔偿纠纷案件为典型,现有的法律和司法解释均要求将该类案件中的侵权纠纷、交强险纠纷和商业险纠纷合并审理。实务中大多数法官也坚持依法合并。① 司法解释中也有一些第三人参加之诉必须与主诉讼合并审理的规定。②

2. 多数当事人之间多个法律关系的酌定合并审理

凡是法律没有明确规定是否应当合并审理的案件,法官对此有较大的裁量权。

(1) 准必要共同诉讼倾向于合并审理

在准必要共同诉讼案件中,一个案件可能同时存有侵权法律关系、违约法律关系以及产品质量纠纷等多个法律关系,但是对该类型的案件如不将多个法律关系合并审理,则可能导致不同当事人之间责任分担的模糊不清。如不采取一揽子的方法加以解决,则可能存在部分侵权人承担完全部责任后,要向其他侵权人进行二次追偿,引发多次诉讼。实务中,该类型案件是否合并,完全取决于法官的自由裁量。③

(2) 普通共同诉讼倾向于分开审理

对于绝大多数的普通共同诉讼案件,法官都是采取分开审理的做法,这是由案件案号的选择、判决书的写作等操作性上的实际困难所决定。

---

① 类似案件可参见:湖北省通城县人民法院民事判决书,(2017) 鄂 1222 民初 808 号。
② 类似案件可参见:荆州市沙市区人民法院民事判决书,(2015) 鄂沙市民初字第 00287 号。该案直接援引了最高人民法院《关于审理商品房买卖合同纠纷案件适用法律若干问题的解释》第 25 条的规定,进行合并审理。
③ 类似案件可参见:(1) 北京市第二中级人民法院民事裁定书,(2006) 二中民终字第 16211 号;(2) 最高人民法院民事裁定书,(2012) 民二终字第 50 号;(3) 最高人民法院民事裁定书,(2012) 民申字第 1001 号。

但是，在一些劳动争议纠纷案件中，法官可能会采取合并审理的做法。例如在一些建设工程中包工头与劳动者之间的劳动争议纠纷，一个包工头辖下会存在着许多不同的工人，有厨师、保洁或者从事各种工作的工人，他们若单独起诉往往会面临证据不足的困境，但若联合起诉合并审理其之间的证据材料，则证据材料共通具有互证效应。对该类型案件，法官往往乐意采取合并审理，以保证案件审判的准确性及实质正义的达成。①

3. 多数当事人之间多个法律关系的拒绝合并审理

实务中还存在这样的案件，法律没有规定是否应当合并审理，但如果强行合并审理可能导致操作上的不便以及裁判的错误。例如，在部分一审离婚案件中会出现夫妻离婚财产分割纠纷和子女财产继承纠纷（庭审中夫妻一方死亡）两个法律关系的合并审理问题。显然，子女财产继承纠纷法律关系的顺利处理应当以夫妻离婚财产分割法律关系的明确解决为前提。对该类型的案件，基层法院的法官有的会将其一揽子予以处理②，二审法院则采取睁一只眼闭一只眼的姿态，如果一审成功就维持一审判决，如果一审未成功导致第二个法律关系无法得到准确处理时，就会以事实不清为由发回重审。③ 在访谈中，多位二审法官认为，法律规定的发回重审，主要是指事实不清的情形，并没有明确包括一个案件审理两个法律关系的情形，因此，二审采取模糊处理的态度，有足够的法律空间予以支持。

4. 同一原告与同一被告之间多个性质不同法律关系的审理

（1）具有高度牵连性、不同性质且不竞合法律关系的酌定合并审理

同一原告对同一被告之间如果存在着不同性质的法律关系，也并不是绝对的分开审理。在事实具有高度牵连性的案件中，也可能出现多个性质不同法律关系的酌定合并审理。例如，原、被告之间先有借贷关系，后又有以房抵债的买卖合同关系，法官认为该两个案件事实具有高度牵连性，往往会将之合并审理。此类型的案件中是否合并审理，调研中多

---

① 类似案件可参见：（1）最高人民法院民事裁定书，（2014）民四终字第29号；（2）陕西省商洛市中级人民法院民事判决书，（2017）陕10民终10号。

② 类似案件可参见：浙江省青田县人民法院民事判决书，（2016）浙1121民初3534号、浙江省青田县人民法院民事判决书，（2016）浙1121民初3535号。

③ 类似案件可参见：湖北省武汉市中级人民法院民事判决书，（2017）鄂01民终408号。

位法官认为,一方面既要考虑庭审的驾驭能力是否能够适应;另一方面又要考虑是否有利于案件实质正义的实现,力求达到多方共赢的目标,这是一种以目标为导向的审理姿态。①

(2) 具有高度牵连性、不同性质且竞合法律关系的拒绝合并审理

对于源自同一案件事实的不同性质法律关系的竞合案件,法院的处理方式在"一案一诉"和"一案多诉"之间摇摆不定。

例如,对于侵权责任与违约责任竞合的案件,法官多遵照"一案一诉"的方式来处理,但不管是以哪一个案由立案,法官都会对另一个法律关系的主要争点也予以审查,甚至会引导当事人作出对自己有利的诉之变更,以求一次性的案结事了。如此,当事人在前诉讼中败诉之后,若以另一个法律关系提起后诉讼时,后诉法官虽不会以重复起诉禁止的规定裁定予以驳回,但也会在案件的审理中已经做到心中有数、"先入为主"。②

又如,在反诉案件中,若反诉与本诉是基于不同的法律关系但源自同一案件事实,如本诉是借贷法律关系,反诉是冲抵之前借贷款项而设立的买卖法律关系,但反诉和本诉的法律关系具有高度牵连,且反诉的诉讼请求能够吞并本诉的诉讼请求,则法官多能够考虑将其合并审理。③因为,此类型的案件中,如果不允许当事人提起反诉并裁定驳回,那么反诉的原告一般情形下会提起上诉,如此将会导致本诉审理的诉讼中止,不利于快速审理和案件审限的掌控。④ 同理,法院在第三人诉讼的案件中若是出现类似的两个法律关系,法官往往也会采取类似于反诉的案件处理方式和态度。⑤

---

① 类似案件可参见:重庆市江北区人民法院民事判决书,(2015) 江法民初字第 04432 号。
② 在一不当得利纠纷案中,原告先提起民间借贷纠纷之诉,得不到支持后又以相同事实提起不当得利纠纷之诉,审理前诉的法院在具体审查该案的民间借贷法律关系时认为上诉人予以证明其主张的借条和交付等证据存在明显不合常情的疑点,后诉法院对此予以援用,驳回原告的不当得利之诉。可参见:浙江省台州市中级人民法院民事判决书,(2016) 浙 10 民终 2111 号。
③ 类似案件可参见:浙江省杭州市余杭区人民法院民事判决书,(2016) 浙 0110 民初 08297 号。
④ 类似案件可参见:浙江省温州市龙湾区人民法院民事判决书,(2016) 浙 0303 民初 5894 号。但实践中对本诉与反诉牵连性相对较弱的案件,法官出于审判可操作性的考量,可能倾向于将案件分开审理,可参见:浙江省丽水市中级人民法院民事裁定书,(2017) 浙 11 民辖终 54 号。
⑤ 类似案件可参见:湖南省汝城县人民法院民事判决书,(2016) 湘 1026 民初 388 号。

在重复起诉禁止问题上，许多法院对究竟是采行"一案一诉"还是"一案多诉"，态度最为犹豫不决。2015 年《民诉法解释》实施之后，就其第 247 条关于重复起诉禁止性规定的实施状况进行考察，只要随意抓取 100 个案件就可以发现，其中以法律关系、诉讼请求和案件事实三个要素分别作为前后诉讼是否具有同一性的判定标准，各自占有一定的比例。其中，案件事实要素并不是《民诉法解释》第 247 条所提及的一个判断前诉和后诉是否构成重复的一个明确的、明示的构成要件，但是，许多法官在判决中会不自觉地提到前诉和后诉的案件事实"相同"或者"基本相同"，并以此作为认定是否构成重复起诉的标准。① 甚至连最高人民法院的指导性判决都能够直接置前后诉的诉讼标的之非同一性于不顾，降格诉讼标的的重要性，升格具有高度经验性的概念——"案件事实"的重要性。② 此外，法官对诉讼请求的相同也不会拘泥于数额上或者范围上的完全相同，只要其前后诉的诉讼请求是基于同一法律关系或者同一案件事实，则两个诉讼请求之间量上的变化，很可能会被法院认定为"基本相同"或者"实质相同"。③

5. 不具有高度牵连性、同一性质法律关系的酌定合并审理

例如，若是同一原告对同一被告有若干个性质相同的法律关系，如借贷法律关系，则因为案件的操作难度不大，法官往往愿意予以合并审理。

6. 不具有高度牵连性、不同性质法律关系的拒绝合并审理

多数情形下，同一原告对同一被告有若干个性质不同的法律关系，法官往往更愿意采取分而治之的态度。但是，这种分割又不是彻底的切

---

① 类似案件可参见：（1）河南省信阳市中级人民法院民事裁定书，（2017）豫 15 民再 60 号；（2）河南省商丘市中级人民法院民事裁定书，（2018）豫 14 民终 691 号。

② 最高院民一庭的观点为："当事人就已经提起的诉讼的事项在裁判生效后再次起诉，后诉的诉讼请求实质上系否定前诉裁判结果的，即使当事人起诉的请求权基础不同，仍以认定该后诉的请求实质上违反了一事不再理原则，构成重复起诉。"此处，最高院民一庭对请求权基础无（法律关系）作用的弱化，专注于同一案件事实的处理方法，很大程度上也体现了实质正义优先的理念。参见杜万华《民事审判指导与参考》，人民法院出版社，2017，第 161—167 页。

③ 类似案件可参见：（1）湖北省鄂州市中级人民法院民事裁定书，（2017）鄂 07 民终 495 号；（2）湖南省郴州市中级人民法院民事裁定书，（2017）湘 10 民终 326 号；（3）湖南省株洲市中级人民法院民事裁定书，（2017）湘 02 民终 1492 号。

分，这种不完全的分割主要是基于节省程序资源的考量。例如，就马某与王某某之间的名誉侵权纠纷案和离婚财产分割案，北京市海淀区人民法院选择在同一个下午的两个不同时间段进行承继式的审理。调研中法官们认为，这种做法有利于节省诉讼通知的工作量，有利于减少记者采访事先预案的工作量。有法官将之称为案件的"一起审理"而非合并审理，认为这更多的是一种工作安排上的便利性考虑。

总体来说，如果仅仅是阅读裁判文书，我们会发现，在民事审判实务中，法院诉讼标的界定办法的裁判路径在诉讼请求界定法、案件事实界定法、法律关系界定法中不断变动，莫衷一是，让研究者很容易得出这是"裁判乱象"的结论。然而，只有不满足于书房内对裁判文书的简单阅读和"自斟自饮"，通过和多位民事法官的一对一访谈，才可以发现变动的裁判路径背后究竟发生了什么，变动的裁判路径背后是否有着不变的裁判依归。

（三）我国民事审判对象实务界定之总结：非逻辑的视角和方法

1. 实质正义的分量

实质正义的判断，属于一个见仁见智的问题，难以客观地把控。因此，法哲学在21世纪的发展中出现了从实质正义向程序正义的转型。

无论是哈贝马斯[①]还是考夫曼[②]都认为，只要在一个平等、协商、对话、透明的程序环境中，当事人经历程序的攻击和防御后，由此流出的正义可以称之为程序正义。程序正义相对于实体正义而言，具有更强的可操作性和判断标准。尽管法哲学将程序正义高高举起，但除了程序保障和既判力等少数几个程序硬性规定外，许多程序上的规定在实务中可以被有技巧地规避，甚至有的程序要素与法官个案处理的距离似乎如同天上的星辰那般遥远。

相对于程序正义所要求的高强度逻辑操作而言，法官在诉讼标的之确定上，一方面会尊重基本的办案流程，如诉讼标的范围不得超出既判力的客观范围、诉讼标的之审理应当获得基本的程序保障；另一方面对

[①] 邓正来：《后形而上时代的"沟通主义法律观"——〈法律的沟通之维〉》，《社会科学》2007年第10期，第69—71页。

[②] 〔德〕阿图尔·考夫曼：《法律哲学》，刘幸义等译，法律出版社，2004，第398—400页。

与诉讼标的之确定相关的其余内容,那种为追求实质正义所带来的诱惑,会轻易化解法官遵守逻辑的执着。在当事人索要实质正义的压力面前,民诉法强调的办案前后逻辑的一致性,经常显得苍白无力。

实务中"完美"判决的标准是:案件在实体上权利义务分配得当,程序上不存在明显的硬伤。尽管程序法学者可能觉得这样的判决"千疮百孔",但无论是同行还是上级法院或者是当事人都能接受这样的判决。反之,如果一个案件在实体上出现了严重缺陷,无论程序多么完美,这个法官所面临的实实在在的压力,将会令其下次不得不考虑向实质正义的转型。用某位基层法官的话来说:"一年办了300个案件,如果办错一个案件,那么这300个案件也都废了。"① 实务中如同有一只无形的手,让法官对于诉的合并、第三人参加诉讼、反诉、共同诉讼以及重复起诉的确认等有关诉讼标的问题,都会通过灵活的操作,导向实质正义的目标。这方面的例子不胜枚举,在实质正义面前,法官如何判断诉讼标的和如何保持判断诉讼标的的方法的一致性,已经降格为一种手段性的问题。我们不能因此诘难法官,"程序是一种为了有效且基本公正地回应现代社会纠纷解决的制度装置,而不是因为程序正义本身比实质正义更为正义(在英语中,正义是一个无法用比较级修饰的概念)。在这个意义上,我们甚至可以看出,程序正义只是在现代社会条件下的一种'无奈',它成为现代司法制度之首选仅仅因为现代的司法制度已经无法基于'实质正义'运作"。② 程序正义比实质正义来得更为客观,是基于整体司法制度运行的判断,但若是在个案中,法官以自己的经验可以触摸实质正义时,其让程序正义在一些非根本性的问题上作出礼让,这本无可厚非。

2. 可操作性的考量

法官尤其是基层法院的法官,对于诉讼标的确定办法的考量,更多的是基于一个诉讼究竟应当以何种方式在程序上运行能够便于操作、便于结案、便于实现案结事了的目的。

---

① 近年来,为追求实质正义忽视程序正义的案件经常见诸报端,极端的如广东的莫兆军法官案件。
② 苏力:《语境论:一种法律制度研究的进路和方法》,《中外法学》2000年第1期,第40—59页。

以案号和案由的选择为例,基层法官往往认为多案号或者多案由的做法,容易导致庭审和判决书写作上的种种不便。例如,就普通共同诉讼的合并审理而言,不同案件中若存在着不同的原告,如果放在同一张判决书中写作,那么不同的原告,其在判决书首部中的陈列方式应当如何摆放,就会成为法官所要面临的实际问题。此外,不同案件中,还可能会有不同的管辖权异议、举证、诉讼期限延长等各种实际的程序性问题,给合并审理带来更多的困难。① 因此,若非必需,法官往往更倾向于,或者将本可以合并审理的案件分开审理,或者将已经合并审理的案件以多个案由和多个案号的面目出现。这种务实的态度,其显然是考虑到实务中可操作性的需要。

一个案件审理的单元究竟应该有多大?在基层法院的法官眼里和中级以上人民法院的法官眼里是完全不同的。基层法院相当一部分民事案件的律师代理率并不饱和②,因此,法官应当考虑更多地发挥职权主义的作用。法官和书记员不但要帮助当事人整理诉讼材料,而且经常要帮助当事人提出合适的诉讼请求。尤其是在劳动争议案件和无意思联络的共同侵权案件中,基层法院法官往往会通过阐明权的行使引导原告方扩大诉求范围,以便于纠纷的一次性解决。基层法官在此更为注重的是如何通过各种不同的法律依据来救济弱势方,而不会考虑这些不同的法律依据是否代表着不同的诉讼标的,以及这些诉讼标的之间的相互关系应当如何进行协调等程序上的问题。在许多基层法官的眼里,更重要的是侵权的损害与损害的填平之关系,而不是众多诉讼标的之间的协调关系。相比较而言,如果第一审是在中级人民法院的案件,其诉讼标的额往往巨大,因此,中级人民法院法官职权主义的作用发挥就会相对退后。这类大诉讼标的额案件基本都有律师代理。大多数法官认为诉讼标的额如此巨大,当事人不委托律师进行代理,其自身负有不可推卸的责任。因

---

① 关于普通共同诉讼的合并,教科书中经常有这样的案例,如一个房东对于自己同一套房里三个房间的租客同时提起诉讼,甲租客因为要求降低租金未能续签租赁合同,乙租客因为私自装修违反租赁合同,丙租客因为迟交租金而违反租赁合同。在调研中,每一位法官都认为这样的同一种类诉讼标的之诉讼,操作上并不存在合并审理的可行性。
② 按照福州地区多位基层法官的估算,基层法院民事案件的律师代理率不会超过50%。对于福州市中级人民法院的民事一审案件而言,其诉讼标的额必须为3000万元以上。如此之高的数额,必然伴随着高律师代理率。

此，在律师的协助下，在中级以上人民法院第一审的案件中，对诉讼标的逻辑性的把控会更为严格。这也导致我国基层人民法院和中级以上人民法院的法官，对于同样的诉讼标的这一概念，后者的理解在表象上似乎会更为深入。

3. 逻辑的有意留白

在德国，对于诉讼标的界定的探讨中，我们可以从诸多文献中发现其法官和学者对逻辑追求的执着。他们希望在一个又一个不同的案件中，无漏地使用统一的诉讼标的概念，以保证法律体系的完整性。在中国，关于民事诉讼标的逻辑上是否前后一致，不同的诉讼标的之间应该如何进行协调？这一类属于程序法理论上非常重要的问题，往往被基层的法官有意留白不予讨论。基层人民法院的法官，对于诉讼标的逻辑性的理解，实际上是处于"非不能也，乃不为也"的一种局面。这就提出一个非常严肃的问题，对诉讼标的逻辑上的严苛追求，是否能够满足基层法院的办案实际需要？如果严格按照传统诉讼标的理论的做法，在低律师代理率的环境下，许多基层法院案件的审理是否会在实体上出现明显的不公？

我国民事诉讼法理论界对诉讼标的之界定虽然颇有争鸣，但是通说采行的是传统诉讼标的理论，即以法律关系作为诉讼标的。实务中有相当一部分的案件确实遵循了传统诉讼标的理论，但是也能够发现有相当一部分并不"中规中矩"的裁判。例如，在诉之合并案件中，不同的法律关系若是基于相同的案件事实可以进行合并；在反诉案件中，本诉与反诉即便是不同的法律关系，但若是基于同一案件事实，也可以进行合并；在重复起诉禁止的案件中，许多法院对基于不同法律关系下同一案件事实的重复诉讼更是毫不掩饰地加以禁止；在共同诉讼案件中，对准必要共同诉讼案件，只要是基于同一案件事实，则同一当事人之间存在不同法律关系也可以在一个案件中进行审理；在第三人诉讼中，两个具有关联性的不同性质法律关系，若基于同一案件事实很可能被合并审理。

综上所述，法官愿意遵循传统诉讼标的理论，认为这确实为判案带来了稳定性和便利性，一案一诉让案件的审理变得更为可控。法官并不讳言其对传统诉讼标的理论的热爱，认为不同的法律关系放在同一个案件中进行审理，会复杂化审理进程，影响其对庭审的驾驭能力，这具体表现为：一方面，不同法律关系的随意切换，可能导致庭审思维的混乱；另一方面，不同的法律关系之间可能会出现管辖和举证上的不同要求。传统诉讼标的理论，其以明确性和可预见性为优势，但劣势在于多次诉讼的问题①，故法官也并非一味呆板地遵循传统诉讼标的理论，在一定的情形下，他们也愿意突破传统诉讼标的理论对于案件单元的限制。例如，若一个案件按照不同的法律关系分开审理，可能会造成救济的迟到，可能会与当事人对法律关系的认识能力并不匹配，可能会造成一案多诉等不利情形，许多法官往往能够大胆地跳出传统诉讼标的理论的束缚。最为明显的是在交通肇事损害赔偿案件中，可能会出现侵权损害赔偿、保险赔偿、运输合同赔偿等多个请求权的合并审理。于此，逻辑上的坚持和执着并不如看上去的那样珍贵，真正需要解决的问题不是本案案件单元的划分，而是如何有利于纠纷的一次性解决，如何有利于案件的审理，如何有利于实体正义的维护。

（四）中国民事审判对象实务界定的真命题

通过对诸多裁判文书的梳理和多位法官的一对一调研，可以发现，在我国的民事诉讼实务中，法官有时以案件事实作为诉讼单元，有时以诉讼请求作为诉讼单元，有时以法律关系作为诉讼单元，这三种类型的案件都占有相当的比例。在多数案件中，传统诉讼标的理论得到贯彻；在少部分案件中使用的是新诉讼标的理论的一分肢（诉讼请求）说，甚至是英美法系的纠纷事件（案件事实）说②，当然也不排除在部分案件中，法官对诉讼标的并没有清晰的认识，将诉讼标的等同于诉讼标的额或者诉讼标的物的情形。③许多裁判文书的文字，赤裸裸地表明，不同的法官、不同的法院，甚至是同一个法院、同一个法官对于不同案件的

---

① 任重：《我国民事诉讼释明边界问题研究》，《中国法学》2018年第6期，第231页。
② 纠纷事件说即所谓交易理论，即以案件事实所涉及的救济权利群来界定诉讼请求本身的范围，将诉讼请求界定为源自同一案件事实（the same transaction, occurrence, or series of transactions or occurrences）的所有受侵害权利。参见 rule 13 and rule 18 of Federal Rules of Civil Procedure。
③ 类似案件可参见：(1) 广西壮族自治区柳州市中级人民法院民事判决书，(2018) 桂02民终185号；(2) 云南省昆明市中级人民法院民事判决书，(2007) 昆三终字第1301号；(3) 广东省广州市中级人民法院民事判决书，(2006) 穗中法民五终字第3070号；(4) 云南省高级人民法院民事判决书，(2008) 云高民一再终字第3号。

诉讼标的，采用了不同的确定办法。然而，我们不能由此轻率地得出结论：我国法官对于诉讼标的之认识和坚持并不统一。

　　法官缘何会在诉讼标的之认识和使用上有如此大的不同？在更多意义上，这并非其认识上的分歧，而是实务操作的要求。通过与诸多法官的交谈可以发现，不管是采用何种诉讼标的确定办法，不论裁判的路径发生如何的变动，这些变动有着同一个依归，都围绕着同一条主轴，也就是有利于减轻当事人的诉累、有利于纷争的一次性解决、有利于案件的审理、有利于实质正义的实现。当然这"四个有利于"是建立在程序正义没有受到严重伤害的前提下，从诉讼标的之角度而言，即既判力的客观范围和程序保障权的实现没有受到伤害。对法官来说，相较于诉讼标的之单元划分的确定性，实质正义才是真正弥足珍贵的东西。在法官眼中，诉讼标的之单元划分可谓"法无定法"，其应当服务于减轻诉累、纷争的一次性解决、审理的可操作性、实质正义的实现等更为重要的目标。

　　对于一线法官而言，其每一年考核的主要是德、能、勤、绩四个方面。① 这其中的思想表现一部分，是综合性评分，一般由领导结合法官全年表现予以酌定。在其余的考核评价体系中，有四个指标是非常重要的，分别是发回改判率、投诉率、息讼息访率以及审理案件的总量。前三个指标是办案质量的考核，后一个指标是办案数量的考核。在案件数量考核方面，不同地区、不同级别的法院，其考核标准不尽相同。有的采取案件权重的考核办法来计算案件工作量②，有的直接按照所办理的案件数来计算案件量。采取权重的方式来计算案件量的办法在不少的省份已经开始实行，似乎以上海地区的最为成功；采取案件数的计算方式则相对难以真实有效地反映法官的真实案件工作量，特别是在刑事案件和民事案件以及不同类型的民事案件之间，同样是"一个"案件，彼此间工作量的大小有时可以相差几倍到数十倍不等。

---

① 考核可谓无处不在，如某省各级人民法院普遍开展每月的红旗手、每年的办案能手、每连续三年考核获优的公务员奖章等激励机制。
② 这一考核办法由上海市人民法院系统首创，现已在全国多地法院开始实施，但各地法院关于不同案件权重标准的设置大相径庭，科学性和可操作性仍有待在运行中进一步改进。

毋庸讳言，面临案件数量和质量的考核，法官对于是否允许一个案件中存在多个法律关系往往会有着不同的态度。有的法官本着司法为民的态度，将本可以合并在一起的案件进行合并审理，把不同的法律关系收拢进同一个案件合并审理；有的法官则考虑到该"一个"案件的工作量过大、压力过大的情形，将本应当合并在一个案件中处理的多个法律关系或者本可以在一个案件中合并处理的多个法律关系有意地分割出去。如此，实践中对诉讼标的单元划分的确定办法，由于不同法官面临的不同压力和不同裁量，出现了不同的诉讼标的界定方法。

总体上法官是坚持"四个有利于"的目标导向，以之作为案件审理的思考主轴，并以程序保障权为底线思维，诸如法律关系、诉讼请求和案件事实等诉讼标的确定办法，则是围绕着该思考主轴而灵活选用，上下波动。具体如图 3 所示。

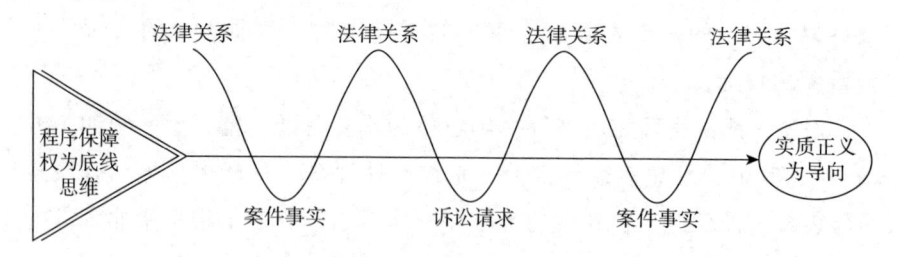

图 3　诉讼标的界定方法波动

至于法官对"四个有利于"目标导向之间的判断、权衡与排序，更多的是一种经验和现实的安排，这其中，法官自身的能力水平[①]、司法为民态度的彻底性及案件量的工作压力都会起到重要的影响。所有的法官几乎都无一例外地考虑这四个因素，但是这四个因素在不同法官眼中所具有的重要性的排序可能并不相同。究竟会采用哪一因素作为优选目标，笔者在与不同法官之间的交谈中，法官们自认这是见仁见智的答案。与之相反，理论界走的是另一条研究道路，即通过对诉讼标的之三要素（案件事实、法律关系和诉讼请求）的组合，求取一条最能平衡"诉讼

---

① 除了案件数量的考核压力之外，关于案件质量的考核压力也会影响到一线法官的诉讼标的界定办法。有些法院对案件质量准确性的追求采用了高权重的指标，这大大影响法官对于一个事实中包含多个法律关系的案件，是否合并审理的态度，更加趋向于采用化繁为简的做法。

经济"和"诉讼安定"的道路,这条道路通向的目标是程序正义的实现。

学者和法官关注点的不同,分别如图 4 和图 5 所示。

图 4　诉讼标的界定之逻辑进路

图 5　诉讼标的界定之经验进路

学者和法官关注重点的不同,体现的恰恰是程序逻辑自洽性与法官司法的距离。程序逻辑自洽性固然重要,但其若从根本上会掣肘实质正义的实现时,应当考虑理论逻辑对实践逻辑的礼让。传统诉讼标的理论在实践中无法得到一如既往地贯彻和坚持,这是民事审判实践本身的选择和回答。亦即,传统诉讼标的理论的合法性和合理性只能是在相当一部分案件中得到法律职业共同体的认可,并非对所有个案放之四海而皆准的真理。传统诉讼标的理论下,不仅仅是简单的"一个事实、多次审理"的问题,而且"诉讼永远是一种负价值,诉讼所支出的经济成本和道德成本是必须计量的"。[①]"诉讼具有负价值,这一点隐含在下述前提

---

① 范愉:《诉讼的价值、运行机制与社会效应》,《北大法律评论》1998 年第 1 期,第 164 页。

中，即错误成本与直接成本大于程序利益。尽管个别的原告能获得损害赔偿和其他救济，从诉讼中受益，但全面地看，诉讼纯粹是一种损失。因此，从社会的立场或从潜在的原告或被告的立场来看，应避免打官司。"[1] 传统诉讼标的理论对生活事实的审判单元分割，可谓削足适履，会引发究竟是"让法律服务于生活"还是"让生活服务于法律"的困惑。法官面对的是具体个案的压力，其在诉讼标的之确定上已经形成一套相对稳定的秩序和"事实之法"。事实上，个案中越是宽容地接受程序正义对实体正义"无伤大节"的灵活退让，整体司法体系中才越有可能达成实现程序正义的总目标。这是一种舍小就大的程序正义运行图景。传统诉讼标的理论和其他新诉讼标的理论，都曾在国外的实践中有过一定的市场，可谓是一些国家的"事实之法"，但其来到中国，首要的身份，应是一种纯粹的价值选择。这些理论具有逻辑合理性，但在我国的立法选择中并非"天生贵胄"，其是否具有实践合理性则毫无疑问。因此，理性的态度应当是将这些诉讼标的理论看作"理论之法"而非"事实之法"。如果枉顾我国诉讼标的"事实之法"的存在，无论是一味地坚持传统诉讼标的理论，或者是其他书房中的创新，这样的"理论之法"均难以为实务所接受，因其已经违反了法律秩序生成的根本实践法则。

究竟是坚持诉讼标的界定的"事实之法"，还是坚持诉讼标的界定的"理论之法"，这涉及诉讼标的界定问题上"主"与"次"、"本"与"末"等关系的判定。纯粹的理论研究永远是灰色的，研究者不必徘徊在谁对谁错或跟谁走的十字路口，中国民事诉讼标的运行实践已经给出了明确的回答。

三　诉之牵连视角下的民事审判对象内涵的重释

实务中民事审判对象裁判路径的多元变动，足以说明传统诉讼标的理论在司法实践中存在着解释力不足的问题，亟须重新检视。传统民事

---

[1]〔美〕迈克尔·D. 贝勒斯：《法律的原则——一个规范的分析》，张文显等译，中国大百科全书出版社，1996，第37页。

诉讼法理论认为，民事诉讼标的即民事审判对象。然而，这是从传统诉讼标的理论的单一法律关系视角，看待民事诉讼的理论产物。从诉之牵连角度重新审视民事审判对象的范围，则必然会对既有的民事审判对象确定性观点产生一定的颠覆和重释效应。从诉之牵连角度看待民事审判对象，其呈现出以下几个传统诉讼诉讼标的理论下难以显露的特性。

（一）民事审判对象的牵连性

1. 民事审判对象的横向牵连性

（1）民事审判对象的内部牵连性

民事审判对象的内部牵连性，可谓无时无刻不在。

民事审判对象中，案件事实、法律关系、诉讼请求乃至于当事人这四个静态要素，任何一个要素的具体化和特殊化，都必须通过牵连性的方式与其他诸要素发生关联。因此，民事审判对象的要素，除了上述四个有形的静态要素之外，还应当加上一个动态要素：牵连性。以具体的诉讼请求为例，不可能存在脱离具体民事主体、具体法律关系、具体案件事实而抽象化的诉讼请求。民事审判对象诸要素之间的牵连，即民事审判对象的内部牵连性。

（2）民事审判对象的外部牵连性

不同民事审判对象之间，也可能存在着千丝万缕的牵连性。这种牵连性，既可以是直接的牵连，又可以是间接的牵连。如不同民事主体之间在身份关系上的牵连，这是一种直接牵连性；又如不同民事主体之间通过某一法律行为发生关系，即属于间接牵连性。

在民事诉讼中，诉的形态和组成要素可以千变万化，演绎着各种各样的牵连关系：如诉之变更、诉之合并、诉之分离的牵连性；本诉与反诉之间的牵连性；共同诉讼内部的牵连性；参加之诉与主诉讼之间的牵连性；前诉讼和后诉讼，也即重复诉讼之间的牵连性；第一审诉讼和第二审诉讼之间的牵连性；诉的三种类型（请求之诉、给付之诉和确认之诉）之间的牵连性。民事审判对象各要素伴随着诉的变化也会产生各种各样的内部或者外部的牵连关系。

2. 民事审判对象范围的纵向牵连性

对民事审判对象的形成与发展不应该局限于程序法的视野进行思考，应该拓宽到其原初状态。在最初阶段，民事审判对象源于生活中人们之间的民事纠纷，这是民事审判对象的原初混沌状态，即某种争议的生活事实或者事件。该争议的生活事实或者事件为实体法所规制，成为进入实体法阶段、穿上实体法外衣的民事审判对象，亦即，将当事人之间生活上的争议用实体法律关系进行衡量和框定，以定性其属于哪一类型实体法上的权利义务争议。最后，民事审判对象进入程序法阶段，具有了程序法色彩，该阶段民事审判对象方可正式命名为民事审判对象，与之相关的程序技术又可以分为两类：一是可以自由改变驾驭的审判对象范围，这就是所谓的举证、诉之合并、变更、消灭等被程序法授权的自由动作；二是不可改变和触及底线的审判对象范围，这就是程序法对妨害民事诉讼行为的强制措施的规定。

传统诉讼标的理论注重法律关系的定位，存在着双重价值取向：一是保证诉讼方向的稳定性；二是保证实体法上法律关系和程序法上审判关系的相互衔接。新诉讼标的理论的一分肢说，强调当事人的诉讼目的所指向的诉讼请求。由上可知，民事审判对象范围的发展有三个阶段，那么第二阶段（实体法阶段）和第三阶段（程序法阶段）相互关联的传统诉讼标的理论以及第一阶段（案件事实阶段）和第三阶段（程序法阶段）相互关联的新诉讼标的理论都应当有其存在的合理性。

考虑到案件事实、法律关系和诉讼请求三要素及其牵连性的民事审判对象是对民事审判对象原初状态的一种客观反映。在力图节约司法资源的现有情况下，该民事审判对象观点具有一定的科学性。由此引发出一个问题：是否可以允许有把第一、二、三阶段的民事审判对象都加以连贯的最新观点呢？

3. 民事审判对象和其他程序技术的牵连性

（1）民事审判对象的核心概念地位

民事诉讼法描绘了这样一幅法律图景：居于该部门法建构体系最顶端的是程序正义的实现：民事诉讼纠纷在公正程序中获得解决；居于第二层是两个价值取向，即程序公正和程序效率；居于第三层是五个基本原则和五大基本制度，即平等、调解、辩论、处分、诚实信用五大基本原则和合议制度、陪审制度、回避制度、公开审判制度和两审终审制度五大基本制度；居于五大基本制度之下是第四层，即各项具体的制度：例如管辖制度、诉讼保障制度、当事人制度、证明制度、一审程序制度、二审程序制度、再审程序制度、特别程序制度、执行程序制度等；居于最基础、最底层的是构成若干具体制度的最基础的东西，即民事诉讼法的一些基本概念。这些基本概念范畴居于民事诉讼这一体系的下端，例如民事审判对象、当事人、证据、执行等基本概念。

民事审判对象是民事诉讼法中最核心的概念，尽管其位于民事诉讼法这个建构体系的最下端、最底层，但不能否认它是最底层概念中的最核心概念。诸如当事人、证据、执行、审判、期间等其他概念是围绕着民事审判对象这个核心概念而展开和构建。民事审判对象是诸概念的基础概念，是核心概念，它是整个民事诉讼审判体系的第一块奠基石。围绕民事审判对象这一块基础性的奠基石，抽象的、具有程序正义特征的民事诉讼架构得以确立。在具体案件中，具体的民事审判对象范围的划定、展开和解决决定着具体案件中程序正义的具体实现。

（2）民事诉讼法架构中其他层级要素对民事审判对象的影响

作为核心概念的民事审判对象，和该结构中的其他层级要素，不可避免要发生技术上的牵连。以民事诉讼法的五大基本原则为例，平等原则意味着确定民事审判对象范围本身的平等性，为本诉与反诉的相互制衡打开了空间；处分原则意味着民事审判对象范围的可处分性，即诉之变更、追加、合并的可能和民事审判对象范围的可调解性；诚信原则意味着民事审判对象的确立和范围表述，应当受到程序法则的约束；辩论原则意味着民事审判对象范围的"可以辩论"和"必须辩论"的双重性质。

除了五大基本原则之外，民事审判对象的运行还需要有一系列的附加技术条件，同民事诉讼结构中的其他层级技术要素发生作用。限于文章篇幅，下文仅从诉讼保障制度的视角来讨论民事审判对象与其他程序技术之间的牵连性关系。

就诉讼保障制度和民事审判对象的关系而言，保全制度、先予执行、执行制度揭示了民事审判对象存在的意义和发展的可能性。如果没有以上三项制度的存在，民事审判对象的前期划定讨论和后期具体审判最终都可能成为镜花水月。在判决发生效力前，任何民事审判对象范围的讨论都是限于法律层面的讨论，但程序运行的最终目的都是将其实在化、生活化：先予执行制度保证将民事审判对象范围直接地全部或者部分实物化；保全制度则是让民事审判对象范围以平行的方式实物化；执行制度则是保证民事审判对象范围从法律层面向实在层面进行转化的制度。

应当注意的是，民事审判对象范围尽管和上述三种制度关系密切，但并不是所有民事审判对象都必须紧紧地依赖于上述三种制度的存在。只有给付之诉才和这三种制度有着依赖关系。

给付之诉必然和实物或财产相关，因此存在着实物化的要求。但是在纯粹的形成之诉和确认之诉中就没有直接实物化的要求。形成和确认之诉中的民事审判对象有着自身特性，它关心的并非实物的给予，而是通过对某种法律关系的形成和确认关系，赋予未来个人行为的自由度或约束力。

人民法院为了保障诉讼程序的顺利进行，对实施妨碍民事诉讼行为的人必须采取强制性手段，即妨害民事诉讼的强制措施。这些强制性措施可以保障人民法院正常行使审判权，维护诉讼秩序，从而保证民事审判对象获得准确和顺利的审判。民事诉讼法和民事诉讼法司法解释具体列举一些诉讼参与人以及各种诉讼参加人妨碍民事诉讼行为的具体行为种类。这些行为有的可能只是影响到民事审判对象审判的顺利进行，有的影响到审判对象范围的有无，有的还影响到审判对象范围的大小或者界限。与之相对应，有各种各样的妨碍民事诉讼行为的强制措施，包括拘传、训诫、责令退出法庭、罚款和拘留等。

民事审判对象和时间发生关系，有两个面向：一个是和程序法上的时间发生关系；另一个是和非程序法上的时间发生关系。所谓程序法上的时间也就是期间，是指人民法院、当事人和其他诉讼参与人进行或完成某种诉讼行为的期限和日期，一旦该期限和日期得到或者不能得到满足，将会导致程序权利和义务的产生、变更或者消灭，从而进一步影响到当事人实体权利和义务的产生、变更和消灭。最终影响到民事审判对象本身的存在性。所谓非程序法上的时间，更多指向于自然时间的进行，这对于民事审判对象也会产生一定的影响，如当事人的合并、消亡和终止以及证据的流失等问题。

诉讼费用的缴纳和减免是民事审判对象启动的程序条件。妨碍民事诉讼行为的强制措施是民事审判对象得以顺利运行于程序中的程序空间强制条件。期间是民事审判对象得以进行的程序上的时间条件。送达是民事审判对象得以进行的程序上空间和时间衔接条件。执行、保全、先予执行等制度是民事审判对象范围实在化的程序条件。

4. 民事审判对象和程序基本理念的牵连性

(1) 民事审判对象和程序基本理念的研究上的切断

无论是在部门法还是法理学的研究中，总有一部分研究者偏好于去穷尽一些终极性的价值，但往往忽视这些终极性价值在具体细节上的贯穿和应用，甚至在讨论处理细节性、技术性问题时，把相关的终极性价值抛弃一边，全然不顾。

以民事诉讼法为例，常见的研究现象是，研究者高举程序公正和程序效率两面大旗，但是在具体问题的讨论时，会从不同的维度来论证程序公正或者程序效率和具体技术结合的必要性，没有形成真正的对话聚焦点，研讨的价值因此有所折扣。若最高的程序理念无法得以贯穿始终，民事诉讼法就有可能存在着具体技术性问题上偏离最高价值理念的危险，出现民事诉讼终极价值（程序公正与程序效率理念）在整个诉讼法体系中流失的现象。目前，中国民事诉讼法研究中，价值流失的现象并不能说非常严重，但只要在民事审判对象范围决定问题上存在价值思考的缺位或者不力，则整个民事诉讼法价值体系的严谨性和整体性就应当受到质疑。

(2) 民事审判对象和程序基本理念的研究联系的建立

在现代国家，公众对民事纠纷的解决有一个基本的要求，是得到法院及时和公正的处理。这也是民事诉讼法所坚持的程序公正和程序效率两大价值的来由。程序公正和程序效率是民事诉讼法的灵魂和价值之所在。因此，其应当也必须统领和驾驭民事诉讼中的每一个个体性技术。

在解决民事审判对象范围这一技术性问题时，也不可回避对解决该问题的方法所寄托的程序灵魂的拷问，亦即程序公正和程序效率理念是如何有效地结合并作用于民事审判对象在诉讼程序中的运动和发展。诉的变化导致民事审判对象范围的变化，不应当仅仅是一个技术问题上所进行的逻辑或经验的判断，还需要溯源到程序法的基本理念，探讨程序公正和程序效率对民事审判对象范围的根本性影响。一方面，对于民事审判对象范围的讨论，不能停留于技术层面范畴。另一方面，也应注意到，尽管程序公正和程序效率是两个无法彻底分开的问题，但是在具体处理某一个审判实务时，必然会有所侧重。例如，法官阐明权的触角必须保持在一定限度、当事人在二审中不得随意增加新的诉讼请求、对证据随时提出主义的否定等问题都是民事审判对象范围受制于程序公正理念的表现。又如，诉之合并、诉之变更与诉之分离则更多的是考虑程序的效率问题。

没有研究者会怀疑程序理念应当在民事审判对象的确定上发挥至关重要的作用，有疑问的是，程序公正与程序效率这两个价值究竟是通过什么样的中介性要素和民事审判对象范围发生联系：稳定性？一致性？接受度？逻辑性？经验？或者是其他更多更细微的中介性的价值判断？民事审判对象理论究竟应当有什么样的价值取向？或者说应当以什么样的法律理念作为引导？这在诉讼法上始终没有明确地加以确立。不同的学者在研究该问题时带有很大的个人情感体验，甚至是片面性地攫取一个价值观念。不同的价值理念相互之间的关系如何协调以及这种协调性如何体现在民事审判对象范围的确定上是一个非常令人困惑的问题。

当我们把民事审判对象放在一个更大的视域中考虑，有一些问题变得不再是问题。而另外一些问题，则变成了更大的问题。在民事审判对象范围确定方式的讨论中，有各种理念的争鸣。有研究者认为应当服从于诉讼的经济，有研究者认为应当服从于诉讼的公正[①]。实际上，这种价值道路选择的不同并不构成真正意义上的争论。[②] 它们只是一种价值取向的选择，并没有多少科学性可言。事实上，在价值选择上允许仁者见仁、智者见智的存在。所以，上述关于民事审判对象范围的问题，并不构成真正的问题。更为严谨的态度则是，让价值的判断和选择更加符合时代的潮流。但何为时代的潮流？这需要有大数据的支撑。相应的讨

[①] 传统诉讼标的理论和新诉讼标的理论就有明显不同的价值取向。在具体审判对象处理问题上，也会有蕴含不同价值带来的解决路径上的分歧，例如，一审中没有经过辩论的诉讼请求在二审中是应发回重审，一审中没有提出的诉讼请求在二审中是否能够提出等。

[②] 在处理民事审判对象范围确定方式的价值排序中也存在一定的问题，例如程序公正和程序效率。它是属于同一阶位的价值。在此之下，诸如案件的稳定性案件的真实性，一定是属于下一个阶位的价值。但是，我们在民事审判对象范围的讨论中，经常把第二阶位的价值随意地提出，这反映了价值排序的凌乱以及研究者本身在思绪上的随意性和研究的盲目性。

论不应在民事审判对象范围的确定上去寻找问题的解决钥匙，应当在如何让价值理念的判断和选择更加符合时代潮流的问题上去寻找。

从20世纪80年代初期到21世纪，全国法院受理的各类案件增加了30倍，新增的案件多数又是市场经济、社会转型和全球化背景下的新型案件、疑难案件、棘手案件。而法官人数却没有同步增加，一些法院实际办案法官人数甚至有减无增。案多人少、案件难度增加、法官心理压力沉重，必然导致审判质量下降、裁判失衡、有失公允、释法明理不清、久拖不结的超审限案件增多、上诉改判、再审改判、发回重审的案件增多，叠加起来形成了严重的负面影响。[①] 前述数字给出的法官数和律师数、案件数之间明显失衡性对比，无疑揭示了当前提高审判效率的紧迫性。于此情形，追求牵连性诉讼的一次性处理和民事审判对象范围的扩大化，无疑具有时代的合理性。

总之，要研究民事审判对象范围的确定，首先必须厘清相关争论的性质，分清哪一些争论本是不必要的、哪些争论应当允许求同存异、哪些争论只具有局部性、哪些争论似小实大，影响民事诉讼整个理念的根基，是大是大非的原则性争论。论者所讨论民事审判对象范围的界定观点究竟是不是一个真正的问题？这才是研究民事审判对象范围的最初也是最基本的态度。

没有程序理念作方向上的引导，具体的民事审判对象理论会在实践的海洋中迷失方向。即便皓首穷经，所得出来的民事审判对象确定方式也很可能只具有表面上的合理性。就目前而言，关于民事审判对象的研究，更多的还是在民事诉讼法各个知识块垒中各自为政，相关说理多限于一种表面争论，缺乏深层次的说服力。究其原因，则是相关的探讨缺乏一种理论的力量，缺乏在法律程序理念上的对接。在规则本源上，缺乏着接续。某种意义上，研究民事审判对象理论，就应当把整个审判对象理论看小，放置于整个法律体系中，放置于理念的体系中，放置于社会的体系中观察其运行的合理性和发展性。

[①] 张文显：《现代性与后现代性之间的中国司法——诉讼社会的中国法院》，《现代法学》2014年第1期，第7页。

（二）民事审判对象的不确定性

案件事实是民事审判对象的构成要素。在诉之牵连视角下，案件事实的不确定性，导致了民事审判对象的不确定性。

1. 对民事审判对象确定性的质疑

传统诉讼标的理论将诉讼标的定义为法律关系，这使得民事审判对象的确定性俨然。然而，这种概念的确定性是否合理，则值得探讨。每一个法律概念都应当回答三个问题：相关概念的法律是什么？相关概念的法律应当是什么？相关概念的法律不应当是什么？第一个问题的回答关系到该法律概念的核心内容；第二个问题的回答关系到该法律概念的模糊边缘界限；第三个问题的回答则关系到该法律概念边界之外的内容。民事审判对象概念的界定也应作如是观。如果将法律关系作为民事审判对象的核心内容，那么其不免有范围过窄的隐患。

目前为止，几乎没有一个概念可以如诉讼标的这般清晰的方式进行界定[①]。作为法律这个大类概念群中的普遍特征，其必然具有边缘的模糊性。但是何以让诉讼标的或者民事审判对象能够不具备边缘的模糊性？这就应当引起进一步的反思：要么是诉讼标的这个概念在立法技术上存在问题，要么就是诉讼标的这个概念不属于一个法律概念。答案很显然是前者。

法律中的概念可分为两类：第一类是描述性概念；第二类是规范性概念。对于描述性概念，由于是对自然或者社会客观事物的一种描述，其界限可以清晰地理解。但是对于规范性的概念，从来就没有一个清晰直观的边界。

就民事审判对象而言，哪些是人民法院必须审判的，哪些是人民法院不应该审判的，哪些又是人民法院应当纳入审判考量的因素，这些都是需要回答的问题。严格意义而言，民事审判对象是指法官在审判过程中必须考虑的对象，这里应当既包括事实问题又包括法律问题，还包括当事人的主张问题。在这里应当把审判结论和审判过程相互区分开。审判过程是指在审理过程中，无论是一审还是二审中所要涉及的各方面因

[①] 传统诉讼标的理论中的法律关系范围虽有大类、中类和小类的争议，但这不是逻辑界限不能自明导致的问题，而是研究者之间的争议所致。

素的具体处理。所谓审判结论，是指经过对各方面要素的审理和综合考虑，人民法院最后得出来的裁判主文，也就是所谓的既判力。审判过程是对对象的各种检视，审判结论则是对对象的法律处理结果。审判的执行方面，则是对审判对象最终在社会生活中的权属方式的事实性改变。

综上所述，民事审判对象应当是包括案件事实、法律关系和诉之声明诸多要素在内的集合体。法官在案件审理过程中不可能只就法律关系作为对象进行审理。所谓法律关系确定性所带来的民事审判对象的确定性，本身并不符合审判过程的实际情形。

2. 承认民事审判对象中"主张事实"概念的确立

如同人一生不可能两次踏进同一条河流，案件的真实情况具有不可完全复原的性质。既然我们已经在习惯上和司法实践中把作为判决依据的事实部分以"案件事实"进行界定，那么作为避免歧义和语境澄清的需要，就应当把案件实际发生的"历史事件"称为案件的客观事实或案件真相，而不宜以"案件事实"称之。

有学者认为，诉讼领域的"案件事实"包括以下两个方面：一是主张事实，争议事实是形成案件的基础事实，是需要证明的事实（即待证事实）；二是认定事实，认定事实是在争议事实的基础上，在真实性证明过程之后被法律最终确定的事实，这是结论意义上的案件事实。所以案件事实本身是一个过程性的概念，进入诉讼首先以诉辩双方的各自有争议的主张事实出现，经过证明，最终由法庭确认并作为裁判的依据。[①]

所谓主张事实，自是和当事人的主张密切相关。提出主张事实的概念，有助于清除诉之牵连问题中的一个重大误区：在诉讼法上，对于本诉与反诉的权利义务关系、共同诉讼人之间的权利义务关系、第三人和主诉讼当事人之间的权利义务关系，多数学者在描述上，没有注意"主张事实"和"认定事实"的区分，将两者进行混淆。以共同诉讼为例，共同诉讼人之间是否有共同的权利义务关系，这只能依据当事人之间的主张进行判断，不能由人民法院根据自身的断定来确定当事人之间是否具有共同的权利义务关系。若由人民法院事先断定，则存在着"未审先

---

① 高德胜：《关于案件事实界定》，《东北师范大学学报》（哲学社会科学版）2008年第5期，第112页。

定"的程序缺陷，难获赞同。

　　当事人的主张事实，是一种待证事实，若能获得支持，则当事人在牵连性诉讼中的法律地位（如共同诉讼人、有独立请求权第三人、反诉原告）可以获得人民法院的确认；反之，则当事人的诉讼地位可能发生变化，根据查明的结果，其可能非本案当事人，也可能是本案其他类型的当事人。因此，"主张事实"概念的确立，和当事人的诉讼地位直接相关。"主张事实"和"裁判事实"是两个截然不同的事实判断，前者是具有主观性的判断，后者是具有客观性的判断。对于案件事实的主观性近几年开始有所关注，如赵承寿先生的裁判事实（即本文所指的案件事实）理论就认为裁判事实是一种相对事实，而且具有明显的主观性，从程序法的角度看，裁判事实是经过程序法规范过滤的事实；从证据法的角度看，裁判事实是在客观事实的基础上，依据证据规则建构的事实；从规范事实的角度看，裁判事实带有明显的规范事实的特点，是依据实体法规范裁剪过的事实。①

　　当事人的"主张事实"，往往会游离于法律人的判断之外。例如，当事人对案件"全面性"认识是从非法律人角度而为观察。但是从法律人角度来看，案件的"全面性"是另外一个层次的判断，它直接和法律关系的构成要件相关。亦即，案件有关的所有诉讼资料是当事人对案件"全面性"的判断，它构成了当事人眼中案件的全部事实。但是案件与法律关系构成要件相关的诉讼材料，才是法律人所认为的"全面性"，它构成案件的基本事实。法律人眼中的案件基本事实，对不懂法的当事人而言，往往意味着案件事实的异化。许多当事人不能接受从法律解决纠纷的角度对案件事实符合诉讼目的的剪裁：首先是法律理念的剪裁；其次是实体法的剪裁；最后是程序法的剪裁。

　　当事人眼中的案件真实性和法律人眼中案件的真实性的判断标准也往往不是同一个标准。当事人认为其所亲历的事实，即真实性。法律人则认为能够获得证据支持的案件事实才具有真实性。前者以生活经历作为判断案件事实真实性的标准，后者以证据标准作为判断案件事实的真

---

① 参见赵承寿《裁判事实的概念和几个相关的认识论问题》，http://www.iolaw.org.cn/paper/paper16.asp，最后访问时间：2016年7月16日。

实性标准。除了证据标准之外，诸如逾期举证的时间因素、回避制度和法官自由裁量等人为的因素以及非法取证等取证手段因素，以及当事人及其代理人在法庭上辩论的技巧性因素等，都会影响案件的真实性判断。这些并不是当事人提起诉讼"主张事实"前所能充分预料和判断的。

当事人的"主张事实"往往是从静态的角度来看待案件事实的形成。但是案件事实的形成和发展，在案件提起诉讼前是静态的判断，在案件诉讼的过程中，其可能会出现动态的发展：事实的反复或者事实的新发展。所谓事实的反复是指案件在一审被认定之后，二审法官认为事实认定不清或者二审法官的事实认定与一审发生了明显差异。所谓事实的新发展，是指在审判过程中，当事人的状况发生了变化，或者案件的某项证据发生了变化，或者案件出现了新的证据。

对于当事人"主张事实"上存在的各种明显错误，法院可以通过阐明权的行使进行纠正，但不能"未审先定"地确定当事人的诉讼地位。总之，在诉之牵连问题上，必须依据"主张事实"而不是"裁判事实"来确定当事人的诉讼地位。

3. 承认民事审判对象中案件事实之"真"的难以触摸

承认诉之牵连，就必须承认民事审判对象之间的牵连。亦即，无论是当事人或者审判者在审判开始时对民事审判对象的认识由于牵连性的存在，可能出现不准确、不完整甚至是错位的判断。这进而影响了当事人诉讼地位的判断，随着审判的进程和证据链条的展开，"事实反复"必须被允许，当事人诉讼地位的转化也应当得到认同。例如，从无独立请求权的第三人向有独立请求权的第三人的转化，从必要共同诉讼人向普通共同诉讼人的转化，从反诉原告向第三人的转化等，都应当是可以接受的法律地位的正常变化。

司法实践中我们会发现很多具体案件的事实是有争议的、有疑问的。对于具体的案件事实而言，我们谈论真实，如同我们在大多数场景下谈论真实一样，我们不是谈论案件的真实情况或者说案件本来的事实，而是谈论我们对案件真实情况的认识。对于一个具体的案件而言，不同的人可能会有对这个案件客观情况不同的理解，当然这些理解可能大相径庭。所以对于一个确定的存在而言，我们可能有无数个关于它的认识，而我们常常把这些无数个认识当成了真实本身。因此，真实性问题说到底就是认识意义上的判断和证明问题,从这个意义上说,案件事实真实性就是一个法律语境中的关于案件事实的认识和判断问题。① 为了保证对于案件事实认识和判断的相对客观性,大陆法系采用高度盖然性的证明标准,以求适用于真伪不明情况下实体法事实的证明。②

案件事实是一种判断结论,而案件事实的形成是一个逻辑判断的过程,在这个过程中,虽然起因是真实的案件的发生,但进入命题判断的是以主张事实的提出为开始。在这个意义上说,案件事实的逻辑演进过程是:主张事实(论点)——证据(论据)——认定事实(结论)案件事实是在主张事实基础上逻辑的结论,主张事实对于主张者来说是以结论的形式出现的,但对于裁判者来说,它是以论点的形式出现的,这个逻辑过程是以裁判者的角度来分析的。③ 案件事实的真实性首先是通过事实与证据的相符得出的,案件事实与案件真相的最终相符是不能直接达到的,只能通过"证据"这个中间链条而间接证得。④ 尽管有证据作为依凭,法官对证据的采信仍然不可完全脱离自由裁量和自由心证。

证明的目的是认知主体对"真"的"相信"。因为"真"总是"相信"的真,我们不可能接受一个我们不"相信"的"真",从这个意义上说,"真的标准"一定要和认识主体对"真"的相信程度相关联。对于可以反复发生的、有规律性的事件我们可以用实验的方法去证明,但对于发生过的个别事件,对它的证明只能通过现有的能够反映事件当时某些情况的"证据"来进行。而这种证明不同于实验,它无法再现过去的事件,只能在掌握证据材料的情况下进行论证与说明,达到使我们"内心确信"的程度。⑤ 实际上,传统举证责任理论中所谓"案件事实真

---

① 朴永刚:《案件事实真实性研究》,博士学位论文,吉林大学,2006,第3页。
② 民事诉讼中的证明对象包括四个大类:实体法事实、证据事实、程序事实和经验法则。但并不是这四类事实都适合运用高度盖然性证明标准。相比之下,证据事实、程序事实和经验法则的重要性逊于实体法事实,因为证据事实认识的出错并不必然导致错判的出现,只要该证据在案中非唯一。以此类推,对于程序事实的错误认定也比不上事实认定的错误造成的损害大。对于经验法则,由于其本身带有强烈的个人能力的色彩,当事人对其证明到何种程度才能使法官形成心证无法量化,所以对其科以较高的证明标准并不现实。
③ 朴永刚:《案件事实真实性研究》,博士学位论文,吉林大学,2006,第40页。
④ 朴永刚:《案件事实真实性研究》,博士学位论文,吉林大学,2006,第36页。
⑤ 朴永刚:《案件事实真实性研究》,博士学位论文,吉林大学,2006,第26页。

伪不明"的状态,只是法官面对当事人的主张事实处于一种心理学意义上的怀疑心态。①

案件事实其实就是一种心理上确信的或者相信的事实,主张事实对于主张者来说是一种"知道"的事实,而对于裁判者来说,除了众所周知的事实外,对于具体的案件发生了什么事实,他是不知道的,主张者只能把他所知道的事实用证明的方式让裁判者去"相信",所以最后的案件事实就是裁判者"相信"的事实,这也进一步证实了案件事实是一种"主观事实"。②

朴永刚博士认为,案件事实既是人为的产物,也是制度的产物。影响和制约其真实性的因素主要有案件本身的因素、人的因素、制度因素以及其他外界因素。③(1)案件本身的因素。案件本身无法重现。我们只能通过或多或少关于该事件的现存证据来推断和进行有条件地验证,在有些证据不足的案件中,导致可能推理出的案件事实有着多种可能,而我们只能在逻辑推理的基础上,根据法律的有关规定作出一个确定的案件事实结论,这个案件事实结论的真实性就存在着很大的危险。(2)人的因素。人的因素包括人的主观因素和个性因素。人的主观因素包括人的理性、人的认识能力等因素。个性是每个人区别于他人的性格特征和气质类型。④(3)制度因素。制度因素也称作规范因素,是指案件事实形成所遵循的制度。影响案件事实真实性的制度因素主要表现为两个方面:一是表现为制度与事实的关系上二者是否相适应⑤;二是是否有关于探

---

① 喻敏:《证据学问题的语言分析》,http://www.civillaw.com.cn/weizhang/default.asp?id=12858,最后访问时间:2017年1月28日。
② 喻敏:《证据学问题的语言分析》,http://www.civillaw.com.cn/weizhang/default.asp?id=12858,最后访问时间:2017年1月28日。
③ 朴永刚:《案件事实真实性研究》,博士学位论文,吉林大学,2006,第44页。
④ 心理学研究认为人的个性具有稳定性和不稳定性的双重性,稳定性就是通常一个人的个性表现是有规律的,不稳定性就是一个人在某种外界压力和刺激的情况下个性会发生改变和异常。法官是用一个"刺激"来决定公平、正当和便利的,即对于所有当事人给予他的各个刺激等因素的综合回答。有个著名的司法判决的现实公式就是:D(判决)= S(围绕法官和案件的刺激)× P(法官的个性)。
⑤ 制度与事实的关系,或者说规范与事实的关系。按照郑永流先生的归纳,存在以下几种关系类型。(1)事实与规范关系相适应。是指对至今查明的事实有明确的规范标准可应用。(2)事实与规范关系相对适应。它意谓规范总体明确,但存在一定扩张或缩小及自由裁量的例外。(3)事实与规范关系不相适应。是指法律有规定,(转下页注)

究事实真实性相关的制度设计,主要是证据制度、程序制度、陪审制度、法官遴选制度、合议制度等。(4)其他外界因素:不当干预因素和媒体因素。

从我国的司法实践看,我们的法官在事实认定上的裁量权是非常大的,夸张一点说,英美法的法官的权力表现在造法,那么我们的法官的权力表现在"造事"。①法官的角色决定了他所认定的事实直接影响着对进入诉讼的当事人的"生杀予夺",所以在事实认定的环节上要确立一个"安全界限",避免所做的"选择"对当事人命运和重大利益产生不安全的影响。"真实的安全界限说"给我们的启发是"真实性"需要和"安全"这个价值维度进行衡量,这个衡量就是确立"真实的安全界限",这个界限就是避免侵犯人权和法律的公信力和权威性。所以,我们的法官在事实认定时一定要深思熟虑,要慎用手中的权力,因为法官的一点疏忽或不理性,都可能对当事人的命运产生重大的影响。②

上述研究者的结论告诉我们,即便是单个案件事实的"真"的判断问题上,也是困难重重。在诉之牵连视角下,必然出现多个案件事实的交叉问题,进而对当事人诉讼地位的最终确定产生诸多影响。民事诉讼法的设计者应当正视牵连性问题,实务裁判者则应当能够欣然接受当事人诉讼地位的变化问题,平静对待当事人诉讼地位"未审先定"的内心冲动。毕竟,我们要求的是理性的真实,但理性并不仅仅限于为真实性服务。因为案件事实认定体现的理性要求是一种实践理性,它不仅仅要求目标或结果的精确或者真实,而更关注一种合理,即最大限度的说服力。因此,案件事实认定上的理性要求,笔者认为是一种合理性,从这个角度说,真实性不是法律意义上的理性的唯一要求。③"未审先定"则

(接上页注⑤)但存在较大扩张或缩小及自由裁量的例外,如法律原则规定、价值评判规定、程度规定、确定性规定等。(4)事实缺乏规范标准。(5)事实与规范关系形式相适应实质不适应。即应用形式合理的法律的结果会达到不能忍受的实质不公的程度,典型为应用恶法。除了(1)外,其他情形都存在规范与事实的不适应,这些不适应导致规范无法对事实作有效的法律评价。从另一个角度,可以说规范没有真实地反映事实。参见郑永流《法律判断形成的模式》,http://law-thinker.com/show.asp?id=2175。

① 朴永刚:《案件事实真实性研究》,博士学位论文,吉林大学,2006,第103页。
② 朴永刚:《案件事实真实性研究》,博士学位论文,吉林大学,2006,第107页。
③ 朴永刚:《案件事实真实性研究》,博士学位论文,吉林大学,2006,第44页。

是出于对真实性的刻意追求走上反理性的道路。

4. 以形式合理性看待民事审判对象案件事实之"真"

诉之牵连问题对民事审判对象确定性的冲击，是案件事实自身发展在程序法上提出的要求。正视诉之牵连，并借助于法理学的资源，可以形式合理性地看待民事审判对象案件事实之"真"。

郑成良教授给出了司法公正可能具有的三种类型结构[①]：

第一种结构是客观真实性优先于合法性的制度安排，在这种安排中哲学认识论上的实事求是原则被置于至高无上的地位，要求司法过程中的一切决定和结论都必须服从客观真实性的指引。在这种结构中对真实性的服从是裁判者的首要义务，如果服从法律的指引会得出违背客观事实和客观真相的结论，就必须允许裁判者暂时放弃对法律规则的服从，以保证司法决定与客观真实的一致性。

第二种结构是客观真实性与合法性并重的制度安排，在这种安排中实事求是的认识论原则与合法性的司法原则具有同等的地位，裁判者必须使他们所作出的一切决定和结论既符合客观真实性的要求，也符合合法性的要求，司法裁判者必须做到把事实之真与法律之善完美地结合起来，这种制度安排下的司法公正是完美的司法公正。

第三种结构是合法性优先于客观真实性的制度安排。与第一种结构相反，在这里尊重客观事实、忠实于客观真相的要求并不是至高无上的。有时它们可以被有意无意地放弃，而合法性则被放在高于客观真实性的地位。当合法性成为至高无上的原则时，就意味着不允许为了使结论符合客观真实而背离法律的指引，如果在服从合法性要求与服从客观真实性要求之间必须有所取舍的话，保证结论的合法性是第一位的。这种制度安排允许裁判者作出不符合客观事实真相，但符合法律规定的裁判结论。

对于这三种制度安排，郑成良教授认为从个人行为伦理的立场上看，完美的司法公正是最理想的，客观真实性优先的司法公正是不太理想但可以接受的，而合法性优先的司法公正则是既不理想又难以接受的。从

[①] 郑成良：《法律之内的正义：一个关于司法公正的法律实证主义解读》，法律出版社，2002，第108—110页。

制度伦理的立场上看，在个案处理上真实性与合法性相互排斥的情况有时会出现，必须有所取舍，所以完美的司法公正不具有任何在制度上可操作的思想内容。客观真实性优先的司法公正要求在真实性与合法性矛盾时裁判者要作出一个违反法律但符合客观真实性的判断结论，那么在这种语境和逻辑中，公正本身就是一个脱离了法律语境和逻辑的公正。

合法性优先的司法公正是唯一与司法公正的特殊品质相符合的结构，尽管是不完美的，有时是要以牺牲个案正义为代价的，但它是与人类的理性能力和制度伦理最相匹配的司法公正，也是与现代法律制度的德性最相适应，并具有制度上可操作性的司法公正。[①]

真理有其相对性和绝对性的一面，因此，我们不能企图寻找到一个绝对真理。在民事审判对象的处理上，同理不要寄希望于有一个绝对完美的民事审判对象理论，应当是不断地向合理性的迈进。在民事审判对象的处理上，也应当注意，既要有审判对象整体的原则性把握，又要有在个案中对民事审判对象的具体处理方法以及此二者之间关系的协调。[②]

民事审判对象本身具有形式合理性和实质合理性双重价值。所谓形式合理性，是指民事审判对象的确定中的合并、分离、变更的各种公式以及审判对象自一审发展到二审乃至终审的既判力三者之间的关联性。所谓实质合理性是指民事审判对象，上面所必须承载的各种价值理念，这些价值可能包括真实性、诉讼的稳定性、诉讼的经济性等各种价值。

民事审判对象的形式合理性，必须能够使用各种公式进行表达。公式化的表达可以帮助我们解释民事审判对象产生、发展、变化中的各种必然性的逻辑路径。因为语言本身的不确定性以及人们对事实认知的不可预见性，表达民事审判对象形式合理性的公式难免会出现不周延的情

[①] 按照郑成良教授的归纳，合法性原则优先的结构的特征表现在：（1）不查明客观事实也必须作出结论，如主张事实无法查明的情况下，法律视为其不存在或作出对主张者不利的结论；（2）查明了客观事实也必须作出与之相反的结论，如根据非法证据可能查明的事实被否定；（3）虚构的事实优越于客观事实，如由于法律对事实认知能力的缺乏，所以设计了诸如推定、拟制等制度；（4）对探究事实真相加以限制，如在法律领域，由于合法性是正义的基础，所以探究事实真相必须在法律框架内合法进行。参见郑成良《法律之内的正义：一个关于司法公正的法律实证主义解读》，法律出版社，2002，第 118—122 页。

[②] 这如同罗尔斯在《正义论》中所提到的普遍正义和个体正义之间的关系。

况，甚至可能出现差错的问题。但是这并不妨碍民事审判对象范围在大多数案件中所具有的那种确定性。只是这种确定性不是一种绝对的确定性。如果一味地追求民事审判对象范围的绝对确定性，则是一种不科学的态度。相反，完全放弃在民事案件中民事审判对象范围的相对化的绝对确定性，则是一种法律虚无主义的表现，也是一种反科学的态度。在民事审判对象范围的确定上，应当注意两个事项：一方面，不允许存在逻辑上的不一致问题；另一方面，类似的案件应当得到类似处理。所谓"逻辑上的一致"，例如在既判力客观范围的界定上，通说认为既判力的客观范围是指判决主文部分。通说又认为，判决主文部分之所以能够拥有既判力，是因为当事人提出来相应的主张，这些主张在得到充分的程序攻击和防御之后被赋予了既判力。这是既判力的客观范围推导的公式。若是作逻辑上的同理推导，那些属于判决理由部分的内容，能够满足这个公式也应当能够获得既判力，而不是所谓的预决力。所谓"类似案件应当得到类似处理"，例如，在必要共同诉讼中，一部分案件按照共同诉讼处理，另外一部分案件合乎相同的原理却没有办法按照共同诉讼来进行处理，这就明显违背了民事审判对象处理方式上的形式合理性。[①]

如同实体法上法律构成要件中事实要件和结果要件之间的必然关系，案例的类型化研究可以帮助我们解释民事审判对象形式合理性与实质合理性之间的相互关系，包括主从关系以及在某些特定场合下的突破关系。这种突破，既包括分立并相容的关系，以及分立不相容的关系。案例的分析本身事关个案正义与普遍正义的协调，因此，关涉形式合理性与实质合理性二者之间的和谐。此外，案例分析还会让形式合理性的各项公式得到充分的运算和检验。

法律在一定程度上必须是一种科学。法律运行的过程必须能够用形式合理性进行表达。如果没有确定公式的存在，民事审判对象范围的确定以及既判力的出现，将成为一种不可预知的因素。民事审判对象理论在根基上将会受到破坏。

[①] 在我国《民诉法解释》规定了很多类案件按照共同诉讼进行审理，这只是一种列举式的规定。但是这些规定相互之间在逻辑上是否一致，是否类似案件得到类似的处理则需要打一个很大的问号，作形式合理性的检验。

（三）民事审判对象范围的扩大化趋势

诉之牵连中，原有看待民事审判对象范围的视野难免存在过于狭窄的弊病，需要进行革新。

1. 民事审判对象范围扩大化的阻力

就个体伦理的角度而言，每一个个体都会寄希望于追求民事审判对象的"大、全、真"三个价值，希望案件能够得到一次性的、完全的、彻底的、公平的处理。

就制度伦理而言，民事审判对象的全面性必然会受到制度的冲击。例如原初的民事纠纷范围，要经过多次的法律上的剪裁。第一次是原告方向人民法院主张的争议事实的剪裁，这是一种主观性的剪裁；第二次是原告方所主张的事实，还要受到实体法的剪裁，即受实体法中具体请求权基础构成要件的要点方面的剪裁；第三次还要受到具体的程序法方面的剪裁。例如，程序法中有证据制度、回避制度，以及其他制度的剪裁。除此之外，民事审判对象还会受到公正、效率、权利等各方面的法律理念因素的剪裁。最后，人的因素、性格、心理特征、社会风俗、媒体报道等，也会对民事审判对象产生各种各样的影响。

2. 民事审判对象范围扩大化的助力

民事审判对象范围最大化的要求也会受到各种有利因素的推动。如果我们秉持传统诉讼标的理论，强调"一案一诉""一案一个法律关系"的处理，那么在此基础之上，还会有诉讼合并，包括主观合并、客观合并，这是民事审判对象范围的第一次扩张；在诉讼标的理论的革新方面，台湾地区的民事诉讼司法明确承认以案件事实作为诉讼标的，如此可以强力清扫在诉之合并问题上的各种法律障碍。这种立法充分考虑了案件事实之间的牵连性和诉的牵连性，是对民事审判对象范围最大化的第二次扩张；近年来，又有学者提出要模仿英美法系中的强制反诉制度以及第三人引入诉讼制度，追求将相互关联的案件不断合并到同一个案件。这是对民事审判对象范围扩大的第三次浪潮。民事审判对象范围究竟在"大"的这个方向上应该走多远，这是要结合本国的具体司法情况来进行判定，并没有一个统一的答案。要言之，法官的司法能力能走多远，一国的司法资源有多丰厚，民事审判对象范围的驾驭自由空间就有多大。

为了体察时代脉搏和司法实践吻合度的具体状况，应当允许在一定的案件类型、一定地区的法院先行先试民事审判对象范围的扩大化。法哲学不断接近正义的探索历史告诉我们，不要寄希望于在民事审判对象问题上给出一个一劳永逸的解决方案，但是我们可以继续不断地向合理性迈进，不断地给出更加靠近时代和司法要求的民事审判对象理论。

3. 民事审判对象扩大化中的牵连性判断

正常情形下，审判对象的扩大化暗合当事人一次性解决纠纷的需求。但是，审判对象的扩大化会受到案件牵连性的限制。就牵连性的紧密度而言，可以分为高、中、低三种。所谓高紧密度的牵连性，是指需要达成裁判一致性需要的案件，比如必要共同诉讼和有独立请求权的第三人参加诉讼。所谓中紧密度的牵连性，是指具有审理一体性需要的各种案件，例如，本诉与反诉的牵连。所谓低紧密度的牵连性，是指各种案件之间的审判必须符合裁判的效率性，例如，普通共同诉讼、代表人诉讼属于低紧密度的牵连性。

（四）民事审判对象的可商谈性

当事人利益的牵连性和可商谈性，决定了民事审判对象的牵连性和可商谈性。所谓民事审判对象的可商谈性，包括民事审判对象中各个组成要素的商谈可能性。其中，较好理解和接受的是诉讼请求的可商谈性，难以为常规思维所接受的是案件事实的可商谈性。所谓案件事实的可商谈性，严格意义上是指当事人案件事实主张的可商谈性。案件事实本身是客观存在且不可改变的、无可动摇的过去，没有办法予以任何的主观商谈。当事人可以商谈的对象不是案件事实本身，而是关于案件事实的相互主张。

1. 当事人的选择自由是商谈的意思基础

案件事实主张的可商谈性，首先表现在案件事实主张的选择性。任何一个案件事实的发展都离不开一定的时间、地点、条件和环境。当事人起诉至法院时，要择取出一个相对的案件事实，就必须对相关的案件内容进行删减工作。

当事人对案件事实的选择，既包括实体性事实的选择，又包括程序性事实的选择。下面以实体性事实的选择为例来分析当事人在选择过程中的大致三种判断。第一个方面的选择，是对和案件没有直接相关的要素进行删减。例如，案件事实发生时的气候要素、心理要素、环境要素以及与案件本身没有非常密切关联性的前情后事等。这是一种非法律性的删减，使得案件事实的大致轮廓能够呈现在人民法院面前。第二个方面的选择，是指对案件事实作符合法律关系构成要件的选择，这就是所谓的每一个民事诉讼案件的基本事实。例如，在一个简单的人身侵权案件中，就应当对主体要件、主观过错、违法行为、损害事实及因果关系这五个方面的构成要件作符合当事人方向性主张的剪裁。第三个方面的选择，除了上述法律关系方向的剪裁之外，当事人为了取信于法官，往往还需要提出能够支撑案件基本事实的其他相关性辅助事实。例如，在侵权案件中，为了证明侵权的存在，提出随之存在的各种原因事实，例如，双方之间存在工作上的纠纷关系，或者存在各种个人恩怨。应当注意的是，引发侵权行为的各种原因事实，并不代表当事人存在主观方面的过错。[1] 关于案件事实主张中辅助性事实的剪裁，既具有事实性的一面，又具有法律性的一面。

2. 利益牵连性的功利主义计算是商谈的经济基础

我国现有民事审判案件中的高调解率，虽然不一定具有完全的真实性，但是，它反映了当事人在民事诉讼中所具有的巨大的商谈空间。也即，如果审判权不对当事人合意进行特定的限制和打压，而是有效地鼓励和激发合意的积极性，那么合意的空间远远超过我们的想象。[2]

任何一个民事诉讼的当事人都必须考量诉讼成本和实体收益之间的比例关系。当事人因利益而牵连，更因功利主义而计算，这成为当事人之间有可能达成合意的经济基础。当事人的合意是建立在理性基础上，所谓理性就是以计算为基础。现实生活中，当事人之间发生了民事纠纷，其主要目的是要实现"案结事了"，是通过纠纷的消减获得实际的利益。如果这种利益的获取在诉讼中被证明为不可能或者是交易成本过高，那么，当事人为了避免两败俱伤的可能，为了争取双赢的结果就必须考虑合意。

---

[1] 所谓过错的评判，例如，故意的评判，是指明知行为会产生危害结果，但是希望或者放任相应结果的发生。侵权的过错因此和侵权行为中的原因事实有着明显的区分。

[2] 美国的辩诉交易制度、中国的调解制度都说明当事人在案件的审理中考虑到程序成本和实体收益两者之间的比例问题。这是合意的理性基础，是合意的计算可能。在某种意义上我们可以把程序中双方当事人之间的纠纷解决看作是一种程序交易。在这样的交易中，交易成本为零的科斯定理会自然地发生相应的引导性作用。

就个体伦理而言的功利主义计算和就制度伦理而言的福利主义计算，是程序成本中不可避免要考虑的两个重要因素。在个案中，当事人的功利主义计算，有可能是物质利益，也有可能是精神利益。精神利益这一方面的考量，因为涉及主观标准不同，往往难以估算，其更多的可能是一种情感的体验或呼唤。法官在这类案件中可以用理性来说服情感，但是有可能成功，也有可能失败。精神利益纠纷类案件的合意达成可能性，概率上相对会低。在经济类案件中合意的达成空间，要远远高于在人身伤害或者精神损害的案件中达成的可能性。

从抽象的角度来考虑，当事人需要合意的案件，可以有以下四种类型：

第一种类型的案件是权利与权利的冲突。在此类案件中，如果双方当事人之间愿意考虑让步的可能性，可以从功利的角度来进行计算交易成本。如果当事人之间没有合意妥协的可能性，可以从社会福利主义的观念来核算双方之间的交易成本问题。这类案件中比较典型的包括生育权冲突等。

第二种类型的案件是义务与义务之间的冲突。例如，多个子女均推卸赡养老人义务的案件就是典型。此类案件涉及私人事务领域，所以必须先考虑功利主义的核算。只有在功利主义的核算无济于事，或者明显有失偏颇的情况下，才能够考虑社会福利主义计算方式的介入。

第三种类型的案件是权利和义务的冲突。此类案件中，权利的社会福利性明显，人民法院应当予以保护。即便如此，人民法院的保护主张也必须在尊重当事人的实体权利处分权和其功利主义计算的基础上才能得以进行。

第四种类型的案件是权利和义务混合冲突。例如，当事人均有合同履行义务的相互违约就是典型的案件。此类案件中，双方当事人之间的权利和义务量均可以抽象化为货币，然后进行加减换算以求功利主义的结果。除非相关合同有明显的有违国家利益、社会利益或者第三者的利益，否则社会福利主义的计算方式基本上没有介入的空间。

从上面四种类型案件的分析中，可以看到功利主义的计算无处不在。社会福利主义的"手"只是在维护公共利益边界的稳定性时，才能够发挥作用。这进一步体现了合意在程序处理中的极端重要性和无可替代性。

社会福利主义是一种更广视角的计算，但这并不意味着社会福利主义就一定比个人功利主义来得重要。在具体个案中，个人功利主义表现为对相应实体权利和程序权利的处分自由，社会福利主义则体现为对实体法界限以及程序法界限的捍卫。前者如涉及公共利益的案件，当事人不可随意撤诉；后者如在实体法中当事人的生命权不可随意处分。在程序个案中的个人功利主义，表现为当事人对程序权利义务在攻击和防御上的自由使用，社会福利主义表现为对程序安全这一最重要价值以及程序公正和程序效率这些程序发展性价值的保护。

除了从案件的实体性处理和程序性处理两个视角来探讨社会福利主义和个人功利主义的关系之外，还应当注意案件在程序的运行和非程序的运行中的社会福利主义和个人功利主义的关系，这是法治成本和人治成本关系的另外一种表述。就个案而言，功利主义者认为法治的处理方式不一定是最佳的方式，如有领导接访或者是"包青天"的横空出世都可能对个案带来迅速、公正的处理，但这并不符合社会福利主义的计算。如此，我们可以发现这样的一种趋势，在"程序法治地位的确立→程序的安全→程序个案的处理→实体个案的处理"这个过程中，社会福利主义计算方式的重要性逐渐趋弱，个人功利主义计算的重要性则不断增强。

无论如何，社会福利主义和个人功利主义两者之间存在着不同的分工，相得益彰、相辅相成，共同维持程序法治的稳定性。不应该将这两种视角看作是对立的东西，它们是程序生产过程中必然附随的两种价值取向。

3. 案件事实的牵连性是商谈的物质基础

程序是一个相对封闭的结构，在这个结构中，我们或是将结构描述为一种攻击防御性的内部运动，抑或是一种共同协商性的内部运动，这将会影响整个程序的操作思路和最终成果的流出质量。如果是以不合作为主流的程序的运行模式，那么"对抗与判定"就是程序最直接的二元模式表达；如果是以合作为解决纠纷的主要运动模式，那么"对抗、合作、判定"是程序的三元模式表达。

程序设计者的价值主导和思维模式将直接影响程序本身的运行方式。当事人来到法院提起诉讼，但相关矛盾往往并非诉争案件本身那么简单。经常可见的有如下三种情形。

第一种情形，当事人的诉争可能存在着各种各样表面上的纷争以及潜藏在纷争之下的纷争或者其他的利益纠葛。例如，当事人之间可能会存在着多个纷争，目前诉讼系属于法院的这个纷争的解决可能会影响到其他尚未提及诉讼的其他纷争的解决态度和解决方式。

第二种情形，当事人的纷争难以为诉讼程序所容纳。例如，当事人之间只存在一个纷争，但是这个纷争的时间发展性远远超出目前法院所能够解决的空间。诉讼终结后可能会出现各种新的纷争事实，并在原有的纷争脉络下不断地发生发展。

第三种情形，诉争的社会环境也能为诉争的解决带来各种影响。例如，当事人的纷争在法院的诉讼模式中得到彻底的解决，实现所谓的"定纷止争"。但是，当事人彼此之间是相处于熟人社会，纷争的结局自然会影响到熟人社会其他关系的稳定性和日后交往的顺利流畅度。案结事了的诉讼取向，恰恰既能治疗当事人纷争的"外伤"，又能够较好地安抚当事人为了解决纷争而形成的各种"内伤"。

程序的相对封闭性和事物本身的绝对发展性之间构成了一对不可调和的矛盾。因此，对抗主义的程序纠纷解决模式，并不是一种解决纠纷的真正科学的态度。如果以一种狭隘的视野来解决纠纷，把注意力仅仅投射到被封闭于程序中的案件，那么这种纷争解决模式，最终必然是不成功的。因为这种纷争的解决，本身往往会成为引发其他新纷争的隐患。案件在程序的"培养皿"中得到解决，但是其流毒又在程序之外产生了更多的新的纠纷，对整个程序的安全构成了巨大的威胁，使法院陷入纠纷越解决越多的可能。每个案件的解决可以采用多种视角，如有法律的视角、文化的视角、经济的视角，但是最重要的是事物自身的发展视角。如果采用一种封闭性的视角来解决，那么最终失败的命运不可避免。

前文的讨论，并非要彻底推翻程序的封闭性。程序的封闭性能够使得法官和当事人以一种较为沉静的态度看待纠纷本身。但是，程序的封闭性不应是一种绝对的封闭性，它还必须有一种开放性来调和封闭性所可能带来的种种弊端。开放性和封闭性并非绝不相容。在程序的设计上，可以考虑对程序本身的封闭性和程序主体解决纠纷的开放性态度进行协调，从而使得程序解决纠纷的作用发挥最大化效益。隐藏在当事人主观合意下的客观合作，就是程序主体的开放性的最好注解。

总之，为了解决程序相对封闭性与事物发展绝对性之间的矛盾，我们不能够采用一种封闭式的"对抗与判定"的程序操作模式，应当采取"对抗、商谈与判定"的程序操作模式。其中商谈应当成为程序运行中的最主要的行为模式。以商谈的态度来看待一个诉讼，那么在案件事实客观存在之后，原告方的案件事实主张构成对案件事实的第一次重塑。被告方的案件事实主张则构成对案件事实的第二次重塑，人民法院对案件事实的最后认定则构成对案件事实的第三次重塑。在对案件事实的三次重塑中存在着多次的协商合作的机会，人民法院或者说程序设计者不应当放弃这些重塑合作的机会。纷争解决的第一步是最小化纷争，而不是扩大化纷争。

4. 商谈是民事诉讼程序应有之义

传统民事诉讼法所强调的程序效率、程序正义和程序安全，强调的是民事诉讼公法性价值的一面。其更多的是关注程序法在公共利益或者公共领域中的有效运行。与此同时，我们不能够忽视民事诉讼中私法性的一面，也即程序自由。程序自由表现为，在程序的框架允许范围内，当事人能够以最大限度的自由来博取程序权利和实体权利。

程序自由和程序限制是两个可以分离并存的矛盾概念，正是因为有了程序自由，所以程序的每一步展开以及程序对当事人所赋予的作茧自缚式的程序限制，才具有程序的正当性。程序法本身之所以能够存在的最大理由，是程序法的存在得到了全体社会民众契约式的同意。因此，程序法的精神所在和程序化的逻辑起点，并不是程序限制而是程序自由。程序自由是程序限制的前提，程序限制是程序自由发展的逻辑结果。

程序自由的最重要表现，是对程序本身的商谈和对程序所承载实体法内容的商谈。程序对自由商谈的重视，揭示了民事诉讼法既具有公法性的一面，同时也具有私法性的一面。

5. 当事人的商谈空间和协商权的创设

（1）当事人的商谈空间

双方当事人在案件事实的重塑过程中，是处于一个既同一又斗争的关系。利益上的分歧决定双方当事人对案件事实的选择不完全一致，只能是一个求同存异的过程。

在案件事实的交互选择中，双方当事人的商谈空间表现为以下四个方面：第一，双方当事人都愿意将自己的案件事实主张向法庭陈述；第二，双方当事人都同意就陈述的案件事实中不同的部分进行争点的整理和归纳；第三，双方当事人都同意就争点的处理，遵守证据的基本规则，进行相应的证据交换；第四，双方当事人都愿意接受人民法院依据证据规则对案件事实主张的最终采信和认定。

在一些案件中还会出现一些合作性可能：当事人一方对另一方的案件事实主张进行自认。甚至是双方当事人均同意在不查明案件事实的情况下就对案件进行调解或者裁判。毕竟，民事诉讼的最终目的不是查明事实，而是解决纠纷。只要纠纷能够得到妥善的解决，事实的真相究竟如何并不重要。

(2) 协商权的创设

当事人商谈空间的存在，论证了创设一种新型的程序权利——协商权的必要性。所谓协商权，是指当事人就程序性事项和实体性事项进行协商，相应的内容在能够促进程序正义和程序效率的前提下，不应当受到审判权的制约。[①]

诉累是双向的，并非只针对原告或者被告一方，当事人均有一次性解决纷争的需要，所以程序中的协商权有其存在的空间。民事审判对象的可商谈性，首先表现为当事人的选择权；其次才是当事人的协商权。当事人之间首先应该有充分的选择空间，只有在选择空间充分的前提下才有协商的可能，并且在双方的理性趋向于一致的前提下实现利益最大化的合意。

选择是进行单方意思表示的基础，没有选择就没有单方意思表示的可能。协商是双方合意的基础，没有协商就没有合意。在程序的运行中，当事人之间的合意有四个重要的功能：第一个功能，是合意能够在具体的案件中填补实体正义和程序正义之间相互冲突时的空白地带；第二个功能，是合意能够在程序安全的基础上保障程序的发挥最大化的效率；第三个功能，是当事人之间的这种合意自由只要是在程序法的刚性界限

[①] 例如，民事审判对象范围的选择权是一种单方向的选择权利，其应当受到一审辩论终结前，这个时间节点的程序效率指标的限制。但是审判对象范围的协商权是指一种双向的选择权利，这种选择权利，可以超越与之相应的时间节点指标。因为，这种超越并不会带来程序效率的流失，只会在通常意义上使效率走向扩大化。

的空间之内，就可以对审判权构成有效的制约；第四个功能，合意能够以当事人双方之间的最大利益的公约数创造出新的程序运行方式，为程序的发展开发出新的生命力空间。

实际上，协商权已经出现在民事诉讼程序中，例如，调解的协商、普通程序转为简易程序的协商、双方当事人就争议焦点的协商等。这些类型的协商都体现了当事人在程序中的自主权。协商权来源于程序的选择权。之所以要将协商上升到程序权利层面，作为一种诉讼权利，主要理由在于可以使得当事人的正当协商能够普遍化，并能够获得程序的保护，这样的程序保护又会对法官的审判权构成一种约束。对协商权的类型化研究，将会为当事人的协商获得更多的范围和空间。在我国台湾地区的"民事诉讼法"中，允许当事人通过诉讼契约的形式来选择法官。这种让当事人合意凌驾于法官之上的做法未必值得赞同。但是，该立法中对当事人合意的高度重视程度值得借鉴。在我国现有法官人力资源较为匮乏的状态下，同意当事人对审判主体的选择进行协商，有危及程序效率的可能。

允许当事人通过合意来选择民事审判对象的范围则可以最大限度地提升程序效率。只要是在审判主体能力范围之内，当事人对民事审判对象范围的协商都应当在法律上得到允许。民事诉讼法之所以对必要共同诉讼和普通共同诉讼进行界定，其主要目的是对于诉讼中当事人最小范围的参与度和最大范围的参与度进行限制。这种限制保证一个案件的诉讼参与度，或者说案件的审判范围不至于过小或者过大，体现了人民法院的自由裁量权和当事人的选择协商权的高度统一。应当注意的是，法官对于该类案件自由裁量权的界限是在于该种诉讼审判对象范围最大值和最小值界限的裁判，但是对于最大值和最小值之间的案件内容、审判对象范围的决定权应当完完全全地交付于当事人的选择权和协商权。这需要我们进一步研究划定法官自由裁量权的不当行使空间，从而明晰当事人诉讼中民事审判对象范围在共同诉讼中的选择权和协商权的自由空间并加以保护。[①]

[①] 必要共同诉讼中，是否可以考虑允许部分共同诉讼人通过协商，将其诉讼实施权完全赋予另外一部分的共同诉讼人，从而在实际的程序操作上，让必要共同诉讼转化为普通的单一之诉。这类协商权的存在，并无碍法理，值得研究。

6. 民事审判对象可商谈性的实证分析

民事审判对象可商谈性的实证分析是一个巨大的研究主题，囿于篇幅，此处重点对案件事实主张的可商谈性进行探讨，其可行性可见之于以下几种情形。

（1）当事人之间案件事实主张协商一致可以撤诉息争

在一起诉讼中，当事人就相关案件事实主张达成解决方案而撤诉。法院认为，原、被告已就双方争议的案件事实达成一致协议，且被告已给付原告1万元货款，双方无任何纠纷，现原告的撤诉申请符合相关法律规定，本院予以支持。[①] 又如，在审理物业服务合同纠纷一案[②]中，原告因两被告不给付物业费为由起诉，又以两被告已支付物业费为由，向法院申请要求撤回起诉。此外，部分案件中，原告起诉过于仓促，以至于内心无法确定胜诉的高度盖然性，因此，提出撤诉申请。某种程度上相当于双方当事人就案件事实法律解决方案的不可行性达成了一致。例如，在原告与被告三门县交通运输局、浙江正顺建设有限公司地面施工、地下设施损害责任纠纷一案中[③]，原告以需要补充证据为由提出撤诉申请，不违反相关法律规定，法院予以准许。

（2）当事人之间就案件事实主张的"假争议、真协商"

在部分案件中，当事人的案件事实主张的真实性并不重要，诉讼请求的实现才是其诉讼目的。在一医患纠纷案件审理过程中，原告申请对被告在为其进行诊疗的过程中是否存在过错进行鉴定，被告申请对原告的伤残等级进行重新鉴定。本案在审理过程中，经人民法院主持调解，双方当事人自愿达成协议。[④]

本案反映了案件事实主张的可协商性。一是当事人可以协商就专门性问题提交鉴定，如《民事诉讼法》第76条第1款规定："当事人可以

[①] 原告禹松娥与被告芷江侗族自治县红十字会医院、杨仁主买卖合同纠纷案，湖南省怀化市芷江县人民法院民事判决书，（2015）芷民二初字第26号。

[②] 宁波经济技术开发区太平洋物业服务有限公司诉张颖等物业服务合同纠纷案，浙江省宁波市北仑区人民法院民事裁定书，（2017）浙0206民初797号。

[③] 宋益波诉三门县交通运输局等地面施工、地下设施损害责任纠纷案，浙江省三门县人民法院民事裁定书，（2016）浙1022民初4838号。

[④] 黎国顺诉宜昌市夷陵医院医疗损害责任案，湖北省宜昌市夷陵区人民法院民事裁定书，（2013）鄂夷陵民初字第01043号。

就查明事实的专门性问题向人民法院申请鉴定。当事人申请鉴定的,由双方当事人协商确定具备资格的鉴定人;协商不成的,由人民法院指定。"二是当事人之间的许多争议指向或者可能不是真正的争议,或者仅仅是达成目的的一种谈判手段。如本案最初双方都提出鉴定申请,最终都没有作出鉴定即自行解决纠纷。

(3) 案件事实的协商可以存在于诉前、诉中和诉后的全部过程

在一著作权纠纷案中,当事人事先双方合同约定对作品进行典当即质押,当事人应与对方协商并征得书面同意。后被告对涉案作品著作权进行质押和转让,均未与原告进行任何协商,违反了著作权法及双方合同的约定,该行为导致作品著作权被转让的严重后果,使共有权利人丧失了对涉案作品的控制并进而失去与涉案作品的联系,无法参与到涉案作品的发行利用以及由此的利益分享和亏损承担中来,属于未经共有权利人许可侵害其权利的行为。①

就相关合同类案件而言,合同的拟定和履行属于诉前的案件事实,必须协商而成;如果因为单方面的变更易导致诉讼纠纷,但出于合同的履行利益考虑,双方可以无视或者不追究彼此中的一些相互性违约行为,以保证合同得到根本有效的履行。在诉讼结束后,双方可能还需就一些诉讼中未能解决的枝节性问题或者是新生的问题,从长期合作伙伴的角度考虑进行协商解决。

确认人民调解协议效力是典型的诉前和诉中协商的衔接,当事人就此类案件事实发展的合意一致性,必须得到严格遵守。原告张丽芳与被告何华美请求确认人民调解协议效力一案②,体现了法院的这种常规性的处理方式。法院于 2016 年 4 月 20 日作出的 (2016) 浙 0783 民特 188 号民事裁定书,已经发生法律效力。权利人张丽芳于 2016 年 10 月 9 日向本院申请执行,本院于同日立案执行。

(4) 当事人对案件事实主张的争议即对案件事实主张的商谈

在一借款纠纷案中,原告起诉称,原、被告系朋友关系,被告因过

---

① 北京金色里程文化艺术有限公司与上海晋鑫影视发展有限公司侵害著作权纠纷申请再审案,中华人民共和国最高人民法院民事裁定书,(2015) 民申字第 131 号。
② 张丽芳诉何华美请求确认人民调解协议效力案,浙江省东阳市人民法院执行裁定书,(2016) 浙 0783 执 6366 号。

年、生病等事由缺资向原告多次借款。原告通过微信转账给被告,前后分8次共转账30000元。现经原告催讨,被告拒不归还。被告答辩称,原告曾主动通过网络联系被告,要求被告为其建设商城平台并签订书面协议,相关款项为工资和设备费用。原告主张本案款项系借款,但并无被告借款的依据。法院根据查明的事实,原告作为法定代表人的网络科技公司曾与被告合作,由原告负责沟通,被告也付出了相应的劳动,双方也曾就工资、设备采购等进行协商,故对被告提出的本案款项不是借款的抗辩,本院予以采信。该案中,原、被告双方的案件事实主张各异甚至对立,但是双方实际上贡献了一个整体性案件事实中各自有利于己的部分,随着对立各方案件事实的陈明,法院形成了对案件事实的整体轮廓和案件事实的产生、发展和消亡过程。在绝大多数反诉案件中,恰恰是本诉原告和反诉原告通过竞争性的案件事实主张共同描绘出案件事实的全貌。

在当事人就案件事实的共同描绘过程中,一方提出不符合法律构成要件的事实主张恰恰是对另一方符合要件案件事实主张的确认,形成案件事实主张的互证性判断。例如,在一离婚财产分割案[①]中,上诉人王某某调取交通警察大队车辆管理所的"机动车信息查询结果单"一份,用以证明车牌号为甘×××吉利牌小型轿车所有人为李某某,车辆登记日期为2011年1月12日,该车辆应按夫妻共同财产予以分割。被上诉人则认为其用婚前购买车辆变卖后所得款项购买的此辆小轿车,应属其婚前财产。人民法院据此查明该车辆购买于夫妻关系存续期间,属于夫妻共同财产,应当予以分割。本案中,被上诉人关于案件事实的异议性主张,恰恰证明了上诉人关于车子属于夫妻共同财产的案件事实。

在案件事实主张的协商中,双方往往是通过竞争性手段完成协商,在众多合同纠纷案中,一方提出符合合同具体条款构成要件的事实主张恰恰是对另一方不符合要件主张的确认。例如,在房屋买卖居间合同中常有的禁止"跳单"格式条款,其本意是为防止买方利用中介公司提供的房源信息却"跳"过中介公司购买房屋,从而使中介公司无法得到应

[①] 王某某与李某某离婚纠纷上诉案,甘肃省庆阳市中级人民法院民事判决书,(2014)庆中民终字第157号。

得的佣金。在相关跳单争议纠纷中，衡量买方是否"跳单"违约的关键，是看买方是否利用了该中介公司提供的房源信息、机会等条件。在某房屋中介服务纠纷案件中①，原告指责被告"跳单"，被告举证证明原产权人通过多家中介公司挂牌出售同一房屋，被告分别通过不同的中介公司了解到同一房源信息，并通过其他中介公司促成了房屋买卖合同成立。因此，法院认定被告并没有利用原告中介公司的信息，不构成违约。

本案中，严格来说双方并没有存在案件事实的争议。原告提出了双方签约的事实，被告也提出了双方签约的事实，同时还提出被告委托其他中介机构获得房屋信息并委托其为中介的事实。被告对原告事实无异议，原告对被告另行提出的其他事实也无异议，双方只是对被告是否应当承担"跳单"责任有分歧。被告方提出符合合同具体条款构成要件的事实主张，恰恰是对原告方不符合"跳单"要件主张的确认。

（5）涉精神性纠纷的案件事实处理应当注重协商

在一众多亲人为先人骨灰被私自挖走且拒不返还的案件中②，死者的家属之一未经死者的其他近亲属协商一致及同意，擅自将死者的骨灰移走，被告宣称"骨灰已经撒向太湖"，这类涉精神性纠纷的案件事实处理应当特别注重协商，否则极容易造成"案结事不了"的后果。

（6）案件事实经协商后的可转换性

尊重当事人事后形成的变更法律关系性质的一致意思表示，是贯彻合同自由原则的题中应有之意。在具体案件中就存在双方经协商一致终止借款合同关系，建立商品房买卖合同关系的情形。③ 该共同诉讼纠纷案中，生效法院裁判认为：本案争议的商品房买卖合同签订前，原被告之间确实存在借款合同关系，且为履行借款合同，双方签订了相应的商品房预售合同，并办理了预购商品房预告登记。双方将借款合同关系转变为商品房买卖合同关系，将借款本息转为已付购房款。民事法律关系

---

① 指导案例1号：上海中原物业顾问有限公司诉陶德华居间合同纠纷案（最高人民法院审判委员会讨论通过2011年12月20日发布），(2009) 虹民三（民）初字第912号民事判决。
② 薛英等诉陆颖颖其他特殊侵权案，江苏省无锡市北塘区人民法院民事判决书，(2008) 北民一初字第902号。
③ 指导案例72号：汤龙、刘新龙、马忠太、王洪刚诉新疆鄂尔多斯彦海房地产开发有限公司商品房买卖合同纠纷案（最高人民法院审判委员会讨论通过2016年12月28日发布）。

的产生、变更、消灭,除基于法律特别规定外,需要通过法律关系参与主体的意思表示一致形成。民事交易活动中,当事人意思表示发生变化并不鲜见,该意思表示的变化,除为法律特别规定所禁止外,均应予以准许。理论上,案件事实的转换,可以在诉讼前和诉讼中乃至诉讼后都存在,实践中也确实存在这样的情形。

(7) 基础案件事实的一致性

在一消费者就过期产品的十倍赔偿案件纠纷中①,双方首先必须就购买产品的第一层次案件事实达成一致,方可以在是否应当给予十倍赔偿的争点上进行第二层次的讨论。从这个意义上来说,没有基础案件事实的协商一致性,就没有进一步解决争议事实的可能性。本案中,双方对原告从被告处购买香肠这一事实不持异议。被告未提供证据证明原告购买商品是为了生产经营。原告因购买超过保质期的食品而索赔,属于行使法定权利。因此,被告认为原告"买假索赔"不是消费者的抗辩理由不能成立。

(8) 案件事实认同的高度一致性和法律评价的不一致性

当事人在案件事实不存在争议的情形下,所引发出的就是相关法律问题的争议。在成文法国家,此处的争议可分为两部分:一是行为模式的争议,即是否满足某一种或者多种法律关系;二是法律后果的争议,即若相关案件事实满足某种具体的法律关系,随之而来的法律责任的具体分担问题。就法律责任而言,无论是违约责任抑或是侵权责任还是其他法条规定的责任,都是文字性的规定,在没有具体量化的前提下,难免存在模糊的空间,这也就为争议和法官的自由裁量权留下了很大的余地。

案件事实认同的高度一致性和法律后果法律评价的不一致性的情形。在一超市购物损坏商品赔偿纠纷案中②,被上诉人在上诉人超市购物,从货架上抽取一瓶红葡萄酒时,将相邻一侧的两瓶红葡萄酒碰倒打碎。根据监控录像资料、当事人双方的陈述,涉案葡萄酒倒地毁损的原因系被上诉人所选葡萄酒瓶的防盗搭扣与相邻两瓶的防盗搭扣依次交错,以

---

① 指导案例 23 号:孙银山诉南京欧尚超市有限公司江宁店买卖合同纠纷案(最高人民法院审判委员会讨论通过 2014 年 1 月 26 日发布)。
② 悦家公司诉李萍在超市购物损坏商品赔偿纠纷案,(2014) 锡民终字第 2193 号判决。

至于抽取其中一瓶,其余两瓶在防盗搭扣作用力牵扯下倒地毁损,均不是出于商家和消费者主观故意追求的结果。此类型案件中,原告与被告之间就案件的基础性事实或者主要事实都没有争议,有争议的是该事实,必须引发的责任分配,因此,相应的争议是法律问题的争议而不是事实问题的争议。双方焦点在于究竟是超市放置葡萄酒瓶方式抑或是消费者取酒方式哪一个是葡萄酒打碎的主要和直接原因。类似的案件在实务中颇为典型①。

案件事实认同的高度一致性和行为模式法律评价的不一致性的情形。例如,在一买卖合同纠纷案中②,出现一份《情况说明函》,最后一段提出如下要求:"1. 希望贵司在收到函件之后 5 日内,立即给予我司书面回复,并将所欠货款 168000 元支付我司;2. 如贵司未如期给予我司回复,或拒绝履行付款义务,视为贵司同意以定金折抵赔偿我司因此造成的损失,我司将对设备做另行处置。"上诉人认为,因自己未按照该函件要求进行回复,包括口头或书面回复,故对方提出解除合同条件已经成就,合同解除。被上诉人认为,此函是针对上诉人迟迟不付款,不履行合同,被上诉人催促其履行合同。法院认为,《情况说明函》上述意思表示,并未表明发函方要解除合同,而是要求合同相对方及时履行合同义务,否则要承担由此带来的违约损失。因此,双方所签订的买卖合同并未解除。双方应按照合同约定继续履行各自义务。此案中,双方对《情况说明函》内容没有争议,有争议的是该行为模式的法律关系评价。

(9)以可以达成合意的结论或规则解决案件事实争议

在一关于墓地面积是否受损案件中③,原告发现自己所购买墓地旁边有新墓地在建,且认为新建墓地已侵占了所购买墓地的位置。被告认为,原告所提供的证据不能证明涉案墓地的面积少于约定面积,从原告所提交的照片可知,其所购买的墓地并没有与其他墓地相重叠。此案中,

---

① 港鑫化工公司诉江南农村商业银行确认抵押权消灭纠纷案,江苏省常州市中级人民法院民事判决书,(2015)常商终字第 0404 号;林毓东诉金浦医院房屋租赁合同纠纷案,福建省漳州市中级人民法院民事判决书,(2015)漳民终字第 1651 号。
② 爱森水暖制造(常州)有限公司与台州市和乐液压设备有限公司买卖合同纠纷上诉案,浙江省台州市中级人民法院民事判决书,(2016)浙 10 民终 2438 号。
③ 陈玉冰与广州玉德堂陵园有限公司恢复原状纠纷上诉案,广东省广州市中级人民法院民事判决书,(2015)穗中法民五终字第 3672 号。

双方通过司法鉴定和勘验解决事实争议,对司法鉴定和勘验的进行和结论的接受均是出于双方商谈合意的结果。此外,通过证据规则中的证明标准和证明责任来解决事实争议,也可以视为是合意的结果。

(10) 以不出庭方式放弃对一方案件事实主张的对抗

被告方不出庭经常性地发生在离婚纠纷和民间借贷纠纷案中①,例如,在一借贷纠纷案中,原告诉请判令被告归还原告借款10000元,并支付相应利息;并判令另一作为保证人的被告负连带责任。法院受理后,原告到庭参加诉讼,被告经合法传唤,无正当理由拒不到庭。这类案件中,一方以不出庭方式放弃对另一方案件事实主张的对抗,虽然不代表原告方所主张事实必然得到人民法院的认可,但是,被告经合法传唤,无正当理由拒不到庭,视为放弃抗辩和质证的权利。因此,案件中事实主张的争议和对抗程度无疑会大大降低,被告方在事实上对原告方的事实主张进行了消极合作。

四 诉之牵连视角下民事审判对象的审理原则

民事诉之牵连问题,仍然是属于民事诉讼法领域的一种现象,因此,民事诉讼法之基本原则,也必然适用于诉之牵连问题的处理。在此,并不否认平等、处分、辩论、调解和诚实信用等传统民事诉讼法一般性原则对处理诉之牵连问题的指导性作用,但是,本着具体问题具体分析的方法,更应当讨论的是处理诉之牵连现象的更富有针对性的具体指导原则。

诉之牵连问题的核心,是诉讼标的之牵连,具体包括分离与合并两个方向的法律运作。既往研究更多地关注于诉讼标的之独立性和实务审判中诉讼单元之分离问题,给诉讼标的之牵连性和诉讼单元审判的合并问题留下了太多的研究空白。诉之牵连程序应当荷载多元价值。诉之牵连技术的立法设定权限度,事关合法性;诉之牵连技术的司法管理权限度,事关安定性;诉之牵连技术的程序实施权限度,事关有效性。此三

---

① 周丽滨与被告王增荣、潘均深民间借贷纠纷案,台州市黄岩区人民法院民事判决书,(2016) 浙1003民初6932号。

者，分别居于诉之牵连程序的价值评估体系的上游、中游和下游之位置，应对其做好结构和功能上的妥善安排。

（一）合法性下的强制合并审理原则

诉之牵连的强制合并审理，事关形式合法性和实质合法性，应当由立法直接予以设定。

1. 诉之牵连进行强制合并审理的法理

（1）诉之牵连是客观纠纷的法律反映

所谓"诉"的表达，只是一种法律的语言，它并不是对客观纠纷的准确描述和反映。朴素的纠纷处理观念应当是，如无特殊情形，原则上纠纷有多大，法院的审理对象就有多大。如果企图用定量的标准，来回答一个民事纠纷范围之大小，那是自然科学对人文社会科学的无理侵略，最终必然无法带来确定的结果。但是，我们可以用定性的方式来界定一个民事纠纷的范围。这就涉及对诉之牵连现象之本源的认识问题。

诉之牵连，肇始于案件事实（行为）的牵连。这个过程的发展路径是：首先是客观行为的牵连；其次是主观利益的牵连；再次是实体法权利义务的牵连；最后是程序法审理判决的牵连。对这个发展路径进行浓缩和简化，可以得出一个结论：诉之牵连是客观纠纷的法律反映。

（2）客观纠纷要求法律上相匹配的处理方式

什么样的纠纷，就要求有什么样对应的法律处理方式。具有单一性的纠纷，可以采用单一之诉来加以解决；具有牵连性的纠纷，可以采用复合之诉和诉之合并的方式来加以解决；具有泛牵连性的纠纷，可以合并和分离相统一的方式来加以解决。

诉之牵连，源于案件事实（行为）的牵连性。诉的四个构成要素，实际上是对"一个"事件从四个维度展开的描述。不妨考察一下这四个维度对事件的定性能力。为了具体化，在此以简单的房屋租赁案件为例。

维度一：法律关系。从一个事件中可以延伸出多个法律关系。以某原告欲追讨房屋的案件为例，原告在起诉请求法院将房屋判归自己时，有多个法律关系选择可以用来确定诉讼标的之范围：仅以所有物返还请求权确定诉讼标的；仅以租赁物返还请求权确定诉讼标的；兼以所有物和租赁物返还请求权确定诉讼标的。

维度二：诉讼请求。从一个事件中可以延伸出多个诉讼请求。以某原告欲追讨房屋的案件为例，原告在起诉请求中，可以有返还房屋、支付租金差额、房屋损坏赔偿等多项请求。在不同的民事诉讼理论中，还需要进一步探讨诉讼请求的一次性主张或者可分性主张，以及请求的形式可否有主张形式上的选择性、替代性和顺位性变化等问题。如此，从诉讼请求来界定一个事件的企图也难以成功。

维度三：当事人。当事人具有强烈的主观能动性，一个当事人往往会涉足于不同事件，因此，从当事人的角度来定性一个事件，显然是找错了定性的工具。

维度四：案件事实。案件事实是反映一个事件的最为客观的指标，它不像法律关系（主观思维对客观事实作不同角度抽象的产物）、诉讼请求（主观诉权的多变性）、当事人（具有活跃于不同事件之间的强烈主观能动性）那样，具有主观上的多重性和可变性，因此，其最能客观反映一个纠纷事件之大小范围的维度。

案件事实（交易或事件）能成为英美法系中确定诉讼标的之单元标准，最大理由在于其客观性能吸收"对一个事件多角度的不同主观评判单位"，确保了纠纷的一次性审理。然而，即便在英美法系中，案件事实（交易或事件）之概念"颇具弹性"，[1] 难以驾驭。为此，英美法中总是不厌其烦地在"交易或事件"前使用"同一"（the same transaction, occurrence）或"系列"（series of transactions or occurrences）的限定语。这两个限定语就是对牵连性的具体表述，指明了不同案件事实之所以能成为一个"交易或事件"的判断标准。

（3）可分之诉的强制合并审理和不可分之诉的当然合并审理

诉是一种法律语言，法律语言不可避免地带有抽象思维的特征，其对具体生活事件可以进行肆意的切割，以保证研究的层次性。理性主义盛行下的大陆法系国家，对"诉"的法律表达恰恰具有这种浓厚的抽象思维特征，大多数的可分之诉往往正是这种抽象思维的逻辑结果。

例如，持有以诉之声明为诉讼标的之理论者，一个当事人在同一个事件中的不同诉讼主张，可以构成不同的诉讼标的，从而形成多个诉。

---

[1] 〔美〕理查德·D. 弗里尔：《美国民事诉讼法》，张利民等译，商务印书馆，2013，第760页。

在新诉讼标的理论下，同一个事件就有可能发生如下的单纯合并、重叠合并、竞合合并和预备合并等诉的合并形式。但是，再多的合并形式，仍然是同一个事件中请求的变化形式而已。

$$
诉之合并形态 \begin{cases} 单纯合并：(A \to C) + (B \to D) \\ 重叠合并：A+B \to C \\ 竞合合并：A 或 B \to C \\ 预备合并：先A后B \to C \end{cases}
$$

从英美法系经验主义的朴素纠纷解决观来看，一个事件中的诉讼请求、法律关系或者不同当事人，即便有再多的变化，它们也仍然属于一个事件。如果无特殊原因，就应当进行纷争的一次性解决。这也是英美法系中诉之强制合并审理的缘由。

大陆法系的理性主义主导下的成文法立法思维，也并非对生活事件的一味抽象切割，其也注意到生活中那些最强烈的、不可分的纠纷单元。如其对于必要共同诉讼概念的界定，实则是将"不可分的纠纷单元"翻译为法律上的"不可分之诉"。对于作为不可分之诉的必要共同诉讼，是当然的合并审理。

2. 诉之牵连进行强制合并审理的单元划分

在法律或者司法解释明确规定应当将多个法律关系予以合并审理的情形，法官没有其他的选择，应当服从法律或者司法解释的安排。这不但包括扩张诉讼标的范围的情形，也包括限缩诉讼标的范围的情形。前者如固有必要共同诉讼、交通肇事责任中交强险和商业险的合并审理等①，后者如在请求权竞合的情形下，人民法院应当按照当事人自主选择行使的请求权，择一确定案由，择一进行审判。② 目前法定的诉讼标的的确定办法，缺乏对案件事实和诉讼请求一以贯之的要求，有待重新检视。

要进行强制合并审理，法院审理的对象本身应当具有高度的牵连性，必须可以视为一个整体之事件。否则，"合并"无处谈起，"强制"更无从谈起。如此，可以自然地推导出这样的结论：凡诉之牵连可强制合并

---

① 参见《最高人民法院关于审理道路交通事故损害赔偿案件适用法律若干问题的解释》第 25 条。
② 参见《最高人民法院关于印发修改后的〈民事案件案由规定〉的通知》（法〔2011〕42 号）第 3 条。

审理者，多个诉必属于同一案件事实。

无论是可分之诉，还是不可分之诉，其牵连性发生的连接点，只能是四个：当事人、案件事实、法律关系和诉讼请求。如前所述，案件事实是反映一个事件的最为客观的指标，它不像法律关系（主观思维对客观事实作不同角度抽象的产物）、诉讼请求（主观诉权的多变性）、当事人（具有活跃于不同事件之间的强烈主观能动性）那样，具有主观上的多重性和可变性，因此，其是最能客观反映一个纠纷事件之大小范围的维度。

除了同一纠纷事件之外，是否对诉之牵连进行强制合并审理的单元划分还可以有其他的选择方式，例如同一当事人、同一诉讼请求、同一法律关系。从反映案件的全貌而言，"同一案件事实"是有弹性但最完整的表述，其他的选择都难免会出现以偏概全的问题。我国民事审判实务中传统诉讼标的理论解释力不足的情形已日益凸显，在判决书中可以经常性地看到一些与传统诉讼标的理论做法不符的操作，反而"与事实导向型的诉讼标的理论"更为契合。①

有论者不免担心"同一案件事实"作为纠纷解决单位的边缘模糊性。所谓的"同一案件事实"中案件事实的发生从不会依照事先写好的脚本进行，它总是在生活中处于前后连续和左右蔓延的状态。如果有哪一位民事诉讼法理论专家意欲仅仅以"同一案件事实"来精确化诉讼标的之范围，那么，他将会发现，"同一案件事实"本身似乎很难担负起这一特定化的任务。在理性主义思考传统的大脑中，要从流动的生活过程中，攫取某一个"同一案件事实"作为诉讼标的，实属不易。然而，这并不妨碍英美法系中强制合并和强制反诉等立法的执行。在我国台湾地区的立法中，也体现了以原因事实为诉讼标的之立法，台湾"民事诉讼法"第199-1条前款规定："依原告之声明及事实上之陈述，得主张数项法律关系，而其主张不明了或不完足者，审判长应晓谕其叙明或补充之。"该规定表面上类似于新诉讼标的理论的二分肢说，但实则大相径庭。依据二分肢说，原告可将包含在同一案件事实中的不同诉之声明分开起诉；依据该规定，原告经审判长阐明后，须将包含在同一案件事实

---

① 陈晓彤：《既判力理论的本土化路径》，《清华法学》2019年第4期，第144—162页。

中各法律关系下的不同诉之声明一次性起诉，这等于承认了案件事实的审判对象地位。① 该规定是以原因事实作为审判对象，实际上淡化了传统诉讼标的理论所强调的实体法请求权基础，仅将其视为法律上攻击或防御的方法，属法官可阐明的对象。②

为了防止案件事实天生的散漫性质，人民法院在酌定具体案件的诉讼标的范围时，应当注意坚持案件审理的目标导向，适当考虑将同一案件事实所包容的若干个法律关系的全部或者部分予以合并审理。此处的关键处在于对"目标—案件事实"二者之间关系的把控，笔者在另一部专著中将之称为目标管理案件事实法③。兹具体分析如下：

（1）目标管理案件事实法，强调以案件事实为确定诉讼标的内容之基本素材，以诉讼目的为基本导向，以案件的实体管理和程序管理作为诉讼标的范围调控要素的诉讼标的确定方法。

（2）所谓目标，在抽象意义上特指案件的诉讼目的（主要指实质正义），在具体意义上则指某一具有整体性的生活案件事实中所包含的所有可能法律关系项下的法律后果之请求。

（3）所谓管理，强调在诉讼标的之确定层面上，强化程序的管理。亦即，充分发挥程序效率（诉讼经济）和程序公平（诉讼安定）这两方面程序价值功能对诉讼标的确定之影响。管理中最为重要的因素是程序保障权的落实。

（4）所谓目标管理，是相对于过程管理而言。其一方面弱化传统诉讼标的理论中对实体法律关系的管理，将诉讼中相关法律关系的提起，降格为一种法律观点加以对待；另一方面强化对案件事实以诉讼目的为导向的目标管理，将具有天然模糊性的案件事实，通过内含于诸法律关系下的诉讼目的进行收束。

（5）所谓案件事实，可以是一个纠纷事件或者一系列的纠纷事件，

---

① 许士宦：《民事诉讼法修正后之诉讼标的理论》，《台大法学论丛》2005年第1期，第43页。
② 和我国最高人民法院《关于民事诉讼证据的若干规定》第35条相比较，台湾"民事诉讼法"第199—1条赋予了法官以更大的阐明权。在第35条中，法官仅就原告的错误法律关系主张进行阐明，而在第199—1条中，法官甚至可以通过阐明让原告补充其所遗漏的法律关系主张。
③ 梁开斌：《民事裁判的边界》，社会科学文献出版社，2018，第168—231页。

但这些案件事实之间的整体性关系并不依赖于案件事实来进行划分，而是以诉讼目标作为单元性的划分标准。英美法对案件事实之划分求助于经验，实则是"以事实划分事实"的重复做法，虽然诉讼标的范围可以自由延展，但难以得出明确的案件事实划分之解决方案；大陆法系的传统诉讼标的理论是"以法律关系划分事实"，虽然诉讼标的范围明确安定，但失之过窄，难以适应生活中群众的整体性一事观要求。

综上所述，将基于"同一案件事实"的牵连之诉进行强制合并审理，并不可怕。但应该恐惧的是，如果不秉持经验将"同一案件事实"作类型化的表述，则可能引起诉之牵连的泛滥，随之而来的是诉之牵连强制合并审理中因审判对象范围过于"肥大"而出现"尾大不掉"的问题。所谓的类型化总结，如本书第三章"共同诉讼的牵连性"中，依据纠纷行为的结合方式，区分出"请求权结合"、"请求权集合"、"请求权竞合"、"请求权汇合"和"请求权乌合"等各种样态，即是一种尝试。

在此笔者想重申本书第一章的重要观点：诉之所以会发生牵连，是因为在诉与诉之间以四个要素（诉讼主体、案件事实、法律关系和诉讼请求）为连接点发生了关系。诉讼请求的牵连性，属于权利义务的牵连；法律关系的牵连性，则是实体法上的地位牵连；案件事实之间的牵连性，则是一个生活上的概念判断。在考察案件的牵连性时，应当注意这三种牵连性之间的区分。研究者们不能根据连接点的多与少，或者连接点的连接重合度的大小，来判断诉与诉之间的牵连性的紧密或者松散程度。四个连接点仍然是属于牵连性中的现象性层面，隐藏在诸连接点背后的不同当事人之间的利益关系才是牵连性中的深层次问题。从牵连性的角度进行评判，诉的四个连接点中，案件事实的连接点能最大限度地还原诉与诉之间的原初关系，说明诉的"同源性"问题；诉讼请求的连接点则能最大限度地解释诉与诉之间的目的关系，是否存在"竞争性"问题。关于当事人的连接点，因为其依附于案件事实，并无多大的判断诉之牵连的独立性意义。关于法律关系的连接点，因为其有相当一部分是实体法对生活的抽象与分割，也无法准确用于判断诉之牵连问题。因此，判断诉与诉之间是否牵连的两个充分必要条件是：案件事实下的诉之同源性标准和诉讼请求下的诉之竞争性标准。这两个标准构成了判断真正意义上的诉之牵连的充分必要条件，凡是能满足此二标准的诉之牵连，均可予以强制合并审理。

凡强制合并的诉，相互之间应当既存在同源性，又存在竞争性，具体包括两种情形：一是两个诉的案件事实直接同源（同一或实质同一），且诉讼请求具有直接竞争性（诉讼请求内容同一或大部分有交集）的情形，典型如固有必要共同诉讼；二是两个诉的案件事实间接同源（不同一或不实质同一），且诉讼请求具有直接竞争性（诉讼请求内容同一或大部分有交集）的情形，典型如准必要共同诉讼。

适用该条件的诉之具体形态如表2所示。

表2　牵连之诉的强制合并审理

牵连程度	诉之同源性	诉之直接竞争性	诉之牵连的强制合并审理
强制合并下的强牵连性	案件事实直接同源（同一或实质同一），具体分为： 1. 同一案件事实、同一法律关系； 2. 同一案件事实、同一种类法律关系； 3. 同一案件事实、不同种类法律关系	诉讼请求内容同一或大部分有交集	1. 必要共同诉讼下的固有必要共同诉讼、类似必要共同诉讼*、准必要共同诉讼； 2. 第三人诉讼中原告型第三人（权利主张型）、被告型第三人（原告引入型）； 3. 强制反诉； 4. 诉讼系属下的重复诉讼； 5. 同时满足诉之同源性和诉之直接竞争性条件的其他诉讼形态
	案件事实间接同源（不同一或实质不同一），具体分为： 1. 派生性关系：A案件事实是B案件事实的基础事实； 2. 整体性关系：A和B案件事实分别属于两个主从法律关系； 3. 关联性关系：A和B案件事实分别属于两个主体间的系列交易行为之一部分	诉讼请求内容同一或大部分有交集	

*此处的类似必要共同诉讼，主要是指案件事实实质同一的情形，如原告就共同连带侵权提起的诉讼。

3. 诉之牵连进行强制合并审理的障碍

当前民事审判中，牵连之诉未能合并审理的原因有多种：

（1）强调"一诉一案"和"同一法律关系"

在传统的"一事一案"审判观念下，法官只对原告提出的诉讼主张进行单一审判，不进行整个纠纷事实的穷尽。这种审判模式能够提高个案的效率，适用简便，因此被广泛适用。对于当事人提出与该纠纷相关联的诉，要求一并审判，法官往往会嫌麻烦并简单地以"与本案不系同一法律关系"为由要求当事人另案提起诉讼。① 因此,立法滞后是一重要障碍。

(2) 体制内各种数据指标管理方式对合并审理的天然排斥

目前,各地法院,尤其是发达地区的法院,几乎是把指标体系作为法院工作水平的唯一衡量标准。合并审理与单一诉讼相比,在结案数、结案率、调解率、撤诉率、当庭裁判率、结案周期均衡度、上诉率、差错率、申诉率、上访数等一系列指标上都处于劣势,几乎可以认为,只要把这一指标体系同时适用于上述两者,普通共同诉讼的败局即毫无悬念,在这种明显的弱势境地下,普通共同诉讼显然难以获得法院领导的青睐。② 此外,办案差旅费考核多以个案为标准,使合并审理不仅得不到实惠,还会"倒贴"。

(3) 合并审理并不合乎法官的个人利益

这表现在多个方面,包括:由于法律未对关联纠纷的合并审理范围作出明确的规定,上下级法院之间的理解容易产生偏差,一审法官害怕适用后,上诉被二审法院发回重审,造成错案的风险,带来政治上的不安全。

(4) 诉讼代理人的不积极态度

诉讼代理人对牵连诉讼的合并审理主张并不积极,既有出于代理费用的考量,又有怕被法院拒绝的担忧。此外,诉讼代理人就对自身有利的单个纠纷进行处理,而就对自身不利的牵连诉讼进行回避,也是重要原因。

(二) 安定性下的裁定合并审理原则

诉之牵连的任意合并审理,事关司法程序的安定性,应当赋予司法者以自由裁量权。

前文提及,诉之同源性和诉之竞争性是牵连之诉强制合并审理的构成要件。对该两大要件的满足,意味着诉具有最高强度的牵连性。除此之外,还有其他的案型,牵连度并不如此强烈,但出于提高诉讼效率的

---

① 彭国雍:《浅析民事关联纠纷案件的合并审理兼谈提高民事诉讼效率、实现案结事了的途径》,http://blog.sina.com.cn/s/blog_7c7c790d0100x9yy.html,最后访问时间:2016年6月16日。
② 胡震远:《共同诉讼制度研究》,博士学位论文,复旦大学,2009,第120页。

要求，可以由人民法院基于司法利益之自由裁量，决定是否进行合并审理。

《最高人民法院关于印发修改后的〈民事案件案由规定〉的通知》（法〔2011〕42号）第3条第3款规定："同一诉讼中涉及两个以上的法律关系的，应当依当事人诉争的法律关系的性质确定案由，均为诉争法律关系的，则按诉争的两个以上法律关系确定并列的两个案由。"这实际上是赋予法官以酌定诉讼标的之权限。裁判实务中，凡是法律没有明文规定应当合并审理的多个性质不同的法律关系案件，均可进入酌定之范围。由于属于司法裁量的范围，其并不要求同时满足"诉之同源性"和"诉之竞争性"两个构成要件，而是满足其中的一个构成要件，甚至两个构成要件均不满足，即可成立诉之裁定合并审理。具体包括如下三种情形。

（1）不同诉讼之间案件事实直接同源，但诉讼请求之间无直接竞争性，如许多离婚诉讼中将财产分割争议和儿童抚养权争议分开进行审理。

（2）不同诉讼之间案件事实间接同源，且诉讼请求之间无直接竞争性，如涉及被告引入型第三人的诉讼。

（3）不同诉讼之间案件事实不存在间接同源，但诉讼请求之间有直接竞争性，如不同原告以不同事实和理由就某一股东会议决议的效力提起形成之诉。

在裁定合并审理中，"诉之同源性"和"诉之竞争性"分别代表不同的价值取向："诉之同源性"是提高诉讼效率的要求；"诉之竞争性"是防止裁判矛盾的需求。

适用裁定合并审理的诉之具体形态可见表3。

表3　牵连之诉的裁定合并审理

牵连程度	诉之同源性	诉之竞争性	诉之牵连的任意合并审理
裁定合并下的中度和弱度牵连性	案件事实直接同源（同一或实质同一），具体分为： 1. 同一案件事实、同一法律关系； 2. 同一案件事实、同一种类法律关系； 3. 同一案件事实、不同种类法律关系	诉讼请求内容没有或基本没有交集	

续表

牵连程度	诉之同源性	诉之竞争性	诉之牵连的任意合并审理
裁定合并下的中度和弱度牵连性	案件事实间接同源（不同一或实质不同一），具体分为： 1. 派生性关系：A 案件事实是 B 案件事实的基础事实； 2. 整体性关系：A 和 B 案件事实分别属于两个主从法律关系； 3. 关联性关系：A 和 B 案件事实分别属于两个主体间的系列交易行为之一部分	诉讼请求内容没有直接交集，但在当事人之间的整体利益上存在此消彼长的关系	1. 普通共同诉讼、类似必要共同诉讼*； 2. 第三人诉讼中原告型第三人（诈害防止型）、被告型第三人（被告引入型第三人）、辅助型第三人； 3. 任意反诉； 4. 同时满足诉之间接同源性和诉之间接竞争性条件的其他诉讼形态
	案件事实既不存在直接同源关系，也不存在间接同源关系	诉讼请求内容同一或大部分有交集	

* 此处的类似必要共同诉讼，主要是指案件事实不同一的情形，如不同原告针对股东会议决议效力提起的诉讼。

（三）有效性下的合意审理原则

诉之牵连的合意合并审理，事关诉之牵连司法程序的有效性，应当赋予当事人以一定的处分权。

在法定和裁定的民事审判对象确定办法之外，可以考虑允许当事人之间自行约定确定诉讼标的之范围。约定不得对抗法定，约定必须在酌定的范围内进行，且不存在滥用诉权和恶意诉讼等情形。允许约定，既是对当事人程序处分权的尊重，也考虑到实务中存在某些诉讼时机并未完全成熟的案件，如合同部分内容尚未达到履行期限、证据收集存在障碍、诉讼费用缴纳有一定困难等原因。当事人约定诉讼标的，实质上是允许当事人在特定条件下拆分诉讼。该制度能使那些有分阶段起诉需求的特殊案件，获得多开一道诉讼程序的正当化根据，以利于当事人程序利益和实体利益的切实保护。有效性必须是安定性前提下的有效性，故约定不能突破酌定的范围。

五 法院对当事人选择与合意的规制

（一）当事人的处分权与民事审判对象范围的决定

民事审判对象范围的界定，究竟是一个程序的设计问题还是当事人理性选择的问题？这不是一个可以简单回答的问题。

1. "程序之手"的边界

首先要借助于程序自身的独立价值来进行判断。程序有诸如参与、公开、透明、正当对话等基本要求。在某种意义上，程序对当事人诉讼活动的管理犹如国家对市场经济活动的作用。在经济活动中，国家扮演更多的角色是"看不见的手"，即扮演"守夜人"的角色。同理，"程序之手"也不应当伸得太远，只要能够给诉讼中的当事人提供一个可以进行平等攻击和防御的平台足矣。

2. 当事人处分权对民事审判对象范围的界定

在经济活动中，出于维护社会公共利益和公共秩序的需要，国家需要对各行业所提供的产品服务和交易行为制定最基本的标准。在最基本的标准之外，如果当事人双方愿意提高相应的标准，或者自愿在标准之外进行交易，则并不妨碍相应经济活动的进行。同理，在民事审判对象范围的界定中，司法部门可以提供最低限度的标准，然后当事人一方或者双方既可以选择进行一个法律关系的诉讼、多个法律关系的诉讼，又可以选择一个乃至多个案件事实或者诉讼请求的诉讼。

大陆法系持传统诉讼标的理论观点的研究者认为，民事诉讼的立法者可以规定民事审判对象的最小单元，亦即一个法律关系。但是对于多个法律关系，这种经过当事人协商之后法律关系在审判数量上的扩张，不应当有太明显的限制，除非这种扩张已经严重地违背了社会的公共利益或者是妨碍了司法机关的操作空间。[①]

因此，民事审判对象范围的界定，应当遵循两个原则：一是该民事审判对象的界定，不得有损于程序平台的维持和发展；二是在不伤害程序平台的维持和发展的前提下，应当赋予当事人以民事审判对象范围决定权的最大限度自由。这种自由又分为两种：一是在诉讼开始时给原告方最大限度的决定自由；二是在诉讼进程中，双方或者多方当事人有协

[①] 有疑问的是在公益诉讼中，民事审判对象的最小单元是否应当由代表公益的国家机关进行界定，抑或是人民法院也有权直接界定公益诉讼中民事审判对象的最小单元。从公益诉讼的三元审判结构中，可以看出已经有一方代表国家的利益或者说是公共利益，而另一方是公共利益的加害者。如果司法机关有权决定民事审判对象的具体范围，这就不自觉地陷入代表国家或者社会公共利益的这一方的具体阵营。这有违司法者的中立，也会损害三元的公益诉讼、民事诉讼结构的稳定性。

商扩大或者缩小民事审判对象范围的自由。例如，在二审中，允许当事人以调解的方式在审理过程中决定增加诉讼请求或者扩大民事审判对象范围，即意味着允许当事人直接在二审中以诉之变更或追加的合意来获得终局判决。

（二）程序安全的新威胁与民事审判对象范围的决定

传统诉讼标的理论之所以将法律关系作为诉讼标的，其目的是保证诉讼的安定性。生活中的民事纠纷在没有提及诉讼层面时，当事人之间的争辩经常会出现散漫化的问题，传统诉讼标的理论无疑是一种对症下药的做法。

在当事人不固定争点的生活纠纷处理模式下，传统诉讼标的理论提出了固定争点的一种做法，无疑固定了审判的思路和方向，提高了程序的效率。过分地沉浸于"一案一诉"，虽然会提高法官个人的办案效率，但是对整个司法体系的运作而言，是以牺牲整个司法体系的整体运行效率来提高法官的个人办案效率。对司法资源紧缺的国家而言，这种传统诉讼标的理论无疑随着时过境迁，逐渐变得不合时宜。根据有关数据的统计，20世纪80年代初期，全国法院每年受理的各类案件总量在40万件左右，到2010年全国法院一年受理的案件超过1200万件，几乎是30年前的30倍。2016年，最高人民法院受理案件22742件，审结20151件，比2015年分别上升42.3%和42.6%。[1] 律师从业人数已经突破30万人。[2] 与之相比较，法官受编制数的限制，其数量增长速度要远远低于案件和律师队伍的增长速度。"不高兴"和"想出走"的法官数量远远超出估计。

面临案多人少的情形时，当法官已经在头脑中普遍建立"一案一诉"的办案模式时，凭借固定争点来获得审判效率的做法无疑应当继续向前迈进一步，从固定争点走向尽可能扩大争点的模式。其最终目的不是实现"一案一诉"，而是"案结事了"。在立案登记制模式下，案件量再次"井喷"的今天，是时候重新思考民事审判对象的界定方式了。关

---

[1] 2017年3月12日在第十二届全国人民代表大会第五次会议上最高人民法院院长周强的《最高人民法院工作报告》。

[2] 《我国执业律师人数已突破30万》，http://www.moj.gov.cn/index/content/2017-01/10/content_6948556.htm? node=7345，最后访问时间：2017年5月6日。

于诉的主客观合并的各种模式、诉的牵连性和非牵连性的探讨,都应该严肃地摆到桌面上来思考。

(三) 民事审判对象范围的界定主体关系之协调

民事审判对象的界定主体应该是三元的,即由立法的形式来决定民事审判对象的最小单元(亦即传统诉讼标的理论)和最大单元,由当事人来决定民事审判对象范围在最小单元之上的扩张和变化,由人民法院以裁定的方式来调整不适当的民事审判对象范围。这三个主体中,立法者的地位相对超然,最需要平衡的是人民法院和当事人对民事审判对象范围的界定关系。

1. 以案件事实作为民事审判对象

在新诉讼标的理论二分肢说中,案件事实被视为可以特定诉讼标的的一个要素。而在英美法系占主导地位的民事司法实践中,则是径行将案件事实视为可以特定诉讼标的的主导要素。由于案件事实具有某种程度的"弹性",有助于我国法院在司法运作中以司法政策和价值为导向[1],灵活把握民事审判对象范围的宽窄和大小。伴随着"'当事人未主张的事实不能作为裁判的对象'已经深入人心",[2]"当事人已经主张的事实如何成为裁判的对象?"以及"法院能否就当事人未主张的事实进行释明?"这些应当是我们进一步思考的命题。

借助案件事实这个要素来特定民事审判对象之范围,可以避免用法律关系要素来特定诉讼标的时所产生的实体法上请求权竞合等纠缠不清的问题。实体法上的请求权竞合问题,实际上是人为的以法律来切割生活事实。把案件事实本身直接作为确定民事审判对象范围的因素,则避免了法律对生活的这种人为切割。如此,就传统诉讼标的理论中因诉之客观合并、诉讼系属、诉之追加以及诉之变更等诉讼技术所带来的程序不利益问题,均在不知不觉中自行消除。和法律关系、诉之声明相比较,案件事实可谓有着无与伦比的覆盖范围。案件事实既可以涵盖本案所涉多个法律关系的构成要件,又可以包含诸法律关系所指向的诉之声明。

---

[1] 卢佩:《多数人侵权纠纷之共同诉讼类型研究兼论诉讼标的之"案件事实"范围的确定》,《中外法学》2017 年第 5 期。

[2] 唐力:《从重视法院职权转向强调当事人主体地位——改革开放四十年民事审判的理念变迁》,《人民法院报》(理论周刊) 2018 年 12 月 12 日,第 5 版。

因此，和法律关系以及诉之声明相比，案件事实的覆盖范围显然最为宽广。

如若是单一之诉，则其案件事实较为明确；若是牵连之诉，则其案件事实具有牵连性，因此，必须回答什么范围内的案件事实可以作为审判对象之问题。审判对象此时应当回到前述的诉之牵连的强制和任意合并审理的思考分析中。此时的民事审判对象之确定应当包括两种确定模式：审判对象之强制性范围和审判对象之任意性范围两种模式。

2. 对当事人扩张和变化民事审判对象范围的约束

本着当事人对民事审判对象范围在最小单元之上的扩张和变化，应当受制于三个基本条件。

第一，这种扩张或者变化的模式不能够影响到程序基本安全，亦即，程序平台的基本维持利益，故应当全面加强法官在诉讼过程中的释明和指导。①

第二，如果这种扩张和变化是处于一种边缘界限，应当允许法官调整，以符合审判的目的。

第三，如果因为当事人对民事审判对象的扩张和变化方式，产生了威胁程序安全的新危险，那么，对这种危险的遏制方式应当上升为新的程序平台维持利益，成为当事人不得随意突破的硬性规定。

将程序安全的理念贯彻到民事审判对象范围的界定，则对其在时间和空间两个维度上分别有着安全限度的要求。在空间上，原则上民事审判对象范围的界定，应当以诉讼效率为指针进行扩充，但是，这种扩充也不是无条件的。无限度的扩充会使许多本没有紧密关联性的牵连之诉被捆绑在一起，无法迅速定纷止争，稳定社会秩序。在时间上，应当继续维持民事审判对象范围变动的时间节点。例如，在一审辩论终结前，可以允许当事人就诉讼范围的增加变更提出请求。如果双方当事人同意在一审辩论终结后就相关的诉讼请求范围进行变动，那么原则上不受这个时间节点的限制。此处涉及民事审判对象范围选择权和协商权的平衡。民事审判对象范围的选择权是一种单向的选择权，其应当受到"一审辩论终结"这个时间节点的限制。审判对象范围的协商权是一种双向的选

---

① 邹碧华：《要件审判九步法》，法律出版社，2010，第74页。

择权，它可以超越"一审辩论终结"这个时间节点的限制。因为这种超越并不会带来效率的流失，通常意义上只会使效率走向更大化。

3. 诉之牵连中当事人选择和合意的规制

回应型司法下程序选择法理的落实，要求立法者站在程序本位主义立场和程序利用者（即当事人）的立场来设计符合利用者需要的诉讼程序，而不能允许那些享有立法话语权、能够实质性影响立法的主体，将他们狭隘的部门利益和偏私裹进民事诉讼程序中来。① 我国目前处在从政策型司法向回应型司法的过渡期和从职权主义向当事人主义的转换期。这个过渡转换期可能是个漫长的阶段，其中一方面要求法官不能完全放弃职权主义；另一方面又不能不尊重当事人的程序选择权。如是，既要尊重诉之牵连中当事人的选择和合意，又要注重当事人选择和合意的规制。对当事人的选择和合意，应当从以下四个层次加以规制。

（1）明示选择和合意

基于处分权原则，应当既允许当事人之间就有实质牵连之诉的合并达成请求，又允许当事人就各种诉的形态相互间进行转化。例如，当有独立请求权的第三人从对主诉讼的一面参加请求转换为两面参加请求时，参加之诉则从单一之诉转化为共同诉讼。当事人之间就民事审判对象范围的明示选择和合意，不能危及程序安全。法官得依据司法利益之实际考虑，调整当事人选择的民事审判对象范围。

（2）默示选择和合意

从逻辑上溯源，当事人之间是因案件事实（行为）的牵连性导致了诉之牵连。当法官预判出现诉之牵连时，当事人对是否存在牵连性可能并不明确以至于无法确认，此时，只要相关诉讼主体未明示否认诉之牵连的可能，即认为其是同意合并审理。

（3）强制选择和合意

若符合诉之牵连的强制合并审理情形，法院可以直接认定诉讼标的之审判范围，此时，只要相关诉讼主体没有正当理由，其拒绝合并审理的意思表示就不应为法院所认可。

---

① 肖建国：《回应型司法下的程序选择与程序分类——民事诉讼程序建构与立法的理论反思》，《中国人民大学学报》2012年第4期，第7—8页。

(4) 拟制选择和合意

当无法判断是否构成诉之牵连时，法院既可追加下落不明的主体为诉讼参加人，又可将满足不同法律关系构成要件的行为合并审理。此处，之所以是"拟制"的选择和合意，是因为当事人对于已经处于诉讼系属中的诉讼一无所知，无法对是否构成诉之牵连发表意见，法院则以通知的形式，要求当事人参加诉讼。

（四）民事审判对象范围界定的具体路径

我国法官界定民事审判对象之裁判路径，时而遵守传统诉讼标的理论，时而又违背传统诉讼标的理论，但实质正义的实现是其不变的依归。这是我国民事审判对象实务的真问题。当实践对理论提出新的挑战时，理论界应正视该问题，改进相关解释论，归纳出民事审判对象界定之系统方法，解决配套的"船与桥"的问题。

1. 民事审判对象解释论的改进

（1）以逻辑解释与体系解释为导向的诉讼标的解释论

大陆法系将民事审判对象等同于诉讼标的。① 对诉讼标的的概念确定性的执着追求，导致了民事审判对象范围的僵化和教条。故此，我国法官在民事审判实务中，突破现有的诉讼标的理论来确定具体个案的民事审判对象范围，可谓屡见不鲜。现有的诉讼标的的解释论，更多的是倾向于逻辑解释与体系解释的自洽。这一解释论以"诉讼标的 = 既判力客观范围"这一等式为起点，谋求诉讼标的在诉讼系属、诉之合并、诉之变更、共同诉讼、反诉、第三人诉讼、既判力、执行异议之诉、重复起诉等各个程序阶段的逻辑高度一致性。概念法学的逻辑性，在诉讼标的的理论上被演绎得淋漓尽致。然而，重逻辑轻经验的做法多年前就受到霍姆斯（Oliver Wendell Holmes）的严肃批评，在对哈佛大学法学院院长兰德尔（C. C. Langdell）的《论合同法》的书评中，霍姆斯提出了"法律的生命不是逻辑，而是经验"这一至今仍然振聋发聩的论断。今天的许多诉讼标的的研究者，仍然在沿用兰德尔的"使用纯粹逻辑的方法来构建法

---

① 考虑到我国大量民事审判实务中的民事审判对象范围并不等同于诉讼标的的范围，故应当在事实上承认，民事审判对象概念与诉讼标的概念两者之间的不同一关系。具体案件中的诉讼标的的范围，应是根据我国承认的传统诉讼标的理论加以界定，但是，具体案件中的民事审判对象范围，则应当根据该案中实际且具体的审判对象加以界定。

律学说"。当法学研究也陷入历史的轮回时，应当高举霍姆斯的反逻辑论，打破民事诉讼法研究中内生的形式主义。

（2）以目的解释与社会解释为导向的民事审判对象解释论

以逻辑解释与体系解释为导向的诉讼标的界定方法，并非源于我国的民事审判实践，不能称之为"真正的法"。民事审判实务中审判对象范围之界定，法官所做的是否有利于减轻当事人的诉累、有利于纷争的一次性解决、有利于案件的审理操作、有利于实质正义实现等判断，是从案件审理的实际需要出发，以合理的目的对审判对象所进行的解释，侧重于审判对象之界定最终带来的案件审理的社会影响和社会效果，比较灵活。法官对审判对象之界定的办法，经常不一致，不时会有限缩或扩张方法之采用，这种变动取决于目的解释和社会解释，具有合法性和正当性。我国实务中审判对象的界定方法是法实践的产物，法律实践的发展决定了审判对象界定方法的发展。我国至今在民事诉讼法中未明确诉讼标的一词的内涵和外延，这为法官就审判对象界定之目的解释和社会解释提供了正当性空间。应当注意的是，法官实务中采取的审判对象界定方法，在一定意义上属于法官"造法"，是对法律空白的填补。当程序制定法保持沉默不能满足办案需要时，本着法官知法的原则，法官必须主动寻找适合案件的规则，填补程序制定法的空白。

2. 从结构型理论向关系型理论的转变

我国民事审判实务中，已有一套相对较为成熟的，但又与德、日等国诉讼标的理论大相径庭的民事审判对象确定办法，这是我国法官办案经验的反复磨砺，是集体智慧的结晶，应当考虑予以总结和升华。在界定主体上，有法定主体、酌定主体两种，考虑到当事人的便利性，还应当加入约定主体。

上述审判对象的三种确定主体，不具有系统性，亟须统一。既往以逻辑指导经验的诉讼标的界定方法，更注重于诉讼标的自身构成要素和法律体系的融洽性，尤其是传统诉讼标的理论对法律关系要素的借重，直接实现了诉讼标的理论和实体法的对接，是典型的结构型理论。新诉讼标的理论的一分肢说，引入诉讼请求这一要素，关注诉讼标的和当事人之间的关系，迈出了从结构型理论向关系型理论转变的第一步。一分肢说的缺陷是，在相当多案件中当事人的诉讼请求不能正确反映其诉讼目的，必须回溯案件事实才能探知当事人的真实意思表示。以案件事实和诉讼请求相结合的诉讼目的，可最大限度地显示诉讼标的和当事人之间的真实关系，故对案件事实和诉讼请求的共同借重，是实现诉讼标的结构型理论向民事审判对象关系型理论彻底转变的关键。当事人的诉讼目的反映的只是审判对象界定的第一个维度，该维度应当接受作为第二个维度的司法裁量权（前述"四个有利于"要素）的指引，并且这种指引不应当背离作为第三个维度的民事诉讼法已有规定的意旨。无论是上述哪个维度对于审判对象之同一性的判定，只能给出经验而非科学的回答。[①]

结合前述的本土经验梳理，较为妥适的立法建议是：

第×××条：

具有牵连性案件，按照下列顺序确定是否予以合并审理：法定、裁定和约定。

第×××条：

以下具有高度牵连性的案件，应当合并审理：

（1）案件事实间实质同一且诉讼请求相互间具有直接竞争性的案件；

（2）案件事实间实质同一且诉讼请求相互间具有间接竞争性的案件；

（3）案件事实相互间存在整体性、承继性、派生性或其他紧密牵连性，且诉讼请求相互间具有直接竞争性的案件。

不属于以上情形，但人民法院认为有必要者，可以裁定审判对象之范围或根据当事人双方申请认定审判对象之范围。

第×××条：

依据人民法院裁定或当事人双方申请认定审判对象之范围，不得违反本法之强制性或禁止性规定。

上述立法建议，实质上是讨论了以下八种诉之牵连类型的处理方式，囊括了诉之合并、共同诉讼、反诉、第三人诉讼和重复诉讼下的各种诉

[①] 如美国《判决法重述》（第二版）对案件事实采用的就是实际分析的方法。参见 Petro-Hunt LLC v. United States, 365 F. 3d 385. 396 (5th Cir. 2004), Houston Professional Towing Ass'n v. City of Houston. 812 F. 3d, 447 (5th Cir. 2016)。

讼样态。具体见表4。

表 4　各种诉讼样态

诉讼类型	案件事实同源性	诉讼请求竞争性	牵连性赋值	处理方式
类型一	直接同源	直接竞争	6	强制合并
类型二	间接同源	直接竞争	5	强制合并
类型三	直接同源	无竞争	4	合意合并与裁定合并的结合
类型四	间接同源	无竞争	3	合意合并与裁定合并的结合
类型五	直接同源	间接竞争	5	强制合并
类型六	间接同源	间接竞争	4	合意合并与裁定合并的结合
类型七	无同源	直接竞争	4	合意合并与裁定合并的结合
类型八	无同源	间接竞争	3	合意合并与裁定合并的结合

表4中的8种类型，可以通过赋值的方式，来确定其牵连性的紧密程度。我们可以把案件事实的直接同源性赋值为3，案件事实的间接同源性赋值为2，案件事实的无同源性赋值为1，把诉讼请求的直接竞争性赋值为3，把诉讼请求的间接竞争性赋值为2，把诉讼请求的无竞争性赋值为1。如此，我们把相关的数值相加，可以发现，诉讼类型一的赋值最高，达到6；诉讼类型二与诉讼类型五的赋值为5；其余几个类型的牵连性赋值均等于或低于4。如此，可以说明该表格对于牵连性之紧密性程度的反映较为客观，将诉讼类型一、诉讼类型二和诉讼类型五，从其他的几个诉讼类型中独立出来，采取强制合并的程序处理方式，具有一定的依据。此外，诉讼类型二与诉讼类型五，均是在案件事实和诉讼请求两个端口中，一端相对松散、另一端相对紧密的情形，松散端通过紧密端的加强而获得了强制合并的理由。如果两端都松散，则没有强制合并的依据。例如，专利的不同技术特征可以认为构成一个关联性或者整体性的事实，其被侵害应当允许分别诉讼；同理，人身伤害显示的时间往往会比较长，对侵权救济中的不同请求（人身伤害、财产损失和精神损害），也应当允许将分别诉讼作为一种常见的诉讼策略。①

---

① 卜元石：《重复诉讼禁止及其在知识产权民事纠纷中的应用——基本概念解析、重塑与案例群形成》，《法学研究》2017年第3期，第99—100页。

（五）诉之牵连合并审理的开放性态度

我国秉持大陆法系的传统理念，实务中以法律关系为民事审判对象，判案时多要求当事人以实体法为依据，提供明确的实体权利义务关系之主张。这种从实体法规范出发的思维方式，是处理诉之牵连问题的重要障碍。并非所有案件，相关的权利义务主张均清晰可定。实务中，有相当大一部分案件，其事实或原因不明，相应的行为牵连性和利益牵连性也处于不明确的状态，由此导致实体法上权利义务的不明和当事人程序法上诉讼行为牵连性的不明。对于此类案件，即便是有多年办案经验法官的"预判"，也可能出错。如若强行要求当事人提出明确的实体权利义务关系之主张，不利于诉讼效率之提高。当事人或因主张之错误而在诉讼中无功而返，或因主张之片面而需二次诉讼以资弥补。所谓程序，其最重要的价值有二：一是对恣意和任性的限制；二是分权和独立，以促进当事人选择的最大理性化。① 程序法不应当限制而是促进当事人正当诉求的实现。以传统诉讼标的理论来统御诉之牵连问题的处理，难免流于机械、片面和低效，这也正是新诉讼标的理论得以立足和蓬勃发展的原因。在诉之牵连问题上，我们应当正视当事人甚至是法院的预判与事实间的差距，以案件事实（行为）来界定审判对象，进而以不同诉之间诉讼请求的竞争性来确定诉之牵连性。民事司法对各种行为可能牵连的诉讼合并形态，应持开放态度；对行为没有牵连的各种诉讼形态，不一概否决。对诉之牵连合并审理之开放态度，既是从实际出发的司法要求，又贴合我国目前司法资源高度紧张的现状。相关逻辑论证具体可见图6。

在中国，诉讼标的之界定理论与民事审判对象之界定实践，两者之间有着明显的差异。理论与实践的脱节，并不是"国家法与民间法关系"②的难题。司法中的民事审判对象运行图景，可谓是既非法律明定，又非来自民间，但又是类似哈贝马斯大商谈理论下自生自在的秩序。自20世纪90年代国内程序正义大讨论的浪潮以来，理论界中的程序正义观几乎是一个八风不动的存在。沿着经验路径提炼的民事审判对象之

---

① 季卫东：《法律程序的意义》，《中国社会科学》1993年第1期，第5—7页。
② 邓正来：《中国法学向何处去》，商务印书馆，2011，第241页。

```
事实或原因不明
      ↓
行为牵连性不明
      ↓
利益牵连性不明
      ↓
实体法：              程序法：
权利义务牵连性不明     诉讼行为牵连性不明
      ↓
诉讼形态之开放
      ↓
  诉讼标的以案件事实
      （行为）界定
   对各种行为可能牵连的
     诉讼合并形态开放
   对行为没有牵连的各种诉讼
      形态不一概否决
```

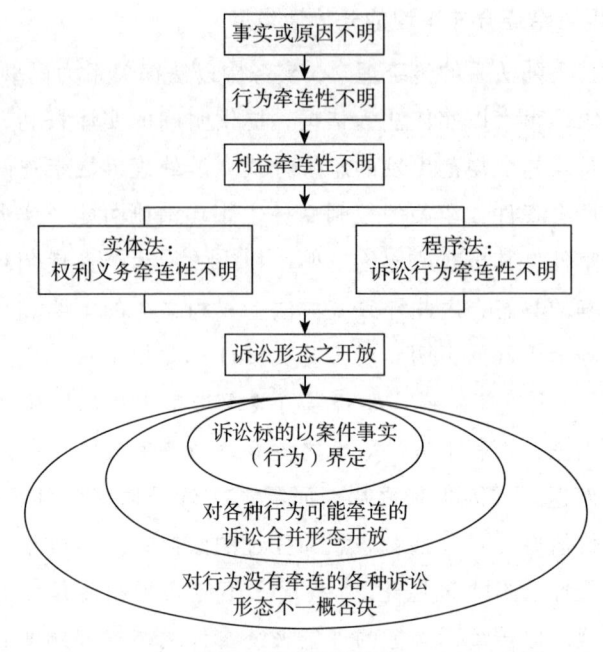

图6 相关逻辑论证

界定方法，是本土化法制土壤孕育而成的程序秩序，既高举程序保障权，又有利于导向实质正义。民事审判对象的研究和运行，俨然是两个世界的存在。法院的大门从未对研究者关闭，是概念法学的锁链束缚住了研究者的双脚。我们应当务实地打开那阻隔民事审判对象研究和运行的概念之门，了解法官的现实办案境况，承认和提炼法院中运行的那些关于审判对象的"事实之法"。

（六）民事审判对象界定方法的配套机制

对实务中民事审判对象界定方法的态度，贵在于"疏"而不在于"堵"，如此，有必要在相应的配套机制上作一些适当的改革，方能真正解决船和桥的问题。

1. 法官考核办法的改进

长期以来，法官考核办法一直是一个诟病的热点，究其原因是不能妥实地反映法官的实际工作，发挥其原有的绩效鼓励之旨意。如果以纯案件数量来进行绩效考核，那些将多个法律关系合并在一个案件进行审理的法官，无疑面临吃力不讨好的局面。为鼓励法官根据实际，有效酌定民事审判对象范围,应当考虑以法律关系或者以争点作为案件工作量的计算标准,同时,对处理不同法律关系的工作量权重予以科学界定。[①]例如,一个交通肇事责任纠纷往往需要12页以上的判决书,但其中多数是程式化的写法,其工作量较大多数的合同法律关系纠纷要低,不适合使用同样的工作量权重进行考核。此外,考虑到基层法院不饱和的律师代理率,应当适当放宽对基层法院法官错案率的考核标准。职权主义的延伸总是伴随着多做多错的尴尬,但这是一种真正司法为民的姿态,基层法院应当构建相应的容错机制予以鼓励。

2. 专业化和程序化的跟进

调研中,发现许多法官对于邹碧华的《要件审判九步法》颇为推崇,该书实际上是在现有程序法的空隙地带创设了新的审判思维程序。对于法官尤其是新手法官而言,其在诉讼标的确定和审理上,需要的正是这种"程序中的程序"。因此,就一个案件中存在着多个法律关系应当或者可以合并审理的情形,应当考虑出台积极的裁判规范指引和裁判文书格式指引。如此可以让一些深谙法律关系合并审理的法官思路更为清晰,同时让一些刚入行的法官在对相关案件的审理中有着明确的规范指引,不至于面临操作的难题,也不至于对合并审理望而却步。这实际上是对于复杂疑难案件中审判对象确定办法的裁判思维训练,将成熟的审判对象之裁判界定思维外化为可操作性培训。

3. 具有诉讼标的视角的案件移送管辖机制

实务中,有些法官将诉讼标的存在着高度牵连的不同案件采取两种方式予以解决,或是打电话给先立案的法官,沟通判决的方向;或是将手中的案件直接移送给先立案的法院,有些被移送的法院尽管颇有微词,但已经无法进行移送的逆转。类似的做法,追求实质正义的效果虽好,但过程并不好看。在法院之间管辖机制的使用上,应当更为积极开放地包容诉讼标的因素,灵活地使用移送管辖和指定管辖等制度,将诉讼标的有高度牵连性的案件移送到同一个法院进行审理。如此,可以避免裁判结果相互矛盾的情形。在法院内部分案机制的使用上,对诉讼标的存

---

① 调研中,某省法院开发的权重系统,是以案件类别、审判程序、案由和案件数量四个基本要素与其他21类变量之间发生关系,得出案件权重系数、浮动系数和校正系数。

在着紧密牵连关系的案件,应当尽可能放在同一法官手中进行审理。如此,可以方便法官酌定是否扩大案件诉讼标的之范围,将不同的法律关系合并到一个案件中进行审理。

4. 法官释明权的谨慎行使

一方面,"我国当事人本人诉讼占民事案件的绝大多数。当事人所提出的诉讼请求不适当、不适法、不具体、不充分的情形比较常见"。[①] 另一方面,"现代型诉讼中双方当事人呈现失衡的状态,传统民事诉讼所预设的诉讼双方当事人平等对抗的诉讼结构无法实现……解决路径(要求)加强法官在现代型诉讼的职权"。[②] 因此,由法官根据相应的案件事实,来裁量确定民事审判对象范围,具有一定的现实合理性。完全的当事人主义和纯粹的辩论原则,只会让诉讼成为当事人各显神通的不公平竞技;完全的职权主义又会让法官不堪重负。只有在当事人主义的基础之上,允许法官审慎行使释明权,灵活拓宽民事审判对象的范围,从而促进纠纷的一次性解决,才能杜绝梅雨式的诉讼。[③] 还应当注意的是,法官的阐明权(义务)和讨论义务应当与当事人的真实义务和诉讼促进义务相互配套,方不至于陷入无协同的孤掌难鸣。[④] 前述之民事审判对象确定规则仍然过于抽象,实务中,随着一般规则和案例指导制度的完善,我国法院释明的范围必将越来越清晰。[⑤] 民事审判对象的释明亦然。

六 本章小结

首先,分析我国理论界对于民事诉讼标的之研究,是以程序正义为

[①] 王杏飞:《对我国民事审判关系的再思考》,《中国法学》2019 年第 2 期,第 294—295 页。

[②] 肖建华:《现代型诉讼之程序保障——以 2012 年〈民事诉讼法〉修改为背景》,《比较法研究》2012 年第 5 期,第 45 页。

[③] 诉讼标的之选择,是一个因地制宜、因时制宜的过程。促进纠纷的一次性解决是大多数学者的共同目标,但如何向这个目标前进则有着不同的看法,如有的学者认为,当下只能回到传统路径(旧说),通过释明等措施尽可能减少再诉,同时要朝着采新说(甚至事件说)的方向努力。具体参见严仁群《诉讼标的之本土路径》,《法学研究》2013 年第 5 期,第 108—109 页。

[④] 刘荣军、张一博:《我国民诉法中人民法院与当事人的作用分担研究——以协同主义为视角》,《湖南社会科学》2015 年第 1 期,第 81—82 页。

[⑤] 熊跃敏:《民事诉讼中法院释明的实证分析——以释明范围为中心的考察》,《中国法学》2010 年第 5 期,第 142 页。

导向，多是探究绝对体系化或相对体系化的逻辑建构路径。"以逻辑指导经验"的诉讼标的研究进路存在司法实践解释力不足的问题，"以经验完善逻辑"的诉讼标的研究进路应当成为新的视角。

其次，分析诉之牵连对民事审判对象界定的影响。从牵连性的视角看待民事审判对象，其应当具有牵连性、不确定性和可商谈性。

再次，提出诉之牵连问题的处理原则，包括合法性下的强制合并原则、安定性下的任意合并原则和有效性下的合意合并原则。为平衡安定性和有效性，应当重视法院对当事人选择与合意的规制。在诉之牵连问题的处理技术上，对当事人的选择和合意，可分四个层次：第一层次是默示选择和合意，只要相关诉讼主体未明示否认行为之牵连，即认为其是同意合并审理；第二层次是强制选择和合意，只要相关诉讼主体没有正当理由拒绝诉之牵连，那么其拒绝合并审理的意思表示不会为法院所认可；第三层次是当是否构成行为牵连原因不明时，法院既可追加下落不明的主体为诉讼参加人，又可将满足不同法律关系构成要件的行为合并审理；第四层次是在满足当事人选择或合意前提下，应当允许各种诉的具体形态相互之间的转化。

最后，通过对大量裁判文书的分析和法官的深度访谈，可知实务界的诉讼标的确定方法，是以实质正义为导向，以程序保障权为思维底线，坚持有利于纷争的一次性解决、有利于减轻当事人的诉累、有利于案件的审理操作。实务界的诉讼标的确定方法是一种"事实之法"，案件事实的同源性和诉讼请求的竞争性是其中至关重要的两个因素。为配套该诉讼标的经验研究范式在本土化法律环境中的生发，应当注意改进法官的考核办法、建立复杂案件诉讼标的之裁判规范指引和裁判文书格式指引、构建更具有诉讼标的视角的案件移送管辖机制。

结　语

　　法治的精彩之处，是传承与创新的更迭。中国审判道路的自信，根基于审判模式适合国情的发展流变。自 1991 年到 2006 年，我国民事诉讼的现代化改革进程拉开序幕[①]，其间并未实质性地触及诉之牵连问题。至今，我国的民事诉讼制度不断走向完善成熟，但关于诉之牵连的规定，仍局限于诸如《民诉法解释》第 247 条和第 248 条这种局部性规定。2019 年公布的《全国法院民商事审判工作会议纪要》首提穿透式审判，与 2019 年新修改的《最高人民法院关于民事诉讼证据的若干规定》第 53 条[②]遥相呼应，刺破了程序的面纱，既要查明当事人的真实意思，又要探求真实的法律关系，还要认定民事行为的真实效力。司法界凡此种种的自发努力，既有精确司法的理想，也是处理纠纷的客观要求。一方面是案多人少下司法资源的稀缺性矛盾；另一方面是当事人诉累下程序效益的提升需求，均令诉之牵连问题的研究变得更为迫切。故此，为了促进纠纷的一次性解决和精准性解决，应对诉之牵连问题作系统的研究。

　　欲谈诉之牵连，必先言说行为之牵连。在行为的牵连性问题上，我国刑事诉讼法和民事诉讼法的解决路径大相径庭。刑事诉讼更加注重合案审理，原则上以牵连犯、吸收犯，或者数罪并罚的形式来处理具有复杂行为构成的案件。民事诉讼则强调分案处理，原则上让不同的法律关系分流到不同的个案。民事诉讼和刑事诉讼研究和司法进路的大相径庭，可溯源至大陆法系过分崇拜法律技术的历史发展阶段所推动的立法潮流转向，然而，时至今日，在诉之牵连问题上，民事诉讼法律技术的精细化所导致的法律范畴的僵硬性，已经对客观生活事实的审判形成了压制，

[①] 杨梦娇：《民事诉讼制度 70 载：解纷争护公正》，《人民法院报》2019 年 9 月 23 日。
[②] 第 53 条规定：诉讼过程中，当事人主张的法律关系性质或者民事行为效力与人民法院根据案件事实作出的认定不一致的，人民法院应当将法律关系性质或者民事行为效力作为焦点问题进行审理。但法律关系性质对裁判理由及结果没有影响，或者有关问题已经当事人充分辩论的除外。存在前款情形，当事人根据法庭审理情况变更诉讼请求的，人民法院应当准许并可以根据案件的具体情况重新指定举证期限。

削足适履的处理方式导致了无休无止的争鸣。与大陆法系相比较，英美法系在诉之牵连问题上有着更务实灵活的司法姿态，可资借鉴分析。

诉之牵连问题的根源，是案件事实（行为）的牵连，它进一步导致了利害关系的牵连，并影响了实体法上权利义务的牵连和程序法上诉之审理的牵连。过于强调实体法上或者程序法上的牵连关系，难免会复杂化行为牵连性问题的处理。诉之牵连的关键问题，是诉与诉之间在案件事实上的"同源性"和在诉讼请求上的"一体性"或"竞争性"。凡是诉与诉之间在诉讼请求上存在竞争性，只要竞争的内容不是种类物而是特定物，则诉与诉之间在案件事实上必然会部分同源或者完全同源。

就诉之合并而言，诉之合并有多种形态，然而，并不是每个诉之合并的类别都与诉之牵连问题相关。只有那些在诉讼请求指向上存在竞争性或者一体性的诉之合并，才构成真正意义上的诉之牵连。就共同诉讼而言，共同诉讼中的牵连问题，包括两类情形：一是普通共同诉讼类别中可分之诉的牵连；二是必要共同诉讼中不可分之诉的牵连。凡是必要共同诉讼中的不可分之诉，在案件事实上具有同源性，在诉讼请求上具有竞争性或者一体性，因此，必要共同诉讼中的牵连问题，是真正意义上的诉之牵连。就第三人诉讼而言，大多数第三人的参加之诉和主诉讼的诉讼标的存在着直接竞争关系，构成了诉之牵连。但是，原告型第三人（诈害防止型）是一种例外，其诉讼请求和主诉讼原告的诉讼请求没有交集，相互间存在的仅仅是一种间接竞争关系，出于国家司法政策的考量，将其和主诉讼合并审理，是一种拟制的诉之牵连。辅助型第三人没有独立的诉讼请求，故不存在着严格意义上的诉之牵连。就反诉而言，反诉之诉讼请求必须可以吞并或抵消本诉的诉讼请求，这个判断直接陈明了反诉与本诉之间的牵连性。合格的反诉总是因为其诉讼请求和本诉的诉讼请求存在着竞争性，所以构成了诉之牵连。就重复诉讼而言，后诉的诉讼请求实际上构成对前诉的诉讼请求的一次非法竞争，正是因为这种请求内容竞争上的牵连性，后诉与前诉发生了诉之牵连。

对诉之牵连问题的处理，既要尊重当事人的选择与合意，又要注重司法利益之考量。就民事诉讼的目的而言，其无疑具有个人性和社会性两个方面：从个人性角度而言，它一般情形下显得相对"短视"，要求的是个案实体权利的维护；从社会性角度而言，则要求法律适用的统一，因此，对于具有间接牵连性或者弱牵连性案件的一致性审理，显得愈加重要；从当事人主义（隐含着个人性）和职权主义（隐含着社会性）相互平衡的角度而言，则应当更为关注的是那些具有直接牵连性或者高度牵连性案件的合并审理。

本书通过对诉之合并、共同诉讼、第三人诉讼、反诉和重复诉讼法等诉之具体形态的分析，可以发现其中均蕴含诉之牵连现象。对这些诉之牵连现象进行个性梳理和共性总结，可以得出如下结论。

（1）诉之牵连的根本原因是诉与诉之间在案件事实上的"同源性"和诉讼请求上的"一体性"或"竞争性"。

（2）诉之牵连的逻辑发展分为三个阶段：生活案件事实的牵连性→实体法上权利义务分配的牵连性→程序法上审裁合一的牵连性。

（3）诉之牵连的程序审理应当注意三个环节的把握：在程序起点上，应当以案件事实的"同源性"和诉讼请求的"一体性"或"竞争性"作为标准，划定牵连之诉的民事审判对象范围；在程序审理过程中，充分兼顾不同诉之具体形态的具体牵连方式；在程序终点上，保证牵连之诉判决的合一性或一致性。通过该三个环节的把握，不断接近"一个事实、一个程序，一个评价"的审理目标。

（4）诉之牵连的简化方向有二：一是摆脱实体法权利义务关系对诉讼标的之限定方式，消解实体法增加诉之牵连复杂性的可能；二是对管辖、审级、程序种类、法院管理等程序利益进行重新检视和分级对待，弱化其对诉之牵连的刚性影响。

（5）诉之牵连的审理模式，应当分阶段加以改革。考虑到我国法官的数量和质量、民事案件的审理期限、法官的中立性、法官的考评制度、案多人少的司法现状，对诉之牵连的审理模式，既不适合采取完全的当事人主义审理模式，也不适合采用全方位的法官职权主义审理模式。现阶段较为妥适的办法应是在当事人主义的基础上，有效地融入职权主义的法官释明权，并对那些具有高度牵连性案件，直接通过法律规定予以合并审理。为保持法律适用的弹性，在审理模式上，可以采用诉之牵连的强制合并审理与任意合并审理并行的二元分流模式。

为便于读者阅读，绘制本书的逻辑脉络，如图1所示。

结　语

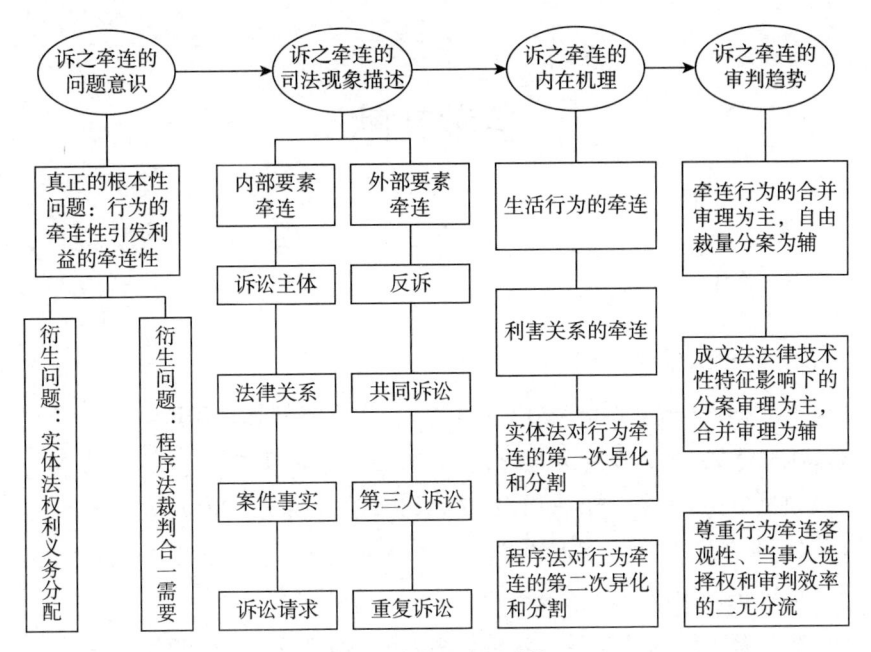

图 1　本书的逻辑脉络

总体来说，随着实体法和程序法技术的发展和精致化，诉之牵连问题的复杂化似乎将成为一种趋势。由于篇幅所限，本书在揭示诉之牵连的一般规律之余，对诉之牵连现象简化处理的探讨还有一定提升的空间。这包括但不限于：

首先，对诉之合并、共同诉讼、反诉、第三人诉讼、重复诉讼等各种诉的具体形态相互之间的差异性和牵连性进行归纳，研究各种形态在法律技术设计原理上相互间的共通性、互证性、牵连性。

其次，分析在简化诉之牵连问题中遭遇的实体法障碍，提出以法官阐明权核心的消解原则，并就例外性情形作准确描绘。

最后，分析在简化诉之牵连问题中遭遇的程序法障碍，提出以"当事人选择与合意"和"司法利益"相平衡为核心的消解原则，并就例外性情形作准确描绘。

参考文献

一、著作

（一）中文著作

[1] 张卫平：《民事诉讼法》（第二版），法律出版社，2016。

[2] 邱联恭：《争点整理方法论》，三民书局，2001。

[3] 齐树洁：《民事诉讼法》，中国人民大学出版社，2015。

[4] 《民事诉讼法学》编写组编《民事诉讼法学》（第1版），高等教育出版社，2017。

[5] 柴邦发主编《民事诉讼法学新编》，法律出版社，1992。

[6] 田平安主编《民事诉讼法学》，中国政法大学出版社，1999。

[7] 骆永家：《民事诉讼法Ⅰ》，自刊，1995。

[8] 王胜明：《中华人民共和国民事诉讼法释义（2012修正）》（第2版），法律出版社，2012。

[9] 张文显：《法理学》（第三版），法律出版社，2007。

[10] 陈荣宗、林庆苗：《民事诉讼法》，三民书局，1996。

[11] 邱联恭：《程序选择权论》，三民书局，2000。

[12] 辞海编辑委员会编《辞海》，上海辞书出版社，1980。

[13] 杨建华：《民事诉讼法问题研析（一）》，广益印书局，1996。

[14] 杨建华：《民事诉讼法问题研析（四）》，台北三民书局，1998。

[15] 杨建华：《民事诉讼法要论》，北京大学出版社，2013。

[16] 吕太郎：《民事诉讼之基本理论（一）》，中国政法大学出版社，2003。

[17] 李龙：《民事诉讼标的理论研究》，法律出版社，2003。

[18] 肖扬总主编、最高人民法院审判监督庭编《中华人民共和国最高人民法院判案大系》（审判监督卷2001年—2002年卷），人民法院出版社，2003。

[19] 苏泽林、景汉朝主编，最高人民法院立案一庭、最高人民法院立案

二庭编《立案工作指导》(2011年第3辑)(总第30辑),人民法院出版社,2012。

[20] 奚晓明主编、最高人民法院民事审判第二庭编《最高人民法院商事审判指导案例(下)》,中国法制出版社,2011。

[21] 肖建华:《民事诉讼当事人研究》,中国政法大学出版社,2002。

[22] 章武生、段厚省:《民事诉讼法学原理》,上海人民出版社,2005。

[23] 卢正敏:《共同诉讼研究》,法律出版社,2011。

[24] 王甲乙:《共同诉讼》,载陈荣宗主编《民事诉讼法论文选辑》,台湾五南图书出版公司,1984。

[25] 王甲乙、杨建华、郑健才:《民事诉讼法新论》,广益印书局,1983。

[26] 江必新主编《新民事诉讼法理解适用与实务指南》,法律出版社,2012。

[27] 王嘎利:《民事共同诉讼制度研究》,中国人民公安大学出版社,2008。

[28] 黄国昌:《民事诉讼理论之新开展》,元照出版公司,2005。

[29] 邱联恭:《程序制度机能论》,三民书局,1996。

[30] 沈冠伶:《诉讼权保障与裁判外纷争处理》,北京大学出版社,2008。

[31] 杨淑文:《民事诉讼法共笔》,自刊,2007。

[32] 吴庆宝主编《最高人民法院专家法官阐释民商裁判疑难问题(公司裁判指导卷)》,中国法制出版社,2011。

[33] 沈德咏主编、最高人民法院审判监督庭编《审判监督指导》(总第16辑),人民法院出版社,2005。

[34] 谭兵:《民事诉讼法学》,法律出版社,1997。

[35] 蒲一苇:《民事诉讼第三人制度研究》,厦门大学出版社,2009。

[36] 江伟主编《民事诉讼法专论》,中国人民大学出版社,2005。

[37] 最高人民法院民事审判第二庭编《商事审判指导》(2010年第4辑)(总第24辑),人民法院出版社,2011。

[38] 张晋红:《民事诉讼当事人研究》,陕西人民出版社,1998。

[39] 胡军辉:《民事既判力扩张问题研究》,中国人民公安大学出版社,2011。

[40] 许士宦:《新民事诉讼法》,北京大学出版社,2013。

［41］ 邱联恭：《口述民事诉讼法讲义（二）》，自刊，2006。

［42］ 邱联恭：《口述民事诉讼法讲义（三）》，自刊，2007。

［43］ 段厚省：《请求权竞合与诉讼标的研究》，吉林人民出版社，2004。

［44］ 陈计南：《民事诉讼法论》（下），三民书局，2005。

［45］ 林剑峰：《民事判决既判力客观范围研究》，厦门大学出版社，2006。

［46］ 谭兵、李浩主编《民事诉讼法学》（第二版），法律出版社，2009。

［47］ 邓辉辉：《民事诉讼既判力理论研究》，中国政法大学出版社，2014。

［48］ 邵明：《现代民事诉讼基础理论：以现代正当程序和现代诉讼观为研究视角》，法律出版社，2011。

［49］ 黄松有主编、最高人民法院民事审判第一庭编《民事诉讼证据司法解释的理解与适用》，中国法制出版社，2002。

［50］ 张卫平：《诉讼构架与程式：民事诉讼的法理分析》，清华大学出版社，2000。

［51］ 杜万华主编《最高人民法院民事诉讼司法观点全集》，人民出版社，2016。

［52］ 郑成良：《法律之内的正义：一个关于司法公正的法律实证主义解读》，法律出版社，2002。

［53］ 李浩：《民事诉讼法学》，法律出版社，2016。

（二）外文著作

［1］ Richard D. Freer, *Introduction to Civil Procedure*, Aspen Publishers, 2006.

［2］ Bas Van Bockel, *The Ne Bis in Idem Principle in EU Law*, Hague：Kluwer Law International, 2010.

［3］ Juha Raitio, *The Principle of Legal Certainty in EC Law*, Berlin：Springer, 2003.

［4］ John Anthony Jolovicz, *On Civil Procedure*, London：Cambridge University Press, 2000.

［5］ *Black's Law Dictionary*, 5th edition, West Publishing Co., 1979.

［6］ Spencer Bower, Turner and Handley, *The Doctrine of Res Judicata*, 2011.

［7］ Jannet A. Pontier, Edwige Burg, *EU Principles on Jurisdiction and Recognition and Enforcement of Judgments in Civil and Commercial Matters*, 2010.

［8］ Peter L. Murray and Rolf Sturner, *German Civil Justice*, 2004.

[9] Robert C. Casad and Kevin M. Clermont, *Res Judicata*, 2001.

(三) 译著

[1] 〔美〕理查德·D. 弗里尔：《美国民事诉讼法》，张利民等译，商务印书馆，2013。

[2] 〔日〕中村宗雄、中村英郎：《诉讼法学方法论——中村民事诉讼理论精要》，陈刚、段文波译，中国法制出版社，2009。

[3] 〔德〕卡尔·拉伦茨：《德国民法通论（上册）》，王晓晔等译，法律出版社，2003。

[4] 〔英〕J. A. 乔罗威茨：《民事诉讼程序研究》，吴泽勇译，中国政法大学出版社，2008。

[5] 《法国新民事诉讼法典》，罗结珍译，法律出版社，2008。

[6] 〔日〕高桥宏志：《民事诉讼法制度与理论的深层分析》，林剑锋译，法律出版社，2003。

[7] 〔日〕高桥宏志：《重点讲义民事诉讼法》，张卫平、许可译，法律出版社，2007。

[8] 〔德〕奥特马·尧厄尼希：《民事诉讼法》，周翠译，法律出版社，2003。

[9] 《德国民事诉讼法》，丁启明译，厦门大学出版社，2016。

[10] 〔德〕汉斯-约阿希姆·穆泽拉克：《德国民事诉讼法基础教程》，周翠译，中国政法大学出版社，2005。

[11] 《日本民事诉讼法典》，曹云吉译，厦门大学出版社，2017。

[12] 〔德〕狄特·克罗林庚：《德国民事诉讼法律与实务》，刘汉富译，法律出版社，2000。

[13] 〔苏〕阿·阿多勃罗沃里斯基等：《苏维埃民事诉讼》，李衍译，法律出版社，1985。

[14] 〔日〕三月章：《日本民事诉讼法》，汪一凡译，五南图书出版公司，1997。

[15] 〔日〕谷口安平：《程序的正义与诉讼》，王亚新、刘荣军译，中国政法大学出版社，1996。

[16] 〔德〕罗森贝克等：《德国民事诉讼法》，李大雪译，中国法制出版社，2007。

[17]〔日〕新堂幸司:《新民事诉讼法》,林剑锋译,法律出版社,2008。

二、论文

(一) 中文论文

[1] 巢志雄:《罗马法"诉"的理论及其现代发展》,博士学位论文,西南政法大学,2011。

[2] 王洪亮:《实体请求权与诉讼请求权之辨》,《法律科学(西北政法大学学报)》2009 年第 3 期。

[3] 张小虎:《论牵连犯的典型界标》,《中国刑事法杂志》2013 年第 5 期。

[4] 江伟、杨剑:《牵连诉讼中的事实认定问题》,《人民法院报》2005 年 9 月 13 日,第 B03 版。

[5] 章武生、段厚省:《必要共同诉讼的理论误区与制度重构》,《法律科学(西北政法学院院报)》2007 年第 1 期。

[6] 王轶、董文军:《论国家利益——兼论我国民法典中民事权利的边界》,《吉林大学社会科学学报》2008 年第 3 期。

[7] 张美琴:《论诉之主观的预备合并》,硕士学位论文,西南政法大学,2012。

[8] 党建军、余用才:《基于不同法律关系的多个诉讼请求能否一案审理?》,http://byxfy.chinacourt.org/public/detail.php?id=300。

[9] 彭国雍:《浅析民事关联纠纷案件的合并审理 兼谈提高民事诉讼效率、实现案结事了的途径》,http://blog.sina.com.cn/s/blog_7c7c790d0100x9yy.html。

[10] 赵承寿:《裁判事实的概念和几个相关的认识论问题》,http://www.iolaw.org.cn/paper/paper16.asp。

[11] 喻敏:《证据学问题的语言分析》,http://www.civillaw.com.cn/weizhang/default.asp?id=12858。

[12] 郑永流:《法律判断形成的模式》,http://law-thinker.com/show.asp?id=2175。

[13] 张晋红:《诉的强制合并的立法缺陷与立法完善价值研究》,《法学评论》2007 年第 4 期。

[14] 张晋红：《对反诉理论与立法完善的思考》，《法律科学（西北政法学院学报)》1995 年第 3 期。

[15] 谢泽帆：《论民事之诉的强制合并》，硕士学位论文，广东商学院，2012。

[16] 张晋红、谢泽帆：《诉的强制合并之经济价值的思考——基于诉讼成本与诉讼效益的个案分析》，《广东商学院学报》2012 年第 1 期。

[17] 胡震远：《共同诉讼制度研究》，博士学位论文，复旦大学，2009。

[18] 张永泉：《必要共同诉讼类型化及其理论基础》，《中国法学》2014 年第 1 期。

[19] 肖建华：《必要共同诉讼行为相互独立性和牵连性分析》，《平原大学学报》2000 年第 8 期。

[20] 蔡志辉：《民事诉讼第三人制度研究》，硕士学位论文，燕山大学，2009。

[21] 许晓明：《论民事诉讼第三人制度》，硕士学位论文，华中师范大学，2012。

[22] 杜承秀：《反诉类型化研究》，《广西政法管理干部学院学报》2006 年第 5 期。

[23] 占善刚：《关于二审程序中反诉问题的一点思考》，《河北法学》2000 年第 6 期。

[24] 丁宝同：《论争点效之比较法源流与本土归化》，《比较法研究》2016 年第 3 期。

[25] 冯举：《民事判决既判力主观范围研究》，硕士学位论文，中国政法大学，2007。

[26] 段文波：《预决力批判与事实性证明效展开：已决事实效力论》，《法律科学（西北政法大学学报)》2015 年第 5 期。

[27] 林剑锋：《既判力相对性原则在我国制度化的现状与障碍》，《现代法学》2016 年第 1 期。

[28] 李龙：《论民事判决的既判力》，《法律科学（西北政法大学学报)》1999 年第 4 期。

[29] 袁秀挺：《民事诉讼一事不再理原则新论》，《法治论丛》2007 年第 7 期。

［30］陈洪杰：《论"一事不再理"与"既判力"之区分》，《民事程序法研究》2008 年第 8 期。

［31］张卫平：《民事诉讼法前沿理论问题》，《国家检察官学院学报》2006 年第 10 期。

［32］梁开斌：《"案件事实说"与中国民事司法实践》，《厦门大学法律评论》2008 年第 2 期。

［33］张卫平：《重复诉讼规制研究：兼论"一事不再理"》，《中国法学》2015 年第 2 期。

［34］张晓茹：《再论诉讼担当——以担当人和被担当人在实体法和程序法上的关系为视角》，《法学杂志》2012 年第 2 期。

［35］肖建华：《诉权与实体权利主体相分离的类型化分析》，《法学评论》2002 年第 1 期。

［36］张文显：《现代性与后现代性之间的中国司法——诉讼社会的中国法院》，《现代法学》2014 年第 1 期。

［37］高德胜：《关于案件事实界定》，《东北师大学报》（哲学社会科学版）2008 年第 5 期。

［38］朴永刚：《案件事实真实性研究》，博士学位论文，吉林大学，2006。

［39］许士宦：《民事诉讼法修正后之诉讼标的理论》，《台大法学论丛》2005 年第 1 期。

［40］许士宦：《反诉之扩张》，《台大法学论丛》2002 年第 5 期。

［41］陈俊英：《预备合并之诉研究》，硕士学位论文，西南政法大学，2007。

［42］〔日〕山田正三：《准必要的共同诉讼》，《法学论丛》第 28 卷第 1 号。

［43］吴英姿：《判决效力相对性及其对外效力》，《学海》2000 年第 4 期。

（二）外文论文

［1］John McCoid, "A Single Package for Multiparty Disputes," *Stanford Law Review*, 1976 (27).

［2］Alan M. Trammell, "Transactionalism Costs," *Virginia Law Review*, 2014 (100).

［3］Arthur R. Miller, "The Preservation and Rejuvenation of Aggregate Litigation: A Systemic Imperative," *Emory Law Journal*, 2014 (64).

［4］ Kathleen M. McGinnis,"Revisiting Claim and Issue Preclusion in Washington," *Washington Law Review*, March, 2015 (90), p. 75.

［5］ Geoffrey C. Hazard Jr. ,"Civil Procedure Rules for European Courts," *Judicature*, Summer, 2016 (100).

［6］ Steve Wieland,"Don't Let the TAAB Decide Your Next Infringement Dispute," *Advocate*, May 2016 (38).

［7］ Michael D. Convay,"Narrowing the Scope of Rule 13 (A)," *University of Chicago Law Review*, Winter, 1993 (60).

三、法律文书

（一）大陆判决

［1］ 云南省祥云县人民法院民事判决书，(2017) 云 2923 民初 71 号。

［2］ 上海市第一中级人民法院民事判决书，(2010) 沪一中民四（商）终字第 2087 号。

［3］ 最高人民法院民事裁定书，(2013) 民申字第 2270 号。

［4］ 甘肃省庆阳地区中级人民法院民事判决书，(2014) 庆中民终字第 507 号。

［5］ 重庆市江北区人民法院民事判决书，(2015) 江法民初字第 04432 号。

［6］ 广东省深圳市中级人民法院民事判决书，(2014) 深中法民终字第 637 号。

［7］ 山西省晋中市中级人民法院民事判决书，(2014) 晋中法民终字第 435 号。

［8］ 甘肃省庆阳地区中级人民法院民事判决书，(2013) 庆中民终字第 513 号。

［9］ 江苏省宿迁市中级人民法院民事判决书，(2011) 宿城商初字第 0493 号、(2011) 宿中商终字第 0421 号。

［10］ 最高人民法院民事判决书，(2006) 民二终字第 70 号。

［11］ 上海市第一中级人民法院民事判决书，(2006) 沪一中民一（民）终字第 609 号。

［12］ 福建省南平市中级人民法院民事判决书，(2012) 南民终字第 250 号。

[13] 最高人民法院民事判决书,(2009) 民提字第 111 号。
[14] 最高人民法院民事判决书,(2001) 民二提字第 14 号。
[15] 最高人民法院民事判决书,(2010) 民二终字第 85 号。
[16] 最高人民法院民事裁定书,(2010) 民提字第 77 号。
[17] 最高人民法院民事裁定书,(2014) 民二终字第 86 号。
[18] 浙江省开化县人民法院民事判决书,(2016) 浙 0824 民初 2875 号。
[19] 江苏省徐州市中级人民法院民事判决书,(2016) 苏 03 民终 5799 号。
[20] 北京市朝阳区人民法院民事判决书,(2009) 朝民初字第 17147 号。
[21] 浙江省湖州市中级人民法院民事判决书,(2014) 浙湖商终字第 185 号。
[22] 最高人民法院民事判决书,(2011) 民提字第 6 号。
[23] 湖南省洪江市人民法院民事判决书,(2016) 湘 1281 民初 904 号。
[24] 重庆市江北区人民法院一审民事判决书,(2015) 江法民初字第 04432 号。
[25] 山东省聊城市中级人民法院民事判决书,(2016) 鲁 15 民初 78 号。
[26] 最高人民法院民事判决书,(2005) 民二终字第 186 号。
[27] 浙江省永嘉县人民法院民事判决书,(2017) 浙 0324 民初 760、761 号。
[28] 广东省深圳市福田区人民法院民事判决书,(2016) 粤 0304 民初 5044 号。
[29] 黑龙江省大庆市中级人民法院民事裁定书,(2017) 黑 06 民申 9 号。
[30] 河南省焦作市中级人民法院民事判决书,(2016) 豫 08 民终 2975 号。
[31] 最高人民法院民事判决书,(2014) 民三终字第 7 号。
[32] 浙江省江山市人民法院民事判决书,(2016) 浙 0811 民初 4840 号。
[33] 陕西省商洛市(地区)中级人民法院民事判决书,(2017) 陕 10 民终 10 号。
[34] 最高人民法院民事判决书,(2007) 民四终字第 28 号。
[35] 最高人民法院民事判决书,(2003) 民一终字第 46 号。
[36] 浙江省常山县人民法院民事判决书,(2016) 浙 0822 民初 1001 号。
[37] 陕西省安康市中级人民法院民事判决书,(2016) 苏 08 民终 3702 号。
[38] 河北省高碑店市人民法院民事判决书,(2015) 高民初字第 9101 号。
[39] 最高人民法院民事裁定书,(2014) 民申字第 364 号。
[40] 最高人民法院民事裁定书,(2013) 民一终字第 30 号。

[41] 最高人民法院民事裁定书，(2014) 民四终字第 29 号。
[42] 最高人民法院民事裁定书，(2013) 民二终字第 102 号。
[43] 最高人民法院民事裁定书，(2012) 民二终字第 134 号。
[44] 江西省景德镇市中级人民法院民事判决书，(2016) 赣 02 民终 573 号。
[45] 湖北省麻城市人民法院民事裁定书，(2016) 鄂 1181 民初 2262 号。
[46] 贵州省毕节市七星关区人民法院民事裁定书，(2016) 黔 0502 民初 4418 号。
[47] 黑龙江省鸡西市滴道区人民法院民事裁定书，(2014) 滴民初字第 528 号。
[48] 海南省高级人民法院民事裁定书，(2016) 琼民申 1162 号。
[49] 浙江省嵊州市人民法院民事判决书，(2016) 浙 0683 民初 2159 号。
[50] 湖北省高级人民法院民事裁定书，(2016) 鄂民再 342 号。
[51] 最高人民法院民事裁定书，(2012) 民一终字第 130 号。
[52] 最高人民法院民事裁定书，(2013) 民一终字第 9 号。
[53] 河南省唐河县人民法院民事判决书，(2016) 豫 1328 民初 1790 号。
[54] 最高人民法院民事裁定书，(2014) 民申字第 2051 号。
[55] 江西省新余市中级人民法院民事判决书，(2015) 余民二终字第 137 号。
[56] 最高人民法院民事判决书，(2012) 民提字第 25 号。
[57] 最高人民法院民事裁定书，(2014) 民二终字第 139 号。
[58] 最高人民法院民事裁定书，(2013) 民申字第 288 号。
[59] 湖南省永州市中级人民法院民事判决书，(2016) 湘 11 民终 2068 号。
[60] 一审：北京市朝阳区人民法院民事判决书，(2006) 朝民初字第 10487 号。二审：北京市第二中级人民法院民事判决书，(2006) 二中民终字第 16211 号。
[61] 最高人民法院民事裁定书，(2012) 民申字第 1001 号。
[62] 最高人民法院民事判决书，(2009) 民提字第 111 号。
[63] 湖南省平江县人民法院民事判决书，(2016) 湘 0626 民初 2421 号。
[64] 山东省沂南县人民法院执行裁定书，(2016) 鲁 1321 执异 8 号。
[65] 河南省项城市人民法院民事判决书，(2016) 豫 1681 民初 3535 号。
[66] 浙江省瑞安市人民法院民事判决书，(2016) 川 0322 民初 2623 号。
[67] 上海市浦东新区人民法院民事判决书，(2016) 沪 0115 民初 72500 号。

[68] 贵州省关岭布依族苗族自治县人民法院民事判决书，（2016）黔0424民初955号。

[69] 吉林省长春市南关区人民法院民事判决书，（2016）吉0102民初3160号。

[70] 一审：浙江省杭州市滨江区人民法院民事判决书，（2012）杭滨民初字第833号。二审：浙江省杭州市中级人民法院民事判决书，（2013）浙杭民终字第1145号。

[71] 甘肃省庆阳地区中级人民法院民事判决书，（2014）庆中民终字第507号。

[72] 广东省东莞市中级人民法院民事判决书，（2013）东中法民一终字第271号。

[73] 广东省中山市中级人民法院民事裁定书，（2015）中中法立民终字第313号。

[74] 江苏省苏州市中级人民法院民事判决书，（2012）苏中商终字第0335号。

[75] 山东省青岛市中级人民法院二审民事判决书，（2015）青民一终字第2654号。

[76] 北京市第三中级人民法院民事裁定书，（2015）三中民初字第05876号。

[77] 最高人民法院民事裁定书，（2013）民申字第830号。

[78] 上海市第二中级人民法院民事判决书，（2010）沪二中民四（商）终字第1331号。

[79] 福建省南平市中级人民法院民事判决书，（2015）南民终字第782号。

[80] 山东省淄博市中级人民法院二审民事裁定书，（2016）鲁03民终1730号。

[81] 安徽省马鞍山市中级人民法院一审民事裁定书，（2015）马一初字第00073-1号。

[82] 最高人民法院民事判决书，（2006）民二终字第70号。

[83] 河南省新乡市中级人民法院民事裁定书，（2014）新民管终字第46号。

[84] 上海市第二中级人民法院民事判决书，（2010）沪二中民四（商）终字第96号。

[85] 河南省郑州市中级人民法院二审民事判决书，（2015）郑民一终字

第 1939 号。

[86] 浙江省杭州市中级人民法院民事判决书, (2015) 浙杭商外终字第 34 号。

[87] 河南省郑州市中级人民法院民事判决书, (2016) 豫 01 民终 11409 号。

[88] 内蒙古自治区呼伦贝尔市中级人民法院民事判决书, (2015) 呼民终字第 153 号。

[89] 湖北省恩施土家族苗族自治州中级人民法院民事判决书, (2014) 鄂恩施中民终字第 00070 号。

[90] 河南省新乡市中级人民法院民事裁定书, (2013) 新民管终字第 157 号。

[91] 山东省滨州市中级人民法院民事判决书, (2014) 滨中民一终字第 366 号。

[92] 广东省阳江市中级人民法院民事判决书, (2015) 阳中法民二终字第 68 号。

[93] 广东省深圳市中级人民法院民事裁定书, (2016) 粤 03 民终 11350 号。

[94] 四川省大邑县人民法院民事判决书, (2000) 大邑民初字第 27 号。

[95] 新疆维吾尔自治区哈密地区中级人民法院民事判决书, (1993) 哈中法经初字第 1 号。

[96] 内蒙古自治区阿拉善左旗人民法院民事判决书, (2015) 阿左民一嘉初字第 2248 号。

[97] 江苏省高级人民法院民事裁定书, (2014) 苏知民终字第 00264 号。

[98] 福建省福州市中级人民法院民事裁定书, (2015) 榕民终字第 580 号。

[99] 重庆市第一中级人民法院民事判决书, (2014) 渝一中法民终字第 02180 号。

[100] 厦门市集美区人民法院民事判决书, (2008) 集民初字第 2326 号。

[101] 北京市高级人民法院行政判决书, (2005) 高行终字第 31 号。

[102] 福建省高级人民法院民事判决书, (2005) 闽民终字第 64 号。

[103] 湖南省高级人民法院民事判决书, (2005) 湘高法民三终字第 49 号。

[104] 天津市高级人民法院民事判决书, (2005) 津高民三终字第 51 号。

[105] 福建省高级人民法院民事裁定书, (2009) 闽民申字第 915 号。

[106] 海南省第一中级人民法院民事判决书, (2011) 海南一中民初字

第 61 号。

[107] 最高人民法院民事判决书，(2010) 民提字第 159 号。

[108] 湖北省武汉市中级人民法院民事裁定书，(2016) 鄂 01 民终 4397 号。

[109] 广东省珠海市中级人民法院民事裁定书，(2016) 粤 04 民终 1622 号。

[110] 新疆维吾尔自治区高级人民法院民事裁定书，(2015) 新民三终字第 16 号。

[111] 陕西省高级人民法院民事判决书，(2016) 陕民终 357 号。

[112] 河南省高级人民法院民事判决书，(2010) 豫法民三终字第 46 号。

[113] 宁夏回族自治区中卫市中级人民法院民事裁定书，(2016) 宁 05 民终 587 号。

[114] 吉林省吉林市中级人民法院民事裁定书，(2016) 吉 02 民终 1640 号。

[115] 河北省廊坊市中级人民法院民事裁定书，(2016) 冀 10 民终 2871 号。

[116] 湖南省郴州市中级人民法院民事裁定书，(2016) 湘 10 民终 1068 号。

[117] 新疆维吾尔自治区高级人民法院民事裁定书，(2016) 新民申 770 号。

[118] 广东省阳江市中级人民法院民事裁定书，(2016) 粤 17 民终 641 号。

[119] 江苏省高级人民法院民事裁定书，(2012) 苏商申字第 256 号。

[120] 广东省深圳市中级人民法院民事裁定书，(2016) 粤 03 民终 8252 号。

[121] 吉林省长春市中级人民法院民事判决书，(2016) 吉 01 民终 1429 号。

[122] 江苏省南京市中级人民法院民事裁定书，(2016) 苏 01 民终 4937 号。

[123] 河南省郑州市中级人民法院民事判决书，(2016) 豫 01 民终 6140 号。

[124] 河北省高级人民法院民事判决书，(2016) 冀民终 333 号。

[125] 河南省漯河市中级人民法院民事裁定书，(2016) 豫 11 民申 48 号。

[126] 江苏省南通市中级人民法院民事判决书，(2016) 苏 06 民终 1120 号。

[127] 海南省高级人民法院民事裁定书，(2016) 琼民申 245 号。

[128] 湖北省武汉市中级人民法院民事判决书，(2016) 鄂 01 民终 2059 号。

[129] 江苏省南通市中级人民法院民事裁定书，(2016) 苏 06 民终 3055 号。

[130] 江苏省徐州市中级人民法院民事判决书，(2016) 苏 03 民终 1171 号。

[131] 浙江省常山县人民法院民事裁定书，(2016) 浙 0822 民初 2954 号。

[132] 浙江省金华市中级人民法院民事裁定书，(2016) 浙 07 民终 2524 号。

[133] 江苏省高级人民法院民事裁定书，(2012) 苏商申字第 256 号。

[134] 安徽省阜阳市中级人民法院民事裁定书，(2016) 皖 12 民终 1541 号。

参考文献

[135] 湖南省怀化市芷江县人民法院民事裁定书，（2015）芷民二初字第26号。

[136] 浙江省宁波市北仑区人民法院民事裁定书，（2017）浙0206民初797号。

[137] 浙江省三门县人民法院民事裁定书，（2016）浙1022民初4838号。

[138] 湖北省宜昌市夷陵区人民法院民事判决书，（2013）鄂夷陵民初字第01043号。

[139] 最高人民法院民事裁定书，（2015）民申字第131号。

[140] 浙江省东阳市人民法院执行裁定书，（2016）浙0783执6366号。

[141] 甘肃省庆阳市中级人民法院民事裁定书，（2014）庆中民终字第157号。

[142] 指导案例1号：（最高人民法院审判委员会讨论通过，2011年12月20日发布），（2009）虹民三（民）初字第912号。

[143] 江苏省无锡市北塘区人民法院民事判决书，（2008）北民一初字第902号。

[144] 指导案例72号：（最高人民法院审判委员会讨论通过，2016年12月28日发布）。

[145] 指导案例23号：（最高人民法院审判委员会讨论通过，2014年1月26日发布）。

[146] 江苏省无锡市中级人民法院民事判决书，（2014）锡民终字第2193号。

[147] 江苏省常州市中级人民法院民事判决书，（2015）常商终字第0404号；福建省漳州市中级人民法院民事判决书，（2015）漳民终字第1651号。

[148] 浙江省台州市中级人民法院民事判决书，（2016）浙10民终2438号。

[149] 广东省广州市中级人民法院民事判决书，（2015）穗中法民五终字第3672号。

[150] 浙江省台州市黄岩区人民法院民事判决书，（2016）浙1003民初6932号。

[151] 江苏省徐州市中级人民法院民事判决书，（2015）徐民终字第1124号。

[152] 浙江省台州市中级人民法院民事判决书，（2016）浙10民终字第2515号。

[153] 浙江省金华市婺城区人民法院民事判决书，（2016）浙0702民初13953号。

[154] 浙江省义乌市人民法院民事判决书，（2016）浙0782民初18869号。

[155] 浙江省平湖市人民法院民事判决书，（2016）浙0482民初680号。

[156] 浙江省高级人民法院民事裁定书，（2016）浙民辖终77号。

[157] 河南省漯河市中级人民法院民事判决书，（2015）漯民终字第1395号。

[158] 吉林省延边朝鲜族自治州中级人民法院民事判决书，（2014）延中民四终字第352号。

[159] 山东省淄博市中级人民法院民事判决书，（2014）淄民三终字第101号。

[160] 浙江省温州市中级人民法院民事判决书，（2010）浙温商终字第866号。

[161] 广东省中山市中级人民法院民事判决书，（2014）中中法民一终字第1295号。

[162] 山东省济南市中级人民法院民事裁定书，（2014）济商终字第361号；山东省济南市中级人民法院民事裁定书，（2014）济商终字第502号。

[163] 辽宁省大连市中级人民法院民事裁定书，（2014）大民四终字第16号。

[164] 广东省深圳市中级人民法院民事判决书，（2013）深中法房终字第2623号。

（二）英美判例

[1] Ali v. Carnegie Inst. of Washington, 306 F. R. D. 20 (D. D. C. 2014), aff'd sub nom. Mussa Ali, Plaintiff - Appellant v. Carnegie Institution of Washington, University of Massachusetts, Defendants - Appellees, No. 2016 - 2320, 2017 WL 1349280 (Fed. Cir. Apr. 12, 2017).

[2] Miller v. Hygrade Food Products Corp. , 202 F. R. D. 142, 144 (E. D. Pa. 2001).

[3] Garcia v. Brock - Weinstein, No. 13 - cv - 7487, 2014 WL 2957487, *2 (E. D. Pa. Jul. 1, 2014).

[4] Morris v. Kesserling, No. 1: 09 - cv - 1739, 2010 WL 5158412, *2

(M. D. Pa. Dec. 14, 2010).

[5] Xerox Corp. v. SCM Corp. , 576 F. 2d 1057, 1059 (3d Cir. 1978).

[6] Duffie v. United States, 600 F. 3d 362, 372 (5th Cir. 2010); accord Brain Life, LLC v. Elekta, Inc. , 746 F. 3d 1045, 1053 (Fed. Cir. 2014).

[7] Duffie v. United States, 600 F. 3d 372 (5th Cir. 2010).

[8] Michael D. Convay, Narrowing the Scope of Rule 13 (A), 60 *University of Chicago Law Review*, Winter, 1993.

[9] Houston Professional Towing Ass'n v. City of Houston, 812 F. 3d, 447 (5th Cir. 2016).

[10] Petro - Hunt, L. L. C. v. United States, 365 F. 3d 385. 396 (5th Cir. 2004).

[11] Google Inc. v. SimpleAir, Inc. United States Court of Appeals, Federal Circuit. March 28, 2017, 682 Fed. Appx. 900, 2017 WL 1149518.

[12] Case C - 39/02: Marsk Olie & Gas A/S v. Firma M. de Haan en W. de Boer.

[13] Case C - 111/01: Gantner Electronic GmbH v. Basch Exploitatie Maatschappij BV.

[14] Case C - 51/97: Réunion européenne and Others v. Spliethoff's Bevrachtingskantoor BV and Another.

[15] Case C - 420/97: Leathertex Divisione Sintetici SpA v. Bodetex BVBA.

[16] Case C - 68/93 Shevill v. Presse Alliance.

[17] Case C - 406/92: Tatry v. Maciej Rataj.

[18] Case C - 189/87: Kalfelis v. Schroder [1988] ECR, 5565.

[19] Case C - 144/86: Gubisch Maschinenfabrik KG v. Giulio Palumbo.

[20] Case C - 266/85: Hassan Shenavai v. Klaus Kreischer.

[21] Case C - 150/80: Elefanten Schuh v. Jacqmain [1981] ECR 1671.

[22] Fox v. Connecticut Fire Ins. Co. , 380F. 2d 360 (10th Cir. 1967).

[23] Reynolds Metals Co. v. Wand, 308 F. 2d 504 (9th Cir. 1962).

[24] Smith v. Kirkpatrick, 111 N. E. 2d 209 (N. Y. 1953).

[25] Spaulding v. Cameron, 239 P. 2d 625 (Cal. 1952).

[26] Tai Hign Cotton Mill Ltd. v. Liu Chong Hing Bank Ltd. [1986] AC 80, 107.
[27] Thake v. Maurice [1986] 1 QB644.
[28] Midland Bank Trust Co. Ltd. v. Hett, Stubbs & Kemp [1979] ch. 384.

图书在版编目(CIP)数据

论诉之牵连 / 梁开斌著. -- 北京：社会科学文献出版社，2021.11
国家社科基金后期资助项目
ISBN 978-7-5201-8065-8

Ⅰ.①论… Ⅱ.①梁… Ⅲ.①诉讼法-研究 Ⅳ.①D915.04

中国版本图书馆 CIP 数据核字（2021）第 041276 号

国家社科基金后期资助项目
论诉之牵连

著　　者 / 梁开斌
出 版 人 / 王利民
责任编辑 / 陈凤玲
文稿编辑 / 陈　荣
责任印制 / 王京美

出　　版 / 社会科学文献出版社
　　　　　　地址：北京市北三环中路甲29号院华龙大厦　邮编：100029
　　　　　　网址：www.ssap.com.cn
发　　行 / 市场营销中心（010）59367081　59367083
印　　装 / 三河市龙林印务有限公司

规　　格 / 开　本：787mm×1092mm　1/16
　　　　　　印　张：24　字　数：378千字
版　　次 / 2021年11月第1版　2021年11月第1次印刷
书　　号 / ISBN 978-7-5201-8065-8
定　　价 / 128.00元

本书如有印装质量问题，请与读者服务中心（010-59367028）联系

版权所有 翻印必究